U0652650

云南师范大学教育学部学科建设经费资助出版

本书系2015年度国家社会科学基金项目《西南边疆多元文化互动与民族和谐、社区发展研究》(项目批准号:15XMZ041)最终研究成果

多元文化互动与民族和谐、社区发展研究

——以西南边疆四县市为例

曹能秀 等◎著

人民出版社

图书在版编目（CIP）数据

多元文化互动与民族和谐、社区发展研究：以西南边疆四县市为例 / 曹能秀
　　等著 . —北京：人民出版社，2021.11
ISBN 978－7－01－023791－6

Ⅰ. ①多…　Ⅱ.①曹…　Ⅲ.①边疆地区—多元文化—文化研究—西南地区
　　Ⅳ.① G127.7

中国版本图书馆 CIP 数据核字（2021）第 200769 号

多元文化互动与民族和谐、社区发展研究——以西南边疆四县市为例
DUOYUAN WENHUA HUDONG YU MINZU HEXIE、SHEQU FAZHAN YANJIU
——YI XINAN BIANJIANG SIXIANSHI WEILI

曹能秀　等著

人 民 出 版 社 出版发行
（100706　北京市东城区隆福寺街 99 号）

北京盛通印刷股份有限公司印刷　新华书店经销

2021 年 11 月第 1 版　2021 年 11 月北京第 1 次印刷
开本：710 毫米 × 1000 毫米 1/16　印张：30.25
字数：462 千字

ISBN 978－7－01－023791－6　定价：76.00 元

邮购地址 100706　北京市东城区隆福寺街 99 号
人民东方图书销售中心　电话（010）65250042　65289539

版权所有·侵权必究
凡购买本社图书，如有印制质量问题，我社负责调换。
服务电话：（010）65250042

持之以恒，必有所得

（代 序）

江河如果水源充足，就能奔流不息。边疆发展亦如是。其所获资源越多，发展速度越快。

边疆不是一朝一夕形成的。秦汉以降，至今已 2000 余年，形成过程极长，涉及民族种类亦多。中国西南地区，因其地形地貌、山势走向形成横断山系的河流，由北往南（又是自古以来民族迁徙的走廊）顺流而下，不同民族沿河分布，形成多元的文化，这些文化之间又有着千丝万缕的联系。不能简单地说 A 是 A、B 是 B，它们不是截然分开的。常常遇到的情况是你中有我、我中有你，要溯源都能找到关系。几千年来，自然灾害、山川河流转向、战争、国家疆域扩展、族群迁徙，凡此种种，都影响着民族文化的形成。这些民族文化，原本就是历史的，是天地与人长期互动形成的。对这些文化进行研究，本就是人类学者、教育学者、社会学者的责任。任何人的发展、社会的发展，都离不开对多元文化的梳理、研究，边疆的发展亦如此。

边疆发展不仅体现为道路、机场的修建，经济的发展，收入的增加，生活水平的提高，多元文化的发展也是其应有之义。多元文化的发展有两重含义：其一，多元文化本就是边疆发展的应有之义，是其重要构成；其二，边疆发展必须很好地利用多元文化资源。故而，多元文化既是目的又是手段。时下"一带一路"方兴未艾、蓬勃发展。从张骞通西域而致的蜀身毒道，继而到唐蒙、司马相如，再到司马迁等探寻的南方丝绸之路，就其存在形成而言，比西北丝绸之路更早，牵涉民族种类、疆域范围、文化类型也多。时下边疆发展，以"一带一路"战略为推手，势必涉及多民族、多文化、多地域、多发展类型。发展从来就不是单一模式，其所获得的资源和动力也绝非单一。学术研究不仅仅是为边疆发展服务、为经济发展服务，还大有可为。人类学、社会学从人整体、从社会发展角度出发，教育从人个体、从人性角度出发，进行了一系列研究，普遍认为，人的发展，与其所生存、依赖的文化是分不开的。不可能离开文化发展奢谈人的发展，也不可能离开人的发展奢谈文化的发展。所以多元文化的应有之义，又在于发展各民族的人本身。于是，在这层意义上，人类学、教育学、社会学、经济学等便有机融合在一起。当然，要做好这篇文章，就要针对不同的发展类型，找到其最佳生长点、最近发展区。因此可以说，多元文化的研究，既是边疆发展的基础，又是边疆发展的应有之义。在此过程中，做人类学、社会学的"field work"（田野工作）至为重要。

曹能秀、王凌等长期致力于多元文化研究，深入西南边陲，到民族地区蹲点、考察、体验，做了不少有益探索。以此为基础，有感而发，形成一些想法，发一家之言，出版了这本《多元文化互动与民族和谐、社区发展研究——以西南边疆四县市为例》，抓住了既把多元文化当作边疆发展的应有之义，又把多元文化当作边疆发展的资源和手段。他们跑了几十年，辛勤付出，培养了不少学生，调查了不少问题，自然应该有自己的收获。若能坚持，继续走下去，不仅可以推动多元文化的发展、边疆的发展，他们自身的学术群体、学术修养也将得到极大发展。倘若此，便是一种学术研究和社会发展有机结合的极好方式。希望他们能够梢头结大瓜，持以为续。持之以恒，必有所得。

是以为序。

张诗亚

2020 年 9 月 23 日

前　言

　　多元文化互动的内涵主要包括两个方面：一是指不同类型文化在社会发展过程中的相互作用与相互推动；二是指多民族聚居地的地域空间内民族成员的个人行为选择。所以，多元文化互动研究包括对文化接触、交流、融合与创新的关注，也包括对个体行为的关注。

　　长期以来，我国的多元文化互动研究以批判地吸收和借鉴国外多元文化互动理论，如"熔炉理论""拼盘理论""文明冲突论"和"文化适应论"等为主，欠缺本土化、原生性的多元文化互动理论研究。对于我国这样一个历史文化悠久，多元文化和谐共存的国家而言，必须加强多元文化互动理论研究。为此，我们放眼全球、立足本土，构建了"五层空间"多元文化互动理论，阐述了"五层空间""一体两翼"和"六维解析"的内涵，提出了时空一贯、时空错位和节点分析的时空分析方法，构建了"五层空间"多元文化互动"玲珑塔"模型，以深化我国多元文化互动的理论研究。

　　在"五层空间"多元文化互动理论的指导下，我们自主编制了多元文化互动调查问卷，综合运用问卷调查、田野调查和个案研究等方法，对云南省耿马县、河口县、瑞丽市和勐腊县进行了较深入的研究。研究表明，教师、学生、家长和村民、社区工作者的多元文化互动素养在不同人口学变量（如地区、学校、性别、民族等）上的差异具有统计学意义；多元文化互动主体对多元文化互动目标有一定的认识，但仍有待提高；多元文化互动的内容较为丰富，但仍需进一步充实；多元文化互动的方法相对灵活，但路径仍须进一步拓宽。究其问题存在的原因，有外来文化的冲击，个体或群体对多元文化互动存在认识偏差，多元文化互动保障条件不充分等诸方面。因此，为进一步促进西南边疆多元文化互动，应注意明确多元文化互动的目标，提高主体认识、整合课程资源、优化互动路径。

在现状研究的基础上，基于"五层空间"多元文化互动理论的视角，我们对西南边疆多元文化互动的基本状况进行了综合分析。总体而言，西南边疆多元文化互动呈现出"五层空间"关系从断裂走向弥合、"六维互动"从局部走向整体、多元文化互动主体责任意识从自发走向自觉的发展态势。基于实践检验，反思"五层空间"多元文化互动理论，我们认为，该理论符合我国国情，贴近西南边疆实际，具有一定的理论和实践价值。但是，它还在初创阶段，还需要实践的检验和进一步改进与完善。展望未来，探索走向民族和谐、社区发展的多元文化互动之路，需要从理论和实践两个方面深入研究。我们既要立足国情，扎根西南边疆多元文化互动土壤；又要放眼全球，整合多元文化互动诸关系。与此同时，我们还应推进"五层空间"协调，坚定民族和谐、社区发展的多元文化互动目标，加强政策引领和文化整合，坚持走多元与一体辩证统一的多元文化互动之路。

目 录

引　论

一、问题的提出

（一）边疆地区民族团结进步目标的实现亟须强化多元文化互动研究

边疆是一个地理概念，更是一个国家概念。随着新时代国家发展战略的调整，改革开放日益深化，边疆已由发展的边缘逐渐走向开放的前沿。与此同时，国家发展的结构也由传统的"核心"支撑"边缘"、"边缘"服务"核心"的单一向度逐渐转变为"核心"支撑"边缘"、"边缘"服务并反作用甚至带动"核心"发展，二者相互支撑、相互促进的双向互动。① 显然，在新时代国家发展定位中，边疆的价值和作用更加凸显。

西南边疆是我国少数民族最多、文化多样性最典型的地区之一。这里峰峦叠嶂、沟壑纵横，自然地理环境复杂，气候立体、多变，信息滞后、交通不便；远离政治中心，经济社会发展滞后，生产、生活方式传统，文化相对封闭，思想观念保守；与多个国家相邻，边境线漫长而复杂，跨境民族众多。西南边疆空间上的边远性、发展上的滞后性、民族宗教的复杂性、民族文化的多样性，以及抵御能力的脆弱性等特征，使之极易受到境内外敌对势力、极端宗教、腐朽文化等的影响、干扰、侵蚀和破坏。因此，维护边疆稳定、促进边疆经济社会发展，对国家安全及发展战略的实现具有重大意义。

---

① 周平：《我国边疆研究的几个基本问题》，《思想战线》2016 年第 5 期。

边疆安全、稳定和发展，基础在民族团结进步，关键在增强中华民族认同、国家认同。习近平总书记在十九大报告中明确指出，边疆发展要"全面贯彻党的民族政策，深化民族团结进步教育，铸牢中华民族共同体意识，加强各民族交往交流交融，促进各民族像石榴籽一样紧紧抱在一起，共同团结奋斗、共同繁荣发展"①。民族团结进步植根于不同文化的理解、包容、交流与交融，在此基础上实现全社会广泛的文化认同，形成和谐的文化。因此，文化认同是不同文化和谐共处的文化基础，是民族凝聚的核心力量，是和谐社会建设的精神基石。②多元一体的中华文化认同，是凝聚边疆各族人民形成"中华民族共同体意识"，共同建设边疆的核心意识、精神支柱。

增进多元文化互动是促进边疆民族文化和谐、增强民族团结进步、夯实中华文化基础、提升中华民族共同体意识的重要途径，是发挥边疆服务自身并促进国家发展双向功能，完成新时代国家赋予边疆历史使命的重要条件。因此，应按照新时代国家对边疆的定位和要求，贴近边疆实际，深入推进多元文化互动研究，以打破当前多元文化互动各自为政、目标不够聚焦、资源分散、针对性不强、实效性不高等困境；深刻把握中华传统文化精神内涵，充分挖掘边疆各少数民族优秀文化，构建多元文化教育的目标体系；整合和利用各种资源，丰富多元文化互动内容；打通单位部门壁垒，搭建纵向多层连贯、横向多方互补的多元文化互动平台；与时俱进，借助各种传统和现代的方法和手段，创新多元文化教育的方法和途径。

（二）"一带一路"倡议的实施需要深入开展多元文化互动研究

2013年9月，习近平主席在哈萨克斯坦纳扎尔巴耶夫大学演讲时提出，中国同中亚各国应共同建设"丝绸之路经济带"。10月，在中国与东盟建立战略伙伴关系十周年之际，习近平主席在印度尼西亚国会发表演讲时提出共同建设"21世纪海上丝绸之路"的构想。"丝绸之路经济带"和"21世纪海上丝绸之路"共同构成了"一带一路"倡议。"一带一路"倡议作为我国新时期

---

① 习近平：《决胜全面建成小康社会 夺取新时代中国特色社会主义伟大胜利——在中国共产党第十九次全国代表大会上的报告》，人民出版社2017年版，第40页。

② 张先亮、戢广南：《文化认同：边疆民族地区和谐社会建设之魂》，《新疆师范大学学报》（哲学社会科学版）2008年第4期。

发展的一条主线，既有深厚的国际背景，也包含丰富的文化交流内涵。积极开展"一带一路"沿线不同国家文化交流，促进不同文明交流互鉴，实现民心相通互信，是"一带一路"倡议全面实施的文化基础与社会根基。① 但"一带一路"沿线及延伸地区和国家，民族多样、政体有别、文化多元、宗教各异，因此，积极探索"一带一路"沿线及延伸地区和国家的共性与差异，有效促进各国家各民族之间、各文化之间平等与包容、交流与合作的有效途径，是深入推进"一带一路"倡议的当务之急。

实施"一带一路"倡议需要提升我国的软实力，而边疆地区是彰显软实力的重要窗口，是扩大文化影响力和辐射力的重要场域，是增进不同国家、民族文化交流与互动的前沿。这是深化"一带一路"的需要，是国家发展赋予边疆地区的历史使命。云南作为我国一个边疆民族省份，在"一带一路"倡议的实施过程中已由发展的边缘转化为开放的前沿。2015 年 3 月，国务院授权，国家发展改革委、外交部、商务部联合发布的《推动共建丝绸之路经济带和 21 世纪海上丝绸之路的愿景与行动》就明确提出，要"发挥云南区位优势，推进与周边国家的国际运输通道建设，打造大湄公河次区域经济合作新高地，建设成为面向南亚、东南亚的辐射中心"②。"一带一路"的实施，给云南省带来了前所未有的发展机遇，也带来了诸多的问题和挑战。正如有学者所指出的，"新时代的一个主要特征就是各民族交往交流交融趋势增强和涉及民族因素的矛盾纠纷上升并存……各族群众交往交流的广度和深度都在迅速增强，但民族问题和各种一般社会矛盾问题也更加紧密地交织在一起"③。因此，实施"一带一路"倡议需要加强对多元文化互动的深入研究，对内进一步保护和传承少数民族文化，加强不同民族文化的交流与融合，凝聚多元一体中华文化精神，提高边疆各族人民的获得感、幸福感，增进民族团结进步、社会稳定、边疆安全，夯实"一带一路"的文化基础和社会根基；对外促进

---

① 范周：《"一带一路"的文化遗产价值体现与保护利用》，《遗产与保护研究》2016 年第 1 期。

② 国家发展改革委、外交部、商务部：《推动共建丝绸之路经济带和 21 世纪海上丝绸之路的愿景与行动》，新华网，2015 年 3 月 28 日。

③ 麻国庆：《民族研究的新时代与铸牢中华民族共同体意识》，《中央民族大学学报》(哲学社会科学版) 2017 年第 6 期。

文化理解与交流，服务"一带一路"沿线地区、国家的经济社会发展，实现人类命运共同体的愿景。

（三）沿边地区开发开放规划的落实需要加强多元文化互动研究

云南地处西南边陲，与越南、老挝、缅甸三国山水相连、人文相亲，国境线长达 4060 千米，有 16 个民族跨境而居，是与周边国家友好往来最早的地区。云南拥有国家一类口岸 18 个、二类口岸 7 个，是我国陆路通达印度洋、东南亚腹地及南亚的必经之地，也是我国面向南亚东南亚开放的前沿窗口。近年来，随着边境地区社会经济的发展，边贸往来更加频繁，文化旅游业日趋发达，各民族人员来往密切、文化互动交流日益增多，但同时也不可避免地带来一些社会问题、文化冲突和民族矛盾。在国家发展的大背景下，在社会转型的重要时期，边境地区如何定位？边境地区发展的方向如何把握？边境地区发展中的困境如何化解？边境地区经济社会发展与民族文化振兴的关系如何协调？这一系列难题的存在，制约着云南边境地区的可持续发展。

2015 年初，习近平总书记考察云南时明确提出，要把云南建设成为我国民族团结进步示范区、生态文明建设排头兵、面向南亚东南亚辐射中心。党中央对云南的新定位、新要求为边境地区经济、社会、文化建设指明了发展方向。2016 年 6 月，云南省人民政府颁布的《云南省国民经济和社会发展第十三个五年规划纲要》（以下简称《规划纲要》）提出，"十三五"期间全省要加快构建"一核一圈两廊三带六群"全省经济社会发展空间格局，着力增强沿边开放经济带发展活力。[①] 为了进一步推动沿边地区联动内外、协作发展，提升开放发展能力和水平，促进形成新的经济增长带，完善云南对外开放和区域发展格局，云南省人民政府相继发布并实施了《云南省沿边地区开发开放规划（2016—2020 年）》（以下简称《开发开放规划》）、《云南省沿边开放经济带发展规划（2016—2020 年）》（以下简称《发展规划》）等一系列重大政策和重要举措。云南边境地区深化开放开发必须要以文化交流、民心相通

---

① 云南省发展和改革委员会：《〈云南省国民经济和社会发展第十三个五年规划纲要〉解读》，云南省人民政府网，2016 年 6 月 17 日。

为基础，因此，《开发开放规划》明确提出：要加快文化交流步伐，积极与周边国家联合举办文化旅游推广和节庆活动，鼓励与邻近国家开展文化体育交流活动，支持举办云南文化周边行活动、周边国家文化周活动和澜湄次区域体育运动会等系列文化交流活动；要积极推进国门学校建设，加强周边国家语种人才培养，积极支持通过周边国家公务人员、知名学者、媒体人士、骨干教师、技术专家等来滇研修培训等方式，加强与周边国家的教育和人才培育合作。①

《规划纲要》《开发开放规划》等系列政策、规划、方案的制定，不仅进一步落实和细化了国家发展战略，明确了边境地区开放开发的目标、任务和实施策略，而且强调了人员交往、文化交流的重要意义。为实现国家、省政府对边境地区开放开发的发展目标，有效促进边境地区文化共荣、民族团结进步，增进与毗邻国家文化相通、睦邻友好，有必要进一步加强对多元文化互动的理论研究和实践探索，创新思想与方法，探讨边境地区经济崛起、社会转型与多元文化发展的关系和内在逻辑，抓住关键要素，创新方法、路径，提升文化交流与互动的有效性。

二、研究意义

为回应新时期国家发展给边疆地区经济社会带来的机遇与挑战，本书以多元文化互动为切入点，以边疆学校、社区（或乡镇）、家庭为场域，以促进多元文化交流、融合与和谐，实现民族团结、社会稳定、边疆发展为目标，在理论和实践层面上进行多层次、多维度的探讨。

（一）理论意义

首先，本书从多元文化互动的视角探讨提升实施"一带一路"倡议的文化软实力，具有重要的理论意义。从宏观上来说，"一带一路"倡议所涉及的空间地域包括国内多民族聚居地和国际多种族、多文化形态地区，必须加强国家和地区之间的文化互动，在政治、经济、文化、外交等多个层面构建综

---

① 云南省人民政府办公厅：《云南省沿边地区开发开放规划（2016—2020年）》，云南省人民政府网，2016年7月5日。

合性、系统性的战略框架。本书力图从国家发展战略的高度，从多层地域空间的视角，探讨西南边疆多元文化互动的理论和实践问题，这在一定程度上对国家实施"一带一路"倡议、提升文化软实力具有重要意义。

其次，本书对促进西南边疆民族和谐、边境安全稳定具有一定的理论意义。从微观上来说，本书尝试以多元文化互动为分析视角，探讨以学校多元文化互动为主体，以家庭多元文化互动和社区多元文化互动为两翼，增强边疆地区少数民族群体的文化认同、国家认同，构建少数民族和谐发展、社区稳定的理论框架和实践范式。这为边疆民族问题研究提供了新的理论视角和思维方式，具有一定的理论意义。

（二）实践意义

文化是一个国家、一个民族进步的灵魂。在中国这样一个多民族社会中，不同文化之间的共生互补是建设中华民族共同体的重要基础。研究不同地域、不同民族背景下的多元文化交流融合案例，探讨具有参考借鉴价值的方法和路径，具有重要的实践意义。

本书的实践价值主要体现在以下几个方面：一是通过对具体的四个边疆县市进行广泛深入的调查研究，客观把握边疆地区多元文化互动的现状，揭示多元文化互动与边疆文化和谐、民族团结进步、社区发展的关系；二是通过典型个案研究，深入了解边疆地区多元文化互动的现状，总结和凝练不同类型案例的成功经验，为调查样本县市和其他相似的地区提供经验和范例；三是通过实践探索，建构以学校多元文化为主体、以家庭和社区多元文化互动为支撑的"三位一体"的多元文化互动模式，形成可操作、可借鉴的方法和路径；四是为各级政府提供决策的参考依据，提供有益于文化融合、民族团结进步和边疆发展的思路和范式。

三、相关概念界定

（一）多元文化互动

多元文化互动，其"元"，始也，端也，[①] 即每个"元"都是一个开始和起

[①] 《中华大字典》，中华书局 1978 年版，第 102 页。

端。从字面上看，"多元文化"是指具有不同起始端点的文化。这个多元，体现了"一"与"多"的辩证统一。也就是说，文化的多样性以统一性为前提，而文化的统一性又以多样性为基础，从而构成了文化的统一性与多样性的矛盾统一。①统一是多元文化碰撞、融合发展、走向趋同的方向或趋势，但统一并不意味着多元的消解甚至消亡，而是各民族文化在长期的碰撞、冲突、涵化和融合中互相汲取民族发展的养料，取长补短、互为协调，在文化统一中保持着各自的特殊性。在长期的社会历史发展过程中，各民族、各种族、各区域、各语言圈文化的交流与碰撞、冲突与融合频繁发生。由此，在中国这块古老的土地上，各民族文化异彩纷呈、缤纷多样，不断迸发出崭新的活力。在中国古代，大多数民族都曾长期在中华大地上居住、生活和繁衍，民族之间的交流与融合是十分频繁的。如在战国时期，楚国的庄蹻曾率数千农民迁居于云南滇池地区，自称滇王。其后，汉晋时期均曾派汉人进入云南，但明朝以前迁入云南的汉人大都融入当地各民族了。迁居于大理洱海地区的汉人成了白族中的一个重要部分。②

　　多元文化互动的内涵主要有以下两个方面：首先，多元文化互动是指不同类型文化在社会发展过程中的相互作用与相互推动。一般来说，文化冲突与文化融合是多元文化互动的两种基本形式。文化冲突是指不同性质、特征的文化系统在相互接触的过程中处于一种敌对与对抗的状态。有学者认为文化冲突大体可以分为以下几种：区域性文化冲突、集团性文化冲突、阶级性文化冲突、民族性文化冲突和时代性文化冲突。③从表面上看，人类文明的历史不仅是文化创造的历史，也是文化冲突时隐时现的历史。而文化融合，总体来说，是异质文化之间相互接触、彼此交流、不断创新和融会贯通，并不断趋于一体化的过程。融合体现了在互补和互惠关系中寻求平衡的倾向，是文化发展演进过程的必然步骤。一般来说，文化可以划分为物质文化、精神

---

①　张飞、曹能秀、张振飞：《文化互动、族际文化互动与多元文化互动之辨》，《重庆科技学院学报》（社会科学版）2017年第2期。
②　费孝通主编：《中华民族多元一体格局（修订本）》，中央民族大学出版社1999年版，第22页。
③　陈平：《多元文化的冲突与融合》，《东北师大学报》（哲学社会科学版）2004年第1期。

文化、制度文化和行为文化。[①] 文化的融合，正是体现了不同文化之间上述四个层次的交流与渗透、借鉴与吸收。

其次，多元文化互动是指多民族聚居地的地域空间内民族成员的个人行为选择。切排、李元元从社会学角度分析认为，对于单一的各民族文化场域关系结构而言，多元民族文化互动关系可以视为各个民族文化场域关系结构之间的互动，其形成标志则表现为在多民族聚居的地域空间内，一种新的以各民族文化场域关系结构互动交融为基础的局部地域文化场域关系结构的建构。[②]

总之，多元文化互动的内涵可以分为两大层面：宏观上，主要包括不同文化之间的交流与相互渗透、融合以及冲突，即文化互动与整合是多元文化存在的主要方式之一；微观上，多元文化互动主要聚焦于个体成员的实践行为路径。

综合上述观点，在本书中，多元文化互动，就是指多民族聚居的地域空间内，各民族族群文化相互接触、冲突、融合、发生变迁的文化活动过程。这一过程表现为多种文化通过各种途径接触并经过漫长的时间演化，发生一定的变化而出现相互适应的结果；相互接触的民族文化之间达成文化沟通、文化理解、文化包容等共生互补的新型民族文化关系，进而满足各自民族的社会经济文化发展。多元文化互动的终极目的不是消除"多"，而是促进"多"与"一"的统一，各民族既有其自身起源、形成、发展的特殊文化历史，又与其他民族相互关联、相互补充、相依相存，各民族繁衍发展文化延续的最终目标是实现中华文化的和谐发展、中华民族的伟大复兴。

（二）多元文化教育

多元文化教育理念自 20 世纪 60 年代诞生于美国种族运动以来，得到了世界各国政府、学者的广泛关注和大力推行。许多国家和学者根据各自国家的实际情况，开展了形式多样、内容丰富的多元文化教育实践活动，取得了令人瞩目的成效。也因此，多元文化教育的概念和内涵经各国学者和实践者的演绎，有了诸多的内容，其主要代表性观点如下。

---

① 杨建新：《论我国少数民族的文化》，《甘肃理论学刊》2006 年第 2 期，

② 切排、李元元：《民族地区多元文化互动动因的微观解读——以甘肃天祝天堂村汉族成员"煨桑"行为为例》，《西北民族大学学报》（哲学社会科学版）2009 年第 3 期。

　　美国学者盖伊（Genera Gay）认为："一种明确的多元文化教育哲学的阐述对于学校课程发展过程是十分重要的。民族多样性和文化多元主义应该是美国教育的一个重要组成部分和不间断的特征。学校应该教学生真正地将文化和民族多样性作为美国社会标准和有价值的东西而加以接受。"① 日本学者江渊一公则认为，该概念是指在多民族国家中，为具有多种多样的文化和民族背景的青少年提供平等的教育机会，并在尊重他们的民族及其文化特征的基础上实施的教育。② 美国著名教育家詹姆斯·A. 班克斯（James A. Banks）认为："多元文化教育是一场精心设计的社会改革运动，其目的是改变教育的环境，以便让那些来自于不同的种族、民族、性别与阶层的学生在学校获得平等受教育的权利。多元文化教育理论假设，与其让那些来自于不同种族、民族、性别与阶层群体的学生仅属于和保持本群体的文化和性别特征，莫不如让他们在教育领域获得更多的选择权，从而在社会化过程中获得成功。"③

　　在我国，多元文化教育主要被称为多民族文化教育或少数民族教育，主要是从文化背景的大视角来研究民族教育的相关问题。在费孝通先生"多元一体格局"理论的基础上，滕星等人提出了独特的"多元一体化教育理论"④。简言之，多元文化教育就是以尊重不同文化为出发点，在各集团平等的基础上，为促进不同文化集团间的相互理解，有目的、有计划地实施一种共同平等的"异文化教育"⑤。靳玉乐认为，多元文化教育的实质是要"通过教育改革特别是课程改革，来培养学生跨文化适应能力，帮助学生从其他文化角度来观察自己的主流文化，使他们获得本民族文化、主流文化以及全球化社会所必需的知识、技能、态度，消除在性别、种族、民族、宗教、社会阶层等方面存在的偏见与歧视，使每个学生都有同等的学习机会，都能体验到学习的成功"⑥。

① Carl A. Grand（Eds），Multicultural Education：Commitments，Issues and Applications，By the Association for Supervision and Curriculum Development，1997，pp.95-96.
② 王军、平山求：《日本的"异文化间教育"研究》，《民族教育研究》1995年第2期。
③ 滕星：《族群、文化与教育》，民族出版社2002年版，第138—139页。
④ 滕星、苏红：《多元文化社会与多元一体化教育》，《民族教育研究》1997年第1期。
⑤ 滕星：《族群、文化与教育》，民族出版社2002年版，第138—139页。
⑥ 靳玉乐：《多元文化课程的理论与实践》，重庆出版社2006年版，第12页。

综上所述，我们认为，多元文化教育指的是教育者在尊重受教育者文化多样性的基础上，不论其性别、种族、民族、宗教、语言、社会经济地位、所属社会群体的差别，实施的一种旨在使所有的受教育者享有平等的受教育机会，促进受教育者身心健康发展，最终促进人类文化发展的教育。

（三）民族和谐

"和谐"是指事物各方面配合适当、匀称，其中蕴含着和睦相处、顺畅协调的意义。关于民族和谐的内涵，学界的主要观点如下。

金炳镐、张银花等人认为："从和谐内容上分析，民族和谐是指民族自身、民族与民族、民族与社会、民族与自然之间的全面和谐；从和谐层次上来看，可以划分为三个层次：地区的民族和谐、国家内的民族和谐、世界的民族和谐；从动态视角来看，民族和谐的目标是民族和谐发展，即民族自身、民族与民族、社会、自然等全面、共同、协调、持续发展。"[1] 蔡恒松在此基础上作了进一步阐释，认为民族和谐是一个系统概念，是民族各种关系和要素相互融洽的状态。它包括民族社会关系的和谐，即同一民族内部人与人的关系和不同民族之间人与人的关系的和谐；也包括民族自然关系的和谐，即人与自然关系的和谐。我们要发展民族和谐，就是要让人与人之间、人与自然之间的关系和睦顺畅，各民族的意志、愿望和利益需要能够得到满足。[2]

彭高成认为，民族和谐是以承认差异、多样性为前提，和而不同，不同求和；就是要正确对待少数民族的特点，尊重少数民族的感情、文化、风俗习惯和宗教信仰，使各兄弟民族消除隔阂，同心协力，克服困难，为中华民族的振兴共同团结奋斗。[3] 吴光芸则直接指出，民族和谐的实质在于：民族平等，此为民族和谐的前提；民族团结，此为民族和谐的纽带；民族互助基础上的发展，此为民族和谐的核心，通过这些方面最终带来各民族的和睦共处。[4]

参考上述观点，本书倾向于从宏观层面来界定民族和谐，认为民族和谐是指各民族之间相互交流融合沟通过程中的一种彼此协调、互相尊重、共同

---

① 张银花：《民族和谐发展：理论与实证》，中央民族大学博士学位论文，2007 年。

② 蔡恒松：《论民族和谐的内在要求》，《黑龙江民族丛刊》2008 年第 4 期。

③ 彭高成：《民族和谐与民族工作》，《上海市社会主义学院学报》2006 年第 6 期。

④ 吴光芸：《培育社会资本，促进民族和谐》，《贵州民族研究》2007 年第 1 期。

繁荣、文化多元并存的状态。

（四）社区

"社区"一词源于德国社会学家 F. 滕尼斯 1887 年出版的《社区与社会》。"社区是基于亲族血缘关系而结成的社会联合。在这种社会联合中，情感的、自然的意志占优势，个体的或个人的意志被感情的、共同的意志所抑制。"①

我国台湾学者徐震指出，社区是居住于某一地理区域，具有共同关系、社会互动及服务体系的一个人群。② 大陆学者于显洋认为，社区是指在一定地理空间内的人群及其社会性活动的总称。其中包括三个要点：（1）特定的地理空间，包括村落、乡镇和城市；（2）生活在其中的一群人，包括人口的数量、观念、素质、密度等；（3）各种社会性活动，包括个体间的认同、相互关系及经济与文化活动等。③

综合以上学者对社区的定义，本书认为，社区是指建立在一定的地理区域基础上的（包括乡政府所辖的各个村落以及城区内的各街道等特定地理空间），处于互动与交往中的，具有共同利益或认同感的社会群体和组织。

四、研究内容与方法

（一）研究内容

本书拟从理论研究、现状调查和实践探索三个方面展开，分宏观（省域，云南边境若干个县）、中观（四个样本县、县级市）和微观（学校、家庭或社区）三个层面进行。具体内容如下：

1. 多元文化互动的文献研究。主要阐述东西方多元文化互动的理论、全球多元文化互动的实践和西南边疆多元文化互动的研究。

2. "五层空间"多元文化互动理论。从时空视角阐释"五层空间"多元文化互动理论的内涵，提出"五层空间""一体两翼""六维互动"等核心概念，并建构了"五层空间"多元文化互动理论的"玲珑塔"模型。

---

① 蔡禾编：《社区概论》，高等教育出版社 2005 年版，第 2 页。

② 徐震：《社区与社区发展》，台北：正中书局 1988 年版，第 35 页。

③ 于显洋：《社区管理与矛盾化解机制——创新社会管理 维护和谐稳定》，北京交通大学出版社 2014 年版，第 37 页。

3.多元文化互动调查问卷的编制。主要阐述多元文化互动教师问卷、学生问卷、家长问卷和社区问卷的编制过程。

4.研究区域多元文化互动的现状研究。基于"五层空间"多元文化互动理论，运用问卷调查法和田野调查法，对四个样本县市多元文化互动主体的多元文化互动素养、对多元文化互动目标的认知，四县市多元文化互动的内容和路径进行研究，并在此基础上对多元文化互动的成效、存在的问题、原因和对策进行探讨。

5.研究区域多元文化互动的个案研究。针对调研中发现的具有典型性的学校、村落、社区或家庭，采用观察、访谈等方法，开展较深入的个案研究，总结和提升不同个案多元文化互动的成功经验。

6.综合分析。基于"五层空间"多元文化互动理论的视角，综合分析四个样本县、市多元文化互动的现状。

7.理性升华。立足我国多民族一体的多元文化互动历史与现实，对"五层空间"多元文化互动理论进行理论与实践的反思；结合西南边疆多元文化互动实践，探讨其未来趋势和发展方向。

（二）研究方法

本书综合运用了定量与定性的研究方法。

1.定量研究方法。主要采用问卷调查法。在文献收集、分析和预调查的基础上，针对不同研究对象编制了结构化的调查问卷，之后在云南省有代表性的边疆县市中选取多个学校、村落和社区开展问卷调查，并对收集到的调查数据进行统计分析。

2.定性研究方法。综合采用田野调查和个案研究等方法。在文献搜集、整理和分析的基础上，制定了访谈提纲和计划，在选定的有代表性的边疆县市中，深入具有典型性的学校、村落、社区或家庭中，对教师、学生、家长和村民、社区工作者开展有针对性的访谈和细致的观察，记录、收集了大量的第一手资料，并对资料进行了编码（例如，2016 年 10 月 15 日对 W 进行了访谈，则将资料编码为 F-W-16/10/15，F 代表 File）、整理和分析。

第一章 历史回顾：多元文化互动 研究的学术史梳理

近代以来，随着工业技术的革新及机器大工业的飞速发展，全球互动往来渐趋频繁，移民、贸易、战争、航运、旅游等带来了激烈的文化冲突与融合。在历经两次世界大战后，形成了现在的世界版图，人类社会迎来了相当长的一段和平时期。在这个过程中，一批东西方学者对多元文化互动这种社会现象进行了深入的分析与思考，形成了独具特色的多元文化互动理论与思潮。与此同时，许多原欧美殖民地纷纷举起民族独立的大旗。为了多种族在同一个国家共同发展，许多国家实施了多元文化主义政策，在一定程度上促进了文化的繁荣和国家的发展，对少数民族或族群的文化保护也作出了一定的贡献。我国西南边疆等多民族混杂居住的许多地方采取了"和而不同"的民族政策，有力地促进了当地民族多元文化互动和社区可持续发展，使边疆地区保持了长久的民族和谐与社区稳定繁荣。本章主要从理论梳理、实践探索和地域考察三个方面，考察多元文化互动的全球及地域概貌。

第一节 理论梳理：多元文化互动典型理论

进入 21 世纪以来，随着信息技术的广泛应用，互联网改变了人与人之间的联系，也使得世界各国各民族间多元文化互动频繁，对处于"地球村"中的当代各国社会文化产生了深远的影响，促使当代社会各类文化思潮风起云涌。无论在东方还是西方，多元文化互动的形式和内容均有着高度的异质性、多样性、不确定性。梳理多元文化互动领域的相关理论，有助于我们认真研究多元文化互动和民族和谐、社区发展之间的内在联系，也有助于我们以国家视野对边疆民族和谐、社区建设的路径探索加以研究。本节将重点考察费孝通的"中华民族多元一体格局"理论、亨廷顿的"文明冲突论"和约翰·贝利的文化适应理论。这些理论都对多元文化互动作了很好的阐释，对我们理解和研究多元文化互动具有重要的参考价值。

一、费孝通的"中华民族多元一体格局"理论

我国自古以来就是一个多民族国家。中华民族由 56 个民族构成，作为一个多元化的整体屹立于世界民族之林。中华民族这种多元一体的格局是由著名人类学家、社会学家费孝通先生首次提出的。1988 年 11 月，费孝通先生应邀赴香港中文大学做学术演讲。在演讲中，他提出了"中华民族多元一体格局"的观点："我将把中华民族这个词用来指现在中国疆域里具有民族认同的 11 亿人民。它所包括的 50 多个民族是多元，中华民族是一体。"① 这次演讲引起了当时国内外学术界的普遍关注和广泛好评。

1997 年，费孝通先生又对"中华民族多元一体格局"理论作了进一步的阐述。他指出，中华民族是包括中国境内 56 个民族的民族实体，并不是把 56 个民族加在一起的总称。多元一体格局中，56 个民族是基层，中华民族是高层；汉族是多元基层中的一元，由于它发挥凝聚作用把多元结合成一体，这一体不再是汉族而成了中华民族，一个高层次认同的民族；高层次的认同并不一定取代或排斥低层次的认同，不同层次可以并存不悖，甚至在不同层次的认同基础上可以各自发展原有的特点，形成多语言、多文化的整体。② "中华民族多元一体格局"理论是在长期的民族田野调查研究过程中逐渐形成的，有着深厚的实践土壤和理论意义。可以说，该理论生动地阐释了几千年来我

---

① 费孝通主编：《中华民族多元一体格局》（修订本），中央民族大学出版社 1999 年版，第 3 页。
② 费孝通：《简述我的民族研究经历和思考》，《北京大学学报》1997 年第 2 期。

国各民族之间多元文化互动的现实，体现了我国各民族族际交往关系演化的重要历程，深刻地揭示了民族团结、社会和谐稳定的重要性。

此外，费孝通先生认为，"中华民族多元一体格局"的形成过程有以下几个特点：一是"中华民族多元一体格局"存在着一个凝聚的核心——汉族；二是少数民族中有很大一部分人从事牧业，和汉族主要从事农业形成不同的经济类型；三是汉语已逐渐成为各民族的通用语言，但各民族也有使用自己语言文字的权利，并列入了宪法；四是导致民族融合的具体条件是复杂的，主要是出于社会和经济的需要；五是组成中华民族的成员是众多的，所以说它是个多元的结构；六是中华民族成为一体的过程是逐步完成的。[①] 由以上这些特点我们可以看到，中华民族和中华传统文化是在不断的文化冲突、文化整合、文化变迁、文化分化和文化适应中演变形成的。在中华民族的统一体中，存在着多层次的多元格局。

在 21 世纪的新时代，多元文化互动所表现出的新特点、新趋势、新面貌、新形式、新途径、新手段等还有待我们做长期的田野研究，但费孝通先生的"中华民族多元一体格局"理论始终是我们分析多元文化互动问题的重要立足点和理论基础。

二、亨廷顿的"文明冲突论"

塞缪尔·亨廷顿（Samuel P. Huntington）是美国著名的政治学家、哈佛大学教授。他于 1993 年提出了"文明冲突论"。其主要观点是，人类历史新阶段中的冲突仍是不可避免的。后冷战时代世界主要冲突的根源将不再是意识形态因素或经济因素，主导人类最大纠纷和冲突的因素将是文化上的差异。文明的冲突将成为未来影响全球政治的最主要冲突。

什么是"文明"？亨廷顿认为，"文明是一个文化的实体"，"是民族之间的最高文化组合及最广泛层次的文明认同"。[②] 根据这个定义，他认为，现在

---

① 费孝通主编：《中华民族多元一体格局》（修订本），中央民族大学出版社 1999 年版，第 31—36 页。

② Huntington, "The Coming Clash of Civilizations–or, the West Against the Rest", *The New York Times*, June 6, 1993, Sec. 4, p. 19.

世界上存在八种文明：基督教文明、儒教主要是中华文明、日本文明、伊斯兰文明、印度教文明、斯拉夫即东正教文明、拉丁美洲文明和非洲文明，也就是说，"冷战后时代的世界是一个包含了七个或八个文明的世界"①。

亨廷顿还强调，他本人所属的西方文明要受到所有其他文明的挑战。他认为，随着各国经济现代化及政治民主化的发展，人类的民族国家认同感将逐步消失。文化及宗教力量将日趋增长，并在全球范围内形成一个巨大的"非西方化运动"②。这种运动不可避免地导致文明的冲突。其原因主要在于"文化的共性和差异影响了国家的利益、对抗和联合。世界上最重要的国家绝大多数来自不同的文明，最可能逐步升级为更大规模的战争的地区冲突是那些来自不同文明的集团和国家之间的冲突"③。

总之，亨廷顿的"文明冲突论"为我们重新看待、客观分析当今世界文明提供了新的思路和方法。但是其观点也不无偏颇之处，因为他是站在美国战略发展的角度提出的。世界上有文明的冲突亦有文明的融合、交流、互补、涵化，不能放大文明的冲突而忽视历史上长期的文明进化融合的历史进程，否则何来如今世界上存在的多样化的文明样态？文明的冲突与融合是一个硬币的两面，始终是相辅相成的，有冲突才有融合，融合中存在冲突，在这种不断磨合的过程中，文明才会获得长久的生命力。当前我国提出的"构建人类命运共同体"倡议，正是基于不同文明日益频繁的相互开放包容、交流互动的社会背景，最终是为了实现费孝通先生提出的"各美其美，美人之美，美美与共，天下大同"的理想社会。

三、贝利的文化适应理论

约翰·贝利（John W. Berry）是加拿大著名的心理学家。他认为文化适应是两个或两个以上具有不同文化的群体及其成员在直接的持续接触过程中所

---

① ［美］塞缪尔·亨廷顿：《文明的冲突与世界秩序的重建》，周琪等译，新华出版社 2002 年版，第 8 页。

② Huntington, "The Clash of Civilizations？", *Foreign Affairs*, Summer, Vol.72, No.3, 1993, p. 27.

③ ［美］塞缪尔·亨廷顿：《文明的冲突与世界秩序的重建》，周琪等译，新华出版社 2002 年版，第 8 页。

产生的文化和心理两方面的变化，可能只有某一群体及其成员发生变化，也有可能接触的双方都发生变化。①

依据对文化适应的两大问题即"保护传统文化重要吗"和"适应外围主流社会环境重要吗"的不同回答，贝利总结了四种文化适应策略：一是融合，对两个问题都作出肯定的回答；二是分隔，对第一个问题作出肯定的回答而对第二个问题作出否定的回答；三是同化，对第一个问题作出否定的回答而对第二个问题作出肯定的回答；四是边缘化，对两个问题都作出否定的回答。②事实上，贝利是把保持本民族文化和融入外围主流文化当作两个相对独立的维度，区分了文化适应中少数族裔对主流文化的适应类型。他指出，具有不同文化背景的族群在多元文化社会中所经历的文化适应问题应引起重点关注，因为不同文化背景的群体之间如何和平相处并和谐发展是多元文化国家不可忽视的问题，也是我们课题研究的重点内容。具有不同文化符号系统的族群之间的多元文化互动与融合是当今新时代最重要的研究课题，对于边疆民族社会和谐发展、国家认同、文化认同等都将起到重要的促进作用。贝利的文化适应策略为我们探索少数族裔之间的多元文化互动提供了一个重要的研究视角。

此外，贝利还提出了文化适应理论双维度模型（如图1—1所示）。他认为，融合往往是最理想的文化适应策略，个人既能融入外围主流文化，同时本民族文化也能得以保持；同化策略和分隔策略次之；边缘化是最差的文化适应策略。贝利的文化适应理论涉及文化认同的概念和模式。在个人层面上，文化认同影响着个人的社会身份认同和自我认同，引导着人们热爱和忠实于民族文化，从而保存和光大民族文化，并最终将其纳入个人的价值观这一深层心理结构之中。在社会层面上，文化认同以民族文化为凝聚力，整合和辨识多元文化中的人类群体，成为群体构成的一种类型文化群体。

---

① 李晓：《Berry 文化适应理论及其启示》，《湖北函授大学学报》2014 年第 18 期。
② 陈建、岳福新：《基于 Berry 文化适应理论的"一带一路"战略构想启示》，《现代交际》2016 年第 20 期。

维度 1：保持文化传统和认同

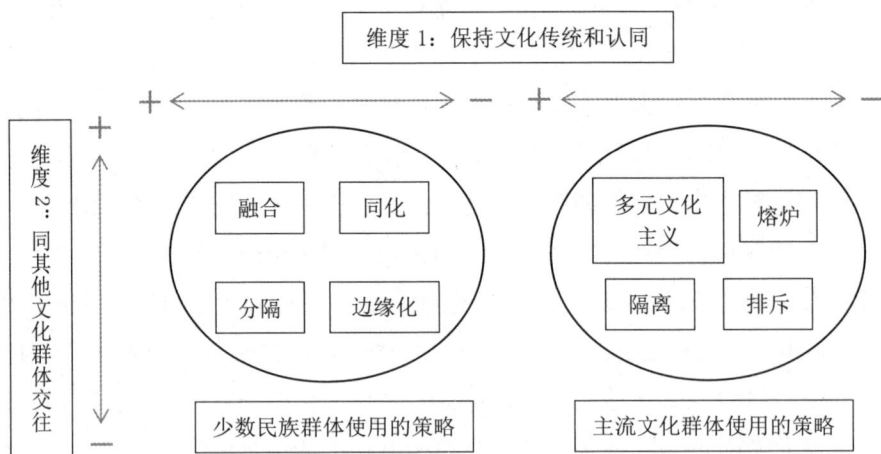

图 1—1　贝利文化适应理论双维度模型 ①

西南边疆少数民族的多元文化互动是各民族之间交往的重要途径和主要内容。在今天，少数民族面对本民族文化与现代文化的冲突与融合，该如何选择民族文化的适应策略，这是值得思考的事情。贝利的文化适应策略和双维度模型为我们提供了很好的研究切入点，为边疆族群的多元文化互动研究提供了一个分析框架。

第二节　实践探索：多元文化互动典型案例

多元文化是多民族、多种族国家的历史产物，是民主化运动的结果。自殖民时期以来，美国的族群问题一直都是一个敏感的话题。20 世纪 60 年代以来，随着族群意识与民权运动的高涨，欧美诸多国家开始意识到各族群的文化与价值，着手构建多元族群关系。加之近年来移民潮风起云涌，移民大量增加，改变了当地社会的人口结构、城市形态及文化风格，因此，近几十年来很多国家非常重视多元文化政策的制定与实施。美国、加拿大、英国、新加坡、澳大利亚等国家，都根据本国的实际情况制定了一系列多元文化政策

---

① J. W. Berry，"A Psychology of Immigrant"，*Journal of Social Issues*，Vol.57，No.3，2001，p. 618.

与法规，它们是世界上比较早地采取文化多样性政策的国家，取得了积极的成效。中国既不是加拿大、美国那样的移民国家，也不是欧洲典型的民族国家，它在历史发展过程中形成了自己的"多元一体格局"。中国的现实与其民族和谐发展目标，决定了中国在处理民族与国家的关系时，既要借鉴外国研究的积极成果和优良的政策经验，更要从中国国情与族情的实际出发，这也便是本节对国外多元文化政策实践进行阐释的重要缘由。限于篇幅，本节主要阐述美国、澳大利亚、新加坡的多元文化政策。

一、美国的多元文化政策

美国是一个移民国家。"多元化"不但塑造了美国的历史，而且成为当今美国社会一个突出的特征。美国文化一直以"熔炉"自称，并一直坚持同化主义的政策。随着第二次世界大战后移民的增加，民族结构的变化，族裔成分不是趋于单一，而是变得更加多元和复杂。黑人和其他族群开始对同化政策进行猛烈的批评并开展政治运动，以便争取政治、经济和文化方面的权利。南欧移民的后裔则希望得到主流社会的关注。这些来自社会各阶层的广泛的政治要求，不断冲击着美国的种族主义，肯定了少数族裔的社会地位和文化权利，使多元文化主义在美国发展起来。根据多元论思想，"美国不再是一个由各种族凝聚成的美国人的大熔炉，而是一个在种族、族裔、民族和宗教等方面都已经变得多元化并仍将持续如此的国家。不同血统的人不会融合在一个社区中，而是在美国土地上保持他们的原始社区，因此美国是一个由众多原始社区组成的整体。"[1] 这一思想促进了美国从联邦到州一级政府所坚持的同化主义模式的松动，并在一些具体措施和计划中采取了较为宽容的多元文化方式。

美国多元文化政策主要体现在联邦政府在教育、就业等领域促进少数族裔等弱势群体发展的政策和措施上。从肯尼迪时期开始，历届政府都对少数族裔的平等权利予以了较多关注，通过行政、立法与司法手段，尤其是实施

---

[1] Richard Munch, *Nation and Citizenship in the Global Age*, New York: Pal grave, 2001, p. 55.

"肯定性行动计划"①，帮助历史上受到不公正待遇的少数族裔与妇女等弱势群体，提高他们的社会与经济地位，促进不同文化之间的接触与沟通。这些政策具有鲜明的多元文化主义的色彩，促进了种族平等和多元文化的共存与发展。政府采取的主要政策和措施如下：

一是在教育政策上，在一系列立法中明显表露了对多元文化教育的支持，从法律、经济与文化教育上改善少数族裔等弱势群体的教育状况。②

二是在经济领域内通过各种措施，切实改善少数族裔与妇女等弱势群体的经济状况。联邦政府与各个州政府都在公共机构中实行增加少数族裔与妇女雇员的政策，联邦政府自身即是推行多元文化政策的榜样。③

美国联邦政府多元文化政策的实施大大提升了少数族裔等弱势群体的政治、经济与社会地位。对美国主流社会来说，多元文化有利于缓和种族矛盾，消除种族歧视所带来的社会分裂的恶果；而对少数族裔与妇女等弱势群体来说，多元文化政策有利于提高他们的社会地位，维护与发扬本民族独特的文化传统。

总之，美国文化之所以繁荣，不仅是因为不同族群的文化滋养、丰富了美利坚文明，也有一部分要归功于政府顺应历史发展潮流，以立法、行政等手段保护和促进少数族裔群体生存和发展的权利。

二、澳大利亚的多元文化政策

1973 年，澳大利亚移民部长格拉斯出访加拿大后发表了《民族大家庭》的演讲和《一个未来的多元文化社会》的声明，正式引入多元文化主义概念。1977 年，民族事务理事会主席朱伯勒斯基主持起草了一份重要报告《作为一个多元文化社会的澳大利亚》，第一次明确概括了多元文化主义的定义及三项基本原则：社会和谐、机会平等、文化认同。朱伯勒斯基因此被澳大利亚人称为"多元文化之父"。1989 年，多元文化事务咨询理事会主席格宝爵士提交

---

① "肯定性行动计划"是指"通过采用某种特别方式补偿历史上的不平等，以支持社会上那些被歧视的和处于不利地位的群体"。

② 周莉萍：《美国多元文化政策初探》，《国际论坛》2005 年第 2 期。

③ 周莉萍：《美国多元文化政策评析》，《宁波大学学报》（人文科学版）2005 年第 3 期。

了一份名为《一个多元文化的澳大利亚的国家议程》的文件，得到两党的一致认可，成为"澳大利亚多元文化社会发展的一块里程碑"①，标志着多元文化政策正式成为澳大利亚的基本国策。

1989 年，澳大利亚政府明确了多元文化政策的原则和定义，概括起来由三个范围、三项限制及八项目标原则组成。由于其内容繁多，格宝爵士将其概括为四个要点，即公民要把澳大利亚的利益和前途放在首位，遵守国家的基本制度和法律；每个人在表达自己独有文化及信仰的同时，必须尊重他人的价值观和文化；在法律、就业、教育、医疗、福利等方面使每个人享有同等的机会；充分利用多元文化资源，尽量发挥每个人的长处。② 由上述内容可以看出，澳大利亚政府的多元文化政策既强调权利又强调义务，在强调各民族政治经济权利的同时更突出了国家利益。

为实施这项政策，政府建立了成套的机构。这些机构大体分为三个层次，一是国家权力机构，如执政党、在野党的议会都有多元文化委员会负责这项工作。二是民间团体，如多元文化基金会、民族社团理事会全国办公室、艺术委员会等。三是社会服务机构，如土著人研究院、特殊广播电视服务局、翻译中心、民族咨询局、特殊语言学校、多元文化健康中心等。③ 这些机构的设立保障了政府多元文化政策的进一步落实，有效推动了多元文化的交流与互动。

可以看出，澳大利亚的多元文化政策尊重差异、保障各种族人民的平等合法政治权利，强调民族文化的多元共存，有效地保护了文化多样性和族群多元性。澳大利亚的这些措施也为其他国家保护民族文化多样性提供了借鉴。

三、新加坡的多元文化政策

自 1965 年 8 月脱离马来西亚正式宣布独立以来，新加坡就是一个多种

---

① Adam Jamrozik, Cathy Boland, Robert Urquhart, *Social Change and Cultural Transformation in Australia*, Melbourne: Cambridge University Press, 1995, p. 102.

② 王铁志、吴金光：《澳大利亚的多元文化政策》，《民族研究》1996 年第 1 期。

③ 吴金光：《澳大利亚多元文化主义的启示》，《广西民族学院学报》（哲学社会科学版）2001 年第 6 期。

族、多民族、多宗教、多语言的国家。面对当时内忧外患的国内国际环境，总理李光耀在新加坡社会各个层面大力推行多元文化政策。新加坡多元文化政策的核心是"一个国家，一个民族，多元文化"。华人、马来人、印度人和其他民族无论大小都同样受到重视。政府要求国民把"新加坡国家"和"新加坡人"的概念放在第一位，在此前提下再发扬本民族文化。各民族虽有差异，但应互助互容，共同奋斗，最终实现多元文化和谐共生的理想。

新加坡多元文化政策包含以下三方面内容：一是"4M 原则"，即多元种族、多元语言、多元文化和多元宗教。二是"CMIO"模式，即新加坡社会是四大族群"华人（Chinese）、马来人（Malays）、印度人（Indians）及其他种族（Others）"的总和。三是"新加坡人"概念，即各族群在保持各自特点的基础上求同存异，组成一个复合民族"新加坡人"，倡导一个国家、一个民族、一种命运。[1] 新加坡多元文化政策的具体内容主要体现在以下几个方面。[2]

一是语言和教育。新加坡尊重各种族语言和文化之间的差异并制定了多语政策，把华语、马来语、泰米尔语和英语确定为官方语言，广播电视、报纸杂志等大众媒介以四种官方语言播送、出版，在内容上也以塑造族际和睦为重点。同时，政府推行强制性的英语和本族母语的双语教学制度，以消除种族间的语言隔阂。

二是国家意识和国家认同。新加坡自独立后便采取多种强有力的措施，大力倡导"一个民族、一个国家、一个新加坡"观念，积极培育人们的国家意识。

三是宗教政策。新加坡从国家生存与安全的战略高度，厉行宗教自由与政教分离的基本原则。一方面实行宗教自由政策，确认新加坡为多宗教国家，鼓励国民信仰宗教、提倡信仰自由。另一方面实行政教分离，禁止宗教团体插手政治。

---

[1] 余建华：《在多元包容中繁荣发展——新加坡民族和睦的成功之举》，《世界经济研究》2003年第10期。

[2] 覃敏健、黄骏：《多元文化互动与新加坡的"和谐社会"建设》，《世界民族》2009年第6期。

可以说，新加坡的多元文化政策取得了显著的效果，为新加坡的经济腾飞作出了非常重要的贡献，也对同为儒家文化圈的我国有一定的启发意义。

第三节　地域考察：西南边疆多元文化互动与民族和谐、社区发展相关研究

西南边疆少数民族众多，是我国重要的少数民族聚居地区之一，仅在云南省境内就有怒、苗、回、彝、傣、景颇、独龙等25个世居少数民族，其中15个是云南省所独有的少数民族。在长期的民族发展历史过程中，少数民族和汉族大杂居小聚居，形成了你中有我、我中有你的生存格局，彼此之间有着紧密的经济文化互动与联系。当然，其中也有短暂时期的文化冲突和矛盾，但从历史长河来看，少数民族和汉族和谐一体、共同发展仍然是主流，彼此已经形成了统一的命运共同体。

按习惯的说法，中国西南有广义与狭义之分。狭义的中国西南指今天的云南省、四川省、贵州省和重庆市。而广义的中国西南则还包括西藏自治区和广西壮族自治区。在传统的西南民族史研究中，常使用狭义的中国西南概念。由于四川盆地汉化时间早，是一个较独特的次区域，所以部分学者甚至不把四川盆地包括在内。方国瑜先生曾说："西南地区的范围即在今云南省，又四川大渡河以南、贵州省贵阳以西，这是汉代至元代我国的一个重要政治区域，西汉为西南夷，魏晋为南中，南朝为宁州，唐为云南安抚司，沿至元代为云南行省，各个时期疆界虽有出入，而大体相同。"[①] 1943年出版的蒋君章的专著《西南经济地理纲要》一书，研究的西南地区包括四川、云南、贵州等省和广西壮族自治区。现在，一般从经济地理的角度来说，西南地区主要指的是云南、贵州、四川、重庆三省一市。在本书中，持狭义的西南地区之说，但为了研究的方便，所涉及西南地区则主要以云南省为主，其他省区为辅。云南作为地处我国西南边疆、周边形势复杂的多民族省份，是边疆少

---

① 方国瑜：《中国西南历史地理考释》上，中华书局1987年版，第1页。

数民族聚居区和谐发展的典型。在以建设民族团结进步、边疆繁荣稳定的示范区为平台和契机的资源整合中，云南各民族群体的主体性被充分尊重，民族关系日益和谐。

从族际互动的角度来说，秦汉以后，西南民族的发展和汉民族的发展有了一种互动，在西南地区长期生活的各民族之间的互动则更为久远。从地理环境上来看，西南地区有突出的区域性特征，是中华民族生存空间的一个组成部分。西南民族在适应自然生态环境的过程中创造了有别于其他区域的生存方式和文化类型。正是这些区域性特点，使费孝通先生所提出的"中华民族多元一体格局"中的"中华一体"表现出了多元、多区域历史发展的不平衡性，同时又使区域性文化在历史发展中去寻找最具凝聚力的文化，这一点可以具体化为中华民族在局部的统一中去追求更大的统一，也是中国各民族在漫长的历史过程中多元文化互动的结果。

有关西南边疆特别是云南的民族多元文化互动的研究资料浩繁，涉及政治、经济、文化、教育、历史、地理等各领域、各层面，这主要是因为云南省在全国来说具有独特而又丰富的民族资源、文化资源等。目前，大量的相关研究主要是从民族学、社会学、人类学等角度对多元文化互动进行考察和实践探索。

一、宏观层面的西南边疆多元文化互动研究

从宏观上来说，西南边疆多元文化互动研究主要聚焦政治、经济、文化等层面。

云南与缅甸、越南、老挝等周边国家接壤，有 16 个跨境而居的少数民族。长期以来，跨境民族之间基于族缘和亲缘纽带，在婚姻、劳作、语言文字、节日、宗教、教育、学术、新闻媒体、政府联谊和演艺等多个领域存在广泛的交流和互动。跨境民族文化交流互动总体上有利于边疆地区的繁荣稳定，但同时也面临一些问题和隐忧。郭家骥从跨境民族研究的视角建议将"文化兴边、文化睦邻"确立为边疆文化发展战略，用经济社会发展的硬实力来支撑文化软实力的繁荣发展，将文化兴边确立为"兴边富民行动"的重要内容，积极开展民族宗教文化交流，妥善处置跨境民族婚姻带来

的问题。①

　　杨文顺等认为，民族的多样性决定了文化的多样性，云南多样的民族文化具有和谐的特质，这为云南和谐社会构建提供了有利的思想根基和精神滋养，是云南实现社会和谐的独特优势。② 杨文顺等指出，对云南民族文化多样性与和谐社会构建互动关系进行研究，旨在分析云南民族文化的特点，探寻其多样文化与和谐社会良性互动的规律与实现途径，最终为构建社会主义和谐社会、促进云南民族文化发展繁荣做出有益探索。

　　王月娥等立足城镇经济建设的视角，认为随着西部大开发的进一步深入，民族文化正日益成为西部城市经济生产力要素中的重要角色。"文化立市、文化兴城"逐步成为西部城市化建设的有效途径。王月娥等提出了西部城市化建设与民族文化互动策略，指出在西部城市化建设中，要以优势传统文化为主线，注重城市特色建设：首先，突出城市文化特色；其次，充分挖掘民族文化资源；再次，打造文化品牌，增强城市可持续发展能力。③

　　詹建波等认为，少数民族地区经济和民族文化之间具有相互渗透、相互促进的关系，可以进行合理的调整，使它们之间达到平衡状态。经过一定时期的发展，少数民族地区经济和文化的发展在一定程度上得到提升，但是总体的发展状况仍然比较落后，地区和民族之间发展的差距比较大，经济和民族文化发展极其不协调。④

　　纵观以上研究，诸多学者从政治、经济、文化等视角对多元文化的互动与民族关系、民族融合、民族发展等作出了积极的探索和研究。这其中，探讨最多的是民族多元文化互动如何适应地方经济发展、文化融合、政治稳定等领域。

---

① 郭家骥：《云南周边跨境民族文化交流互动与边疆繁荣稳定》，《云南社会科学》2015 年第 6 期。

② 杨文顺、高路：《云南民族文化多样性与和谐社会构建互动关系研究》，《云南行政学院学报》2011 年第 1 期。

③ 王月娥、漆晓慧：《西部城市化建设与民族文化互动研究》，《民族论坛》2004 年第 12 期。

④ 詹建波、杨奇峰：《中国少数民族地区经济与民族文化互动发展机制研究》，《财经界》2016 年第 35 期。

二、微观层面的西南边疆多元文化互动研究

从微观上来看，西南边疆多元文化互动的相关研究主要涉及以下几个具体的少数民族调查研究。

（一）云南民族村寨调查研究

2000 年 1—2 月，云南大学组织了"跨世纪云南少数民族调查"研究。调查对象"确定为人口在 5000 人以上的云南少数民族，而把分析单位确定为少数民族农村小型社区，即每一个少数民族选择一个村寨或行政村、乡镇作为典型，进行深入、全面的社区调查"①。少数民族村寨属于小型社区，尽管规模小，却完整地包含"社"（社会生活）和"区"（人群地域分布与聚集）的基本内容和相互关系。因此，云南大学"跨世纪云南少数民族调查"确定以村寨作为调查单位，组织了一支由 140 余人组成的 25 个民族调查组和 1 个遗传信息调查组，对人口在 5000 人以上的云南 25 个少数民族②进行了田野调查。调查组采用现代人类学通行的小型社区调查的方法，即从每个民族聚居区中各选择一个典型性的村寨进行重点调查。

在上述研究的基础上，高发元教授主编了"云南民族村寨调查"研究丛书（云南大学出版社 2001 年版）。该丛书是对云南 25 个少数民族村寨的全面调查材料，包括各民族村寨的人口、经济、文化、政治、社会、法律、婚姻家庭、教育、宗教、科技、卫生、生态等方面的内容。其中，每个民族的调查内容都很丰富，且各民族村寨都存在频繁的族际文化互动。可以说，这套"云南民族村寨调查"研究丛书是 25 个少数民族的民族志，完整地展现了 25 个民族的全貌，全景式展示了 25 个少数民族多元文化互动在诸多领域的反映，对我们了解这些民族的前世今生和规划今后民族生计发展极具参考价值。

（二）中国白族村落影像文化志研究

中国白族聚居地云南大理曾是西南地区的一个政治经济文化中心。东西

---

① 高发元主编：《跨世纪的思考——民族调查专题研究》，云南大学出版社 2001 年版，第 6—7 页。

② 调查的这 25 个少数民族是：彝、白、傣、哈尼、壮、苗、傈僳、回、拉祜、佤、纳西、瑶、景颇、藏、布朗、布依、阿昌、普米、怒、基诺、德昂、蒙古、水、满和独龙。

走向的南方陆上丝绸之路和南北走向的茶马古道在此交汇，经济文化交流活动极为频繁。正是这一特殊的人文地理位置，大理在历史上曾上演了无数壮伟而鲜活的史剧，在文化上作出了特殊贡献，① 也因此成为滇西地区白、纳西、藏、苗、回、汉各个民族贸易往来、婚丧嫁娶、传统风俗等文化互动的重要"场域"。

《中国白族村落影像文化志》是运用人类学影像民族志的研究方法呈现大理白族人日常生活的一套丛书。该套丛书由光明日报出版社于 2012 年至 2014 年出版，共包括 30 册，如赵启燕著的《秀邑村——中国白族村落影像文化志》（2012 年 10 月）、李世武著的《洱海村——中国白族村落影像文化志》（2013 年 8 月）和吴晓琳著的《西中村——中国白族村落影像文化志》（2014 年 4 月）等。每本书都包括某村寨的基本状况、发展历史、方位示意图、村寨全景图、村寨全家福等内容，主要围绕一个能够体现村寨特色的主题展开。每本书中的婚丧嫁娶、节日礼仪、风俗习惯、建筑格局、经济贸易和政治民生等，均为一幅幅生动的多元文化互动场景，使人从中感受到民族文化交流的频繁与多元。

（三）云南莽人的研究

莽人是一个跨境而居的山地族群。据统计，中国境内的莽人不足 800 人，主要生活在云南省金平苗族瑶族傣族自治县金水河镇。在 20 世纪 50 年代前，莽人被统治阶级压迫和歧视。新中国成立后，在党和政府的关心下，金平县的莽人与周边民族开始有了接触。到了 20 世纪八九十年代后，通过与各民族的交往，莽人已逐渐认同和接纳其他民族的风俗习惯等，与不同民族的人民相互帮助，共同繁荣进步，彼此之间建立起深厚的民族情感。

有关莽人的近期研究中，方明以莽人的信仰体系为中心，阐述了莽人的岁时祭仪、生命仪礼和疫病防治仪式等，为我们呈现了莽人的文化图像。在此基础上，该研究探讨莽人仪式的实践逻辑，指出通过仪式莽人实现与鬼魂的交换，以求免除病变灾祸；通过人与人之间的仪式实现物质交换、情感交换、礼物交换等，形成以血缘、地缘、姻缘为基础的互动互助网络，建立荣

---

① 邓启耀：《大理：亚洲文化十字路口的古都》，《山茶·人文地理》1999 年第 1 期。

辱与共的道德责任合作机制。① 该书对莽人的研究以讨论莽人的社会文化变迁为主题，揭示出莽人社会中仪式的核心在于"交换"，而"交换"主要发生的活动场域存在着大量的文化互动。

以上几个代表性研究都是从单一民族的角度所作的微观研究，可以说对每个民族的婚丧嫁娶、日常生活、节日、文化习俗、手工技艺等都进行了细致入微的研究，同时也展现出与生活区域周边民族的互动关系。这为我们开展西南边疆多元文化互动与民族和谐、社区发展研究提供了有益的参考和借鉴。

──────────○ 冲突与融合：多元文化互动曲折前行 ○──────────

本章基于全球视野下的民族多元文化交流的历史发展进程，从理论梳理、实践探索和地域考察三个层面，考察了多元文化互动的全球及地域概况。

从本章的内容可以看出，历史上相当长的时期都处在文化冲突、文化侵袭的阶段，致使人类社会中的民族交往出现隔阂，也给民族国家的独立发展制造了障碍。时至今日，中东地区、巴尔干半岛、非洲诸多欠发达国家、南美洲等地区仍然处于民族冲突中。可以说，民族多元文化互动一直都是在磕磕绊绊中曲折前行的。另一方面，从全球角度来说，21世纪是一个世界多元文化互动与融合的世纪。实际上，在任何条件下，文化的一体化和文化的民族化都是互相依存、互为条件的。各民族文化的融合不是一种单一的、一元的文化专制统治，而是多元文化互动所形成的一种关系中华民族生存和发展的共同价值趋向和价值追求，最终形成一种相互包容、相互借鉴的新的多元文化格局。② 目前，全球化、地方化、信息化等浪潮正在席卷整个世界，在这样一种文化环境下，文化的世界化、民族化和本土化是共生的，互为存在条件。与此同时，族际文化互动、民族文化的转型与传承都面临着严峻的考验，

---

① 方明：《莽人的社会文化变迁——基于仪式的人类学研究》，中国社会科学出版社2017年版，第261—269页。

② 切排：《河西走廊多民族和平杂居与发展态势研究》，民族出版社2009年版，第243页。

在全球多元文化互动的背景下，我们迫切需要构建民族文化认同与国家认同。然而，全球化在一定程度上消解了民族国家的传统力量，同时促进了事物本土化的发展，凸显出本土的身份意识，造成民族的分离和分化，国家的政治支配形式和政权的合法性受到削弱，国家不再必须是认同的最终落脚点。[①] 因此，在全球化不断扩展和深入发展的时代背景下，促进族际文化互动、多元文化互动仍将是一个艰巨的时代重任。[②]

综上所述，文化冲突与文化融合是民族文化发展过程中两个辩证统一的矛盾方面，它们是既对立又统一的，是人类文化不断发展和进步的源泉和直接动力。由文化交流和传播引发的文化冲突和对抗是一种普遍现象。文化的冲突是必然会发生的，在冲突过程中有融合，在融合过程中亦有冲突，但从长期来看，文化融合是民族文化发展和进步的主流。

---

① 马富英：《全球化背景下跨界民族的国家认同建构》，《贵州民族研究》2014年第6期。
② 张飞、曹能秀、张振飞：《文化互动、族际文化互动与多元文化互动之辨》，《重庆科技学院学报》（社会科学版）2017年第2期。

第二章 理论建构:"五层空间" 多元文化互动理论

自古以来我国就是一个多民族融合的国家,各民族文化和谐交融、共同繁荣发展是大势所趋、人心所向。我国又是一个民主集中制国家,在行政上采取从中央到地方的管理模式,因此形成了国家、区域、社区(或乡镇)、村落和学校这样一种从宏观到微观的空间关系,这种空间关系不仅仅是一种政治空间关系、管理空间关系,更是一种多元文化空间关系。我国独特的多元文化互动现状及其发展需求,使我们亟须加强对多元文化互动尤其是边疆多元文化互动的研究,提供符合我国多民族多元文化发展需要的理论指导。然而,纵观已有研究,我国不仅缺乏对多元文化互动理论的研究,也缺乏对已有研究的总结、归纳和提炼。由于地域文化背景、国家和民族的历史以及现实基础的不同,国外的相关理论尽管对我国的多元文化互动理论和实践具有一定的借鉴意义,但终归难以做到"因地制宜"。因此,我国多元文化互动理论研究亟须加强,以指导我国多元文化互动实践,引领我国多元文化互动发展。鉴于此,我们将在本章尝试提出本土化的多元文化互动理论架构——"五层空间"多元文化互动理论。

"五层空间"多元文化互动理论的核心是"一体两翼"多元文化在时空中的互动,目标指向民族和谐、社区发展。本章第一节主要阐述"五层空间"关系系统,"一体两翼"多元文化互动的含义、目标与内容,以及"六维互动"的具体内容和方式;第二节重点论述"五层空间"多元文化互动的时空统一性，分别从时空一贯、时空错位和节点分析三个方面分析多元文化互动的时空一致性、时空差异性和重要时空节点对多元文化互动的意义；第三节重点建构"五层空间"多元文化互动理论，通过"玲珑塔"模型进行多元文化互动理论解析，并阐述"玲珑塔"多元文化互动模型的运行机制和保障机制。

第一节　内涵分析："五层空间"多元文化互动内涵

一、"五层空间"：多元文化互动空间的系统分析

系统论认为，社会是一个自组织系统，其自身能够实现物质与能量的交换。斯宾塞将社会视为一个超机体，这个超机体由各部分有机组成。从空间上看，它包括国家、区域、社区（或乡镇）、村落、学校等层面；从构成有机体的要素上看，包括经济、政治、文化、军事、科技、法律、习俗、道德、民族、教育等及相应的组织制度。它们相互作用，相辅相成，共同构成社会有机体。

（一）"五层空间"内涵

"五层空间"，是指国家、区域、社区（或乡镇）、村落和学校这五个空间层面。"国家"以国界为界线。"区域"主要指省、自治区和直辖市等行政区域，但区域包括大区域和小区域，如云南省可以视为一个大区域，昆明市也可以视为一个大区域，其下有更小的区域，因此区域是一个相对概念。"乡镇"根据国家的行政划分而定。"社区"是宏观社会的缩影，是指由居住在某一地方的人们结成多种社会关系和社会群体，从事多种社会活动所构成的社会地域生活共同体。① 所以，社区是蕴含社会关系的空间概念。"聚落"一词，中国起源甚早。《史记·五帝本纪》中有"一年而所居成聚，二年成邑，三年成都"。其注释中称："聚，谓村落也。"《汉书·沟洫志》："或久无害，稍筑室宅，遂成聚落。""村落"是"农村居民与周围自然、经济、社会和文化环境

---

① 傅思道：《社区工作基础知识100答》，中国青年出版社2001年版，第2页。

相互作用的现象与过程"①，是"农村人群的聚居地。从生态学角度来看，村落是以农村人群为核心，伴生生物为主要生物群落，建筑设施为重要栖息环境的人工生态系统"②，与我国行政村的划分有一定关系，但不相同，有时多个小村落组成一个行政村，有时一个大村落有多个行政村。村落与行政村的关系，要根据村落的大小而定。"一般所称的村落系指自然村落。村落狭义系指单一自然村落生态系统，广义系指区域自然村落形成的系统"③。"学校"是有目的、有计划、有组织地对人进行教育的场所。

（二）"五层空间"的相互关系

"五层空间"是由相互依存、相互联系的五个层面构成的整体，是从空间角度进行的实体划分。从宏观到微观层面，"五层空间"分别是国家、区域、社区（或乡镇）、村落和学校。

从地区空间角度看，"五层空间"关系是包含与被包含的关系，其中国家空间最大，学校空间最小。从文化空间角度看，一般而言，下一级空间是上一级空间的缩影，如区域文化是国家文化的缩影，社区或乡镇文化是区域文化的缩影，村落文化是社区或乡镇文化的缩影，学校文化是村落文化的缩影。需要特别指出的是，现代学校教育和社区同时也是整个国家文化和社会生活的缩影。

因此，"五层空间"之间既有紧密的联系，又有差异。"五层空间"文化差异非常明显则说明文化的差异性大，多元文化互动还处于起步阶段，实现多元文化的良性互动比较困难；"五层空间"文化差异缩小，你中有我，我中有你，则说明文化差异不明显或已经实现各种文化的和谐交融、共生，能较好地实现多元文化的良性互动。但"五层空间"多元文化的良性互动还有赖于外部环境，如国家文化导向、重大决策、市场经济发展、政治环境等方面。从我国整体文化环境来看，西南边疆是多民族地区，有25个民族共同生活在这块土地上，文化差异明显，因此要实现西南边疆的多元文化良性互动，任

---

① 朱晓翔、朱纪广、乔家君：《国内乡村聚落研究进展与展望》，《人文地理》2016年第1期。

② 王智平、安萍：《村落生态系统的概念及特征》，《生态学杂志》1995年第1期。

③ 同上。

重而道远。

（三）"五层空间"中的多元文化互动

"五层空间"的相互关系，不仅仅是一种地理空间关系，更是一种文化空间关系，其本质是多元文化的互动，即"五层空间"之间及每层空间内部的多元文化互动关系。

"五层空间"本身是一个自组织系统，因此首先是整体的多元文化空间关系。其次，"五层空间"可以划分为五个层次相对独立的空间关系，每一个相对空间都是一个相对独立的多元文化互动系统，因此，要重视每一相对独立空间的多元文化互动关系。第三，部分处于整体之中，整体的功能往往大于各部分功能之和。必须把各相对独立空间的多元文化互动关系置于"五层空间"整体之中，才能保障"五层空间"多元文化互动的整体和谐。第四，基于相对空间有相对空间的多元文化互动关系，而相对空间的多元文化互动关系必须纳入整体空间的多元文化互动关系之中，因此，整体和局部之间存在多元文化互动的共性和差异性，甚至存在矛盾和冲突。多元文化互动关系中相对空间和整体空间关系需要一个共同的多元文化互动价值理念来统摄，就我国而言，这个共同的价值理念就是多元一体的价值理念。多元一体是我国多元文化互动最根本的价值理念。

二、"一体两翼"：多元文化互动场域的特色分析

"一体两翼"是指"五层空间"中的社区（或乡镇）、村落和学校组成的多元文化互动空间，其中学校为主体，社区（或乡镇）和村落为两翼，形成以学校为核心的三层空间多元文化互动关系。

（一）"一体两翼"多元文化互动的含义

"一体两翼"多元文化互动是指学校、社区（或乡镇）和村落之间的文化互动，主要包括五个方面：第一，学校所代表的现代文化与社区（或乡镇）、村落所代表的地方文化之间的互动；第二，学校作为现代文化的传播场所，是怎样在学校教育过程中融合社区（或乡镇）、村落的当地文化的；第三，社区（或乡镇）、村落是怎样以当地的文化影响学校文化的；第四，学校、社区（或乡镇）和村落文化是怎样实现融合、发展、良性互动的，即三者之间的文

化输出与输入关系是怎样的；第五，"一体两翼"多元文化互动过程中，怎样观照区域和国家文化，以实现"三层空间"多元文化互动与"五层空间"多元文化互动的协调。

（二）"一体两翼"多元文化互动的目标

"一体两翼"多元文化互动的总体目标是实现民族和谐、社区发展，实现社会稳定、文化繁荣。总体目标可以细分为三个层次：宏观上，实现民族和谐；中观上，实现社区、乡镇、村落文化良性互动；微观上，通过多元文化的共生、交融，实现个体的发展，把个体培养成具有多元文化适应能力的人。

（三）"一体两翼"多元文化互动的内容

1. 多元文化互动的一般层面

关于文化的概念，目前没有统一的界定。一般认为，最经典的是英国人类学家泰勒（Taylor, E.B）1871 年在《原始文化》中对文化的界定："文化，就其在民族志中的广义而言，是一个复合的整体，它包含知识、信仰、艺术、道德、习俗和个人作为社会成员所必需的其他能力及习惯。"① 马林诺夫斯基把文化分为器物层面、组织层面和精神层面三个层次。② 当前，我们一般把文化概括为物质文化、精神文化、制度文化三个层面，其中精神文化是文化内核。还有学者认为，应在三分法的基础上增加到五分法，即把文化分为物质文化、精神文化、制度文化、组织文化、行为文化等。

文化互动是不同文化之间的接触、冲突与融合的过程。文化互动的起点是接触，文化互动的结果是冲突或融合。冲突的结果是一种文化战胜另一种文化，或同归于尽。融合的结果是文化之间的借鉴、共生、共荣，体现为多种文化间的相互包容、相互吸收。多元文化互动的理想是实现多种文化之间的对话与融合。

从多元文化互动的一般层面上，我们认为多元文化互动的内容包括以下几个方面：物质文化互动、精神文化互动、制度文化互动、组织文化互动和行为文化互动。

---

① 李鹏程主编：《当代西方文化新词典（文化条目）》，吉林人民出版社 2003 年版，第 307 页。
② ［英］马林诺夫斯基：《文化论》，费孝通等译，中国民间文艺出版社 1987 年版，第 4—9 页。

2."一体两翼"联动内容的关注点

"一体两翼"的联动，是指社区（或乡镇）、村落和学校之间的多元文化互动。具体到这三者之间的多元文化互动内容，我们认为包括三个方面的关注点：第一，三者之间的多元文化互动；第二，社区（或乡镇）与学校、村落与学校、社区（或乡镇）与村落之间的多元文化互动；第三，每一主体内部的多元文化互动，包括社区（或乡镇）内部、村落内部和学校内部。"一体两翼"联动的具体内容应该围绕这些关注点展开。

"一体两翼"多元文化互动的具体内容包括多元文化互动一般层面的五个方面。但这五个方面并非面面俱到，而是依据各种文化之间的共性和差异性而侧重于某一个方面或某几个方面。

3."一体两翼"多元文化互动内容的侧重点

（1）社区（或乡镇）与学校

社区与学校多元文化互动内容的侧重点是：第一，学校文化怎样融合社区（或乡镇）文化，并发挥学校文化的优势影响社区（或乡镇）文化；第二，社区（或乡镇）文化能够为学校文化提供怎样的资源，让学校文化更好地融入当地文化；第三，社区（或乡镇）文化与学校文化的冲突或融合是怎样的；第四，个体在社区（或乡镇）与学校的多元文化互动中所发挥的作用；第五，相应的组织机构或部门在社区（或乡镇）与学校的多元文化互动中所发挥的作用。

（2）村落与学校

村落与学校多元文化互动内容的侧重点是：第一，学校文化怎样融合村落文化，并发挥学校文化的优势影响村落文化；第二，村落文化能够为学校文化提供怎样的资源，让学校文化更好地融入当地文化；第三，村落文化与学校文化的冲突或融合是怎样的；第四，个体在村落与学校的多元文化互动中所发挥的作用；第五，相应的组织机构或部门在村落与学校的多元文化互动中所发挥的作用；第六，村落文化中有哪些特殊的文化和文化群体会影响村落与学校的多元文化互动。

（3）社区（或乡镇）与村落

社区（或乡镇）与村落都是人们生活和活动的聚居场所，存在明显的文化交融。社区（或乡镇）与村落多元文化互动内容的侧重点是：第一，社区（或乡镇）与村落存在哪些文化的共性，它们之间的差异性是什么；第二，在人们的日常生活中，社区（或乡镇）与村落多元文化互动的途径有哪些；第三，社区（或乡镇）与村落多元文化互动的重要事件分析，如赶集日等；第四，社区（或乡镇）与村落多元文化互动中的影响因素分析；第五，社区（或乡镇）与村落的多元文化互动中，个体和群体的行为；第六，相关组织和部门在社区（或乡镇）与村落的多元文化互动中发挥的作用。

三、"六维解析"：多元文化互动的维度分析

所谓"六维"，又称"六维度"，是指多元文化互动的意愿、目标、内容、形态、路径、效果这六个方面。这是"五层空间"多元文化互动的具体内容。对"六维度"的分析，能够真实具体地展现"五层空间"多元文化互动的具体状况和存在的问题。"五层空间"的每一个层面都存在"六维度"。通过对"五层空间""六维度"多元文化互动的分析，可以探知"五层空间"多元文化互动的整体状况、局部状况、相互关系和存在的问题等，因此，六维多元文化互动的分析应该是具体的、详细的，是至关重要的。

（一）内涵分析

如上所述，"六维"的内涵包括多元文化互动的意愿、目标、内容、形态、路径、效果。这六个维度既相对独立，又共同构成一个整体，共同反映每一层面完整的多元文化互动状况。

首先，多元文化互动的"意愿"维度。意愿是整个"六维度"互动链条的起始点，直接影响多元文化互动的目标与内容的制定，以及多元文化互动的形态与路径的选择，依据意愿合乎事实与价值的程度，可以预测多元文化互动的效果。合乎事实与价值的多元文化互动意愿，能达成较好的多元文化互动效果；违背事实与价值的多元文化互动意愿，将使多元文化互动难见成效。多元文化互动意愿的主体包括政府、群体和个人三方。政府作为最具有统摄力的主体必须协调好三方的关系，才能在合乎事实与价值的基础上提出合理的多元文化互动意愿；群体作为影响多元文化互动最复杂的因素，是政府统摄多元文化互动事实与价值、提出合理意愿的最重要影响

因素；个体作为群体的成员之一，既是一个独立的个体，更是群体中的个体，其功能的发挥往往依赖于群体的力量。因此，归根结底，合乎事实与价值的多元文化互动意愿的确立，需要处理好国家认同与各群体差异之间的关系，要将群体和个体对国家的认同与对群体的认同统一协调起来。也就是要建立习近平总书记在十九大报告中所说的"中华民族共同体"。这个"中华民族共同体"是建立在中华民族多元一体文化格局基础之上的。多元一体，必须强调一体的文化统摄力。多元可以认为是群体和个体的多元，一体可以认为是政府（或国家）层面在统摄多元的基础上，确立的合乎多元文化互动事实与价值的"文化核心"，如中华核心文化、社会主义核心价值观等具有普适指导意义，能够团结和凝聚群体与个体的那股文化力量。中华核心文化是 56 个民族的核心文化，是整个中华民族认可的文化。目前，"中华核心文化"的概念还不够明确，我们还需要挖掘和总结这种统摄全局的中华文化力量，深入研究其内涵和具体内容。多元文化互动的"意愿"还需要到中华核心文化中寻找答案。

其次，多元文化互动的"目标"维度。目标源于意愿，是意愿的具体化。目标必须是具体的、符合意愿的、可操作的。多元文化互动的目标制定要考虑长期目标、中期目标和短期目标，其中最重要的是长期目标。多民族共存、各民族文化融合是我国多元文化互动的总体趋势。中华民族今天的文化格局正是数千年来各民族文化融合的结果，我们有共同的文化核心和共同的价值追求，这是我国多元文化互动的优势所在。但各民族文化又有自己的独特性，在文化互动、民族融合的过程中，各民族有权保持自己文化的独立性和传统的延续性。因此，多元文化互动的目标制定要遵循"统摄分层"的原则，所谓"统摄"就是以多元一体的多元文化目标实现为总原则，多元不是分离，而是统一于一体；所谓"分层"原则，即依据不同民族的文化特点，多元文化的互动应有各自的特点和侧重点。

第三，多元文化互动的"内容"维度。多元文化互动的目标是具体的，但内容是多样的。应在明确多元文化互动目标的基础上，确立明确的多元文化互动内容。多元文化互动的内容除了应遵循"统摄分层"的原则，还应遵循"多样性"和"差异性"并存的原则。各民族的文化各有特点，各民族的文化认同度各有差异,唯有多样性和差异性才能保障文化互动的多元性。因此,区域的多元文化互动,特别是民族地区的多元文化互动,必须依托民族文化的特点,梳理民族核心文化和核心价值观念,总结和归纳多元文化互动的核心内容,将多元文化互动内容渗透到日常文化生活和学校教育中,实现多元文化互动内容的传统与现代的统一、国家认同和族群差异的统一。

第四,多元文化互动的"形态"维度。所谓多元文化互动的形态,是指多元文化互动的存在状态,它包括某区域多元文化互动呈现出来的状况,也包括多元文化互动的"氛围"。前者是有形的,主要指物质流动、人际流动等方面的多元互动,如贸易活动、教育活动、节日活动等。后者是无形的,主要指信息和"氛围"的传播,此"氛围"指多元文化互动过程中所形成的"文化"——多元文化互动"文化",就个体或群体而言,它是一种个体融入其中的"感受"。积极的多元文化互动能给群体和个体和谐、开放、包容、理解、轻松、愉快、进步、向上的积极感受,而不是相反。这种"形态"可以借用"生态"一词来概括。多元文化互动的理想形态是"生态"的。

第五,多元文化互动的"路径"维度。多元文化互动的路径是指实现多元文化良性互动的途径和具体措施。途径是"纲",具体措施是"目",如通过挖掘少数民族传统节日文化中的积极因子,增强少数民族同胞对自身民族文化的认同感,通过宽松的民族文化政策实现各民族之间的文化理解和文化交融,这是途径。而具体措施就是怎么做的问题,如开发节日文化旅游业、各民族节日共庆活动、传统节日中的互市活动、学校举办的少数民族节日欢庆活动等围绕挖掘少数民族传统节日文化而展开的多元文化互动。

第六,多元文化互动的"效果"维度。效果既是多元文化"互动链条"的终点,也是新的起点。多元文化互动从来就不是单线的,也不是机械循环的,而是多线而有机循环的。良性多元文化互动的总体趋势应该是稳步推进和螺旋上升的过程。多元文化互动的效果不仅是一个"结果",更是一个"过程"。"效果"是"过程"的必然结果,"效果"也是调整"过程"的必要参照。因此,多元文化互动的效果应放在整个"互动链条"中予以观照。事实上,多元文化互动六维度的"互动链条"本身就是一种动态、有机的相互关系,我们将在下文对这种关系作进一步阐述。

（二）关系分析

"六维度"之间是相互联系、相互制约、互为条件、互相转化、良性互动的关系。具体表现为"六维度"沿着相应的路径，环环相扣，形成一个完整的链条，即多元文化互动的意愿—目标—内容—形态—路径—效果—新意愿 1—新目标 1……新效果 1—新意愿 2—新目标 2……新效果 2—……如果用图形来表示，它们之间形成一个循环往复、不断变化的六边形。在这个六边形中，每两个维度之间也是相互联系的，体现为六边形每一个点通过与其他五点的连线而建立起相互关系。它们相互影响、相互制约，如意愿影响目标，目标影响内容。它们又互为条件，如明确、合理的多元文化互动目标是制定多元文化互动内容的前提条件，有效的多元文化路径是实现良好多元文化互动效果的前提条件，多元文化互动意愿、目标、内容、形态和路径都是多元文化互动实现良性互动的前提条件。它们之间相互转化，如共同的意愿可以凝练出目标，目标可以反映多元文化互动的意愿；目标可以转化为内容，内容可以凝练出目标。六个维度综合、复杂地相互作用，最终共同推动多元文化良性互动的实现。

（三）价值导向

"六维度"多元文化互动的价值取向是实现文化的一体多元与和谐共生。通过"六维度"多元文化互动的关系分析我们发现，"六维度"本身构成了多元文化互动的完整整体，体现了"五层空间"多元文化互动的整体性，从每一个层面考察，每一个层面的多元文化互动也是独立而完整的。这体现了多元文化互动的整体观照。良性的多元文化互动一定是整体的，片面的多元文化互动无法实现整体的和谐。因此，"五层空间"多元文化互动是一个整体，而整体包含局部，包含文化的多元互动，这种互动是平等对话，是共生共荣，这就是多元一体与和谐共生。

需要说明的是，所谓一体，不仅仅是空间上的整体性、文化互动上的整体性，还体现在文化内核上的主体性，即以什么贯穿整个多元文化互动，以什么方式实现多元文化作为一个密不可分的整体。如果说多元文化就像一颗颗散落的珍珠，那么一体就是将所有这些散落的珍珠有序贯穿起来的金线。这根主线就是一个国家或一个民族的核心文化，是所有民族共同信仰、共同遵守、共同认同的文化。我们认为社会主义核心价值观、中华民族优秀传统文化都是这样的文化内核。它发挥凝聚所有民族、所有文化的一体作用，将各种文化融合在一体之中，使之有一个共同的文化"内核"。

第二节 时空观照："五层空间"多元文化互动时空

"五层空间"多元文化互动，不是静态空间的多元文化互动，而是动态空间的多元文化互动。"五层空间"多元文化互动的动态空间关系即时空关系，包括三层含义：

第一，"五层空间"是时空观照下的空间。"五层空间"的关系是相对的、动态的，从宏观到微观，分别是国家、区域、社区（或乡镇）、村落和学校，前者包含后者。例如，学校与村落和社区（或乡镇）的关系最为密切，但是学校是国家意志的体现，学校的办学方针、政策都与国家的政治、经济、文化相吻合；而国家的政治、经济和文化等是相对稳定而动态变化的。此外，每一层空间都是相对独立的空间，但每一层空间的变化都会影响其他各层的空间关系和整体的空间关系，因此，"五层空间"的空间关系也是相对稳定而动态变化的。上下四方谓之空间，古往今来谓之时间。没有什么是静止不动的，动则时间产生，因此动态变化就是时间，而时间与空间从来都是不可分割的整体。

第二，"五层空间"多元文化互动是时空观照下的多元文化互动。"五层空间"是时空观照下的空间，同样，"五层空间"多元文化互动也是时空观照下的多元文化互动。首先，文化本身是动态发展的，因此文化互动肯定也是动态的。其次，文化是空间中的文化，空间是承载文化的空间，空间的相对稳定与动态变化必然影响文化的相对稳定和动态变化。人文地理学的"人地关系"发展变化充分说明了这一点：从文化的环境决定论到可能论、或然论，再到协调论，反映的正是文化与空间的变化关系。此外，文化互动本身就已经蕴含了文化的动态变化之意。文化只要相互接触，就一定会产生互动。互动是一种变化关系，变化是发生在时空中的变化。

第三，"五层空间"多元文化互动只有处于时空观照下才是有意义的。首先，在时间关系中才能够了解多元文化互动的产生、发展与变化，在时间关系中才能够真正实现多元文化的良性互动。其次，只有在特定的空间关系中，多元文化的互动才能被理解。任何多元文化互动都是在特定的空间中产生、发展和变化的，也只有在特定的时空中，多元文化的理念、政策才能被理解、制定和实施。因此，我们看到任何一个国家的多元文化政策都是基于本国的多元文化时空关系而制定并实施的。我国的民族政策、多元一体多元文化互动理念正是基于我国的历史经验（时间）和我国特殊的人文地理环境（空间）而制定的，是符合我国国情的多元文化互动政策。

如果把"五层空间"多元文化互动放到时间轴上，我们就会看到多元文化互动在时空观照下的两种关系：第一，同一时间不同空间中的多元文化互动；第二，不同时间同一空间中的多元文化互动。其中包括"五层空间"作为一个承载多元文化互动的空间整体在同一时间和不同时间之下的文化互动。由前两种时空关系进一步衍生，能得到下面两种时空关系：第一，同一重要时间节点不同空间中的多元文化互动；第二，不同重要时间节点同一空间中的多元文化互动。同样，此处的"空间"包括作为一个整体的"五层空间"。因此，在分析多元文化互动时，我们需要研究多元文化互动在时空关系中的共性、个性和特殊性，这样才能全面透视复杂的时空关系中的多元文化互动状况。

一、时空一贯："五层空间"多元文化互动的时空一致性

时空同体是从纵向上分析时空关系中多元文化互动的一贯性、统一性和一致性。就"五层空间"多元文化互动理论而言，是指分析"五层空间"在时间关系中的多元文化互动的共性。此处的"五层空间"包括作为整体的"五层空间"和作为局部的五个层次的空间及两个以上空间的组合。具体包括四个方面的分析：同一时间不同空间中的多元文化互动共性；不同时间同一空间中的多元文化互动共性；同一重要时间节点不同空间中的多元文化互动共性；不同重要时间节点同一空间中的多元文化互动共性。

多元文化互动的时空一致性越高，表明多元文化之间的同质性越高。具

体表现为三种情况：第一种情况，文化间的同质性高，即多元文化可能同宗同源，差异性很小。比如，不管是程朱理学还是王阳明心学，皆源于儒家文化，故虽然思想有差异，但同质性亦很高。第二种情况，国家推行单一文化的极端政策，有意强化统一性，抹杀差异性，则多元文化表面同质性很高，实则潜藏不和谐隐患，轻则导致文化冲突，重则导致民族分裂。第三种情况，多元文化互动已经很成熟，处于高水平的良性互动中，因此，即使在不同时空关系中，多元文化互动的差异性也很小。这种多元文化互动的时空一贯，通常基于时空关系中政治、经济、文化、教育等的高水平均衡发展，是多元文化互动的理想状态，是成熟的多元文化互动。

二、时空错位："五层空间"多元文化互动的时空差异性

时空重叠是从横向上分析时空关系中多元文化互动的错位性、多样性和差异性。就"五层空间"多元文化互动理论而言，是指分析"五层空间"在时间关系中的多元文化互动的差异性。此处的"五层空间"包括作为整体的"五层空间"和作为局部的五个层次的空间及两个以上空间的组合。具体包括四个方面的分析：同一时间不同空间中的多元文化互动差异；不同时间同一空间中的多元文化互动差异；同一重要时间节点不同空间中的多元文化互动差异；不同重要时间节点同一空间中的多元文化互动差异。

多元文化互动的时空差异性越大，表明多元文化之间的同质性越低。具体表现为三种情况：第一种情况，文化间的同质性低，即多元文化并非同宗同源，差异性很大。比如，外国移民、不同种族、不同民族、土著之间的文化，差异性一般较大。第二种情况，国家推行多元文化政策，有意强化文化多元、平等、共荣，则多元文化表面同质性很低，实则和谐共处，能促进多元文化繁荣发展。第三种情况，多元文化互动尚不成熟，处于低水平的多元文化互动中。时空关系中的多元文化互动差异明显，是因为不同时空中，政治、经济、文化、教育等方面的发展参差不齐，地区差异显著，影响多元文化互动的时空一致性。这种多元文化互动的时空错位，是多元文化互动中最常见的状态，是发展中的多元文化互动。

三、节点分析:特定时空交接处的多元文化互动

节点分析是在纵向和横向上分析重要节点时空关系中多元文化互动的一致性和差异性。所谓重要节点,是指在改变事物的质与量中发挥关键性或转折性作用的环节或部分。就"五层空间"多元文化互动理论而言,空间关系的改变,消极方面如国家独立、区域重组、政治动乱、战争、经济衰退、移民潮等,积极方面如国家统一、政治稳定、经济腾飞、文化包容、里程碑式多元文化政策出台、交通改善等,都会导致多元文化互动的"震荡",从而出现特定时空关系中多元文化互动的时空错位或时空一贯。通常,多元文化互动的重要节点能够促使国家总结正反两方面的经验,加速推进多元文化的良性互动。如 20 世纪 60 年代,美国的黑人权利运动,在很大程度上推动了美国多元文化教育的发展;欧美国家的移民问题,加速了移民教育政策的出台;自 1949 年新中国成立以来,我国结束战乱、经济快速发展、社会稳定,极大地推动了少数民族教育和中华传统文化的复苏;我国云南傣族寺庙教育与学校教育的冲突,制约了多元文化的互动,但也促使省、地方出台了关于处理寺庙教育与学校教育冲突的相关政策或文件,改变了傣族地区学校教育和寺庙教育的走向。[①] 这些重要节点的分析,对研究多元文化互动,促进多元文化互动状况改善和多元文化政策出台无疑具有重要的意义。

第三节　模型建构:"五层空间"多元文化
互动"玲珑塔"模型

"五层空间"多元文化互动理论是在前人相关理论研究,特别是有关社会学、文化人类学等学科研究的基础上,结合有关学者对文化及文化互动的研究阐释而提出来的。我们从社会有机体理论中得到启示,应该把多元文化互

---

① 郑毅:《傣族佛寺教育与义务教育的冲突及其缓解——兼议"威斯康辛州诉约德"案》,《贵州民族研究》2011 年第 1 期。

动视为一个复杂的有机体，从整体上进行研究；从功能主义理论，包括文化功能主义和结构功能主义理论中得到启示，多元文化互动必须重视文化对群体和个体的需要，必须把多元文化互动现象放置于"文化情境"之中，放置于整个社会结构系统之中来考量；必须从整体与局部、宏观与微观等多个层面关注多元文化互动实践，必须考虑国家意志、群体和个体的偏好、社会经济体制、政治结构、权威结构和信任结构等影响多元文化互动的因素。在这些研究的基础上，我们尝试构建多元文化互动的"玲珑塔"模型。

一、理论启示：来自社会学、政治学和人类学理论的启示

（一）功能主义理论

1. 文化功能主义理论

马林诺夫斯基认为，"文化实体是自成一格的"[①]。他把文化分成器物和风俗两个方面，认为它们可以进一步分成较细的基本单位。器物体现为人类创造的所有物质文化，风俗包括习惯、语言和社会组织等。他指出，"器物和习惯形成了文化的两大方面——物质的和精神的"[②]。

（1）文化功能论

马林诺夫斯基认为，人具有生物的需要和文化的需要两种需要，其文化功能论的核心思想是：文化对人类的意义源于其对人类社会生活的有用性。对这种有用性，马林诺夫斯基使用了"文化迫力"的概念，他认为"人类有机体的需要形成了基本的'文化迫力'"。对"文化迫力"的概念马林诺夫斯基并没有作深刻的、具体的阐述。但经过分析，我们认为，其"文化迫力"基本等同于人类"深刻的需要"，也就是说正是人类的需要推动了文化的产生、形成、发展、消亡（隐匿）；文化本身又会演变成"文化的手段迫力"，进一步推动文化的发展。这种"文化的手段迫力"包括四大类：经济组织、法律组织、语言与教育、思想和道德完整的综合迫力。[③] 多元文化互动、多元

---

① ［英］马林诺夫斯基：《文化论》，费孝通等译，中国民间文艺出版社1987年版，第11页。

② 同上书，第6页。

③ 同上书，第43—47页。

文化教育、多元文化的繁荣复兴，也是源于人类的"深刻的需要"。

以有用性来衡量文化的生命力有一定的道理，但不能以此衡量其是否消亡。我们可以思考一个问题：一种文化经过沉寂以后，为什么会在某一历史阶段复兴？儒家文化的兴衰，难道仅仅是因为彼时无用，此时有用？恐怕不是如此。文化的有用性，不是由文化本身决定的，它和人类的活动交织在一起，相互促进，相互交融。文化功能的发挥并不会随着时代的发展而消亡，我们认为它的功能只会有两种表现：隐匿与彰显。隐匿并不等于消亡，它还在潜移默化地影响人类的生活，影响历史的发展。而彰显也并不一定有利于当地人们的社会生活，仅仅可能是某些人、某些集团出于某种经济或政治的目的希望它有用，人为地推动实现其"彰显"。文化旅游产业的兴起与发展就是典型的例子。

文化功能论可以用于衡量文化的生命力，而这种生命力是由文化本身和人类的需要（或社会生活）共同推动的。文化并不会消亡，它只是隐匿。即使器物文化也不会消亡，它只是隐匿为背后的文化惯性，或倾注于人的精神领域，或以另外的形式表现出来。中华文明史就可以证明这一点：它以其强大的生命力和文化连贯性影响着中华民族的发展，直到今日，乃至未来。当前，我们在实现中华民族伟大复兴的历史背景下，研究多元文化的繁荣、互动与发展以实现文化共荣、民族和谐意义重大。我们从来没有像今天这样，重视多元文化的繁荣和复兴。这可以说是一个文化全面复兴的时代。

（2）文化研究中"情境的局面"

马林诺夫斯基还认为，文化的研究应该放在其"情境的局面"中。[①]"情境的局面"是马林诺夫斯基阐述文化功能和价值时使用的重要概念。他认为，特定文化的价值和功能，只有放在特定"情境的局面"中才能真正认识清楚。这启示我们在考察多元文化互动与民族和谐、社区发展时，不仅要考虑一时一地的文化，也要考虑各种文化所处的历史背景、多元文化之间的内在联系以及当时当地人们的社会生活与文化的联系，必须将多元文化互动放于特定的时空范围内考察。因此，我们必须了解各种文化的历史发展脉络，必须将

---

① ［英］马林诺夫斯基：《文化论》，费孝通等译，中国民间文艺出版社 1987 年版，第 6 页。

各种文化放入相应的时空之中进行整体观照。为此，我们把文化空间划分为国家层面、区域层面、社区（或乡镇）层面、村落层面和学校层面五个空间层面，以全面考察多元文化互动的时空特征。

2. 社会系统理论

社会系统理论发轫于19世纪初期的有机体论。该理论由孔德和斯宾塞的一个论点衍生出来：每个社会实体不论是一个组织或是整个社会，都是一个有机体（超有机体）。……一个社会系统是由不同部分组成，对于整个系统的运作而言，每一部分都有功用。①

（1）社会是一个有机体

功能主义主要有以下一些基本观点：首先，强调社会是由许多不同部分组成的相对持久和稳定的结构；其次，注重社会结构中的一部分对于社会整体生存所发挥的功能；最后，强调社会各部分之间相互依存、彼此协调的关系。②依据功能主义的基本观点，我们在进行多元文化互动研究时，必须将多元文化置于整个社会有机体中进行考察，不能只做片段的考察。

（2）学校和社区（或乡镇）

学校和社区（或乡镇）都属于社会这个大系统中的两个子系统，只有学校和社区（或乡镇）充分发挥各自的功能，并彼此整合，才能维持社会的稳定。在功能主义理论看来，学校是社会体系不可分割的部分，其作用在于为社会培养和输送有用之才，以维持社会的存续。从某种意义上讲，学校是社会的缩影，它再生产既定的社会、文化、经济和政治结构和规范。参考功能主义理论的观点，我们认为，在多元文化互动研究中，我们需要从学校和社区（或乡镇）这两个社会的缩影着手，需要有面的考察，更要有点的着力，点面结合，即既要考察国家、区域发展的整个文化历史背景，又要重点分析社区（或乡镇）、村落、学校的多元文化互动面貌。

（二）交换理论

以布劳为代表的交换理论，着重解释了社会有机体各部分之间是怎样维

---

① ［美］乔纳森·特纳：《社会学理论的结构》，邱泽奇译，华夏出版社2001年版，第8—11页。

② 鲁洁主编、吴康宁副主编：《教育社会学》，人民教育出版社1990年版，第612—613页。

持有序状态的。该理论"将个人和集体行动者之间的社会过程视为有价值的资源交换",并指出"稳定的社会结构得益于有偿报酬和有价值的实际交换,并表现出一种平衡与和谐,可促进人们之间的互动,减弱失调趋势"①。它在功能主义理论的基础上,进一步解释了社会有机体各部分之间是怎样实现物质与能量的流动、怎样均衡各部分之间的关系,以实现社会有机体的整体功能,从而将社会发展推向前进的。因此,它在解释社会物质与能量之间的有序流动,以实现物质与能量的平衡、促进社会稳定和谐方面具有重要意义。

此外,交换理论有关社会结构的稳定得益于"有偿报酬"和"有价值的实际交往"的观点也具有启示意义。以西部多民族、多元文化下的社区(或乡镇)和学校教育为例,多元文化的场域、社区(或乡镇)、学校三者之间是怎样实现物质与能量流动的? 文化场域能为社区(或乡镇)、学校提供什么有价值的交换? 社区(或乡镇)和学校又能为整个文化场域提供什么有价值的交换? 社区(或乡镇)与学校之间又是一个怎样的利益共同体? 如果只是单纯地一方输入资源,而另一方不能提供或者非常有限地提供有价值的交换,就会打破平衡,导致物质、能量交换系统瓦解,即社会稳定结构的瓦解,形成社会"黑洞"。因此,在多种场域中,多种文化的和谐共生、均衡发展对维持社会稳定具有积极意义。在多元文化互动中,国家层面、区域层面、社区(或乡镇)层面、村落层面和学校层面内部及它们之间怎样实现物质与能量的流动,以维护文化有机体的稳定以及社会的稳定和谐发展,正是本书探索的重点。

(三)理性选择理论

文化功能理论侧重从文化的有用性方面来考察文化的产生、发展和消亡,但是将人置于比较被动的地位,即文化之所以存在是因为它还能够在人们的社会生活中发挥作用,但人类能不能主动复兴文化,让文化从隐匿状态彰显? 答案是显而易见的,但马林诺夫斯基忽视了这一点。社会系统理论看到了社会作为超有机体各部分之间关系密切,但各部分如何运作,如何相互作用,以实现社会有机体的稳定,则是由交换理论作出的回答。交换理论仅从

---

① 李红婷:《无根的社区,悬置的学校:湖南大金村教育人类学考察》,民族出版社 2011 年版,第 29 页。

市场交换理论得到启示，提出四种媒介（报酬需求）：金钱、社会赞同、尊重或尊敬、服从，但交换理论的不足之处在于其交换的假设是等价交换。然而，社会有机体各部分之间不可能完全按照等价交换的理想原则进行。这正是科尔曼理性选择理论的核心思想。

科尔曼（James S. Coleman）认为，对人的行动有决定性影响的因素有两个：一是个人的利益和偏好，二是结构制约。结构分为三种类型：市场结构、权威结构、信任结构。① 个人的利益和偏好包括个人意志、领导意志、族长意志、权威人物意志、主要负责人意志。这些重要人物意志的确会影响群体的行动。市场结构，如市场经济体制、市场运作机制等；权威结构，如国家机器，从上到下组成整个国家机器的系统、民间组织、慈善机构、学术团体、宗教组织，等等。其中具有决定性作用的应该是国家机器。信任结构包括个体信任和群体信任，但无论个体信任还是群体信任都受到市场结构和权威结构的制约。比如，学校与社区（或乡镇）之间的信任关系，肯定会随着市场结构的变化，特别是人才市场需求的变化而变化，除此之外，国家导向、政策调整、权威结构本身的调整与变化都会影响信任关系。因此，我们认为，信任结构是市场结构和权威结构的纽带。但我们通过进一步研究发现，除了个人利益和偏好、市场结构、权威结构和信任结构这些理性结构，还有一种隐性的非权威、非理性的结构，同样会对人和集体的行为产生决定性的影响，如宗教信仰、理想信念、文化习俗、内在道德等，我们称之为文化结构。很明显，文化结构在制约人的行为方面有时候是不受理性制约的，它是文化选择的产物。

基于理论分析和假设，我们认为，研究多元文化互动与民族和谐、社区发展，研究国家、区域、社区（或乡镇）、村落和学校"五层空间"的多元文化互动，必须要考虑重要人物的个人利益和偏好，考虑市场结构、权威结构和文化差异性，以及它们之间的信任结构对多元文化互动产生的影响。

综上所述，我们将以文化功能的视角，将国家、区域、社区（或乡镇）、村落和学校"五层空间"视为多元文化互动有机体，在考虑群体和个体利益和偏好、市场结构、权威结构、文化结构和信任结构的基础上，综合考察五

---

① 高连克：《论科尔曼的理性选择理论》，《集美大学学报》（哲学社会科学版）2005年第3期。

个层次内部和各层次之间的相互作用，探索多元文化互动的有机结构，以实现多元文化良性互动，促进民族和谐、社区发展，维护社会稳定。

（四）文化生态论

文化生态论是借用生态学的概念和方法，以阐述文化作为一个生命有机体，在文化之间建立一种与生物界生态关系类似的和谐共生关系的理论。该理论的核心思想是文化的多样性共存。该理论启示我们，要把"五层空间"视为一个文化有机体，"五层空间"作为整体是包含五个不同层次空间的整体，其本身就是一个文化生态系统。如同生物界的物质与能量的流动要遵循生物规律，在这个系统中的多元文化互动应遵循互动法则。"五层空间"多元文化怎样互动？其运行机制和保障机制是什么？文化生态论的"文化有机体"思想给予了我们有意义的启示。

二、理论框架："玲珑塔"模型的架构

我们以多元文化互动的已有研究为基础，在功能主义理论、交换理论、理性选择理论和文化生态论的基础上，尝试建立多元文化互动模型，探索多元文化互动的模式。

（一）模型图解："玲珑塔"模型图

从宏观到微观层面，我们将多元文化互动有机体划分为国家、区域、社区（或乡镇）、村落和学校五个层次。这个有机体以民族和谐、社区发展为主轴，贯穿五个层次的多元文化互动，以各层次为面，以多元文化互动的意愿、目标、内容、形态、路径和效果为六个分析点，层与层之间和谐、有序对接，最后形成"五层空间"多元文化互动模型——"玲珑塔"模型（如图2—1所示）。该模型有两个辅图，分别为"一体两翼"模型（如图2—2所示）和"六维互动"模型（如图2—3所示）。

从图2—1可以看出，"玲珑塔"模型的五个层面，从下到上依次是国家、区域、社区（或乡镇）、村落、学校，表现为空间的宏观到微观变化。从空间上看，后者包含于前者（如图2—2所示）；而民族和谐、社区发展是多元文化有机体的轴心，维护多元文化互动有机体的根本稳定（如图2—3所示）。"玲珑塔"模型体现了该多元文化互动有机体以五个层面的良性互动为多元文化

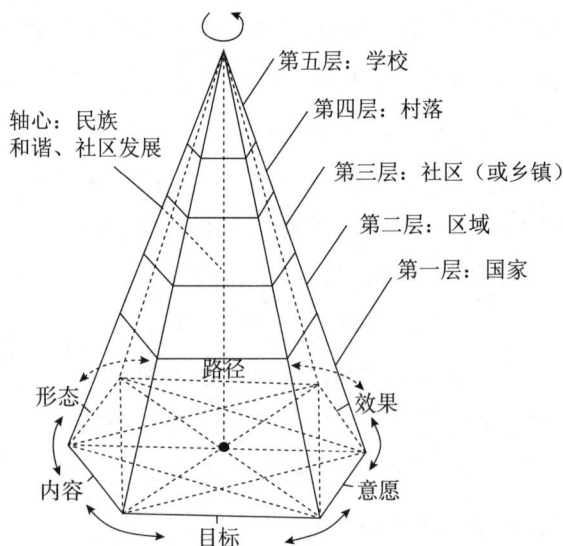

图2-1 "五层空间"多元文化互动理论模型："玲珑塔"模型（主图）

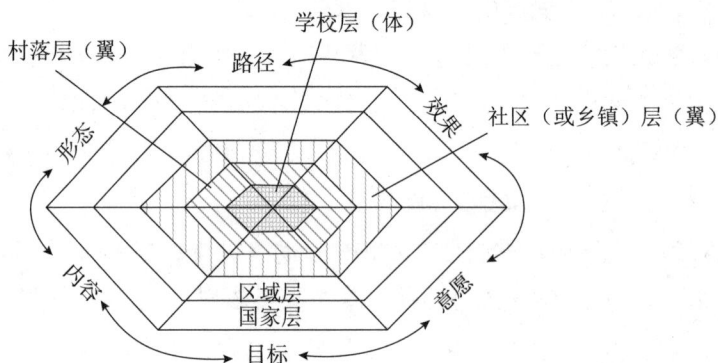

图2-2 "五层空间"多元文化互动理论模型："玲珑塔"模型·"一体两翼"（辅图1）

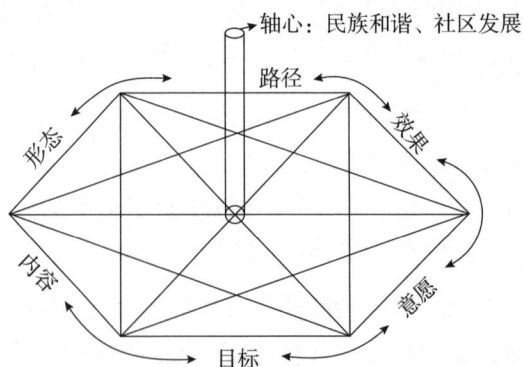

图2-3 "五层空间"多元文化互动理论模型："玲珑塔"模型·"六维互动"（辅图2）

互动路径，以民族和谐、社区发展为多元文化互动目的的多元文化互动思想。

综上所述，我们将这个以"一体两翼"为核心，"五层空间"为面，"六维度"为边，民族和谐、社区发展为主轴的可以活动的"五层空间"多元文化互动模型，称为"玲珑塔"模型。

（二）要素解析：多元文化互动理论的核心要素

1."一体两翼"

"一体两翼"，是指以学校为中心，以社区（或乡镇）和村落为两翼的多元文化互动有机体。从整体与局部的关系看，该有机体是整个"玲珑塔"模型的有机组成部分，但"一体两翼"本身也是一个完整的局部有机体。"一体两翼"是"玲珑塔"模型的核心，即"五层空间"多元文化互动模型的核心。从某种意义上讲，学校、社区（或乡镇）和村落是整个社会的缩影，只有实现学校、社区（或乡镇）和村落的充分发展，才能实现社会的整体稳定。

2."五层空间"

"五层空间"，即国家、区域、社区（或乡镇）、村落和学校。在"玲珑塔"多元文化互动模型中，它是一个不可分割的整体。运用"玲珑塔"模型进行多元文化互动分析时，需要以系统论的观点进行整体的观照。"五层空间"是一个整体，每一层次本身也是一个整体，但这个整体服从于"五层空间"的整体。因此，"五层空间"是局部与整体的和谐统一。

3."六维互动"

"六维互动"，是"六维度"多元文化互动的简称。多元文化互动的意愿、目标、内容、形态、路径和效果共同作用形成了一个六边形有机体（如图2—1、图2—2和图2—3所示），它们之间的相互作用，形成了复杂有序的互动关系（详见前文关于"六维度"多元文化互动关系分析）。"六维度"通过一定的方式相互关联、相互作用，在每一层空间中形成多元文化互动的动力；"五层空间"构成合力，围绕民族和谐、社区发展主轴，维持"玲珑塔"多元文化互动模型的运转。从横向看，每一层空间中的多元文化互动都在"六维互动"中有序运转；从纵向看，作为"五层空间"的整体，每一层空间中的多元文化互动都是整体的一部分。"五层空间"多元文化互动整体是否和谐，取决于"六维度"互动的整体和局部是否和谐，即五个层次的多元文化互动能否在"六维度"的互动中达到和谐统一的状态。从模型上看，和谐状态是每一层的"六维度"角角相对、边边相合、面面相接的"三合"状态，形成一个完美的"玲珑塔"。不和谐的多元文化互动状态则存在错位，即处于角角无法相对、边边无法相合、面面无法相接的"三无法"状态。

4. 时空观照

"五层空间"不仅仅是一个空间概念。它不是一个容器，而是一种状态，即多元文化互动状态。"五层空间"多元文化互动以"六维互动"为内部动力，进行有序运转。文化互动是一种状态、一个过程，与时间相合。因此，"五层空间"多元文化互动的核心要素之一是"时空"，即时间和空间。空间在"玲珑塔"模型中清晰可见，而时间难以表达，容易被忽视。但没有时间，就没有文化互动，也没有"玲珑塔"模型的运转，更不会有多元文化的良性互动。时间与空间始终是贯穿在一起的。事实上，正是时间让多元文化的互动走向良性互动，走向民族和谐、社区发展的多元文化互动最终目标。

5. 文化多元

文化多元既是多元文化互动的起点，也是多元文化互动的终点。"五层空间"多元文化互动理论的要素之一是确保文化多元。多元文化既是多元文化互动的起因，也是多元文化互动的结果。多元文化的存在必然产生文化的传播、接触、冲突与融合，因此，文化多元是多元文化互动的原初动力。多元文化互动要求各种文化之间平等对话、相互借鉴、相互吸收、共同繁荣、共同发展，而不是一种文化消灭另一种文化或"同归于尽"。多元文化互动的目的是从多元走向新的多元。新的多元是多元文化平等、融合后的多元，体现为各种群体文化的和谐共存。对于边疆地区而言，则体现为民族和谐、社区发展。

6. 民族和谐

"五层空间"多元文化互动中，文化互动是途径，民族和谐是目的。民族和谐是文化互动理论的根本要素，处于多元文化互动的轴心位置，代表多元文化互动的根本方向和价值取向，是"五层空间"多元文化互动理论的主心和归旨，是整个"玲珑塔"多元文化互动模型的根基，是衡量"五层空间"多元文化互动有效性和稳定性的标尺。纵观欧美各国多元文化政策，其最终目的都是维护民族和谐，促进社会稳定和经济发展。

三、运行机制：多元文化互动的内在机理

"五层空间"多元文化互动理论中的"文化互动"是怎样的互动？"玲珑塔"多元文化互动模型运行的内在机理是什么？这是"玲珑塔"模型分析、解释和指导多元文化互动需要回答的关键问题。总而言之，"五层空间"多元文化互动是在空间关联、时间一贯之下的多元文化互动，即时空观照之下的多元文化互动，是相对稳定、动态变化的多元文化互动。这是"五层空间"多元文化互动的第一机制——时空机制；第二，多元文化互动的具体机制：横向互动、纵向互动、整体互动、多元互动等；第三，多元文化互动的动力机制：内部机制和外部机制；第四，多元文化互动的保障机制，包括轴心意识、文化导向、经济支持、政治宽容和法规约束五个方面。

（一）时空机制

1. 空间关联

所谓空间关联，前文已有论述，此处只说明两点：第一，"五层空间"是相互关联的有机体，"五层空间"多元文化互动的优化组合形成了"玲珑塔"模型（如图 2-1 所示）；第二，五个层次的空间是相对稳定、动态变化的，每一层空间里的多元文化互动都具有自己的特点，同时由于各层和整体的多元文化互动存在共性，这种共性使"五层空间"多元文化互动在空间上联系到一起。

2. 时间一贯

"五层空间"多元文化互动，不是一个纯粹的空间关系，而是时空观照之下的多元文化互动。没有时间，空间就失去意义；没有空间，时间就无处表达。多元文化互动自始至终都是在特定的时空中进行的。从时间上看，"五层空间"必须贯之于时间轴上，空间中的多元文化互动也必须贯之于时间轴上，表现为同一时间不同空间中的多元文化互动、不同时间同一空间的多元文化互动、同一重要时间节点不同空间中的多元文化互动以及不同重要时间节点同一空间中的多元文化互动四个方面。

（二）互动机制

1. 横向互动

"五层空间"中每一个层面都由一个六边形构成，每一条边分别代表多

元文化互动分析的六个维度：意愿、目标、内容、形态、路径和效果。维度与维度之间是相互联系、相互制约、互为条件、相互转化的（如图 2—1、图 2—3 所示）。

2. 纵向互动

"五层空间"中的五个层面皆可以围绕"玲珑塔"的轴心——民族和谐、社区发展——左右转动。无论怎样旋转，只要面面相接、角角相对就是和谐的多元文化互动，否则就会出现错位、凌乱现象，即不和谐——表现为纵向上"六维度"的不和谐一致，具体表现为不同时空场域中多元文化互动的冲突现象。同时，五个层面是相互联系、相互渗透又相互独立的。它们有共同的"主轴"，从空间上看，下层包含上层，从内涵上看，存在相互渗透，但各层面之间相对独立。从理论上讲，从一个层面到下一个层面是渐进关系，不可逾越。比如，国家直接逾越到村落中的学校，将会导致不切实际地生搬硬套，是无视区域特点、社区（或乡镇）文化、村落结构的行为。以教育为例，这种逾越如同将国家主义教育、城市化教育强加给农村教育，其效果必定是不好的。

3. 整体互动

从"玲珑塔"模型整体来看，多元文化互动应该表现为时空观照下的多元互动（"五层空间""六维度"）、外部互动（空间关系）、内部互动（某一空间的内部多元互动）、轴心互动（目标的一致性：和谐、共生、发展）。互动的结果表现为和谐、整体、共生、发展，而不是冲突、散乱、剥离（或同化）、灭亡。

4. 多元互动

多元是前提，是根本，是动力，是目的。"玲珑塔"模型本身就反映了多元文化的特性。首先是文化多元，"五层空间"的每一层空间都是一个文化共同体，每个文化共同体之间相互关联、相互交融。其次是空间多元，"五层空间"从宏观到微观，在空间上是包含与被包含关系，多元文化在空间上相互接触、碰撞和交融，构筑起"玲珑塔"模型。最后是"六维互动"，"六维度"的复杂、有序互动构成了每一层空间内部的多元互动。"六维互动"是"五层空间"多元文化走向良性互动的动力和保障。无论横向上的单一层面还是纵向上的五层空间，"六维互动"的效果决定着"五层空间"多元文化互动的结果与走向。"六维互动"和谐，则多元文化互动和谐，社会稳定，文化繁荣；"六维互动"紊乱，则多元文化互动紊乱，社会动荡，文化冲突。

（三）动力机制

多元文化良性互动的动力机制包括内部动力和外部动力。内部动力是文化的交融与发展，外部动力是外部的多元文化环境，表现为国家/个人意志、各种利益与价值观的博弈，而这种博弈是由政治、经济、文化传统、教育等各方面综合决定的。

1. 内部动力

"玲珑塔"多元文化互动理论运行的内部动力是文化的交融与发展。文化只要相接触，就会产生互动。所以，文化的多元并存是多元文化互动的原动力。多元文化的并存，必然产生文化的冲突与融合。正是这股内部动力推动了20世纪60年代以来欧美各国的多元文化教育运动，出台了一系列多元文化政策。我国少数民族政策的颁布，是以56个民族多元文化的存在为前提的。文化的原生动力把多元文化的互动导向何处，不仅取决于文化本身的共同性、差异性和包容性，还取决于群体利益和国家多元文化政策导向。前者是多元文化互动的内部动力，后者是多元文化互动的外部动力。

2. 外部动力

前已述及，多元文化互动是走向和谐还是走向冲突，源于两大动力：文化本身和国家或群体意志。前者是内部动力，后者是外部动力。国家或群体意志作为外部动力与该国的政治、经济、文化传统、教育等因素密切相关，国家或群体意志正是这些因素综合、博弈后的反映，具体表现为多元文化政策导向，反映国家或群体、个人的利益与价值观的博弈对多元文化互动的影响。需要指出的是，虽然通常是国家或群体的意志主导多元文化互动的过程和结果，但个人意志，特别是重要权力人物的个人意志也会在很大程度上影响甚至左右多元文化互动的过程和结果。大而言之，如国家领导人；小而言之，如部门重要领导人或决策者，多元文化教育政策制定者等。

（四）保障机制

"五层空间"多元文化互动理论模型是一个复杂的有机体。多元文化的并存是互动的原动力，但要保障"玲珑塔"模型的有序运转，促进多元文化良性互动,实现多元文化互动的最终目的——文化共荣、民族和谐、社区发展,需要内外部条件的保障。这些保障机制包括轴心意识、文化导向、经济支持、政治宽容和法规制约五个方面。

1. 轴心意识

促进多元文化互动的目的是促进民族和谐、社区发展以及多元文化共荣。在一个多元文化并存的国家,多元文化互动,多种文化间平等对话、共同发展,是民族平等、社会稳定的基础。在多元文化共存的国度,越是强调单一文化、主流文化,忽视其他民族或族群的文化,民族平等就越难实现,民族矛盾就越突出。美国以安格鲁-撒克逊文化为中心,黑人文化受到歧视,导致白人与黑人之间的种族矛盾突出。在多元文化互动方面,美国熔炉理论企图以一种文化同化移民、土著、黑人文化,结果以失败告终。"沙拉盘"理论忽视了多元文化之间的内在联系,缺乏凝聚多种文化的力量,多元文化互动缺乏轴心,文化拼盘如同散沙。英国、法国和德国等欧洲国家都经历过多元文化的同化、融合阶段,最终走向了多元文化主义。但多元文化主义并没有处理好国家认同与族群差异之间的关系,也导致了诸多问题。21世纪以来,文化冲突不断。例如,苏联在20世纪20年代重视民族语言的教学,苏联民族语言教学进入黄金时期;20世纪30年代至50年代,重视双语教学;到了60年代至80年代,明显偏重俄语教学,民族语言被削弱,苏联开始变多元文化政策为同化政策,加剧了民族矛盾,苏联最终解体与此不无关系。①

反观我国,自党的十八届三中全会以来,社会主义核心价值观成为各民族共同的价值观,这就是轴心意识,是求同存异的思想。我国各民族平等对话、互相尊重,多元文化共存,但不是各自为政、一盘散沙,我们有共同的价值理念。社会主义核心价值观融合了中华民族传统核心价值观和现代文明核心理念,具有很强的凝聚力,能够为各族人民所接受,因而成为共同价值观,成为文化轴心理念和团结各民族的精神支柱。新加坡也是一个多民族共存的国家,但其在多元文化互动实践中获得了公认的成就,源于新加坡尊重

---

① 滕星主编:《多元文化教育:全球多元文化社会的政策与实践》,民族出版社2010年版,第232—238页。

马来人、华人、印度人和英国人四大民族文化的平等地位，确立马来语为国语，英语、汉语、马来语和泰米尔语同为官方语言，致力于打造新的共同国家意识和"新加坡民族"[①] 共同体，充分体现了文化轴心意识在多元文化良性互动中的重要意义。

2. 文化导向

文化导向是指推动和谐、整体、共生、发展的多元文化互动政策导向。其要义是促进多元文化平等对话，在文化上确立各民族的平等地位，主要体现在多元文化教育的政策制定与多元文化教育的实践中。在多元文化教育方面，各国都有许多成功的经验，主要体现在民族语言的教育政策和实践中。语言是一个民族文化的根，语言的消失对一个民族文化的传承与发展有很大的影响。因此，各国在多元文化教育实践中都致力于民族语言的教育，美国、英国、法国、德国、澳大利亚等国对"外国人"（移民）的母语教育不断加强，我国在民族地区推行了双语教育，新加坡更是确立了英语、汉语、马来语和泰米尔语同为官方语言的政策，这都体现了多元文化和谐共生、共同发展的理念。当然，历史上也不乏反其道而行之的例子，如苏联的多元文化教育和民族语言教育不断削弱，最终导致民族关系破裂。

3. 经济支持

多元文化的良性互动离不开经济的繁荣，经济是文化进步、社会稳定的基础，经济的繁荣发展是多元文化互动最强有力的动力。纵观人类近代多元文化互动历史，但凡经济繁荣时，往往是民族融合、文化互动的繁荣时期；但凡经济衰退，民族问题、文化冲突就会加剧。19 世纪 70 年代，由于经济危机，多数欧洲国家经济发展速度放缓，失业率大增，民族矛盾加剧，出现多元文化互动危机；1998 年金融危机爆发，东南亚国家排华、反华势力高涨，民族冲突剧烈。我国自改革开放以来，重视民族地区经济发展，各族人民生活水平得到极大提高，民族和谐、社会稳定。

---

① 滕星主编：《多元文化教育：全球多元文化社会的政策与实践》，民族出版社 2010 年版，第 408—415 页。

4.政治宽容

没有政治的宽容就不会有多元文化互动共生的空间。第二次世界大战期间，纳粹对犹太人的种族大屠杀，致使犹太人流离失所，文化几乎散失。印度森严的等级制度，除了婆罗门、刹帝利、吠舍和首陀罗，还有一部分被称为"贱民"的群体，他们被认为是最下等的，毫无政治权利，直到印度共和国成立，这种情况才有所改善。[①] 相反，新加坡在民族政治建设方面的经验值得借鉴。新加坡政党把自己视为一个多民族的政党，在组织上，执政的人民行动党"始终坚持党组织的多民族性，注重马来人和印度人进入政治高层，保证在国家政权里有各民族的代表和与各民族人口大致相应的公务员比例"[②]。我国的全国人民代表大会制度，每年"两会"时各民族代表汇聚一堂，参政议政，成为民族和谐、文化繁荣、社会稳定的一道亮丽风景线。

5.法规制约

法律法规是多元文化良性互动的制度保障。如果缺乏制度保障，多元文化互动必然走不远、走不好，不是理想落空，就是执行不力。以加拿大和澳大利亚为例。加拿大是公认的在多元文化方面做得最好的国家之一。它于1963年成立了双语双文化皇家委员会，1963年发布《公用语言》，1968年发布《教育文件》，1969年发布《公用语言法》《其他民族群体的文化贡献》等文件，明确了英语和法语的平等地位以及其他各民族群体的地位。1971年，加拿大正式确认其多元文化政策，1982年，多元文化主义的精神被写进加拿大宪法，标志着多元文化的价值已经在加拿大深入人心。[③] 澳大利亚也是多元文化成绩斐然的国家，它在1975年就通过了种族歧视法案，在法律上保证了各民族、各群体的平等地位，推进多元文化互动良性发展。1977年，澳大利亚颁布了具有里程碑意义的多元文化文件《澳大利亚：一个多元文化社会》，定义了多元文化主义的目标和政策指导原则。这些明确的政策法规保障和促

---

① 滕星主编：《多元文化教育：全球多元文化社会的政策与实践》，民族出版社2010年版，第436—458页。

② 李路曲：《新加坡现代化之路：进程、模式与文化选择》，新华出版社1996年版，第100—102页。

③ 滕星主编：《多元文化教育：全球多元文化社会的政策与实践》，民族出版社2010年版，第40—46页。

进了澳大利亚多元文化的和谐发展，特别是在处理移民群体与土著群体的多元文化关系方面，澳大利亚给予了世界各国很大的启示。

──────○ 理论与边界："五层空间"多元文化互动理论的 ○──────
内涵及其应用界限

古希腊哲学家柏拉图著名的"洞穴"隐喻认为，我们能看到的也许只是表象，真正的理性和本质隐藏在黑暗中，需要勇敢者不懈地努力探索。"五层空间"多元文化互动理论就是一种勇敢者的探索，也许它仍然只是肤浅的、表象的探索，却是我们向理性迈出的第一步。理性就像被无限广阔的黑暗遮蔽的山洞，远比感性要深刻和广阔得多，但因为文化背景、认识能力、认识方式、生存环境的局限，我们很难直接透视事物的本质，必须经过艰难的探索才有可能让理性之光透出。

基于人的有限理性，我们从"五层空间"多元文化互动理论的内涵和应用界限两方面进一步对其理论意义进行总结和阐述。

对于"五层空间"多元文化互动理论的内涵，总结如下：

第一，"五层空间"多元文化互动理论将多元文化互动作为一个整体来看待，将文化及其文化中的个体置于相互关联的动态系统中去分析，以"玲珑塔"模型呈现多元文化互动的复杂过程。这种整体论的思想对我国多元文化互动的探索具有积极意义。

第二，"五层空间"多元文化互动理论基于时空统一的视角，基于我国多民族融合的特点和多元文化并存的特点，基于我国的行政管理体制，基于空间的多层次性和发展的地区差异性，从宏观到微观，将多元文化互动空间分为国家、区域、社区（或乡镇）、村落和学校五个层次，它们作为一个统一体，同时又各具特点。这样的理论架构，既考虑了多元文化互动的一体指向，又考虑了多元文化互动的多元指向，实现了多元文化互动一体与多元、时间与空间的统一。

第三，多元文化互动的"一体两翼"核心解析，是在整体与局部统一思想中抓重点、抓核心思想的体现。"一体两翼"多元文化互动既有自上而下、从宏观到微观的空间观照，又有自下而上、以学校教育为"体"——作为多元文化互动的根本，以社区（或乡镇）和村落为两翼，回应区域、国家多元文化互动战略格局的考虑，在最接近民族文化本质的生活中探索多元文化互动的路径和具体措施。这种自上而下与自下而上相结合的方式应是多元文化互动的有效路径。

第四，多元文化互动的"六维互动"从最基础的途径和措施入手，通过多元文化互动意愿、目标、内容、形态、路径和效果这一多元文化"互动链条"，将"五层空间"多元文化互动理论落到实处，体现了该理论的实践性。同时，"互动链条"是完整的、关联的，"六维互动"是个整体，缺一不可。"互动链条"既是闭合的又是开放的，从完整性看，它是闭合的，从发展性看，它是开放的，螺旋上升的。因此，多元文化互动的"六维互动"具有实践性、完整性和发展性的特点。

第五，"五层空间"多元文化互动理论，详细阐述了多元文化互动时空关联和时空一贯的时空机制，横向互动、纵向互动、整体互动和多元互动四种互动机制，内部动力和外部动力相结合的动力机制，意识形态的导向，以及政治、经济、文化、法规等方面的保障机制。因此，该理论不仅具有理论意义，而且具有实践意义。

最后，需要指出的是，多元文化互动中的"人"不是抽象的人，不是想象中的人，不是哲学存在论中的"人"，而是活生生的人。多元文化互动中的"文化"也不是抽象的文化，而是具有多样性、差异性和生命力的活生生的文化。因此，"五层空间"多元文化互动理论必须具有实践的意义才能最终体现其真正的价值。该理论能否在我国未来的多元文化互动实践中发挥作用，能发挥什么样的作用，还有待实践的检验。此外，"五层空间"多元文化互动理论基于我国多元文化互动实践，特别是我国西南边疆多元文化互动的实践，同时又将回归我国多元文化互动的实践，其理论指向是指导我国多元文化互动实践，促进我国各民族和谐共荣，促进各民族共同发展，促进民族大团结，实现中华民族伟大复兴的中国梦。这是"五层空间"多元文化互动理论的理论和实践基点。

"五层空间"多元文化互动理论的运用受限于人类理性的有限性和多元文

化互动场域的复杂性。

　　首先，在理性思考方面，人能体会到一种自由的无限性，但人仅能自由地理解人能理解的那部分，对于不能理解的方面，人是不自由的。"五层空间"多元文化互动理论是在有限理性限制下自由思考的产物，它不可能超越历史、超越动态变化事实而具有绝对的可靠性、正确性和有用性，它只能在特定的历史条件、特定的文化背景下，基于具体的历史事实与价值而发挥作用。它面对的是极其复杂的多元文化互动现象，它的价值和意义必须经过实践的检验，不断地挖掘、充实和完善。

　　其次，"五层空间"多元文化互动理论的运用必须基于具体而复杂的多元文化互动场域。"五层空间"多元文化互动理论是在有限理性下，对我国西南边疆多元文化互动的实践进行自由思考后，透出的一点点理性光芒。如果能在有限的时空范围内，发挥其应有的理论作用，指导多元文化互动实践，如在我国多民族多元文化境遇和多元一体文化格局导向的大背景下，指导和推进我国多元文化互动实践，就算是对理性有限性的一种超越和突破了。

　　"五层空间"多元文化互动理论的理论与实践价值，因多元文化互动这一事实的存在而得到彰显。多元文化互动作为文化互动，最根本的是因为人的存在——人创造了文化，人也被文化本身所塑造。这启示我们，"五层空间"多元文化互动理论的运用必须回到具体的多元文化互动场域，回到具体的国家场域、区域场域，回到具体的民族文化场域，甚至回到具体的人之中去。

　　综上所述，任何理论都具有局限性，这种局限性来自人的理性本身，也来自历史文化的束缚和社会条件的规约。"五层空间"多元文化互动理论的运用，必须立足我国多元一体的文化格局，回到多民族文化互动的具体场域。但不管怎样，"五层空间"多元文化互动理论都是对我国多元文化互动实践进行积极探索之后的理论提炼和升华。多元文化互动的实践极其复杂，我们还需要在实践中不断对其进行检验和完善。

第三章　多元共生：研究区域的文化生态概况 ①

　　1955 年，美国文化人类学家斯图尔德首次提出"文化生态"的概念，用来"解释那些具有不同地方特色的独特的文化形貌和模式的起源" ②。民族文化生态是影响民族文化生存、发展的各要素的有机统一体，它包括文化的自然生态（或称自然环境）和社会生态（或称社会环境）两方面：自然生态包括地理环境、气候条件、生物状貌等要素；社会生态包括科技水平、生产方式、生活方式、政治制度、社会组织、社会思想等要素。③

　　由于自然环境差别巨大、民族种类构成多样以及多民族聚居等特点和原因，云南省形成了独具特色、多样和谐的民族文化生态。根据云南省统计局数据，云南是我国民族成分最多的省份，除汉族外，人口在 6000 人以上的世居少数民族有 25 个，15 个民族为云南所独有。2016 年末，云南省常住人口为 4770.5 万人，其中少数民族有 1592.96 万人，全省 16 个州（市）和 129 个县（市、区），没有一个地区是单一民族的。民族人口众多加上不同民族间紧密的交流，使云南边疆地区展现出蓬勃旺盛的文化生命力。

----

　　① 本章涉及的四县市概况均为当地政府部门提供，其来源包括云南省近年的统计年鉴、统计公报，四县市年鉴、县志、地名志等。

　　② 司马云杰：《文化社会学》，中国社会科学出版社 2001 年版，第 153 页。

　　③ 段超：《再论民族文化生态的保护和建设》，《中南民族大学学报》（人文社会科学版）2005 年第 4 期。

　　研究区域所在的耿马傣族佤族自治县（以下简称耿马县）、河口瑶族自治县（以下简称河口县）、瑞丽市和勐腊县（以下简称四县市）均为多民族聚居地，不仅拥有多样的民族文化生态，而且是国家对外开放的重要边境口岸，是跨境民族文化交流的重镇，是云南多元文化生态的一个缩影，在云南乃至西南边疆具有代表性与典型性。耿马县是云南省 29 个少数民族自治县和 25 个边境县之一，县域内民族成分众多，居住着傣族、佤族、拉祜族、布朗族、景颇族、德昂族、傈僳族、彝族、回族和汉族等众多民族。河口县是云南省唯一一个以瑶族为主体的自治县，也是云南省乃至西南地区通向东南亚、南太平洋最便捷的陆路通道。在瑞丽市，傣族、景颇族、德昂族、傈僳族、阿昌族等众多少数民族在这片土地上世代生存。勐腊县的主体民族为傣族、哈尼族、瑶族、彝族，此外，还有其他 26 个少数民族在这里繁衍生息。不同的民族具有自身独特的历史、文化、传统、习俗，而各民族大杂居、小聚居的分布特征，促进了不同民族间文化的碰撞、冲击与融合，形成了研究区域民族文化生态丰富、多样的显著特点。

　　复杂的自然生态孕育出了迥异的民族文化，形成了多样的民族文化生态，构筑了云南省政治、经济、文化和教育多样化发展的重要基础。深入了解四县市多样的民族文化生态基本状况，对于客观把握云南边疆地区多元文化互动现状，分析存在的问题及成因，促进多元文化交流，增进民族团结进步、社区发展、边疆安全具有十分重要的意义。

　　本章的研究区域分宏观、中观和微观三个层面。宏观层面指云南省，中观层面指云南边疆地区，微观层面指四县市。以下我们将在宏观和中观层面民族文化生态概况的基础上，重点阐述四县市的民族文化生态状况。

第一节　丰富的自然资源

　　自然生态是影响人类活动的一个重要因素，对民族文化的形成具有重要影响。云南省地处祖国西南边陲，自然环境复杂多样。四县市自东南至西部依次环绕于云南边疆地区，不同的地理位置造就了四县市独具特色的自然生态环境，为云南边疆地区多样民族文化生态的形成创造了条件。

一、独特的地形地貌

大自然的鬼斧神工造就了云南省高原、峡谷、山地、盆地、坝子等独特的地形地貌，四县市同样如此。耿马县地势东北高、西南低，全境自东北向西南呈梯级递降；县域总面积 3837 平方千米，山地面积约占 92.4%，平坝面积约占 8%。河口县地形复杂，群山连绵起伏，溪河纵横交错，海拔高差异常。瑞丽市地处横断山脉高黎贡山余脉的向南延伸部分，地形平面呈半岛状纺锤形，为两江（瑞丽江、南碗河）夹一山（勐秀户育梁子）一坝（瑞丽坝），地势西北高东南低，山脉由北向南延伸。勐腊县则位于澜沧江大断裂以东，无量山南端之尾梢，受构造作用影响，导致较多南北走向的山岭和盆地，形成北部中山山原，坡状起伏，中部岩溶景观奇丽多姿，南部宽谷盆地开阔的地形地貌特征；县域属侵蚀山地，系横断山纵谷南段，平均海拔 1000 米，全县总面积 7093 平方千米，山地占 95.6%，山间盆地（坝子）占 4.4%。

四县市复杂的山水地形和立体垂直的地形地貌，形成了复杂多样的立体气候格局。耿马县 90% 以上的土地分布在热带和亚热带，气候属南亚热带季风气候。河口县属热带雨林湿热型气候，具有气候炎热、终年无霜、雨量充沛、土地肥沃等特点。瑞丽市与耿马县气候类型一致，同属南亚热带季风气候，全年分旱雨两季，年平均气温 20.6℃。勐腊县的自然条件十分优越，地处北回归线以南，属亚热带季风气候，终年暖热，冬无严寒，夏无酷暑，是云南省 3 个湿度最大的县份之一。

二、丰富的自然资源

古老的地质构造与立体气候，孕育了云南省丰富的动植物资源。四县市作为云南边疆地区的典型，各种资源富饶多姿，热带、亚热带、温带、寒温带以及寒带的动植物应有尽有。

云南省内不仅有热带、亚热带、温带、寒温带等植物种类，还有许多古老、衍生、特有以及从国外引种的植物。河口县森林资源得天独厚，南溪河两岸都是热带原始沟谷雨林景观，植物资源种类繁多，有国家珍稀濒危植物金花茶、树蕨、东京木、长蕊木兰、小叶船板树等。瑞丽市森林分为 7 个植被系、17 个亚植被系、30 个群系。主要森林类型有热带山地雨林，亚热带季风常绿阔叶林、山地落叶阔叶林、针叶林和竹林，等等，还有国家一级保护植物桫椤等。勐腊县植物数量众多，已识别的植物多达 4000 余种，其中能直接利用的经济植物 1000 多种，有重要保护价值的 300 余种，已被列入国家重点保护的 433 种。

云南省的动物种类也十分繁多，许多动物在国内是独有的。耿马县域内，亚热带的奇珍异兽应有尽有，野生兽类动物 60 多种，鸟类 340 多种，爬行动物 50 多种。瑞丽市境内丰富的物种更是自古有之。明钱古训《百夷传》载："境内所产珍物有犀、象、麝、鹦鹉、孔雀、鳞蛇。"《民国地志》记："鹿、麝、獭、熊、豹等均特产之。"现存野生动物主要有 339 种。此外，还有许多物种被列入国家一级、二级、三级和省级保护动物。勐腊县的珍稀动物也数不胜数，在全国都占有重要地位。全国珍稀物种亚洲象、东南亚虎、灵猫、长臂猿、蜂猴、熊猴、绿孔雀、棕颈犀鸟等都是勐腊县的特有种类。

云南省具有水汽充足、降水量丰富的特点。耿马县内有大小河流 77 条，分属怒江水系和澜沧江水系，境内还有勐撒、水平、老发金、关弄等多处落水洞，落水后又出水，形成地下河流，地下温泉也多处可见，比较有名的如四方井温泉和勐简热水塘等。瑞丽市全境水资源总量为 103.13 亿立方米，过境水量为 96.4 亿立方米，水能理论蕴藏量为 7.2 万千瓦，可开发利用装机容量约 2.5 万千瓦，开发潜能十分巨大。

综上所述，四县市的自然生态环境复杂多样，自然资源也极为丰富。其多样的民族文化就是在复杂且丰富的自然环境和资源中形成的，并不断丰富和发展。

第二节　斑斓璀璨的民族文化

云南边疆地区一个显著的特点就是民族众多，人口多元。多民族人口构成势必带来多元的文化现象，导致不同民族、不同文化之间的碰撞与包容、冲突与融合、传承与发展，进而形成独特的多民族共生、多元文化互动的形态。因此，要把握四县市多样的文化生态和多元文化互动的基本状况，就必须了解其多民族人口的构成状况及其对边疆经济发展和多元文化形成的影响。

一、多民族人口构成

云南省的多民族人口构成有着深厚的历史渊源。《史记·西南夷列传》记述了战国时期楚国庄蹻"以其众王滇，变服，从其俗，以长之"[①]的故事，这是云南外来人口迁入的最早文献记载。秦汉时期，云南开始实施郡县制，成为汉族人口进入本地区的一个开端。至元明清时期，云南的移民成为统治阶级巩固政权的重要手段与方法。自此以后，云南的民族人口结构逐渐从单一向多元的方向发展。所以，云南边疆地区多样性的文化生态特征不是在封闭的环境中生成的，而是当地土著文化与外来文化相互交流和渗透的结果。[②]大规模人口迁移形成的多民族人口构成状况也一直持续到了今天。

2016 年，云南省全省人口 4770.50 万，汉族 3177.54 万，占 66.7%，其他少数民族 1592.96 万，占 33.3%，是全国少数民族人口数超过千万的 3 个省区之一，全省人数超过 100 万的少数民族有 6 个之多。云南少数民族呈现出大散居、小聚居、交错杂居的分布格局，多民族聚居是云南边疆地区的一大特点。就四县市而言，耿马县是以傣族、佤族为主体的民族自治县，2016 年末全县人口 30.78 万，其中少数民族人口 15.94 万，占总人口的 51.8%。县内居住着傣族、佤族、拉祜族、布朗族和景颇族等 25 个民族。河口县则是云南唯一的瑶族自治县，2015 年末，户籍人口数为 9.2 万，其中少数民族人口有 6.32 万，占总人口的 68.7%。在少数民族人口中，人口最多的是瑶族，有 2.6 万人。在瑞丽市的土地上，居住着傣族、景颇族、德昂族、汉族、傈僳族等

---

① 司马迁：《史记·西南夷列传》，中华书局 1959 年版，第 2993 页。

② 王文光、翟国强：《中国西南旧石器文化在中华文化形成中的地位》，《云南民族大学学报》（哲学社会科学版）2004 年第 6 期。

民族。2016 年末全市常住总人口为 20.5 万，其中少数民族人口 8.50 万，占总人口的 41.5%。 2016 年末，勐腊县全县常住人口 29.39 万，有傣族、哈尼族、彝族和瑶族等 26 个民族，少数民族人口 18.22 万，占户籍人口的 62.0%。

复杂的历史与现代条件，形成了四县市少数民族人口构成多元的特点。由于不同地区民族人口所占比例不同，加之边疆多民族杂居的现象普遍，使多元文化的交流与互动十分频繁，造就了四县市以某一或若干主体民族文化为主，多种文化并存与融合的地域文化特点。

二、丰富多彩的民族文化

"民族文化是各民族在其历史发展过程中创造和发展起来的具有本民族特点的文化。包括物质文化和精神文化。饮食、衣着、住宅、生产工具属于物质文化的内容；语言、文字、科学、艺术、哲学、宗教、风俗、节日和传统等属于精神文化的内容。" [1] 云南少数民族众多，不同的民族有不同的文化，各少数民族文化拥有其自身的特殊性，与此同时，各民族文化又有其共性特征，它们都是中华民族传统文化不可分割的一部分。以下我们以四县市为例，阐述云南丰富多彩的民族文化。

在物质文化方面，由于四县市多民族的特点，其物质文化表现出不同的特色。首先，就服饰而言，不同民族的服饰各具特色。例如，傣族可分为旱傣、水傣和花腰傣，三个族群服饰各不相同，即使是同一族群，不同支系、性别、年龄的服饰也有很大的区别。又如，瑶族妇女的头饰有数十种之多，各瑶族支系的差别明显。在四县市，仅凭穿着就能够将不同民族辨认出来，但随着社会的不断发展，边境与内陆的经济往来越来越频繁，民族服饰呈现出逐渐汉化的趋势。其次，四县市不同民族的饮食也各有特色。例如，傣族喜食糯米，多采取蒸煮的方法，著名的有傣家竹筒饭；受环境限制，喜食山间野菜，很少种菜；年节杀猪宰牛则喜欢吃猪头皮拌凉菜和牛撒撇，酸辣烤鱼也是傣族的特色菜式。佤族则喜爱喝酒。最后，四县市建筑受地理位置、气候环境和宗教信仰等的影响，风格各异。其主要建筑有彝族、哈尼族的土

---

[1] 《中国大百科全书·民族卷》，中国大百科全书出版社 1986 年版，第 313 页。

掌房，傈僳族、怒族、独龙族的木垒房，布依族的石板房、石头房，还有傣族著名的干栏式民居以及信奉佛教、伊斯兰教、基督教民族地区的辉煌宗教建筑等。

在非物质文化方面，四县市也形成了一些鲜明的特色。第一，民族舞蹈异彩纷呈，源远流长。民族舞蹈均源于生产劳动、日常生活和精神生活，例如，傣族孔雀舞、彝族棕扇舞、佤族木鼓舞、景颇族刀舞、德昂族水鼓舞等，尽管舞蹈形式不同，韵味各异，但都折射出各族人民对劳动之热爱、对生命之珍重、对爱情之追求、对自然之敬畏。第二，节庆活动成为彰显民族文化和多元文化互动的最佳形式。例如，哈尼族长街宴、傣族傣历年泼水节、瑶族盘王节、哈尼族嘎汤帕、彝族百诗佳等节日，蕴含着丰富的民族文化资源，已成为全方位展现各民族文化传统、开展多民族文化交流的最佳契机。第三，双语、多语互通和运用成为一种普遍的文化现象。为适应多民族聚居的需要，四县市的不同民族群众，往往能够用两种甚至多种语言进行沟通和交流，进而有效促进了多元文化的互动。第四，宗教信仰在民族文化发展和多元文化互动中具有十分重要的作用。四县市的少数民族有着不同的宗教信仰，如傣族信奉小乘佛教，佤族信奉万物有灵的原始宗教，瑶族的自然神、图腾神和祖先崇拜等。在漫长的历史发展过程中，四县市产生了大量蕴含宗教色彩的民歌、民间故事、神话传说、美术工艺、民间戏剧、民族曲艺等艺术作品，成为云南民族文化的华彩篇章。

总体而言，四县市各民族在漫长的历史发展过程中形成了自己独特的民族文化，同时在特定的时空条件下，各民族多样的物质和非物质文化不断碰撞、相互融合，不仅形成了各具特色、彼此包容、多元共融的文化生态，而且为中华文化的多样性增添了浓墨重彩的一笔，成为多元一体中华文化的一个组成部分。

三、多结构并存的民族经济

学术界对于民族经济的定义、内涵探讨很多，主要存在三种不同的观点，这三种观点的分歧主要源于对民族概念的不同理解。一是民族经济，二是少数民族经济，三是少数民族地区经济。本书采用第二种观点。施正一指出，少数民族经济，指的是多民族国家中人口较少的那些民族的社会生产与经济生活。[①] 由于历史文化形态的不同，云南边疆地区形成了不同的社会生产和生活方式，加之时代对经济的影响，最终呈现出多结构并存并逐渐走向开放前沿的民族经济特点。

一方面，云南边疆地区主要以农耕经济为主，但受地理环境的影响，也有部分民族依靠渔猎和采集生活，相关的生活资料也从大自然中获取。而且，由于相对闭塞的地理环境以及交通等方面的不便，少数民族地区的商品交易很不发达，其集贸市场的形成时间相对较晚，市场的形式也较为初级。[②] 尽管部分民族地区已经建成了集贸市场，但集贸市场上的大部分商品主要是人们剩余的农产品或手工制品等，现代化的工业制成品难得一见。不同的时代有不同的生产生活方式，表现出不同的社会生产力发展水平，相应地，不同的生产力水平又形成了民族地区各不相同的经济结构，最终形成民族地区经济多结构并存的特点。

另一方面，云南边疆地区的民族经济逐渐由西南边陲走向开放的前沿。受复杂的地形、不便的交通、众多的民族人口等因素的影响，云南边疆地区经济发展一直处于较为低下的水平。但近十几年来，随着西部大开发战略、云南省桥头堡战略、跨境经济合作、"一带一路"倡议等国家政策的提出与实施，云南边疆地区迎来了经济发展的春天。其民族经济也取得了长足的发展。以四县市为例，2011—2016 年，耿马县生产总值从 44.31 亿元上升至 81.13 亿元，其中，边贸进出口总额从 6.3 亿元上升至 36.65 亿元，增长了 30.35 亿元。河口县因滇越铁路、昆河公路、红河航道成为中国与越南对接的枢纽，自对外开放以来，大力发展口岸经济贸易，与越南的老街省建立了良好的经济合作关系。瑞丽市借助毗邻缅甸国家级口岸城市木姐的优势，打造了中国唯一按照"境内关外"模式实行特殊管理的边境贸易区。总之，云南边疆地区由于特殊的地理位置已成为我国连接东南亚地区的桥头堡，其民族经济已经逐渐走向开放的前沿。

---

① 施正一主编：《民族经济学教程》（修订本），中央民族大学出版社 2001 年版，第 78 页。
② 万红：《论西南民族地区集贸市场的历史形成》，《贵州民族研究》2004 年第 3 期。

民族经济与民族文化二者相互制约，相互依存，有着十分密切的关系。民族经济为民族文化的发展提供必需的物质基础，而民族文化又为民族经济的发展创造条件。随着云南经济社会的快速发展并从边陲走向开放的前沿，当地民族经济将进一步整合并与多元文化相融合，实现互动共生的一体化发展。

第三节　崛起的民族教育

文化主要由两部分构成：一部分是人们从历史中传承的传统思想，另一部分则是与之相关的价值观念、态度。这两部分最终都归于教育，是教育在传承人类的思想和文化，是教育在统摄作为经济基础与上层建筑中间变量的价值观与态度。因此，教育是文化生态的龙头。[1] 民族教育是民族地区教育的重要组成部分，是民族文化生态的龙头。

民族教育的概念有广义和狭义之分。从广义上讲，民族教育主要是指"对作为有着共同文化的民族或共同文化群体的民族集团进行的文化传承和培养该民族或民族集团的成员，一方面适应现代社会，以求得个人更好的生存与发展，一方面继承和发展本民族或本民族集团的优秀传统文化遗产的社会活动"。[2] 狭义的民族教育又可以称作少数民族地区的教育，指的是"在一个多民族国家中人口居于少数的民族的成员实施的复合民族教育，即多元文化教育"[3]。这里探讨的民族教育主要指广义的民族教育。

改革开放以来，云南省政府把民族教育事业纳入全省国民经济、社会发展规划中，并采取了一系列政策和举措，优先发展民族教育事业。经过几十年艰苦卓绝的努力，云南边疆地区民族教育事业取得了一系列成就，在边疆经济社会发展、民族文化传承与融合中发挥了重要的作用。

---

① 胡弼成：《教育：文化生态的龙头》，《湖南农业大学学报》（社会科学版）2015 年第 5 期。
② 滕星：《民族教育概念新析》，《民族研究》1998 年第 2 期。
③ 同上。

一、民族教育的成就

20 世纪 80 年代以来，国家逐步加大了对民族教育的重视程度，云南省相关政府部门也根据当地少数民族及其文化教育的实际发展情况，积极采取措施，推进民族教育的繁荣与发展。

（一）民族教育体系日趋完善，学校成为多元文化互动的主阵地

1989 年，云南边疆地区已经初步形成了一个从初等教育到高等教育、从普通教育到职业教育、从幼儿教育到成人教育、从正常教育到特殊教育的多形式、多层次、多规格、具有地方特点和民族特色的教育体系。[①] 至 2015 年末，云南已有省定民族中小学 41 所，民族中专 6 所，民族大学 1 所。各地自行认定的民族学校更是多达 500 所，民族地区寄宿制中小学约 4000 所。以四县市为例，2016 年末，耿马县有各级各类学校 161 所，其中，小学有 95 所（含 25 个教学点），九年一贯制学校 3 所，教师进修学校 1 所；[②] 河口县的各级各类学校有 57 所，其中，完全小学 21 所，九年一贯制学校 2 所，职业高级中学和普通高中各 1 所；[③] 瑞丽市共有各级各类学校 94 所（含民办），其中，小学 40 所，普通中学 6 所，包括民族中学 4 所，民族小学部 1 所；[④] 勐腊县有各级各类学校 92 所，其中，普通中学 14 所，小学 40 所，中等职业学校 2 所。[⑤] 随着民族教育体系的日趋完善、系统性的不断增强以及民族地区各级各类学校的成立与发展，各学校开放招收不同民族的学生入校就读，平等对待每一位学生，实现了四县市少数民族孩子有书读、有学上的愿望，保障了各民族平等受教育的权利。

目前，四县市的各级各类学校已成为多元文化互动的主要阵地。一方面，少数民族学生、少数民族教师以及少数民族的教育内容成为民族学校教育的三个重要因素，各要素在相互沟通与交流中促进了多元文化的互动与共生；

---

① 王锡宏：《云南边境民族教育调查综述》，《民族教育研究》1989 年第 1 期。

② 数据来源：《耿马县教育局教育事业统计基本情况》，2017 年 7 月。

③ 数据来源：《河口县教育局教育事业统计基本情况》，2017 年 5 月。

④ 数据来源：《瑞丽市教育局 2016 年年度工作总结及 2017 年工作安排》，2016 年 12 月。

⑤ 数据来源：《勐腊县教育局 2017 年年度工作总结报告》，2018 年 1 月。

另一方面，学校尤其是民族学校，有固定的场所、高素养的专职教师以及规范的教育制度，在传承少数民族文化，保持文化多样性方面发挥着不可替代的作用。因此，学校成为传播中华民族文明和少数民族文化的重要窗口。四县市民族教育体系的不断完善，为云南边疆地区乃至全国不同民族文化的传承、交流与互动奠定了坚实的基础，创造了良好的条件。

（二）少数民族师资队伍不断壮大，有利于筑牢民族文化传承纽带

民族教育一个极为重要的方面就是少数民族师资队伍建设。少数民族教师精通本民族语言与文化，在民族多元文化教育和双语教育教学中发挥着极为重要的作用。云南边疆地区经过多年的努力，已经培养了一支具有较高素质、学科门类较为齐全的少数民族教师队伍。通过实地调查与访谈发现，四县市的大部分教师几乎都是大专及以上学历，还有相当一部分的年轻教师拥有本科学历，教师队伍的专业素养大大提高。耿马县普通小学和普通中学专任教师的学历合格率也分别达到了 99.67% 和 99.41%。[①] 河口县小学、初中专任教师的学历合格率分别为 99.70% 和 99.71%，普通高中专任教师的学历合格率更是达到了 100%。[②] 至 2016 年末，瑞丽市全市有 20 所学校分别开展了双语教学，专门的双语教师达到了 53 人。至 2017 年末，勐腊县少数民族教职工有 2086 人，占勐腊县教职工总数 3689 人的一半还多。[③] 不断壮大的少数民族师资队伍，为民族教育的发展作出了重要的贡献。

上述具备一定素养的教师已经成为推动民族文化传承和促进多元文化互动的中坚力量。一方面，少数民族教师不但精通本民族语言，而且熟知本民族的相关文化习俗，通过为学生系统讲解不同民族的文化风俗习惯，将少数民族的文化一代一代地传承下去，成为本民族文化的重要传递者。另一方面，由于在我国只有考取教师资格证书的人员才能够从事教育行业，要成为一名合格教育工作者，必须接受国家的高等教育、掌握现代科学知识。因此，民族地区的教师在教授传统民族文化的同时，也成为先进文化和社会文明的传播者。

---

① 数据来源：《勐腊县教育局 2017 年年度工作总结报告》，2018 年 1 月。

② 数据来源：《河口县教育局教育事业统计基本情况》，2017 年 5 月。

③ 根据勐腊县教育局内部资料整理，2018 年 2 月。

（三）少数民族人口科学文化素养提升，有利于增强民族文化创新能力

随着民族教育的不断发展，云南边疆地区人们的科学文化素养有所提升。一是少数民族人口的受教育年限逐渐增加。据第六次人口普查统计，云南省 6 岁及以上少数民族人口平均受教育年限为 7.01 年，比第五次人口普查时增加 1.31 年。[①] 四县市少数民族人口的整体文化素养也得到了极大的提升。2015 年，耿马县初中在校生毛入学率达到 99.31%，适龄儿童入学率达到 115.06%；[②] 2017 年，河口县小学和初中学生的毛入学率分别为 99.61% 和 99.11%[③]；2017 年，瑞丽市初中阶段学生的入学率也达到了 99.92%；[④] 勐腊县 2010 年第六次人口普查同第五次全国人口普查相比，每 10 万人中具大学文化水平的人数由 1269 人上升到了 4036 人。[⑤] 二是少数民族文盲人口逐渐下降，人们的文化知识水平有所提高。2010 年，四县市所在的西双版纳、红河、临沧、德宏以及省内少数民族众多的楚雄、文山、大理、怒江、迪庆等少数民族自治州，文盲率比"五普"时大幅下降。例如，勐腊县 2010 年"六普"时的文盲率和"五普"时相比，由 14.78% 下降到 12.84%，下降了 1.94 个百分点。[⑥] 以上数据表明，边疆各少数民族的科学文化素养得到较快的提升。三是培养了一批文化素养较高的少数民族干部。为实现中华民族伟大复兴中国梦，解决民族各方面存在的问题，云南边疆地区培养了一批现代化、专业化，有知识、有能力的少数民族干部。至 2016 年末，勐腊县全县少数民族科级领导干部共有 433 人，其中少数民族干部 281 人，占总数的 64.9%，[⑦] 一定程度上引领了民族地区多元文化互动的方向，增强了少数民族创新民族传统文化的能力。

在当代社会民族文化的发展需求下，在大众创业、万众创新的时代背景

---

① 中华人民共和国国家统计局：《云南省 2010 年第六次全国人口普查主要数据公报》，2011 年 5 月。

② 数据来源：《耿马自治县教育事业发展"十三五"规划》，2018 年 6 月。

③ 数据来源：《河口县教育局教育事业统计基本情况》，2017 年 5 月。

④ 数据来源：《瑞丽市政府工作报告》，2018 年 1 月。

⑤ 数据来源：《2010 年勐腊县第六次全国人口普查主要数据公报》，2011 年 6 月。

⑥ 同上。

⑦ 根据勐腊县民族宗教事务局工作总结整理，2017 年 2 月。

下，传统民族文化要想继续传承，不断地创新与发展就成为必然选择。四县市少数民族人口科学文化素养的提升，不仅提升了各民族在瞬息万变的现代社会中的适应能力，而且在一定程度上增强了各民族的文化创新能力，促进了民族传统文化与现代科学技术、现代文明以及西方文化之间的结合。

（四）民族教育科学研究不断深入，促进多元文化互动的理论研究和实践探索

随着国家对民族教育的不断重视，自20世纪初到现在，云南边疆地区民族教育科学研究逐步展现出蓬勃旺盛的生命力，表现在民族教育研究的范围不断扩大、研究的主体日益多元化和研究的方法日趋多样化三个方面。首先，民族教育研究的范围不断扩大。民族教育研究的范围不仅包括对少数民族聚居的农村地区的研究，而且包括对城市社区中存在的少数民族教育问题开展的研究与讨论。此外，研究的视角也从单一的民族教育逐步扩大至多元文化教育、宗教教育、民族认同教育、民族族群教育和民族思想政治教育等方面。以本书为例，对四县市民族教育的研究范围由学生、教师逐步扩大到家庭及社区中的民族教育和多元文化互动等问题。其次，民族教育研究的主体日益多元化。云南民族大学、云南民族研究所都与四县市建立了良好的合作伙伴关系。同时，各地区相关民族研究部门、一线的民族教师和民族教育工作者也成为民族教育研究的主力军，为四县市民族教育的深入研究和领域的不断拓展贡献着力量。例如，瑞丽市民族中学的老校长，基于对本校学生民族构成成分多元的思考，早在1986年就决定开设傣语班教授民族语言；2012年，Z校长在前任校长的基础上，开始尝试在日常的教学活动中渗透多元文化教育的相关内容，编写民族团结教育教材，以推进民族教育的不断发展。再如，勐腊县青少年活动中心的主任，十分珍视县域内的少数民族传统文化，组织中心分别编写了《弘扬民族文化　唱响美丽勐腊》和象明彝族三弦弹唱《彝族三弦舞曲》等材料，鼓励青少年传承优秀传统文化，为当地民族教育的研究与发展贡献了力量。最后，民族教育研究的方法日趋多样化。研究方法从较少定量研究、较多定性研究逐渐发展为定量研究和定性研究相结合。随着研究方法的多元化，四县市的民族教育研究正朝着规范化的方向发展。

云南边疆地区教育科学研究的不断深入，在一定程度上丰富了民族教育的理论，促进了民族教育的实践，从而更加科学和规范地指导着四县市的多元文化互动，促进了云南边疆地区各民族间的文化交流与融合。

二、民族教育存在的问题

受历史及地理环境等诸多因素的影响，云南边疆地区的政治、经济、文化发展相对落后，导致了其民族教育整体发展水平偏低、对经济社会发展支撑不足、多元文化教育特色不鲜明等突出问题。

（一）民族教育整体发展水平偏低

云南边疆地区的民族教育整体发展水平较为低下，主要表现在以下几个方面：一是教育观念落后，对教育的重视程度不够。受传统文化观念、较为落后的民族习俗以及当前严峻的就业形势等影响，四县市对民族教育的认同程度低下。人们更看重教育的短时效益，看重教育带来的经济利益，忽视了教育的长远价值、教育在民族文化传承中的重要作用及其对人的全面发展的深远影响。

二是经费投入不足。未来的民族教育能否引领民族地区的发展，一个重要的保障就是经费的投入。尽管近年来国家和地方政府不断加大对民族教育经费的投入，但仍受到多重因素的制约，云南边疆地区的民族教育经费投入仍难以满足民族教育事业发展的需要，难以满足边疆经济、社会、文化快速发展的需要以及各族人民对高质量教育的需求。

三是师资力量薄弱，双语教师缺口较大。通过多年的努力，云南边疆地区的教师队伍素质已经有了质的提升，但仍然存在数量不足、年龄结构不合理、学历偏低、专业能力不强、工作压力大、积极性不高、队伍不稳定等问题。以勐腊县为例，2016 年全县小学专业教师达标率为 97.34%，中学为 90.88%，分别有 2.66% 和 9.12% 的教师不达标。[①] 此外，双语教师缺乏的问题也十分突出。有资料表明，在云南的 24 个世居民族中，除回族、水族外，其余各民族都有自己的语言。但在 1300 多万少数民族中，有 700 多万人口的

_____

① 根据勐腊县统计局 2016 年教育事业统计数据整理，2017 年 3 月。

民族地区基本不通汉语。① 因此，加强双语教学，消除语言障碍，成为促进不同民族沟通、文化交流、经济社会发展和边疆安全的重要手段。

四是教育质量普遍偏低。云南边疆地区的教育事业仍然处于较低水平，很多学校还存在入学率低、升学率低和辍学率高的现象，教育质量低下成为一个积弊难返的突出问题。以耿马县为例，2015 年全省初中学业水平考试共 11 科，满分 1050 分，耿马县平均分 580.43 分，比上一年增加了 3.49 分；及格率 40.56%，比上一年提高了 2.95 个百分点；全科合格率 10.14%，比上一年降低了 0.72 个百分点；优秀率 10.26%，比上一年降低了 0.27 个百分点。② 另外，单科成绩也不理想，以勐腊县 2016 年初中学业水平考试成绩为例，语文、数学、英语、物理、化学的平均分分别为 68.8 分、51.1 分、48.4 分、30.2 分和 26.9 分，平均及格率分别为 49.2%、24.8%、18.5%、16.1% 和 40.9%。③ 低水平、低质量的教育，以及评价指标的单一和片面，带来了学校对教育主旨的扭曲、学生对学习生活的厌倦、家长对教育信任的降低。在这种情况下，多元文化教育既没有得到足够重视，也难以落到实处，长此以往，不利于多元文化之间的交流、融合与发展。

（二）民族教育对经济社会发展支撑不足

云南边疆地区相对落后的经济制约了民族教育的发展，相对落后的民族教育在一定程度上又导致其在提高民族人口素质、培养现代高科技人才方面存在不足。首先，在目标的设置、内容和方法的选择上，云南边疆地区一味地追逐和模仿发达地区的教育模式，导致学习内容脱离学生生活实际，民族教育特色不突出。例如，勐腊县的部分学校只重视升学率，导致傣族特色的傣绣、傣陶等民族文化教育内容在升学压力下有其形而无其神，学生对学习失去兴趣，学习的积极性和主动性缺失。其次，云南边疆地区自然环境差、地理位置偏远，信息闭塞，设备落后，教育的现代化水平极其低下。四县市许多村落小学，由于桌椅板凳不足，有些孩子只能站着学习，更别说先进的

---

① 李云芳、徐忠祥：《云南民族教育改革与发展研究》，云南民族出版社 2005 年版，第 190 页。

② 耿马县教育局：《2016 年工作总结及 2017 年工作思路》，2016 年 11 月。

③ 西双版纳州勐腊县教育局教研室：《勐腊县 2016 年初中学业水平考试质量分析报告》，2017 年 4 月。

多媒体教学设备了。在此条件下，云南边疆地区民族教育培养出的人既缺乏传承和创新本民族文化的能力，又缺少操作开发适应现代社会发展所需要的科学技术的能力。最后，由于民族教育质量偏低，发展路径单一，导致劳动力质量不高。他们既不能安心致力于边疆经济社会的发展，也难以适应快速发展的现代经济社会。

综上所述，云南边疆地区滞后的经济社会发展制约了民族教育的发展，而民族教育的发展不足又致使其对经济社会发展和民族文化传承的支撑不足。一方面，只有稳定的社会环境和良好的经济基础才能满足民族教育发展所需要的各方面条件；另一方面，只有夯实民族教育的基础，才能实现边疆经济社会、民族文化的发展与繁荣。因此，必须处理好、协调好边疆经济、民族文化与民族教育三者的关系，才能为边疆地区的可持续发展营造良好的生态环境。

（三）民族教育中的多元文化教育特色不鲜明

民族教育应具有双重性，即在多民族国家中，民族教育一方面要考虑和适应本民族文化环境，满足本民族发展需要，体现本民族的特色；另一方面也要兼顾以主体民族为主的统一国家的发展和需要。[1] 民族教育的双重性赋予了民族教育双重的文化功能，然而我们的调查表明，四县市的民族教育文化功能并没有得到充分发挥，导致多元文化交流与融合面临困境。

首先，中华优秀传统文化的传承不足。四县市少数民族聚居，各民族接触最多的是本民族的文化，再加上各民族受教育程度较低，导致较多关注少数民族的教育，一定程度上忽视了国家认同教育和对中华优秀传统文化的传承。其表现如下：一是把民族教育窄化为仅针对少数民族的教育，忽视了民族教育的国民教育属性；二是把民族地区的文化传承局限于保护和传承少数民族的文化；三是把民族教育视为以少数民族为对象，以传承少数民族文化为核心的教育。中华优秀传统文化传承本就是多元文化教育的一个重要组成部分，四县市不应在民族教育中把少数民族文化与中华文化割裂开来。

其次，少数民族文化的传承存在缺失。随着信息化社会的发展，四县市

---

[1]　王锡宏：《论少数民族教育双重性》，《民族研究》1999 年第 3 期。

与其他地区之间、不同民族之间的交往日益频繁，加之外出务工人员的增多，少数民族不断融入现代社会，致使少数民族文化面临着丧失的危险。然而，四县市的民族教育在面对少数民族文化存在的危机时却裹足不前：首先，在民族教育理论上，尚未总结出民族教育适应民族文化发展的基本规律，也没有形成指导民族文化实践活动的理论体系；在民族教育结构上，普通教育、职业教育、成人教育忽视民族性，结构单一，缺乏文化传承教育的阶段性、连贯性；其次，在民族教育内容上，没有明确民族文化教育的目标要求、地方民族文化特色，校本课程开发滞后且缺乏对民族传统文化的深入挖掘。实际上，民族教育并未从本质上确立不同民族的主体性，未能激发各民族的自信心与自豪感，导致热爱、尊重并愿意传承、创新少数民族文化的群众越来越少，未能从根本上化解少数民族文化传承与发展面临的危机。

综上所述，作为多元文化教育载体和重要阵地的民族教育，必须充分发挥民族文化传承教育的重要功能，弘扬多元一体中华文化，处理好中华文化与少数民族文化、传统文化与现代文化、现代文化与地方文化、境外文化与本土文化的关系，以促进云南边疆地区的文化和谐与繁荣。

──────○ 和谐与共生：多元互动的民族文化生态 ○──────

通过对云南边疆地区特别是四县市文化生态状况的梳理，我们看到，在特定的自然地理条件和独特的历史文化背景下，在长期的多民族聚居生活的文化碰撞中，四县市逐渐形成了特色鲜明的文化生态。

首先，四县市多样的民族文化，与其所处的区域是分不开的。特殊的地理位置、独特的地形地貌、丰富的自然资源以及不便的交通等，使四县市形成了绚丽多姿、地域特征鲜明并独具特色的文化生态。

其次，四县市民族人口构成多元与多结构民族经济并存的特点，成为多元文化产生与发展的活水源头。多结构并存的民族经济，使四县市中的不同民族形成了不同的生产生活方式以及与之相适应的文化形态，并形成了你中有我、我中有你的独特文化生态。不同民族日常的交往与交流、不同文化之间的碰撞和融合已成为四县市的生活常态，催生了丰富多元的物质文化和精神文化，也为四县市乃至边疆地区的多元文化互动注入了勃勃的生机和活力。

最后，四县市民族教育是民族文化不可分割的部分，是民族文化传承、发扬和创新不可或缺的重要手段。一方面，四县市民族教育的崛起促进了各民族文化的互动与交流、传承与弘扬，以及各民族的团结与进步，保障了四县市乃至边疆社会的稳定，为多元文化互动奠定了良好的社会文化基础。另一方面，民族教育是各民族促进文化互动、加快文化交流与融合、增强文化创新最重要的阵地，是培养多元文化观念、培养中华民族文化共识、增强文化互动的知识与能力的重要手段。目前，民族教育在四县市已经得到了相当的重视，在促进民族文化互动、文化和谐、社区发展、边疆繁荣稳定方面贡献了一己之力。然而，不容否认的是，受自然、历史、文化、习俗和生活方式的影响，以及云南边疆地区民族教育自身发展存在的局限，四县市的民族教育在促进民族文化传承与交流、创新与发展中存在一些问题，在一定程度上对这些地区的多元文化互动产生了不良影响。

综上所述，独特的地形地貌、丰富的自然资源、人口构成的多元和多结构民族经济并存的特点，以及崛起的民族教育，形成了四县市多样的民族文化生态，为四县市的多元文化互动奠定了坚实的基础。

第四章　调查工具：问卷的设计与编制

第一节　多元文化互动调查问卷的设计

一、多元文化互动调查问卷设计的依据

（一）基于研究目的确定调查问卷的目标和性质

云南地处中国的西南边陲，与缅甸、老挝和越南三国相邻，是中国面向东南亚、南亚的桥头堡，同时，这些边境地区往往也是少数民族的聚集地，因此，对于西南边陲地区的研究不仅关乎民族和谐，更关乎国家的安全与发展。本研究的目的在于了解与分析云南边疆地区多元文化互动的不同状况，从而为边疆地区的民族和谐与社区发展建言献策。

在此过程中，我们除了使用文献法、访谈法等研究方法外，基于大样本的实证调查研究也是不可或缺的。通过大样本的调查研究，不仅可以为我们的理论提供数据支撑，同时也能够让我们对调查的内容有更加清晰的概括和理解。

（二）基于多元文化互动的概念确定调查问卷的内容

本书中，我们将多元文化互动定义为，在多民族聚居地地域空间内，各民族文化相互接触、冲突、融合、变迁的文化活动过程。在这样一个漫长、连续的活动过程中，我们试图从一个横断面的角度来对其进行较为全面的观测和分析。为此，我们将调查内容划分为多元文化互动的素养、多元文化活动的构建、多元文化互动面临的问题及多元文化互动的影响四个方面。

（三）借鉴相关调查问卷的设计思路和类型

在教育研究过程中，由于研究问题和对象的多样性、复杂性，导致很多问题很难进行定量的描述，而只能采用定性的分析；调查获取的数据多为非连续性数据；统计分析的方法多局限于描述性统计，缺乏推断统计。为了弥补以往教育研究中调查方法的一些不足，我们借鉴了心理测量的方法，以获得连续性数据，并进行推断统计。心理测量理论认为，"凡客观存在的事物都有其数量"，"凡有其数量的事物都可以测量"。[1]然而，并不是任何事物均可以进行测量，从哲学角度而言，事物是质和量的统一；从统计角度而言，质的不同是事物分类的前提，而量的不同是事物测量的前提。心理测量主要用于测量某种心理品质或特质。而在一些教育研究中，教育现象的多样性和不确定性使其无法以量来说明其差异，而只能通过质来说明其不同。

基于上述思考，在我们所要调查的四方面内容中，可以用量来说明其差异的只有多元文化互动素养，它属于人的一种心理品质，因此，我们采用心理测量的方法编制问卷，即标准问卷；而多元文化活动的构建、多元文化互动面临的问题和多元文化互动的影响则是人的一种主观看法、态度，不属于人的心理品质，因此，我们采用普通方法编制问卷，即非标准问卷。

---

① 戴海崎、张峰、陈雪枫：《心理与教育测量》，暨南大学出版社 2011 年版，第 9 页。

二、多元文化互动调查问卷的基本结构

（一）调查问卷的总体构思

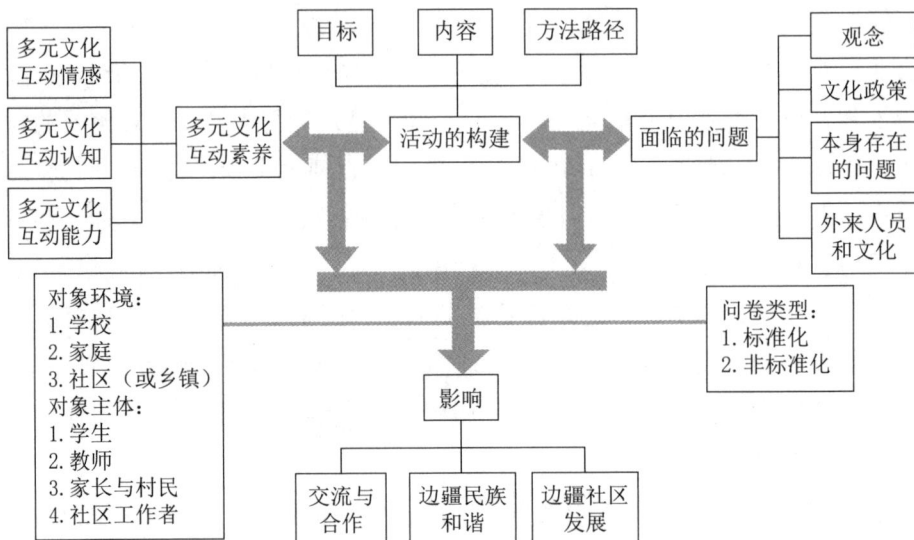

图 4-1　多元文化互动调查问卷总体构思图

（二）调查问卷的内容结构

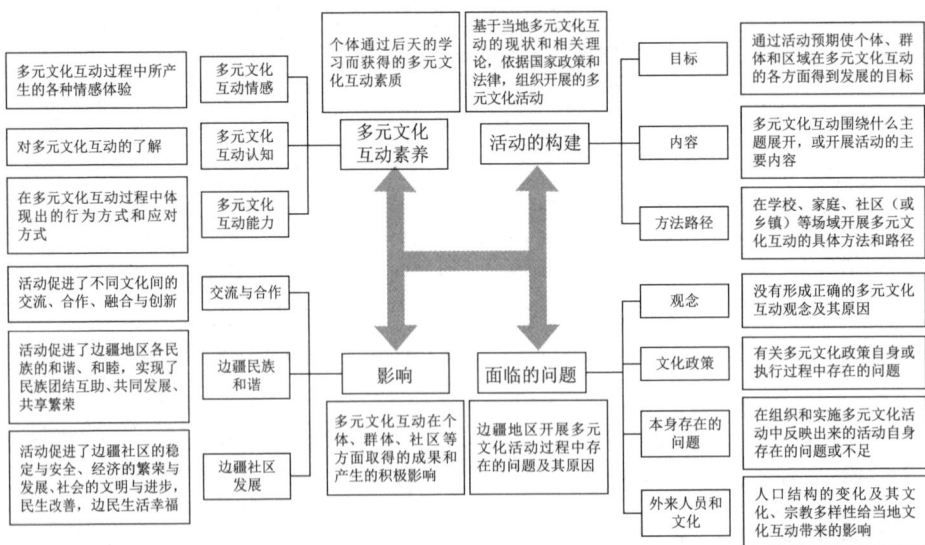

图 4-2　多元文化互动调查问卷内容结构图

（三）调查问卷的类型与对象结构

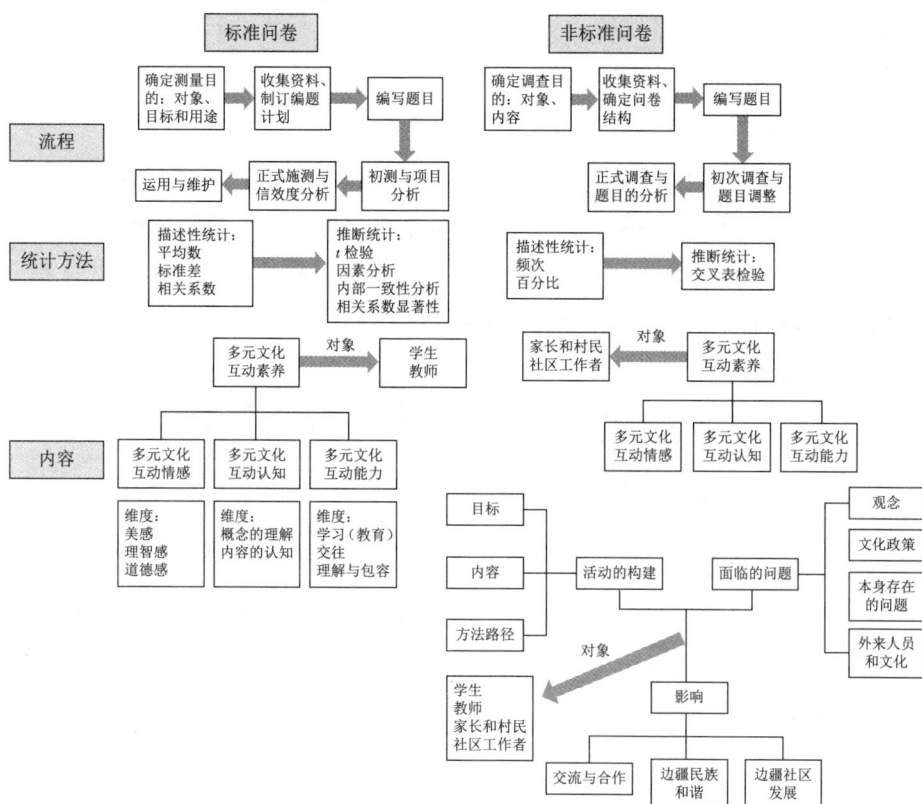

图 4-3　多元文化互动调查问卷类型与对象结构图

三、多元文化互动调查问卷的相关核心概念

（一）多元文化互动素养

多元文化互动素养指的是在多元文化互动过程中所表现出的一类相对稳定的心理品质和特征。我们将这些心理品质与特征分为三类：多元文化互动情感、多元文化互动认知和多元文化互动能力。

（二）多元文化互动情感

多元文化互动情感指的是多元文化互动过程中所产生的各种情感体验，分为美感、理智感和道德感三个维度。① 其中，美感是指对事物美的体验；理

① 彭聃龄：《普通心理学》(修订版)，北京师范大学出版社 2004 年版，第 371—372 页。

智感指的是人们对认识活动成就进行评价时产生的情感体验；道德感指的是个体根据一定的社会道德行为标准，在评价自己或他人的行为举止、思想言论和意图时产生的一种情感体验。

（三）多元文化互动认知

多元文化互动认知指的是对多元文化互动的了解，分为对基本概念的认识和对内容的认识两个维度。其中，对基本概念的认识是指对于多元文化或多元文化互动等概念的理解和认识；对内容的认识是指对于多元文化或多元文化互动等包含的各种活动、形式、内容等的认识情况。

（四）多元文化互动能力

多元文化互动能力指的是在多元文化互动过程中所体现出的行为方式和应对方式，可分为学习（教育）能力、交往能力和理解包容能力三个维度。其中，学习（教育）能力是指学生或教师在学习或教学过程中，学习或者教授不同民族文化知识时所体现出来的能力；交往能力是指学生或教师与其他民族的学生或教师融洽相处的能力；理解包容能力是指能够尊重其他民族的风俗习惯，以及正确看待、处理与其他民族学生或教师可能产生的冲突的能力。

第二节 多元文化互动标准问卷的编制

一、多元文化互动标准问卷题项的编制与施测

（一）题项的编制

为了编制一份具有良好信度和效度的标准问卷，我们首先针对学生和教师分别编制了一份预测问卷，两份问卷的题项均涉及多元文化的情感和态度、多元文化认知、多元文化互动观点、跨文化交往能力、处理文化差异的能力、多元文化运用能力这 6 个方面，均共计 35 个题项。

我们使用该问卷对昆明市寻甸县甸沙乡、六哨乡的学生和教师进行了预测，采用整群抽样的方法，对两所学校小学五、六年级学生，初中一年级学生和部分教师进行了调查，其中，学生问卷共计发放 445 份，回收有效问

卷418份，有效回收率为93.93%；教师问卷共计发放185份，回收有效问卷151份，有效回收率为81.62%。

通过对预试问卷的分析，我们发现了以下问题：（1）多元文化互动素养大致上可以归纳为情感、认知和能力三大方面；（2）为了保证调查问卷的信效度，应当借鉴心理测量的方法，将每个方面划分为具体的维度；（3）每个维度都应当进行清晰的定义，然后根据定义来编制对应的题目；（4）为了保证每个维度的题目都有足够的解释力，应当增加题目数。

据此，我们对问卷进行了修改，将多元文化互动素养分为情感、认知和能力三个分问卷。其中，情感分问卷包含道德感、理智感和美感三个维度；认知分问卷包含对概念的理解和对内容的认识两个维度；能力分问卷包含学习教育能力、交往能力和理解包容能力三个维度。最终，学生问卷编制了70个题项的初测问卷，教师问卷编制了72个题项的初测问卷。

问卷采用李克特五点量表计分，1表示"非常不同意"，2表示"比较不同意"，3表示"不确定"，4表示"比较同意"，5表示"非常同意"。分数越高，表示某种品质越好。

（二）问卷的施测

1. 施测过程

根据标准问卷的编制过程，我们的施测过程大致可以分为两个阶段。第一阶段，对初测问卷的题项进行筛选，并形成正式问卷；第二阶段，运用正式问卷对其余地区的学生和教师进行调查。

对于学生问卷，采用现场发放并回收的形式进行，大致过程如下：首先，由调查人员向学生说明和解释问卷的指导语，使学生明白调查的目的和所要完成的任务；然后，要求学生独立作答，对每个题目进行1—5的选择，以表达他们对每个题目的态度和看法，其中调查者会对个别不能理解词义或内容等的学生进行说明、解释，但不得对被调查者的态度进行暗示或者干扰；最后，作答完毕后，对问卷进行现场统一回收。

对于教师问卷，由于条件所限，不可能同时把一个学校的教师集中到一起进行调查，因此大部分教师问卷采用学校负责人代为发放，统一回收后邮寄给我们的方式进行。大致过程如下：向被调查的学校负责人说明问卷调查的目的和内容，并请其代为发放问卷，要求每份问卷只能由一名教师完成，作答前需要认真阅读问卷的指导语，并且必须对每一个题目进行回答。作答完毕后交由该学校负责人统一邮寄给我们。少部分教师采用现场发放并回收的形式。

2. 施测对象

根据施测过程的两个阶段，被调查的学生和教师的数据也可以分为两大部分，第一部分是使用初测问卷进行调查得到的数据，主要用于进行项目分析、探索性因素分析和内部一致性系数分析，该部分数据调查的地区为耿马县；第二部分是使用正式问卷进行调查得到的数据，该部分数据调查的地区包括河口县、瑞丽市和勐腊县三个研究区域。本节分析中使用到的样本的具体情况如下：

（1）学生样本

学生样本的使用可分为两部分，第一部分选取耿马县部分学生样本进行项目分析、探索性因素分析和内部一致性系数分析；第二部分则使用耿马县、河口县、瑞丽市和勐腊县四个地区收集到的全部学生样本进行验证性因素分析，用以验证问卷的理论结构。

第一部分：选取耿马县两所小学（贺派中心完小、五华民族小学）和一所中学（四排山中学）的调查数据。其中贺派中心完小150人，包括男生81人，女生69人；五华民族小学97人，包括男生24人，女生73人。四排山中学267人，包括男生125人，女生136人，未填写性别6人。共计514人。

第二部分：采用耿马县未使用的数据，包括一所小学（耿马城小）和两所中学（贺派中学和允捧中学），以及河口县、瑞丽市和勐腊县的学生数据进行验证性因素分析。其中，耿马县628人，河口县1063人，瑞丽市1100人，勐腊县1207人；男生1925人，女生2043人，未填写性别30人；小学生1697人，初中生2130人，高中生171人。共计3998人。

（2）教师样本

教师样本的使用也分为两个部分，第一部分使用耿马县所有教师样本进行项目分析、探索性因素分析和内部一致性系数分析；第二部分则使用耿马县、河口县、瑞丽市和勐腊县收集到的全部教师样本进行验证性因素分析，用以验证问卷的理论结构。

第一部分：选取耿马县幼儿园、小学和中学的教师调查得到的全部数据。其中，贝贝幼儿园 27 人，耿马县幼儿园 17 人，耿马城小 42 人，河底岗完小 20 人，贺派中心完小 23 人，勐永镇中心完小 30 人，四排山中心完小 13 人，贺派中学 12 人，四排山中学 25 人，允捧中学 30 人；包括男教师 53 人，女教师 177 人，未填写性别 9 人。共计 239 人。

第二部分：采用河口县、瑞丽市和勐腊县的教师数据进行验证性因素分析。其中，河口县 282 人，瑞丽市 195 人，勐腊县 277 人；男教师 244 人，女教师 510 人；幼儿园 34 人，小学 336 人，初中 320 人，高中 59 人，县教研室 2 人，未填写 3 人。共计 754 人。

二、多元文化互动标准问卷题项的选取

（一）标准问卷题项选取的标准

区分度是检验题项能否较好区分不同心理品质的一个重要参照，是问卷的题项编制中不可忽视的一个重要标准。一个好的题项首先必须具有良好的区分度，为此我们使用第一部分的数据对所有题项进行了项目分析。

区分度的分析方法通常有两种，一种是题项与总分的相关法，另一种是极端分组的差异比较法。在相关法中，由于总分中也包含该题项，这在一定程度上会对相关系数造成影响，因此，在题项与总分的相关中我们主要关注相关系数的显著性。同时，采用净相关系数，即题项与不包含该题项的总分之间的相关系数，以更好地反映该题项与其他各题项之间的关联性。

除了区分度这一重要参照外，分析一个题项的好坏还可以参考题项样本分布的形态和特征及题项对于总体的解释率等辅助标准，如漏答题量、平均数、标准差、偏态以及因素负荷等。

为此，我们将项目分析判断的指标分为两大类：一类为关键指标；另一类为一般指标。关键指标中有以下三个判断标准：

1. 极端分组法标准：将所有被调查者的总分从低到高排列后，前 27% 为低分组，后 27% 为高分组，然后采用独立样本 t 检验对各个题项进行差异检验，两组差异未达到 0.01 显著性水平的题项表明区分度不好，考虑删除；

2. 净相关系数标准：净相关系数低于 0.3 表明区分度不好，考虑删除；

3. 相关系数显著性标准：相关系数显著性水平未达到 0.01，表明区分度不好，考虑删除（考虑到样本量较大易导致相关系数显著，因此同时考虑相关系数应不低于 0.3）。

一般指标中有以下五个判断标准：

1. 漏答率标准：漏答率高于 5% 的题项表明题目的设置可能存在问题；

2. 平均数标准：题项平均数低于总体均分减去 1.5 个标准差或高于总体均分加上 1.5 个标准差的题项考虑删除；

3. 标准差标准：标准差低于 0.8 的表明该题项的选择比较集中，可能缺乏区分度；

4. 偏态标准：偏态系数绝对值高于 1.5 的表明对题目反应的偏向，考虑删除；

5. 因素负荷标准：采用主轴因子法强行抽取一个因子，以此计算每个题项的因素负荷，负荷低于 0.3 的题项考虑删除。

由于在项目分析中，区分度是最重要的参照，因此，在以上指标中我们优先考虑关键指标的三个标准，若这些区分度均不理想，则该题项必须删除；若关键指标较好，则进一步考虑一般指标，一般指标不好的将在探索性因素分析中优先考虑删除。

（二）学生多元文化互动标准问卷题项的选取

1. 学生多元文化互动情感分问卷的项目分析

项目分析表明（如表 4-1 所示），在学生的多元文化互动情感分问卷中，各题项的关键指标均较好，只有第 68 题的净相关系数略低于 0.3，因此，可暂时保留全部题目进入探索性因素分析。

表 4-1　学生多元文化互动情感分问卷项目分析表

题项	漏答率	平均数	标准差	偏态	因素负荷	极端分组 t 检验	净相关	相关系数显著性	关键指标	一般指标	合计不符合项目数
68	0.0%	**3.02**	1.65	0.01	**0.30**	-9.37^{**}	**0.284**	0.399^{**}	1	2	3
3	0.4%	4.65	**0.76**	**-2.43**	0.36	-7.60^{**}	0.338	0.385^{**}	0	2	2
7	1.0%	4.43	0.98	**-1.92**	0.35	-8.17^{**}	0.309	0.401^{**}	0	1	1

（续表）

题项	漏答率	平均数	标准差	偏态	因素负荷	极端分组 t 检验	净相关	相关系数显著性	关键指标	一般指标	合计不符合项目数
4	0.0%	4.52	0.83	**-1.89**	0.40	-10.16**	0.363	0.398**	0	1	1
19	1.0%	4.59	0.82	**-2.23**	0.44	-8.78**	0.400	0.441**	0	1	1
29	0.4%	4.36	1.04	**-1.61**	0.55	-12.93**	0.503	0.555**	0	1	1
14	1.6%	4.18	1.21	-1.46	0.32	-8.85**	0.306	0.404**	0	0	0
40	1.0%	3.66	1.47	-0.70	0.31	-10.03**	0.306	0.395**	0	0	0
10	1.0%	3.94	1.09	-0.86	0.35	-8.57**	0.314	0.408**	0	0	0
8	0.8%	3.93	1.24	-0.88	0.33	-10.01**	0.315	0.393**	0	0	0
28	0.8%	3.80	1.25	-0.76	0.38	-9.37**	0.343	0.415**	0	0	0
16	0.6%	4.27	1.00	-1.41	0.39	-7.81**	0.356	0.399**	0	0	0
6	0.0%	4.39	0.89	-1.43	0.40	-10.02**	0.358	0.430**	0	0	0
15	1.4%	4.06	1.05	-0.99	0.42	-8.91**	0.374	0.432**	0	0	0
48	0.8%	3.51	1.22	-0.41	0.40	-11.66**	0.389	0.475**	0	0	0
18	0.0%	3.89	1.14	-0.83	0.45	-9.11**	0.405	0.435**	0	0	0
41	1.0%	4.00	1.10	-0.86	0.46	-10.78**	0.408	0.459**	0	0	0
27	0.8%	4.26	1.04	-1.48	0.45	-9.45**	0.410	0.455**	0	0	0
24	0.6%	3.95	1.27	-0.97	0.43	-12.22**	0.415	0.494**	0	0	0
9	0.8%	3.96	1.04	-0.72	0.46	-10.37**	0.415	0.468**	0	0	0
26	0.6%	3.93	1.08	-0.82	0.48	-9.46**	0.419	0.450**	0	0	0
20	0.0%	4.21	1.00	-1.24	0.49	-11.52**	0.443	0.509**	0	0	0
35	0.2%	4.21	1.13	-1.45	0.48	-12.71**	0.456	0.513**	0	0	0
11	0.4%	4.15	0.99	-1.06	0.53	-12.38**	0.480	0.533**	0	0	0
21	0.4%	4.01	0.99	-0.78	0.54	-14.28**	0.482	0.529**	0	0	0
57	0.6%	4.01	1.05	-0.80	0.55	-12.57**	0.486	0.529**	0	0	0

注：粗体字表示未达到标准的指标。* 表示在 0.05 水平上显著，** 表示在 0.01 水平上显著，下同。该分问卷中总体样本的总均分为 4.073，标准差为 0.487，总均分的 1.5 个标准差的区间为 [3.342，4.803]。

2. 学生多元文化互动认知分问卷的项目分析

项目分析表明（如表 4-2 所示），在学生的多元文化互动认知分问卷中，三个关键指标均不理想的为第 31 题，表明此题缺乏区分度，必须删除；另外，关键指标有一项不理想的为第 1、2、13、39、63 题，均为净相关系数较低，且第 2、39、63 题的因素负荷低于 0.3，这些题目可暂时保留，待因素分析时，可优先考虑删除。因此，删除第 31 题，其余题目可进入探索性因素分析。

表 4-2　学生多元文化互动认知分问卷项目分析表

题项	漏答率	平均数	标准差	偏态	因素负荷	极端分组 t 检验	净相关	相关系数显著性	关键指标	一般指标	合计不符合项目数
31	1.0%	**3.18**	1.40	-0.14	**-0.14**	**-0.60**	**-.128**	**0.049**	3	2	5
39	0.0%	3.91	1.27	-0.97	**0.22**	-6.01**	**0.188**	0.316**	1	1	2
2	0.2%	4.01	1.07	-0.87	**0.29**	-6.85**	**0.236**	0.327**	1	1	2
63	0.6%	3.47	1.45	-0.36	**0.21**	-8.48**	**0.199**	0.351**	1	1	2
1	0.2%	3.85	0.99	-0.77	0.30	-7.20**	**0.247**	0.339**	1	0	1
13	1.2%	3.54	1.11	-0.32	0.34	-9.43**	**0.275**	0.409**	1	0	1
33	0.8%	4.36	0.97	**-1.54**	0.42	-10.57**	0.373	0.461**	0	1	1
30	0.6%	4.39	0.97	**-1.74**	0.40	-9.76**	0.370	0.476**	0	1	1
34	0.0%	4.50	0.94	**-2.07**	0.45	-9.72**	0.402	0.484**	0	1	1
61	0.4%	4.52	0.93	**-2.14**	0.43	-9.15**	0.392	0.485**	0	1	1
37	0.8%	4.34	0.90	**-1.50**	0.49	-11.30**	0.416	0.507**	0	1	1
5	0.2%	4.23	0.96	-1.15	0.40	-11.05**	0.341	0.454**	0	0	0
43	0.6%	3.91	1.07	-0.69	0.45	-12.21**	0.388	0.475**	0	0	0
12	0.0%	4.06	1.12	-1.00	0.48	-11.27**	0.413	0.506**	0	0	0
22	0.6%	3.88	1.15	-0.74	0.50	-12.98**	0.417	0.515**	0	0	0
44	0.6%	3.88	1.08	-0.76	0.50	-10.89**	0.416	0.519**	0	0	0
36	0.4%	3.77	1.05	-0.48	0.51	-13.57**	0.431	0.520**	0	0	0
45	0.8%	3.83	1.16	-0.60	0.55	-13.79**	0.462	0.548**	0	0	0
46	0.2%	4.00	1.10	-0.85	0.55	-13.04**	0.473	0.552**	0	0	0

注：该分问卷中总体样本的总均分为 3.982，标准差为 0.463，总均分的 1.5 个标准差的区间为 [3.287，4.676]。

3.学生多元文化互动能力分问卷的项目分析

项目分析表明（如表 4-3 所示），在学生的多元文化互动能力分问卷中，三个关键指标均不理想的为第 17 题，表明此题缺乏区分度，必须删除。从指标来看，此题目与其他题目意思相反，此题目为"当其他民族的同学向我介绍他们的风俗习惯时，我有时不能够明白"，该题原本为反向题，但此处分析显示，互动能力得分高的学生更多表示他们有时不能够明白其他民族同学介绍的风俗习惯，而互动能力得分低的学生则更多表示能够明白。这可能说明互动能力较弱的学生倾向于表现为敷衍或者假装理解。将第 17 题的分数反转后重新进行项目分析，结果发现相关系数仍不理想，表明该题确实缺乏区分度。

两个关键指标不理想的为第 23、49、52、55、60、69 题，且这些题目的因素负荷均较低，应当予以删除，考虑到第 49、52 题的相关系数显著性比较接近 0.3，可暂时保留进行因素分析。一个关键指标不理想的为第 66、67 题，均为净相关系数略低于 0.3，可暂时保留。因此，删除了第 17、23、55、60、69 共五个题项，其余题项可进入探索性因素分析。

表 4-3 学生多元文化互动能力分问卷项目分析表

题项	漏答率	平均数	标准差	偏态	因素负荷	极端分组 t 检验	净相关	相关系数显著性	关键指标	一般指标	合计不符合项目数
17	0.6%	**2.29**	1.09	0.54	**-0.21**	**1.65**	**-0.136**	**-0.028**	3	2	5
60	0.2%	**3.00**	1.19	-0.03	**0.05**	-4.87**	**0.093**	**0.234****	2	2	4
69	0.0%	**2.89**	1.20	0.09	**0.12**	-5.59**	**0.188**	**0.294****	2	2	4
23	1.2%	3.44	1.12	-0.21	**0.11**	-4.77**	**0.109**	**0.217****	2	1	3
55	0.4%	3.18	1.27	-0.16	**0.09**	-5.36**	**0.151**	**0.266****	2	1	3
52	0.6%	3.69	1.25	-0.72	**0.21**	-5.54**	**0.186**	**0.282****	2	1	3
49	0.8%	3.32	1.04	-0.05	**0.20**	-5.39**	**0.166**	**0.295****	2	1	3
67	1.2%	3.52	1.32	-0.53	0.40	-9.16**	**0.276**	0.370**	1	0	1
66	1.0%	3.72	1.37	-0.64	0.31	-10.87**	**0.293**	0.415**	1	0	1
71	**8.4%**	**4.41**	0.92	**-1.65**	0.42	-9.03**	0.353	0.427**	0	3	3
70	**8.6%**	3.11	1.25	-0.06	**0.27**	-7.66**	0.312	0.403**	0	2	2
38	0.2%	**4.58**	0.86	**-2.35**	0.47	-8.70**	0.385	0.445**	0	2	2
32	0.6%	**4.39**	0.92	**-1.62**	0.52	-10.62**	0.446	0.486**	0	2	2
62	1.0%	3.99	1.05	-0.77	0.44	-9.54**	0.351	0.424**	0	0	0

（续表）

题项	漏答率	平均数	标准差	偏态	因素负荷	极端分组 t 检验	净相关	相关系数显著性	关键指标	一般指标	合计不符合项目数
50	0.8%	3.58	1.18	−0.48	0.43	−9.73**	0.380	0.444**	0	0	0
54	0.6%	3.84	1.23	−0.83	0.40	−10.72**	0.323	0.446**	0	0	0
51	1.2%	4.34	0.99	−1.46	0.45	−9.45**	0.396	0.451**	0	0	0
64	1.4%	4.16	1.03	−1.22	0.41	−10.99**	0.366	0.459**	0	0	0
56	0.8%	3.85	1.17	−0.77	0.47	−10.64**	0.409	0.477**	0	0	0
59	0.6%	3.71	1.08	−0.56	0.51	−11.44**	0.431	0.485**	0	0	0
25	0.6%	4.08	1.10	−1.11	0.54	−11.72**	0.418	0.489**	0	0	0
53	0.8%	3.98	1.12	−0.92	0.49	−12.95**	0.412	0.496**	0	0	0
47	0.0%	4.17	1.05	−1.20	0.57	−12.54**	0.483	0.539**	0	0	0
58	0.4%	4.29	0.95	−1.33	0.55	−12.65**	0.495	0.548**	0	0	0
65	1.8%	3.74	1.13	−0.56	0.55	−14.13**	0.494	0.557**	0	0	0

注：该分问卷中总体样本的总均分为 3.731，标准差为 0.432，总均分的 1.5 个标准差的区间为 [3.082，4.379]。

（三）教师多元文化互动标准问卷题项的选取

1. 教师多元文化互动情感分问卷的项目分析

项目分析表明（如表 4—4 所示），在教师的多元文化互动情感分问卷中，题项 1 有两个关键指标不理想，且因素负荷也不理想，应当删除。因此，删除第 1 题，剩余题项可进入探索性因素分析。

表 4—4 教师多元文化互动情感分问卷项目分析表

题项	漏答率	平均数	标准差	偏态	因素负荷	极端分组 t 检验	净相关	相关系数显著性	关键指标	一般指标	合计不符合项目数
36	0.0%	4.68	**0.75**	**−2.90**	**0.27**	−3.68**	**0.216**	0.302**	1	3	4
1	0.8%	4.29	1.13	−1.68	**0.23**	−4.13**	**0.177**	**0.234****	2	1	3
6	1.3%	**3.47**	1.56	−0.41	**0.22**	−6.34**	**0.260**	0.389**	1	2	3
23	0.8%	**3.11**	1.63	−0.08	**0.25**	−7.91**	**0.289**	0.442**	1	2	3
32	0.0%	4.26	1.06	−1.61	**0.26**	−6.47**	**0.236**	0.382**	1	1	2
8	0.0%	4.70	**0.76**	**−3.04**	0.47	−6.20**	0.423	0.467**	0	2	2

（续表）

题项	漏答率	平均数	标准差	偏态	因素负荷	极端分组 t 检验	净相关	相关系数显著性	关键指标	一般指标	合计不符合项目数
43	0.0%	4.68	**0.78**	**−3.20**	0.47	−5.78**	0.418	0.475**	0	2	2
4	1.7%	4.68	**0.77**	**−3.25**	0.52	−4.83**	0.427	0.511**	0	2	2
10	0.0%	4.65	**0.69**	**−2.30**	0.58	−6.81**	0.509	0.516**	0	2	2
16	1.3%	4.41	0.94	**−2.00**	0.38	−5.78**	0.338	0.403**	0	1	1
19	0.8%	4.66	0.84	**−3.06**	0.43	−6.04**	0.417	0.502**	0	1	1
24	0.4%	4.59	0.92	**−2.71**	0.55	−6.70**	0.525	0.504**	0	1	1
14	2.9%	3.96	1.37	−1.07	0.31	−8.44**	0.349	0.406**	0	0	0
33	0.4%	4.36	0.82	−1.49	0.36	−6.47**	0.312	0.409**	0	0	0
13	1.3%	4.03	1.10	−1.04	0.41	−6.09**	0.349	0.429**	0	0	0
35	0.0%	4.42	0.96	−1.79	0.42	−7.42**	0.433	0.458**	0	0	0
41	1.3%	3.97	1.30	−1.06	0.38	−8.17**	0.365	0.466**	0	0	0
20	0.4%	4.29	0.98	−1.52	0.44	−6.71**	0.360	0.477**	0	0	0
15	0.8%	4.30	0.96	−1.68	0.53	−7.48**	0.455	0.493**	0	0	0
46	1.3%	4.23	1.25	−1.60	0.47	−7.14**	0.462	0.501**	0	0	0
47	0.8%	4.38	1.05	−1.99	0.42	−7.18**	0.392	0.505**	0	0	0
25	0.8%	4.41	0.94	−1.93	0.51	−5.27**	0.406	0.515**	0	0	0
65	0.8%	4.16	0.92	−1.10	0.54	−7.14**	0.468	0.523**	0	0	0
57	0.0%	4.34	0.90	−1.59	0.56	−6.67**	0.495	0.523**	0	0	0
26	1.7%	4.36	0.91	−1.87	0.53	−5.95**	0.425	0.527**	0	0	0
5	0.4%	4.34	1.21	−1.92	0.47	−7.20**	0.460	0.547**	0	0	0

注：该分问卷中总体样本的总均分为 4.296，标准差为 0.459，总均分的 1.5 个标准差的区间为 [3.607，4.985]。

2. 教师多元文化互动认知分问卷的项目分析

项目分析表明（如表 4—5 所示），在教师的多元文化互动认知分问卷中，有两个关键指标不理想的为第 68 题，且因素负荷过低，应当删除。因此，删除第 68 题，其余题项可进入探索性因素分析。

表 4-5 教师多元文化互动认知分问卷项目分析表

题项	漏答率	平均数	标准差	偏态	因素负荷	极端分组 t 检验	净相关	相关系数显著性	关键指标	一般指标	合计不符合项目数
68	0.4%	3.99	1.00	−0.67	**0.18**	−3.99**	**0.195**	**0.261****	2	1	3
2	0.4%	4.14	0.96	−0.87	**0.28**	−3.72**	**0.196**	0.324**	1	1	2
22	1.3%	4.73	**0.63**	**−3.09**	**0.26**	−4.32**	**0.264**	0.337**	1	3	4
18	1.7%	3.82	1.57	−0.88	**0.17**	−5.97**	**0.228**	0.353**	1	1	2
31	0.0%	3.95	1.35	−1.09	**0.19**	−5.70**	**0.264**	0.362**	1	1	2
60	0.4%	**3.62**	0.97	−0.40	0.35	−4.95**	**0.299**	0.372**	1	1	2
56	0.8%	4.60	**0.79**	**−2.50**	0.36	−5.19**	0.307	0.403**	0	2	2
29	1.3%	4.55	0.92	**−2.46**	0.31	−6.42**	0.324	0.419**	0	1	1
28	0.8%	4.04	1.06	−1.11	0.34	−6.80**	**0.297**	0.421**	1	0	1
7	0.8%	3.92	1.08	−0.77	0.36	−7.43**	0.311	0.422**	0	0	0
64	1.7%	4.62	**0.74**	**−2.41**	0.42	−6.07**	0.376	0.447**	0	2	2
55	1.7%	4.00	0.97	−0.68	0.45	−8.20**	0.358	0.467**	0	0	0
37	0.0%	4.67	**0.58**	−1.67	0.49	−7.19**	0.410	0.467**	0	1	1
27	0.8%	4.21	1.00	−1.45	0.42	−7.53**	0.384	0.480**	0	0	0
42	1.7%	4.48	0.90	**−2.04**	0.46	−7.24**	0.394	0.481**	0	1	1
9	0.4%	4.74	**0.62**	**−2.86**	0.46	−4.72**	0.476	0.491**	0	2	2
39	0.8%	4.48	0.96	**−2.04**	0.57	−6.40**	0.442	0.549**	0	1	1
11	0.8%	4.06	0.98	−0.81	0.55	−9.31**	0.485	0.556**	0	0	0
66	0.0%	4.13	1.01	−0.91	0.63	−11.74**	0.557	0.626**	0	0	0
45	0.0%	4.23	1.00	−1.38	0.64	−10.51**	0.547	0.635**	0	0	0

注：该分问卷中总体样本的总均分为 4.249，标准差为 0.417，总均分的 1.5 个标准差的区间为 [3.623，4.874]。

3. 教师多元文化互动能力分问卷的项目分析

项目分析表明（如表 4-6 所示），在教师的多元文化互动能力分问卷中，三个关键指标均不理想的为第 48、63 题，表明这两个题项缺乏区分度，必须删除。两个关键指标不理想的为第 3、54 题，且这两个题项因素负荷很低，应当删除。因此，删除第 3、48、54、63 共四个题项，其余题项可进入探索性因素分析。

表4-6　教师多元文化互动能力分问卷项目分析表

题项	漏答率	平均数	标准差	偏态	因素负荷	极端分组 t 检验	净相关	相关系数显著性	关键指标	一般指标	合计不符合项目数
48	1.7%	**2.39**	1.04	0.64	**−0.09**	**0.17**	**−0.045**	**0.039**	3	2	5
63	0.8%	**2.14**	1.28	0.96	**−0.13**	**−1.10**	**−0.063**	**0.050**	3	2	5
3	0.8%	4.40	0.83	−1.54	**0.21**	−3.66**	**0.136**	**0.207**∗∗	2	1	3
54	1.3%	3.69	1.30	−0.73	**0.16**	−4.10**	**0.180**	**0.253**∗∗	2	1	3
30	1.3%	3.73	1.35	−0.70	**0.25**	−7.03**	**0.291**	0.370**	1	1	2
71	0.4%	3.63	1.33	−0.59	**0.24**	−8.20**	**0.283**	0.390**	1	1	2
67	1.7%	3.89	1.25	−0.99	0.30	−4.05**	**0.260**	0.360**	1	0	1
51	0.4%	3.87	1.13	−0.84	0.39	−4.78**	**0.284**	0.398**	1	0	1
38	0.0%	4.66	**0.67**	**−2.57**	0.53	−5.05**	0.397	0.477**	0	2	2
70	0.0%	4.65	**0.72**	**−2.48**	0.60	−7.10**	0.518	0.555**	0	2	2
21	0.8%	4.63	**0.74**	**−2.44**	0.62	−6.35**	0.515	0.578**	0	2	2
17	0.4%	4.51	0.87	**−2.09**	0.39	−4.31**	0.311	0.378**	0	1	1
69	0.4%	4.55	**0.65**	−1.23	0.39	−5.70**	0.358	0.405**	0	1	1
61	1.3%	4.50	0.94	**−2.35**	0.34	−6.59**	0.418	0.409**	0	1	1
52	1.3%	3.93	1.51	−1.02	**0.27**	−9.19**	0.366	0.440**	0	1	1
53	0.4%	4.36	1.20	**−2.00**	0.40	−7.52**	0.388	0.471**	0	1	1
44	0.4%	4.46	1.01	**−2.30**	0.52	−5.60**	0.412	0.493**	0	1	1
50	1.3%	4.58	0.86	**−2.61**	0.51	−5.78**	0.457	0.514**	0	1	1
49	0.8%	4.00	0.93	−0.68	0.41	−5.58**	0.363	0.390**	0	0	0
12	1.7%	3.93	1.13	−1.07	0.33	−5.46**	0.345	0.403**	0	0	0
62	0.4%	3.61	1.49	−0.66	0.33	−9.28**	0.363	0.484**	0	0	0
34	0.4%	4.26	0.89	−1.47	0.50	−7.08**	0.388	0.489**	0	0	0
59	0.8%	4.42	0.93	−1.77	0.47	−7.06**	0.448	0.515**	0	0	0
58	0.4%	4.42	0.89	−1.95	0.50	−7.35**	0.437	0.549**	0	0	0
72	0.4%	4.28	0.89	−1.41	0.61	−7.43**	0.483	0.566**	0	0	0
40	0.0%	4.24	0.93	−1.49	0.63	−8.16**	0.486	0.569**	0	0	0

注：该分问卷中总体样本的总均分为 4.066，标准差为 0.412，总均分的 1.5 个标准差的区间为 [3.448，4.683]。

三、多元文化互动标准问卷的效度和信度检验

（一）多元文化互动标准问卷的效度检验

1. 内容效度

内容效度反映了测量工具本身内容范围与广度的适合程度。为了能够较好地对多元文化互动素养进行测量，我们首先对不同分问卷及其维度进行了定义，并结合前测的一些题目编制相应的题项。之后，请同学和教师对定义的合理性以及题项的表达、语序以及字词等进行修改，最终获得了初测问卷的各个题项。

在此基础上，我们邀请三位相关领域的专家，对问卷各维度的定义与题项所询问内容的符合程度进行 1—7 级的评分，从"非常不符合"到"非常符合"，并且采用肯德尔 W 系数（Kendall coefficient of concordance）分析三个专家评分的一致性。分析结果表明，三个专家对两个问卷评分的肯德尔 W 系数均显著，其中，在学生标准问卷中，$W = 0.461$，$df = 69$，$p = 0.020$；在教师标准问卷中，$W = 0.442$，$df = 71$，$p = 0.035$。说明三个专家的评分基本一致，即问卷的题项能够较好地反映其所对应维度的定义。同时，根据专家的建议，我们又对少量题项的表达作了一定的修改。至此，初测问卷正式完成。

2. 结构效度

结构效度是指测量工具实际测到一个抽象概念或者特质的程度。[1] 其中，因素分析法是现在常用的测量结构效度的方法，它又包括探索性因素分析（EFA）和验证性因素分析（CFA）两种方法。探索性因素分析法用于揭示观测变量所隐藏的因素结构与关系，而验证性因素分析则用于分析实际观测的数据与理论结构的拟合程度，从而对理论模型进行检验。本书中，首先通过探索性因素分析构建不同分量表的结构，然后再用验证性因素分析对它们的结构进行检验。

---

[1]　邱皓政：《量化研究与统计分析：SPSS（PASW）数据分析范例解析》，重庆大学出版社 2013年版，第 304 页。

33333333

在探索性因素分析中，我们使用第一部分的样本数据进行分析；在验证性因素分析中，则使用第二部分的样本数据。

（1）探索性因素分析

①学生标准问卷

表4-7　学生多元文化互动标准问卷各分量表因素分析结果表

分量表一			分量表二				分量表三		
题项	因子1	共同度	题项	因子1	因子2	共同度	题项	因子1	共同度
t21	0.600	0.360	t33	0.653		0.429	t47	0.599	0.358
t57	0.592	0.351	t61	0.622		0.390	t58	0.584	0.342
t29	0.574	0.329	t34	0.611		0.390	t25	0.575	0.330
t11	0.569	0.323	t30	0.567		0.331	t65	0.568	0.323
t26	0.537	0.288	t37	0.563		0.369	t59	0.542	0.294
t41	0.529	0.280	t43	0.497		0.282	t32	0.540	0.292
t20	0.521	0.272	t5	0.461		0.262	t53	0.533	0.284
t9	0.511	0.261	t45		0.716	0.526	t56	0.511	0.261
t27	0.510	0.260	t36		0.703	0.500	t38	0.510	0.260
t18	0.500	0.250	t22		0.627	0.428	t62	0.490	0.240
t19	0.473	0.224	t13		0.547	0.303	t50	0.473	0.224
t35	0.470	0.221	t12		0.545	0.330	t54	0.471	0.222
t6	0.454	0.206	t44		0.515	0.352	t51	0.469	0.220
t15	0.451	0.203					t71	0.469	0.220
t28	0.449	0.201					t64	0.462	0.214
	总计			总计				总计	
特征值	4.029	4.029	特征值	2.461	2.430	4.891	特征值	4.083	4.083
贡献率%	26.863	26.863	贡献率%	18.932	18.695	37.626	贡献率%	27.217	27.217

注：本表省略低于0.4的负荷值。

学生情感分问卷陡坡图

学生认知分问卷陡坡图

学生能力分问卷陡坡图

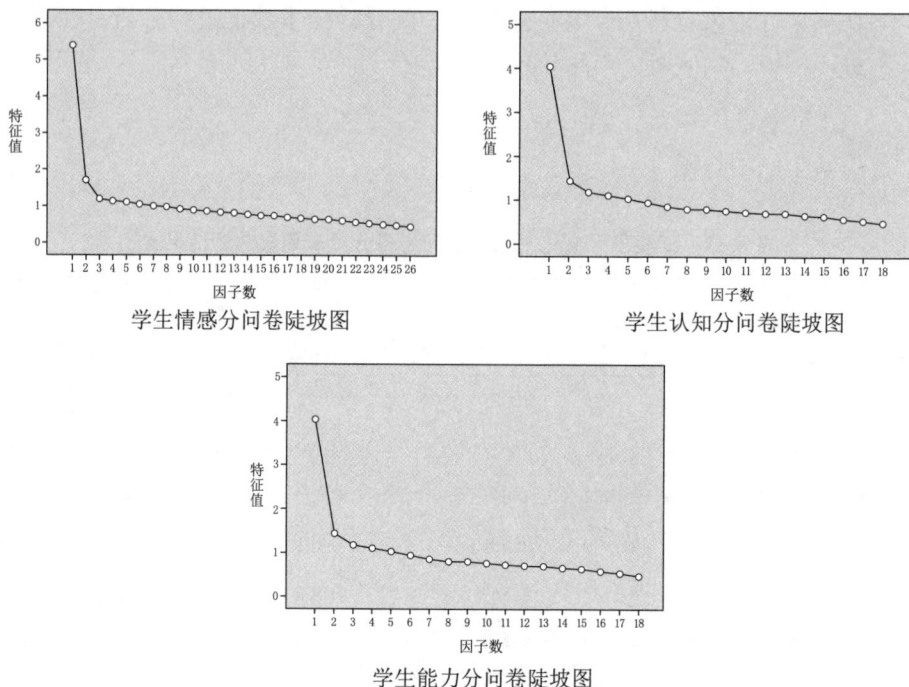

图4-4　学生多元文化互动标准问卷各分量表陡坡图

A. 分量表一：学生多元文化互动情感分问卷

采用主成分分析法，以特征值大于1为标准抽取因子，对26个题项进行因素分析，结果发现共抽取了7个因子，可解释的总变异量为48.334%。KMO值为0.878，Bartlett's球形检验的χ^2值为2199.144，自由度325，显著性为$p<0.001$，表明适宜进行因素分析。反映像矩阵中显示各题项的MSA（取样适当性量数）值均大于0.5，表明没有不适合进行因素分析的题项。

从陡坡图来看，该分问卷适宜抽取2个因子，与最初构想的3个因子不一致，分别抽取2个因子和3个因子均发现，各题项与原有因子的对应不一致，且抽取到的因子内部一致性系数不佳，由陡坡图可见，第一个因子所占比例很大，因此决定直接抽取1个因子。

然后，采用主成分分析法直接抽取1个因子，为保证题目有足够的代表性，要求因素共同度不低于0.2。

由表4-7中的分量表一可知，经过12次探索性因素分析，删除了第3、

4、7、8、10、14、16、24、40、48、68共计11个题项，最终保留15个题项。

B. 分量表二：学生多元文化互动认知分问卷

采用主成分分析法，以特征值大于1为标准抽取因子，对18个题项进行因素分析，结果发现共抽取了5个因子，可解释的总变异量为48.615%。KMO值为0.857，Bartlett's球形检验的χ^2值为1293.776，自由度153，显著性为$p<0.001$，两个指标表明适宜进行因素分析。反映像矩阵中显示各题项的MSA（取样适当性量数）值均大于0.5，表明没有不适合进行因素分析的题项。

同时，各题项的共同度估计值均高于0.2，表明各题项与其他题项可测量的共同特质符合主成分分析的要求。从陡坡图来看，问卷适宜抽取2个因子，与最初的构想一致，因此决定抽取2个因子。

然后，采用主成分分析法和直接斜交法抽取2个因子，斜交法表明两个因子的相关系数绝对值为0.41，属于中低相关，较适宜采用直交转轴法。因此，采用直交法中的最大方差法进行转轴分析。

由表4—7中的分量表二可知，经过6次探索性因素分析，删除了第1、2、39、46、63共计5个题项，最终保留13个题项，分为2个因子。其中，"因子1"命名为"对概念的理解"，包括7个题项；"因子2"命名为"对内容的认识"，包括6个题项。

表4—8 学生认知分问卷各因子与总分的相关矩阵表

	对概念的理解	对内容的认识	总分
对概念的理解	—	0.442**	0.839**
对内容的认识		—	0.859**
总分			—

由表4—8可知，2个因子间呈现中低程度的相关，说明2个因子的独立性较好。同时2个因子与总分的相关系数很高，说明2个因子能够较好地解释总体。

C. 分量表三：学生多元文化互动能力分问卷

采用主成分分析法，以特征值大于1为标准抽取因子，对20个题项进行因素分析，结果发现共抽取了5个因子，可解释的总变异量为46.270%。KMO

值为 0.874，Bartlett's 球形检验的 χ^2 值为 1399.234，自由度 190，显著性为 $p<0.001$，两个指标表明适宜进行因素分析。反映像矩阵中显示各题项的 MSA（取样适当性量数）值均大于 0.5，表明没有不适合进行因素分析的题项。

从陡坡图来看，问卷适宜抽取 1 个因子，与最初构想的 3 个因子不一致，按照 3 个因子的构想进行抽取后发现，最后一个因子的题目数偏少，信度不理想，因此决定只抽取 1 个因子。然后，采用主成分分析法直接抽取 1 个因子，为保证题目有足够的代表性，要求共同度不低于 0.2。

由表 4-7 中的分量表三可知，经过 6 次探索性因素分析，删除了第 49、52、66、67、70 共计 5 个题项，最终保留 15 个题项。

最后，形成了正式的学生多元文化互动标准问卷，其中，情感分问卷只有 1 个维度且包含 15 个题项；认知分问卷分为 2 个维度，"对概念的理解"和"对内容的认识"，共包含 13 个题项；能力分问卷只有 1 个维度且包含 15 个题项。

②教师标准问卷

表 4-9　教师多元文化互动标准问卷各分量表因素分析结果表

分量表一					分量表二				分量表三		
题项	因子1	因子2	因子3	共同度	题项	因子1	因子2	共同度	题项	因子1	共同度
t33	0.737			0.544	t11	0.664		0.465	t40	0.705	0.497
t26	0.684			0.561	t66	0.662		0.479	t72	0.678	0.459
t25	0.680			0.493	t55	0.656		0.454	t21	0.665	0.442
t4	0.617			0.408	t60	0.599		0.384	t70	0.630	0.397
t57	0.608			0.421	t37	0.571		0.351	t44	0.624	0.390
t32	0.525			0.339	t39	0.521		0.373	t50	0.579	0.335
t14		0.695		0.494	t2	0.521		0.275	t38	0.569	0.324
t46		0.668		0.467	t7	0.497		0.248	t34	0.564	0.318
t35		0.655		0.465	t31		0.765	0.617	t49	0.498	0.248
t41		0.609		0.423	t9		0.619	0.460	t58	0.496	0.246
t23		0.573		0.375	t18		0.616	0.395	t59	0.480	0.231
t6		0.560		0.317	t29		0.612	0.393	t51	0.469	0.220

（续表）

	分量表一				分量表二			分量表三	
题项	因子1	因子2	因子3	共同度	题项	因子1	因子2	共同度	题项	因子1	共同度
t8		0.429		0.288	t22		0.526	0.278	t17	0.464	0.215
t36			0.784	0.625							
t15			0.765	0.616							
t16			0.725	0.538							
t43			0.662	0.481							
				总计				总计			总计
特征值	2.731	2.682	2.442	7.855	特征值	2.928	2.244	5.172	特征值	4.322	4.322
贡献率%	16.066	15.775	14.363	46.205	贡献率%	22.519	17.259	39.778	贡献率%	33.246	33.246

注：本表省略低于 0.4 的负荷值。

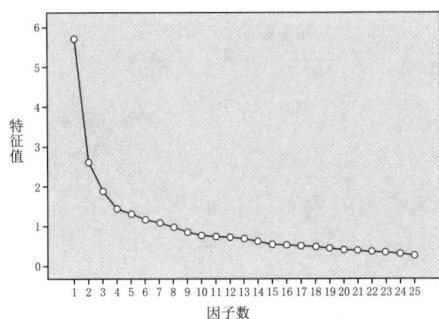

教师情感分问卷陡坡图

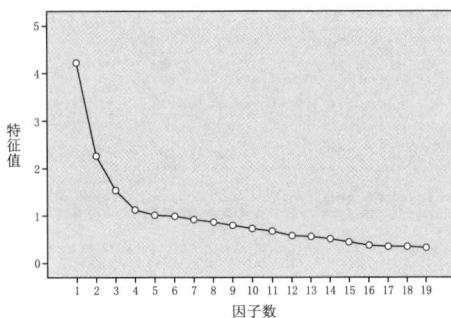

教师认知分问卷陡坡图

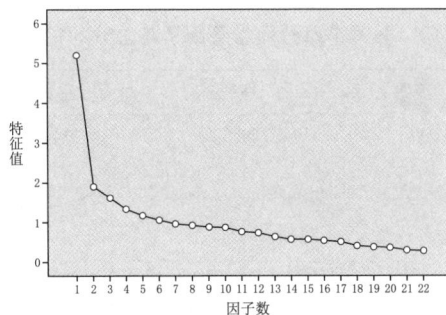

教师能力分问卷陡坡图

图 4—5 教师多元文化互动标准问卷各分量表陡坡图

A. 分量表一：教师多元文化互动情感分问卷

采用主成分分析法，以特征值大于 1 为标准抽取因子，对 25 个题项进行因素分析，结果发现共抽取了 7 个因子，可解释的总变异量为 60.629%。KMO值为 0.800，Bartlett's 球形检验的 χ^2 值为 1709.140，自由度 300，显著性为 $p<0.001$，两个指标表明适宜进行因素分析。反映像矩阵中显示各题项的 MSA（取样适当性量数）值均大于 0.5，表明没有不适合进行因素分析的题项。

同时，各题项的共同度估计值均高于 0.2，表明各题与其他题目可测量的共同特质符合主成分分析的要求。从陡坡图来看，问卷适宜抽取 3 个因子，与最初的构想一致。

然后，采用主成分分析法和直接斜交法抽取 3 个因子，斜交法表明因子间的相关系数绝对值均低于 0.3，属低相关，适宜采用直交转轴法。因此，采用直交法中的最大方差法进行转轴分析。

由表 4-9 中的分量表一可知，经过 7 次因素分析，删除了第 5、10、13、19、24、65 共计 6 个题项，剩余题项中由于第 20 题 "如果某些民族的学生故意惹事端，我会去了解他们的动机" 无法归属于因子 1 "美感"；第 47 题 "当理解了其他民族文化中的精髓时，我会感到欣喜" 无法归属于因子 3 "道德感"，因此也予以删除，最终保留 17 个题项，分为 3 个因子。其中 "因子1" 命名为 "美感"，包括 6 个题项；"因子 2" 命名为 "理智感"，包括 7 个题项；"因子 3" 命名为 "道德感"，包括 4 个题项。

表 4-10　教师情感分问卷各因子与总分的相关矩阵表

	美感	理智感	道德感	总分
美感	—	0.262**	0.283**	0.693**
理智感		—	0.135*	0.814**
道德感			—	0.526**
总分				—

由表 4-10 可知，3 个因子间呈现低相关，说明 3 个因子间的独立性较好。同时 3 个因子与总分的相关系数均较高，说明 3 个因子可以较好地解释总体。

B. 分量表二：教师多元文化互动认知分问卷

采用主成分分析法，以特征值大于 1 为标准抽取因子，对 19 个题项进行因素分析，结果发现共抽取了 6 个因子，可解释的总变异量为 59.086%。KMO 值为 0.765，Bartlett's 球形检验的 χ^2 值为 1008.227，自由度 171，显著性为 $p<0.001$，表明适宜进行因素分析。反映像矩阵中显示各题项的 MSA（取样适当性量数）值均大于 0.5，表明没有不适合进行因素分析的题项。

同时，各题项的共同度估计值均高于 0.2，表明各题与其他题目可测量的共同特质符合主成分分析的要求。从陡坡图来看，问卷适宜抽取 3 个因子，但抽取 3 个因子后发现因子 2 包含的题项较少，且无法命名，因此决定根据最初的构想抽取 2 个因子。然后，采用主成分分析法和直接斜交法抽取 2 个因子，斜交法表明 2 个因子的相关系数绝对值为 0.195，为低相关，适宜采用直交转轴法。因此，采用直交法中的最大方差法进行转轴分析。

由表 4—9 中的分量表二可知，经过 6 次探索性因素分析，首先删除了共同度低于 0.2 的题项，为第 28、56 题；然后删除了因素负荷接近的题项，为第 27、45 题；最后删除了不符合因子命名的题项，为第 42、64 题。其中第 42 题"我觉得多元文化体现出了文化的多样性"无法归于因子 1"对内容的认识"；第 64 题"我知道每个民族都有自己的语言和文化"无法归于因子 2"对概念的认识"。最终保留 13 个题项，分为 2 个因子。其中"因子 1"命名为"对内容的认识"，包括 8 个题项；"因子 2"命名为"对概念的认识"，包括 5 个题项。

表 4—11　教师认知分问卷各因子与总分的相关矩阵表

	对内容的认识	对概念的认识	总分
对内容的认识	—	0.064	0.810**
对概念的认识		—	0.637**
总分			—

由表 4—11 可知，2 个因子间呈现低相关，说明 2 个因子相互独立。同时 2 个因子与总分的相关系数较高，说明 2 个因子能够较好地解释总体。

C.分量表三：教师多元文化互动能力分问卷

采用主成分分析法，以特征值大于 1 为标准抽取因子，对 22 个题项进行因素分析，结果发现共抽取了 6 个因子，可解释的总变异量为 55.704%。KMO 值为 0.793，Bartlett's 球形检验的 χ^2 值为 1283.873，自由度 231，对应的显著性为 $p<0.001$，两个指标表明适宜进行因素分析。反映像矩阵中显示各题项的 MSA（取样适当性量数）值均大于 0.5，表明没有不适合进行因素分析的题项。

从陡坡图来看，问卷适宜抽取 1 个因子，与最初构想的 3 个因子不一致，按照 3 个因子的构想进行抽取后发现，后 2 个因子包含的题项偏少，且不易命名，因此决定只抽取 1 个因子。然后，采用主成分分析法直接抽取 1 个因子，为保证题目有足够的代表性，要求共同度不低于 0.2。

由表 4—9 中的分量表三可知，经过 10 次探索性因素分析，删除了第 12、30、52、53、61、62、67、69、71 共计 9 个题项，最终保留 13 个题项。

最后，由此形成了正式的教师多元文化互动标准问卷，其中，情感分问卷分为 3 个维度"美感""理智感"和"道德感"，共包含 17 个题项；认知分问卷分为 2 个维度"对内容的认识"和"对概念的认识"，共包含 13 个题项；能力分问卷只有 1 个维度且包含 13 个题项。

（2）验证性因素分析

①学生标准问卷

表 4—12　学生多元文化互动各分问卷验证性因素分析拟合度指数表（$n=3998$）

模型	χ^2	df	χ^2/df	p	RMSEA	GFI	AGFI	NFI	IFI	TLI	CFI
Q1	1093.951	90	12.155	<0.001	0.053	**0.961**	**0.948**	0.882	0.891	0.872	0.890
Q2	806.284	88	9.162	<0.001	**0.045**	**0.971**	**0.961**	**0.913**	**0.922**	**0.906**	**0.922**
R1	538.521	64	8.414	<0.001	**0.043**	**0.979**	**0.970**	**0.929**	**0.937**	**0.923**	**0.937**
N1	959.486	90	10.661	<0.001	**0.049**	**0.966**	**0.955**	**0.910**	**0.918**	**0.904**	**0.918**

注：n 表示样本量；Q 表示情感分问卷，R 表示认知分问卷，N 表示能力分问卷；1 表示初始模型，2 表示修正模型；粗体字为达到拟合标准的数值；下同。

A. 学生多元文化互动情感分问卷

由表 4—12 中的 Q1 可知，对学生多元文化互动情感分问卷进行验证性因素分析，部分拟合度指数不够理想，表明模型需要修正。根据修正指标，在题意具有较强关系的题目的误差项间建立了共变关系，得到修正模型 Q2。修正后的模型 Q2 达到了较为理想的适配标准，表明学生多元文化互动情感分问卷的结构较为合理。

B. 学生多元文化互动认知分问卷

由表 4—12 中的 R1 可知，对学生多元文化互动认知分问卷进行验证性因素分析，模型拟合度达到了较为理想的适配标准，表明学生多元文化互动认知分问卷的结构合理。

C. 学生多元文化互动能力分问卷

由表 4—12 中的 N1 可知，对学生多元文化互动能力分问卷进行验证性因素分析，模型拟合度达到了较为理想的适配标准，表明学生多元文化互动能力分问卷的结构合理。

综上可知，学生的多元文化互动情感、多元文化互动认知和多元文化互动能力三个分问卷的初始模型的适配度指标均较好，只有多元文化互动情感分问卷需要进行简单的修正，表明三个分问卷的结构均较为合理，即样本数据与探索性因素分析得到的结构契合度较好。因此，在之后计算各维度分数的时候，我们以探索性因素分析的结果为准。

②教师标准问卷

表 4—13　教师多元文化互动各分问卷验证性因素分析拟合度指数表（ n=754 ）

模型	χ^2	df	χ^2/df	p	RMSEA	GFI	AGFI	NFI	IFI	TLI	CFI
Q1	394.676	116	3.402	<0.001	0.056	**0.942**	**0.924**	0.822	0.867	0.843	0.866
Q2	173.847	86	2.021	<0.001	**0.037**	0.970	0.959	**0.908**	**0.951**	**0.940**	**0.951**
R1	351.106	64	5.486	<0.001	0.077	**0.932**	**0.904**	0.854	0.878	0.850	0.877
R2	152.446	42	3.630	<0.001	0.059	**0.964**	**0.943**	**0.924**	**0.943**	**0.925**	**0.943**
N1	649.505	65	9.992	<0.001	0.109	0.848	0.787	0.783	0.800	0.759	0.799
N2	127.770	25	5.111	<0.001	0.074	**0.962**	**0.932**	**0.943**	**0.954**	**0.933**	**0.954**

A. 教师多元文化互动情感分问卷

由表4—13中的Q1可知，对教师多元文化互动情感分问卷进行验证性因素分析，部分拟合度指数尚不够理想，表明模型需要修正。根据修正指标，发现需要删除题项13和题项15，同时，在题意具有较强关系的题目误差项间建立共变关系，由此得到修正模型Q2。经过修正后，模型达到了较为理想的适配标准，表明教师多元文化互动情感分问卷的结构尚可。

B. 教师多元文化互动认知分问卷

由表4—13中的R1可知，对教师多元文化互动认知分问卷进行验证性因素分析，部分拟合度指数尚不够理想，表明模型需要修正。根据修正指标，发现需要删除题项25和题项26，同时，在题意具有较强关系的题目误差项间建立共变关系，由此得到修正模型R2。经过修正后，模型达到了较为理想的适配标准，表明教师多元文化互动认知分问卷的结构尚可。

C. 教师多元文化互动能力分问卷

由表4—13中的N1可知，对教师多元文化互动能力分问卷进行验证性因素分析，各项拟合度指数不够理想，表明模型需要修正。根据修正指标，发现需要删除题项6、题项8、题项20和题项40，同时，在题意具有较强关系的题目误差项间建立共变关系，由此得到修正模型N2。经过修正后，模型达到了较为理想的适配标准，表明教师多元文化互动能力分问卷的结构尚可。

综上可知，教师的多元文化互动情感、多元文化互动认知和多元文化能力三个分问卷的初始模型的适配度指标尚不够理想，均需进行修正，且修正中需删除部分题目才能达到较为理想的适配度，表明三个分问卷的结构尚可，但题目的稳定性不够，需在以后的研究中进一步完善。

虽然在教师的三个分问卷的验证性因素分析中发现，删除部分题目后，数据可以与模型达到更好的适配度，但这并不表明验证性因素分析与之前探索性因素分析的结果相矛盾，探索性因素分析的目的在于确定问卷因素数与结构，而验证性因素分析的目的在于用样本数据来检验该问卷的理论结构，二者的目的不同。本研究中，我们是在编制一个问卷，而非验证一个已有的问卷。在编制问卷中我们首先需要构建一个问卷的结构，即进行探索性因素分析。同时，由于验证性因素分析和探索性因素分析使用的并不是同一样本数据，计算方法也不相同，故验证性因素分析出现拟合度不佳的情况较为正常，但这也说明了问卷的题目需要进一步完善。因此，在之后计算各维度分数的时候，我们依然以探索性因素分析得到的结果为准。

（二）多元文化互动标准问卷的信度检验

1.学生多元文化互动标准问卷的内部一致性检验

表 4—14　学生多元文化互动各分问卷及其维度的信度系数表

	内部一致性 α 系数	
	编制阶段	正式施测阶段
多元文化互动情感	0.812	0.801
对概念的理解	0.687	0.681
对内容的认识	0.703	0.700
多元文化互动认知	0.771	0.774
多元文化互动能力	0.815	0.826

由表 4—14 可知，采用第一部分样本数据，即问卷编制阶段所调查的样本，对探索性因素分析得到的学生标准问卷结构进行内部一致性分析，结果表明，各分问卷及其维度的内部一致性 α 系数均良好。正式施测后，再次使用第二部分样本数据进行内部一致性分析，结果表明，与编制阶段获得的 α 系数相比变化不大，说明各分问卷及其维度较为稳定且信度良好。

2.教师多元文化互动标准问卷的内部一致性检验

表 4—15　教师多元文化互动各分问卷及其维度的信度系数表

	内部一致性 α 系数	
	编制阶段	正式施测阶段
美感	0.746	0.659
理智感	0.731	0.669
道德感	0.759	0.520
多元文化互动情感	0.771	0.787
对内容的认识	0.743	0.793
对概念的认识	0.652	0.676
多元文化互动认知	0.712	0.783
多元文化互动能力	0.824	0.847

由表 4—15 可知，采用第一部分样本数据，即问卷编制阶段所调查的样本，对探索性因素分析得到的教师标准问卷结构进行内部一致性分析，结果表明，各分问卷及其维度的内部一致性 α 系数均良好。正式施测后，再次使用第二部分样本数据进行内部一致性分析，结果表明，道德感维度的内部一致性 α 系数降低较多，这与该维度的题目数量较少存在一定关系，同时也反映出该维度的题目可能不够稳定，但该系数尚在合理范围内。其余分问卷及其维度的内部一致性 α 系数与编制阶段获得的数值相比变化不大，说明各分问卷及其维度相对稳定且信度良好。

第三节　多元文化互动非标准问卷的编制

一、多元文化互动非标准问卷的编制与施测

（一）题目的编制

1. 编制的依据

（1）心理测量法的限制

与心理测量法编制的标准问卷相比，普通的调查问卷适用范围更广，正如本章第一节所述，心理测量通常用于测量能够以量表示其差异的某种心理品质或特质。这就决定了心理测量需要有精准和单一的测量内容，且必须是可以量化的。然而，许多教育研究内容不止繁杂而且无法量化，如我们研究的多元文化活动的构建、多元文化互动面临的问题和多元文化互动的影响，这些调查内容更多的是居于现状的一种描述，很难采用调查问卷的形式将其差异进行量化分析。因此，不宜采用心理测量法来编制。

（2）研究的效益

使用心理测量法时我们必须考虑研究的效益，心理测量法虽然可以让我们得到关于某一心理品质或特质的较为详细的连续性数据，但这也决定了心理测量法必须要经过一系列标准化的数据收集和统计分析过程，需要经过反复的测试才能获得一套信度、效度良好的量表。相比于编制普通的问卷，心理测量法编制问卷需要花费大量的时间和精力。因此，使用测量法必须考虑

该量表对未来相关研究的效益，即量表所测量的内容是相关研究中其他研究者们也关注的，这个量表能够为之后的研究者直接使用，并且对于所研究的某一特定人群具有普适性。

（3）研究对象

使用心理测量法时，必须考虑研究对象。本书重点调查对象是学生和教师，对此我们编制了多元文化互动素养的学生和教师的标准问卷。而对于家长和村民、社区工作者则未编制该部分的标准问卷。这主要是因为收集这两类群体样本的信息需要大量的走访和人力，故我们采用了代为发放问卷的方式来收集数据，问卷结果的精确性受到一定的影响，并且社区工作者属于少数群体，这部分的样本量非常少。基于这些因素，这两类对象都不适宜编制标准问卷。

综合上述三方面的原因，我们对学生和教师的多元文化活动的构建、多元文化互动面临的问题和多元文化互动的影响三方面内容的调查使用结构化问卷的方法编制；对家长和村民、社区工作者，包括多元文化互动素养在内的四方面内容也同样采用结构化问卷的方法编制。

2. 编制的过程

（1）确定调查的目的与内容

调查的内容必须与目的相一致，在研究过程中，我们试图从一个横断面上，采用大样本调查的方式对边疆地区的多元文化互动进行一个全面的观测和分析。为此，我们构建了从多元文化互动的素养到多元文化活动的构建，再到多元文化互动面临的问题最后到多元文化互动的影响这样一个由表及里、从现象到问题的内容体系。

（2）收集资料

要编制调查的问题，首先必须收集对应的资料。在研究过程中，我们对以往相关研究的内容和问卷进行了整理，对我们研究的几个方面内容划分了结构和维度，并进行了定义，同时确定了各个维度的观测目标和观测点。

（3）编制题目与评鉴

采用结构化问卷的编制方法，根据设置的结构与维度及其对应的观测目标与观测点，并结合以往研究中编制的一些题目，我们重新编制了对应的题目。

普通问卷的题目编制好后，我们将之与标准问卷合并在一起，并设置了一至两个开放式问题，最终形成一个包含五部分内容的调查问卷，分别为基本信息、标准问卷、单选题、多选题和开放式问题。

我们将这份问卷发放到寻甸县的两所学校，对学生和教师进行了预试，调查样本的具体情况可见第二节中"题项的编制"部分。根据预试的结果，我们对部分题目的题干和选项进行了修改，使语句更加通顺，对一些题目的选项进行了增加或者合并。同时根据开放式问题的调查结果，又增加了少量单选和多选题。最终形成了正式问卷的普通问卷部分（单选题、多选题和开放式问题）。另外，我们根据教师和学生问卷的结果，结合家长和村民、社区工作者的对象特征和环境特征编制了相应的家长和村民问卷以及社区工作者问卷。各调查对象问卷的普通问卷部分基本情况如表 4-16 所示。

表 4-16　各调查对象问卷的普通问卷部分基本情况表

问卷	调查内容	维度	题目数	题目类型
学生问卷（普通问卷部分）	多元文化活动的构建	目标	5	单选题多选题
		内容	1	
		方法路径	1	
	多元文化互动的影响	交流合作	2	
		民族和谐	1	
		社区发展	0	
	多元文化互动面临的问题	观念	2	
		政策	1	
		本身	1	
		外来	1	
	学校的多元文化活动	无	2	开放式问题

（续表）

问卷	调查内容	维度	题目数	题目类型
教师问卷（普通问卷部分）	多元文化活动的构建	目标	4	单选题多选题
		内容	4	
		方法路径	3	
	多元文化互动的影响	交流合作	2	
		民族和谐	1	
		社区发展	2	
	多元文化互动面临的问题	观念	2	
		政策	2	
		本身	2	
		外来	1	
	学校活动和教师技能	无	2	开放式问题
家长和村民问卷	多元文化互动素养	情感	4	单选题多选题
		认知	3	
		能力	4	
	多元文化活动的构建	目标	5	
		内容	5	
		方法路径	2	
	多元文化互动的影响	交流合作	3	
		民族和谐	1	
		社区发展	1	
	多元文化互动面临的问题	观念	1	
		政策	2	
		本身	1	
		外来	1	
	民族文化教育	无	1	开放式问题

（续表）

问卷	调查内容	维度	题目数	题目类型
社区工作者问卷	多元文化互动素养	情感	4	单选题多选题
		认知	2	
		能力	4	
	多元文化活动的构建	目标	4	
		内容	3	
		方法路径	3	
	多元文化互动的影响	交流合作	3	
		民族和谐	1	
		社区发展	1	
	多元文化互动面临的问题	观念	2	
		政策	3	
		本身	3	
		外来	1	
	文化互动与边境稳定、社区发展	无	1	开放式问题

（二）问卷的施测

1. 施测过程

教师与学生问卷的施测如第二节中"施测过程"所示。与教师和学生问卷的施测不同，由于调研的时间和人力有限，对于家长和村民、社区工作者的调查，我们采用代为发放问卷的方式进行。

具体而言，家长和村民问卷由班主任将问卷发给学生，并对学生统一讲解要求，由学生将问卷带回家，请父母或亲戚中的一人进行填写，填写完成后由学生统一交回给班主任，班主任再交给学校，学校再交给当地教育局。社区工作者问卷，由当地教育局的教师统一发放给不同社区的工作者进行填答，填写完成后交回给教育局的教师。待所有问卷回收完成后再邮寄给我们。同时，我们在每份问卷的开头部分都写明了相关的指导语，包括调查的目的、题量和作答的要求与方法，并表示了感谢。

2. 施测对象

第二节中，由于学生和教师涉及标准问卷，因此我们对这两个调查对象进行了单独的论述。但实际上，我们的整个研究共涉及四个对象，下面将整个研究的问卷发放与回收情况作如下汇总（如表4—17所示）。

表4—17　问卷发放与回收情况表

研究区域	对象	发放（份）	回收（份）	有效（份）	有效回收率（%）
耿马	学生	1172	1172	1142	97.44%
	教师	350	313	239	68.29%
	家长和村民	800	570	549	68.63%
	社区工作者	45	38	32	71.11%
河口	学生	1150	1150	1063	92.43%
	教师	290	290	282	97.24%
	家长和村民	670	470	454	67.76%
	社区工作者	70	67	67	95.71%
瑞丽	学生	1155	1134	1100	95.24%
	教师	260	204	195	75.00%
	家长和村民	530	420	402	75.85%
	社区工作者	50	44	44	88.00%
勐腊	学生	1270	1270	1207	95.04%
	教师	325	297	277	85.23%
	家长和村民	640	633	509	79.53%
	社区工作者	无	无	无	无
总计	学生	4747	4726	4512	95.05%
	教师	1225	1104	993	81.06%
	家长和村民	2640	2093	1914	72.50%
	社区工作者	165	149	143	86.67%

二、多元文化互动非标准问卷题目的选取

（一）非标准问卷题目选取的标准

1. 与研究目的和调查目标的一致性

与标准问卷题项的选择标准不同，非标准问卷的题目选择无法设定一个

量化的标准，因此，在选择题目方面，我们首先考虑的便是题目与研究目的和该题目的调查目标是否一致。这也是结构化问卷的最基本要求。

2. 与调查内容的符合性

在我们的调查中涉及常识、知识和经验，基于这些内容的不同，在题目的类型、选项的设置、用词等方面也会有所不同。

3. 与对象能力的符合度

问卷的内容及表达不应超出被调查者的能力，对被调查者不能理解的词语应当在问卷中作出解释或者由调查者进行现场解释。

4. 语句、语序与措辞的适宜性

问题应尽可能简洁、清楚、明了，语句应尽可能通顺，符合我们一般说话的习惯。同时，题目不应具有暗示性，即引导被调查者作出某种回答。

（二）多元文化互动非标准问卷题目的选取

为了便于题目的选取，我们在问卷编制之初就设置了问卷的结构提纲，并根据预测调查进行了调整，以保证在选取题目时不偏离研究的目标、内容、对象。各部分研究内容题目选取的观测点如表4—18所示。根据这些观测点，我们选取了能够反映这些观测目标的题目，并对部分题目进行了一定程度的完善，使得语言表达更加简明、易懂。

表4—18　多元文化互动各部分研究内容和对象的题目观测点

研究内容	维度	对象	观测点
多元文化 互动素养	多元文化 互动情感	家长和 村民	（1）对待其他民族文化的态度 （2）愿意了解其他民族文化 （3）尊重并喜欢其他民族的文化
		社区 工作者	（1）对待其他民族文化的态度 （2）愿意了解其他民族文化 （3）尊重并喜爱工作所在地各民族文化
	多元文化 互动认知	家长和 村民	（1）知道什么是多元文化 （2）对多元文化教育和活动的了解
		社区 工作者	（1）知道多元文化的基本内涵 （2）对民族文化的了解

（续表）

研究内容	维度	对象	观测点
多元文化互动素养	多元文化互动能力	家长和村民	（1）学习其他民族文化的意愿 （2）与其他民族相处的意愿 （3）如何处理与其他民族的矛盾
		社区工作者	（1）工作中学习其他民族文化的意愿 （2）与不同民族居民相处的意愿 （3）如何处理社区内不同民族的差异
多元文化活动的构建	目标	学生	（1）了解学校有关文化互动的规定和要求，按要求思考自己的发展目标 （2）本人与其他民族同学文化互动的目标，希望达到的目标，是否达到 （3）期望通过文化互动促进各民族同学群体之间文化和谐的发展目标，具体内容，是否实现
		教师	（1）了解国家相关政策及学校规定，按政策制定本人、学生、班级、学校的发展目标 （2）有通过文化互动促进本人、学生、班级、学校发展的目标，希望达到的目标，是否达到 （3）有通过文化互动促进教师群体、班级和学校文化交流与和谐发展的目标，具体内容，是否贴近实际，能否实现
		家长和村民	（1）了解国家相关政策，了解乡镇、村寨的要求，并思考家庭、孩子的文化互动发展目标 （2）有促进本人和孩子与其他民族文化交流与互动的目标，希望达到的目标，是否达到 （3）有通过文化互动促进家庭和村落文化交流与融合的目标，是否贴近家庭和村落的实际，是否达到
		社区工作者	（1）熟悉国家、省、州市、县的相关政策，按政策要求制定社区文化互动发展目标 （2）制定以多元文化互动促进全体社区成员文化交流的发展目标，主要指标，是否达到 （3）有通过文化互动促进社区内各民族、各村落和整个社区的发展目标，是否贴近社区实际，是否达到
	内容	学生	（1）主要学习或参与的物质文化活动，经常参与的系列活动 （2）主要参与了哪些非物质文化传承活动
		教师	（1）主要开展的物质文化活动，系列化、常态化的活动 （2）参与了哪些校内外的非物质文化传承活动，班级、学校组织开展了哪些非物质文化传承活动

（续表）

研究内容	维度	对象	观测点
多元文化活动的构建	内容	家长和村民	（1）家庭、村落主要的物质文化活动内容，是否形成明确、系列、长期的活动 （2）家庭和村寨开展非物质文化传承的主要内容有哪些，活动是否体现了家庭和村寨的优势和特色
		社区工作者	（1）社区开展的涉及物质文化的主要活动，是否形成明确、系列、长期的活动 （2）社区主要开展了哪些非物质文化活动，这些活动是否突出了社区的特色和优势，当地非物质文化传承人开展传承和交流的状况
	方法路径	学生	最常用的文化互动方法，个人参与学校、家庭、村寨和社区最多的互动方法，学生最喜欢、最有效的方法
		教师	经常以哪种方式参与文化互动，班级、学校开展文化互动最受欢迎、最有效的方式
		家长和村民	最常用的文化互动方法，村落最常用的方法，哪些方法最受欢迎、最有效
		社区工作者	社区文化互动的主要方法，哪些传统方法仍在使用，是否有创新的方法，哪些方法最受欢迎、最有效
多元文化互动面临的问题	观念方面的问题	学生	是否存在错误的多元文化互动观念，及其表现形式，影响自己或同学正确观念形成的原因，是否出现消极影响，及其表现形式和原因
		教师	学校在培养多元文化互动观念中存在的问题，及其表现形式、原因，在班级、学校多元文化互动中是否出现消极影响，及其表现形式、原因
		家长和村民	在培养多元文化互动观念中存在的主要问题和表现形式，影响家长和村民正确观念形成的原因，是否出现消极影响，及其表现形式、原因
		社区工作者	在培养多元文化互动观念过程中存在的主要问题和表现形式，制约社区正确观念形成的原因，是否存在消极影响
	政策方面的问题	学生	促进各民族同学开展文化互动的制度和办法是否符合学生的需要，学校开展文化互动的制度中有没有不足，在哪些方面需要加强和改进
		教师	政府促进民族文化互动的政策是否符合边疆学校实际，配套政策是否恰当，执行中存在的问题，学校开展文化互动的制度和办法是否恰当，需要如何改进和加强

（续表）

研究内容	维度	对象	观测点
多元文化互动面临的问题	政策方面的问题	家长和村民	政府、乡镇的相关政策和制度是否适合村寨、家庭的需要，有没有不足之处，哪些方面需要加强和改进
		社区工作者	国家、省促进民族文化互动的政策是否符合边疆城乡社区的发展需要，地方政府的配套政策是否到位、有效，乡镇、村寨对政策的理解和执行是否存在不足或需改进的方面
	本身存在的问题	学生	学生文化互动目标、内容、方法、过程、组织等方面存在的问题，对活动的兴趣、积极性、自觉性，对活动的消极影响的重视问题
		教师	学校文化互动目标、内容、方法、组织等方面存在的问题，教师的主体精神和能力，学校与社区、家庭合作方面的问题；活动资金、资源方面的问题等
		家长和村民	家庭、村民多元文化活动的目标、内容、方法等问题，活动的实效性问题，重视程度、是否有专业人员指导、是否有资金支持等问题
		社区工作者	社区活动目标、内容、方式等存在的问题，经费、资源配置等方面存在的问题，多方参与活动中能否协调、合作，多元文化互动中的消极影响及活动实效性方面的问题
	外来人员和文化影响带来的问题	学生	外地、外籍学生对本地同学文化交流的影响，境外文化和宗教对同学文化交流的影响，西方价值观和生活方式对同学文化交流的影响
		教师	外地、外籍学生对学校开展民族文化交流的影响，境外文化和宗教对学校开展民族文化交流活动的影响，西方价值观和生活方式对学校开展文化交流活动的影响
		家长和村民	外地、外籍流动人口给家庭、村落文化活动带来的影响，境外文化、宗教对家庭、村落文化活动的影响，西方价值观念和生活方式对家庭、村落的影响
		社区工作者	外地、外籍流动人口给社区多元文化活动带来的影响，境外文化、宗教对社区文化互动的影响，西方价值观念和生活方式对社区的影响
多元文化互动的影响	促进多元文化的交流与合作	学生	更多了解本民族和不同民族的文化知识，更加了解多元一体中华文化知识，更积极主动地参与学校、家庭和村落组织的多元文化互动和具有民族特色的物质、非物质文化成果的创作
		教师	更多了解本民族和不同民族的文化知识，更多掌握多元一体中华文化知识，更积极主动地组织学生开展多元文化互动，形成具有当地民族特色的学校物质、非物质文化成果

（续表）

研究内容	维度	对象	观测点
多元文化互动的影响	促进多元文化的交流与合作	家长和村民	更多了解家庭、村落中不同民族文化的知识，更加了解多元一体中华文化知识，更积极主动地组织家庭成员开展和参与村寨的文化活动，形成了具有家庭、村落民族特色的物质、非物质文化成果
		社区工作者	更多了解社区内不同民族的文化，学习多元一体中华文化知识，更积极、主动地组织社区多元文化互动，形成了具有社区民族特色的物质、非物质文化成果
	促进边疆民族和谐	学生	形成了各民族同学平等、尊重、团结、互助的观念，本人与其他民族的同学没有大的矛盾、冲突和隔阂，与其他民族同学团结合作、互相帮助
		教师	学校形成了各民族师生平等、尊重、团结、互助的观念，学校各民族的教师、学生没有明显的矛盾、冲突和隔阂，学校各民族同学团结合作、互相帮助
		家长和村民	家庭、村落中逐步形成民族平等、相互尊重、团结进步的发展观，近年来家庭、村落内部或与毗邻村落之间没有大的矛盾、冲突和隔阂，家庭和睦、邻里和谐
		社区工作者	社区内逐步形成民族平等、尊重、团结互助、共同进步的发展观念，近年来没有大的民族矛盾和冲突，社区内各民族相互帮助、共同发展
	促进边疆社区发展	学生	无
		教师	学校与社区内各民族是否团结和睦，没有突发事件；学校和社区的生活环境是否明显改善；学校和社区是否形成有利于学生成长的良好氛围
		家长和村民	家庭、村落是否和睦，没有突发事件；家庭、村落的经济状况是否明显改善，家人和村民是否安居乐业，文明素质是否提高；家庭和村落的生产、生活环境是否明显改善，是否形成了积极向上的氛围，家庭和村民的生活水平是否提高、幸福感是否增强
		社区工作者	近年来，社区内安全、稳定，没有突发事件；社区经济是否有较大发展；社区居民是否安居乐业，民族人口文明素质是否提高；社区的生产、生活环境是否明显改善，形成了积极向上的氛围；居民生活水平是否提高、幸福感是否增强

─────────◦ 科学与客观：调查问卷的规范与特色 ◦─────────

　　本章中，我们基于了解与分析云南边疆地区多元文化互动状况的目的，以横向研究的方法为指导进行调查问卷的设计。根据研究内容的不同，我们将调查内容划分为多元文化互动素养、多元文化活动的构建、多元文化互动面临的问题和多元文化互动的影响四个方面。根据调查对象的差别与侧重，我们针对学生、教师、家长和村民、社区工作者四个不同对象编制了相应的问卷，并使用心理测量的方法编制了学生和教师多元文化互动素养部分的问卷。

　　使用测量法编制学生和教师多元文化互动素养这一内容的标准问卷主要基于三个原因：其一，学生和教师是我们研究的主要对象；其二，多元文化互动素养是一种心理品质，符合可测量性的要求；其三，标准化的问卷使我们能够对学生和教师的多元文化互动素养这种心理品质进行量化分析，有助于提高本书的实证性和说服力。

　　经过一系列标准化的数据收集和整理过程，以及系统的统计分析，学生、教师的多元文化互动素养标准问卷均具有良好的信度和效度，能够为其他研究少数民族多元文化互动的研究者所使用。经过验证性因素分析我们发现，学生标准问卷的结构良好，而教师问卷的结构尚有欠缺，需要对其进一步完善，以提高题目的稳定性。

　　在非标准问卷的设计过程中，我们使用了结构化问卷的编制方法，将不同的调查内容划分出不同的维度，并根据调查对象对每个维度包含的内容设定观测点。非标准问卷的内容涉及多元文化活动的构建、多元文化互动面临的问题和多元文化互动的影响三个方面，另外，家长和村民、社区工作者的多元文化互动素养也为非标准问卷。

　　由于数据的特点，非标准问卷通常只能使用一些描述性的统计分析方法，缺乏推断统计的使用，因此，数据结果可能缺乏一定的说服力。但是，非标准问卷不受研究内容的限制，能够为我们的调查提供更为丰富的信息。而多元文化活动的构建、多元文化互动面临的问题和多元文化互动的影响三个方面本身就很难进行量化，因此，采用非标准问卷，一来符合调查内容的特点，二来有利于我们对边疆地区多元文化互动状况的了解和认识，丰富研究的内涵。

此外，需要说明的是，由于调查对象具有不同的特点，导致题目和选项的设置无法完全一致。并且由于不同的调查对象样本量差异较大，尤其是社区工作者的总量本来就较小，致使我们很难对不同调查对象的状况进行一个量化的横向比较。

总之，采用标准问卷和非标准问卷相结合的设计，让我们不仅能够对学生和教师两大研究主体的多元文化互动素养这一内在品质进行量化分析，而且通过对边疆地区学生、教师、家长和村民、社区工作者四个研究对象多元文化活动的构建、多元文化互动面临的问题和多元文化互动的影响三方面内容的调查，让我们对云南边疆地区的多元文化互动状况有了一个更加清晰、深入和全面的认识。

第五章 调查研究：研究区域多元文化互动现状

第一节 调查对象概况

一、调查区域

云南省与邻国的边界线长达 4060 千米，为了解云南边疆地区的多元文化互动状况，我们特选取了耿马、河口、瑞丽和勐腊四县市进行调查研究。四县市不仅与其他国家相邻，而且广泛分布着一些少数民族，对这些地区的调查有利于增进我们对于西南边疆多元文化互动现状的了解，为我国的民族政策和少数民族教育建言献策。四县市的基本情况如表5-1所示。

表 5-1 调查区域的基本情况表

名称	行政区类别	所属地区	地理位置	主要少数民族	相邻国家
耿马傣族佤族自治县	自治县	临沧市	临沧市西南部，西与缅甸山水相连，国境线长 47 千米	傣族、佤族	缅甸
河口瑶族自治县	自治县	红河哈尼族彝族自治州	红河州东南端，南与越南老街省相邻，国境线长 193 千米	瑶族、苗族、彝族、壮族	越南
瑞丽市	县级市	德宏傣族景颇族自治州	德宏州西南部，西北、西南、东南三面与缅甸毗邻，国境线长 169.8 千米	傣族、景颇族	缅甸
勐腊县	县级	西双版纳傣族自治州	西双版纳州东南部，云南省最南端，东部和南部与老挝接壤，西边与缅甸隔江相望，国境线长 740.8 千米	傣族、哈尼族、瑶族、彝族	老挝、缅甸

二、调查对象

（一）调查对象总体情况

本次调查选择了学生、教师、家长和村民、社区工作者四类人群，其中对学生采用现场发放并回收问卷的方式，教师、家长和村民、社区工作者采用由学校或相关部门负责人代为发放并回收，然后交由当地教育局统一邮寄给我们的方式进行。对回收的问卷进行统一的检查，剔除漏答过多、随意作答和有规律作答等问题问卷，然后对有效问卷进行录入与统计分析。各地区各调查对象人数分布如表5—2所示。

表5—2　四县市调查对象的人数和比例

	学生		教师		家长和村民		社区工作者	
	人数	百分比	人数	百分比	人数	百分比	人数	百分比
耿马	1142	25.31%	239	24.07%	549	28.68%	32	22.38%
河口	1063	23.56%	282	28.40%	454	23.72%	67	46.85%
瑞丽	1100	24.38%	195	19.64%	402	21.00%	44	30.77%
勐腊	1207	26.75%	277	27.90%	509	26.59%	0	0.00%
总计	4512	100.00%	993	100.00%	1914	100.00%	143	100.00%

注：百分比数据为四舍五入后的结果。

（二）学生样本基本情况

本次调查中，耿马县选取了3所小学和3所初中，河口县选取了5所小学和3所初中，瑞丽市选取了3所小学和3所初中，勐腊县选取了4所小学、4所初中和1所高中，共计29个学校。学生平均年龄为13.37±1.65岁，年龄最小的为9岁，年龄最大的为19岁。学生样本的基本分布情况如图5—1所示。

其中，在民族构成方面，本次调查样本共包含26个民族，其中有24个民族属于我国已确认的56个民族，另有两个民族不在56个民族之列，为穿青人、克木人。样本人数超过100人的有9个民族，分别为汉族1340人（占

29.7%）、傣族 912 人（占 20.2%）、哈尼族 339 人（占 7.5%）、景颇族 113 人
（占 2.5%）、苗族 287 人（占 6.4%）、佤族 458 人（占 10.2%）、瑶族 487 人
（占 10.8%）、彝族 168 人（占 3.7%）、壮族 132 人（占 2.9%）。

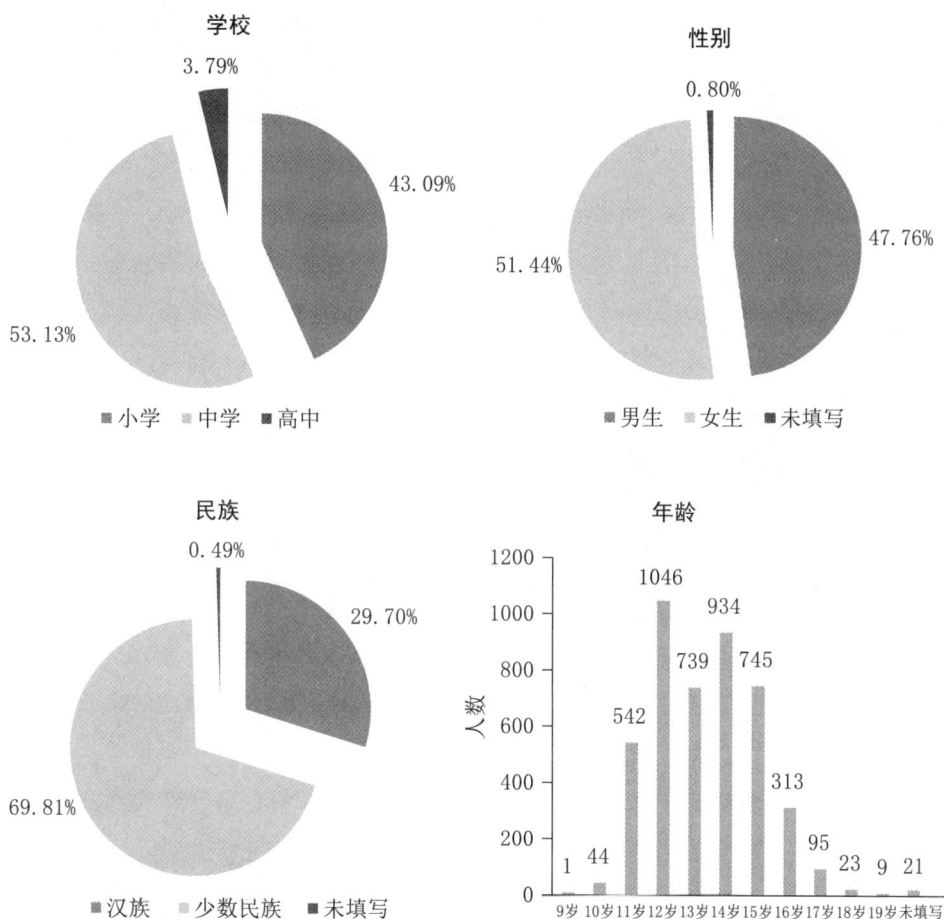

图 5-1 学生样本分布情况

（三）教师样本基本情况

本次调查中，教师样本的基本分布情况如图 5-2 所示。

学校类别

人数

- 464（小学）
- 387（初中）
- 78（幼儿园）
- 59（高中）
- 2（县教研室）
- 3（未填写）

性别

- 29.91% 男
- 69.18% 女
- 0.91% 未填写

民族

- 44.61% 汉族
- 39.68% 少数民族
- 15.71% 未填写

年龄

人数

- 298（30岁及以下）
- 499（31—40岁）
- 155（41—50岁）
- 29（51岁及以上）
- 12（未填写）

教龄

人数

- 182（1—3年）
- 231（4—10年）
- 290（11—20年）
- 215（21—30年）
- 53（31年及以上）
- 22（未填写）

学历

人数

- 7（中专以下）
- 29（中专）
- 338（大专）
- 588（本科）
- 2（研究生）
- 29（未填写）

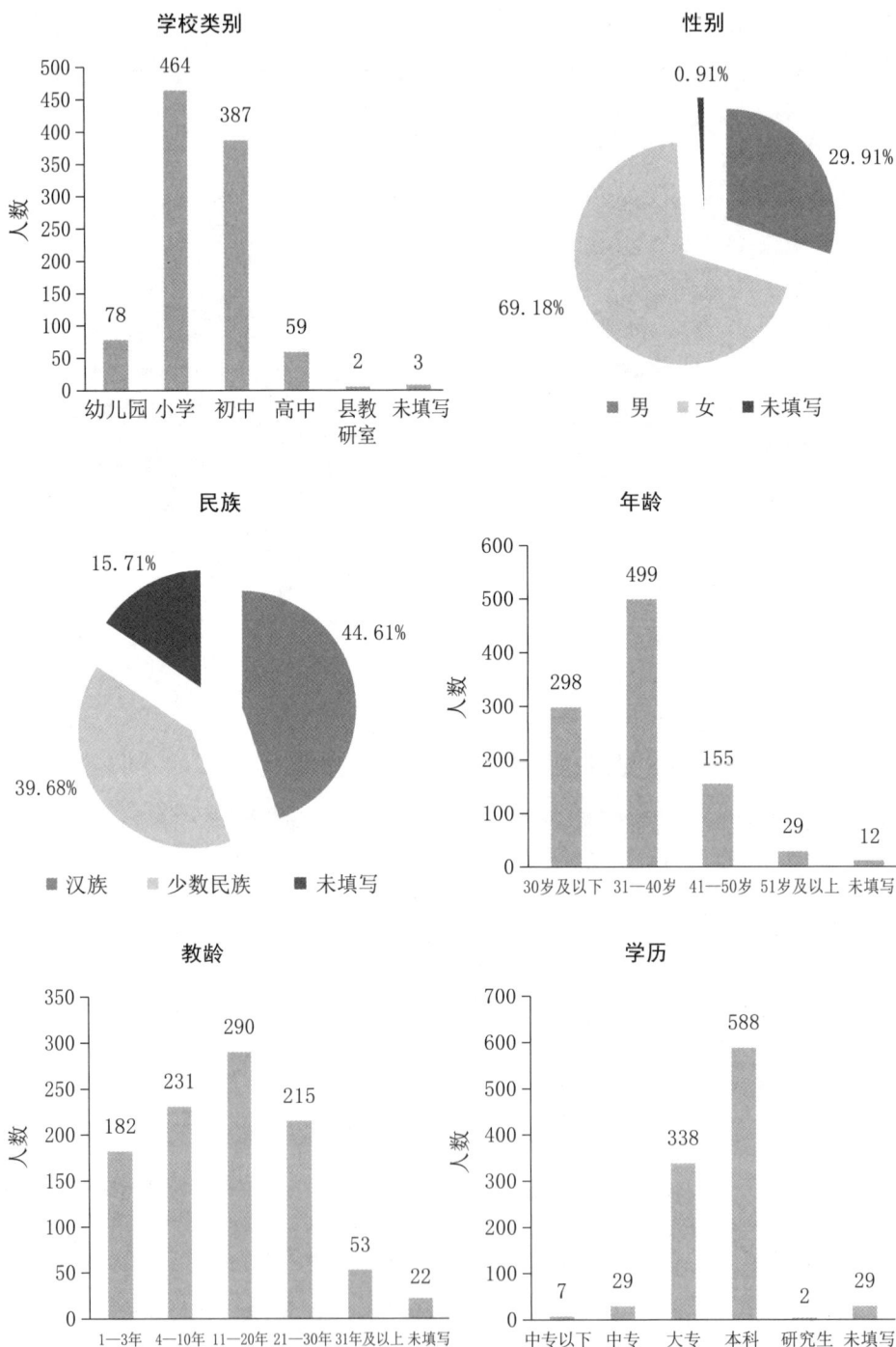

图 5—2　教师样本分布情况

（四）家长和村民样本基本情况

本次调查中，家长和村民样本的基本分布情况如图5—3所示。

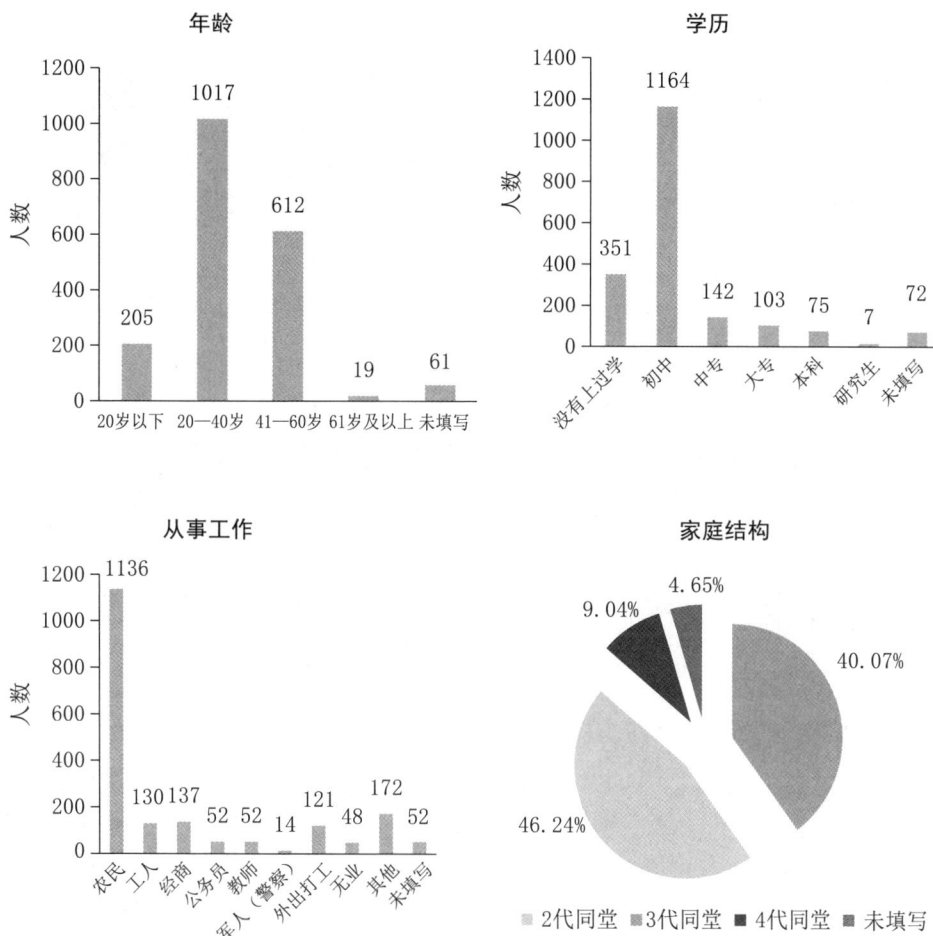

年龄（人数）

20岁以下 205；20—40岁 1017；41—60岁 612；61岁及以上 19；未填写 61

学历（人数）

没有上过学 351；初中 1164；中专 142；大专 103；本科 75；研究生 7；未填写 72

从事工作（人数）

农民 1136；工人 130；经商 137；公务员 52；教师 52；军人（警察）14；外出打工 121；无业 48；其他 172；未填写 52

家庭结构

4.65%；9.04%；40.07%；46.24%

■2代同堂　■3代同堂　■4代同堂　■未填写

图5—3　家长和村民样本分布情况

（五）社区工作者样本基本情况

本次调查中，社区工作者样本的基本分布情况如图5—4所示。

是否本县人

2.10%
12.59%
85.31%

是 否 未填写

性别

0.70%
37.76%
61.54%

男 女 未填写

民族

4.20%
51.75%
44.06%

汉族 少数民族 未填写

政治面貌

2.10%
34.27%
49.65%
13.99%

中共党员 共青团员 群众 未填写

年龄

人数	30岁及以下	31—50岁	51岁及以上	未填写
	43	74	25	1

工龄

人数	1年以下	1—3年	3—5年	5年以上	未填写
	10	29	28	73	3

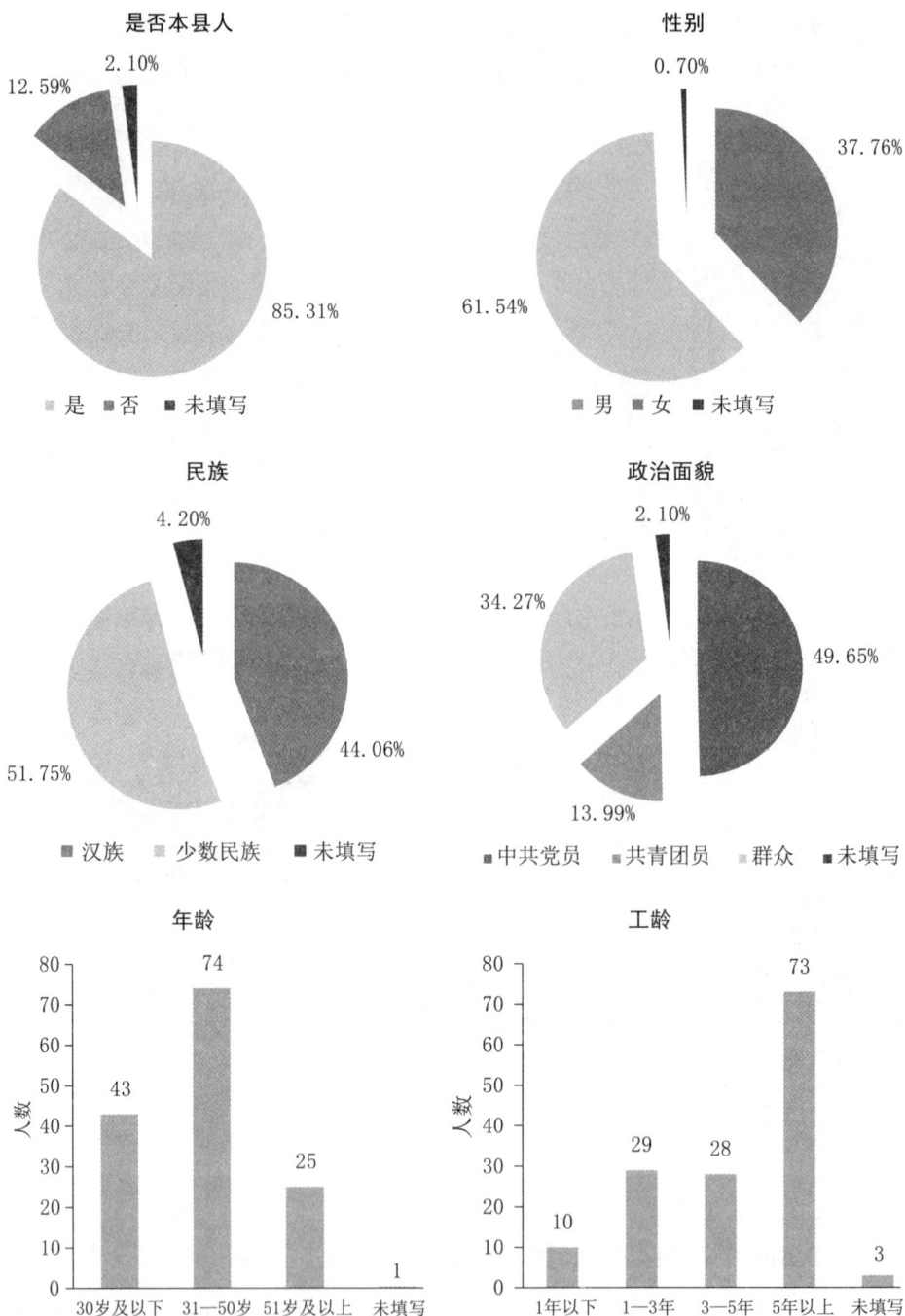

图5—4　社区工作者样本分布情况

三、调查工具

针对不同的调查对象，我们编制了对应的调查问卷，各问卷的基本内容如表 5-3 所示。

表 5-3 各问卷基本内容

问卷	调查内容		题目类型	题目数	内部一致性系数
边疆地区学校多元文化教育状况调查问卷（学生）	多元文化互动素养	多元文化互动情感	李克特式量表	15	0.812
		多元文化互动认知		13	0.771
		多元文化互动能力		15	0.815
	多元文化活动的构建		单选题多选题	9	无
	多元文化互动的影响			3	
	多元文化互动面临的问题			5	
边疆地区学校多元文化教育状况调查问卷（教师）	多元文化互动素养	多元文化互动情感	李克特式量表	17	0.771
		多元文化互动认知		13	0.712
		多元文化互动能力		13	0.824
	多元文化活动的构建		单选题多选题	11	无
	多元文化互动的影响			5	
	多元文化互动面临的问题			7	
边疆地区村落多元文化互动状况调查问卷（家长和村民）	多元文化互动素养		单选题多选题	11	无
	多元文化活动的构建			12	
	多元文化互动的影响			5	
	多元文化互动面临的问题			5	
边疆地区社区多元文化互动状况调查问卷（社区工作者）	多元文化互动素养		单选题多选题	10	无
	多元文化活动的构建			10	
	多元文化互动的影响			5	
	多元文化互动面临的问题			9	

第二节 多元文化互动素养状况

在全球化和信息化的浪潮中，多元文化已成为社会和时代发展面临的现实语境，这就要求现代人具备文化多元意识，培养多元文化素养。本书以"五层空间"多元文化互动理论为理论基础，从不同民族的文化、教育、道德等方面对四个边疆样本县市的学生、教师、家长和村民、社区工作者的多元文化互动素养（包括多元文化情感、多元文化认知和多元文化能力三个方面）进行了现状调查。其调查结果如下。

一、学生的多元文化互动素养现状

学校教育传播的是以国家意志为主的文化，而学生是学校教育场域中学习的主体。边疆地区的学生在学校场域中的交往在一定程度上反映了本民族文化与现代文化、不同民族文化之间的交流、碰撞。因此，开展学生群体多元文化互动素养的调查，对了解边疆地区学校场域中多元文化互动状况具有重要的价值。

（一）地区间差异显著，且地域性凸显

通过比较四县市学生的多元文化互动素养状况，发现不同地区学生的多元文化互动素养差异显著。

表 5-4　四县市学生多元文化互动素养比较

	（a）耿马（n=1142）		（b）河口（n=1063）		（c）瑞丽（n=1100）		（d）勐腊（n=1207）		F	事后多重比较
	$\bar{x}$	s	$\bar{x}$	s	$\bar{x}$	s	$\bar{x}$	s		
多元文化互动情感	4.08	0.50	3.86	0.55	4.06	0.54	3.93	0.52	45.382***	a、c>d>b
对概念的理解	4.30	0.54	4.07	0.62	4.34	0.50	4.21	0.57	51.358***	a、c>d>b
对内容的认识	3.81	0.67	3.36	0.78	3.90	0.69	3.75	0.66	124.528***	c>a、d>b
多元文化互动认知	4.08	0.51	3.74	0.57	4.14	0.51	4.00	0.53	116.745***	c>a>d>b
多元文化互动能力	4.03	0.51	3.81	0.61	4.05	0.57	3.97	0.55	41.257***	a、c>d>b

注：*表示 $p<0.05$，**表示 $p<0.01$，***表示 $p<0.001$，下同。

由表 5-4 可知，采用单因素方差分析发现，四县市的学生在多元文化互动情感上的差异非常显著；在对概念的理解、对内容的认识以及多元文化互动认知上的差异均非常显著；在多元文化互动能力上的差异也非常显著。

事后多重比较发现，在多元文化互动情感和对概念的理解上，耿马县和瑞丽市学生的得分显著高于河口县和勐腊县学生的得分，勐腊县学生的得分显著高于河口县学生的得分；在对内容的认识上，耿马县、瑞丽市和勐腊县学生的得分显著高于河口县学生的得分，瑞丽市学生的得分显著高于耿马县和勐腊县学生的得分；在多元文化互动认知上，耿马县和瑞丽市学生的得分显著高于河口县和勐腊县学生的得分，瑞丽市学生的得分显著高于耿马县学生的得分，勐腊县学生的得分显著高于河口县学生的得分。

综上所述，通过本次调查我们发现，由于民族构成、毗邻国以及社会经济发展水平的不同，四县市的学生多元文化互动素养状况各不相同。其中，河口县学生多元文化互动素养的各项得分均低于其他三个县市，而耿马县、瑞丽市学生的得分则相对较高。由此可见，受民族构成、毗邻国以及文化辐射范围等因素的影响，边疆地区学生的多元文化互动素养水平呈现出较大差异。

（二）小学生与初中生之间差异显著，但差异的特点有所不同

通过对四县市小学、初中学生的比较发现，小学和初中学生的多元文化互动素养差异显著，但差异的特点有所不同。

表5-5 小学、初中学生多元文化互动素养比较

	小学生（n=1944）		初中生（n=2397）		t
	$\bar{x}$	s	$\bar{x}$	s	
多元文化互动情感	4.02	0.57	3.97	0.50	3.609'***
对概念的理解	4.21	0.59	4.26	0.56	−2.875'**
对内容的认识	3.66	0.81	3.75	0.66	−3.810'***
多元文化互动认知	3.96	0.59	4.02	0.52	−3.937'***
多元文化互动能力	3.96	0.61	3.97	0.54	−0.910'

注：'表示方差不齐性时，采用 t 的校正检验，下同。

由表5-5可知，采用独立样本 t 检验发现，四县市小学和初中学生在多元文化互动情感上的差异非常显著，且小学生的得分显著高于初中生的得分；在对概念的理解、对内容的认识和多元文化互动认知上的差异均非常显

著，且初中生的得分显著高于小学生的得分；在多元文化互动能力上的差异不显著。

对上述调查结果可作如下分析：首先，由于学校教育传授的是以国家意志为主的文化，学龄阶段越高，其接受的现代文化教育越多，受现代文化的影响也就越大，其民族情感就会逐渐上升为国家情感，而小学生受其认知能力的限制，民族情感更占优势地位，所以小学生在多元文化互动情感上的得分显著高于初中生；其次，学龄阶段越高，其知识经验就越丰富，初中生在对多元文化互动概念的理解、内容的认识以及多元文化互动认知上相较于小学生更为透彻，所以中学生在这些方面的得分均显著高于小学生；最后，由于从小处于边疆地区，耳濡目染，日常生活中与毗邻国和当地不同少数民族交往密切，在这样的多元文化大环境下，小学生和初中生的多元文化互动能力差异并不显著。

（三）男生与女生差异显著，且女生优势明显

男、女两性之间不仅存在生理差异，在心理发展方面也存在客观的差异。学生时期是性别意识形成的关键期，因此，在调查学生群体的多元文化互动素养时，我们也考察了男生和女生多元文化互动素养是否存在差异的问题。通过对男生与女生多元文化互动素养的比较发现，男生与女生的多元文化互动素养差异显著，且女生的得分均显著高于男生的得分。

表 5-6　男生与女生的多元文化互动素养比较

	男生（$n=2155$）		女生（$n=2321$）		t
	$\bar{x}$	s	$\bar{x}$	s	
多元文化互动情感	3.88	0.56	4.08	0.49	$-12.775^{'***}$
对概念的理解	4.12	0.60	4.34	0.52	$-13.049^{'***}$
对内容的认识	3.66	0.73	3.76	0.72	-4.905^{***}
多元文化互动认知	3.91	0.57	4.07	0.52	$-10.267^{'***}$
多元文化互动能力	3.87	0.58	4.05	0.54	$-10.491^{'***}$

由表 5-6 可知，采用独立样本 t 检验发现，男生与女生在多元文化互动

情感、对概念的理解、对内容的认识、多元文化互动认知以及多元文化互动能力上的差异均非常显著，且女生的得分显著高于男生的得分。

心理学研究表明，男性和女性在情感活动、认知风格、行为等方面具有明显的差异。相比于男生，女生的心思更为细腻，在情感体验上更为深刻，更擅长归纳总结的思维方式，人际交往等方面的能力也更为突出。我们的研究也证明了这一点，四县市的学生群体中，女生在多元文化互动情感、多元文化互动认知以及多元文化互动能力上的得分均显著高于男生的得分。

（四）不同民族学生差异显著

云南边疆地区民族人口分布呈现出大散居、小聚居、交错杂居的特点，在同一地区居住着不同的少数民族。因此，在考察学生群体多元文化互动素养状况时，需要考虑其民族差异状况。我们的调查发现，在多元文化互动素养上，少数民族学生与汉族学生的差异不显著，但比较样本人数超过100的9个民族的学生的得分后发现，不同民族的学生在多元文化互动素养上存在显著的差异。

表5-7　汉族与少数民族学生多元文化互动素养比较

	汉族（n=2155）		少数民族（n=2321）		t
	$\bar{x}$	s	$\bar{x}$	s	
多元文化互动情感	3.99	0.59	3.98	0.51	0.567'
对概念的理解	4.26	0.60	4.22	0.56	1.930
对内容的认识	3.71	0.81	3.72	0.69	−0.122'
多元文化互动认知	4.01	0.60	3.99	0.53	0.947'
多元文化互动能力	3.95	0.61	3.97	0.55	−1.159'

由表5-7可知，采用独立样本t检验发现，汉族与少数民族学生在多元文化互动情感、对概念的理解、对内容的认识、多元文化互动认知及多元文化互动能力上的差异均不显著。但笼统地将汉族以外的民族归为少数民族，并与汉族学生进行比较，可能并不能真正体现不同民族的特点。因此，我们进一步对样本量超过100人的各民族学生进行了比较。

表 5-8 各民族学生的多元文化互动素养比较

民族类型	n	多元文化互动情感		对概念的理解		对内容的认识		多元文化互动认知		多元文化互动能力	
		$\bar{x}$	s	$\bar{x}$	s	$\bar{x}$	s	$\bar{x}$	s	$\bar{x}$	s
(a) 汉族	1340	3.99	0.59	4.26	0.60	3.71	0.81	4.01	0.60	3.95	0.61
(b) 傣族	912	4.04	0.51	4.30	0.50	3.87	0.65	4.10	0.48	4.05	0.52
(c) 哈尼族	339	3.94	0.50	4.22	0.59	3.71	0.68	3.99	0.55	3.95	0.54
(d) 景颇族	113	4.15	0.46	4.44	0.41	4.01	0.60	4.25	0.43	4.12	0.52
(e) 苗族	287	3.88	0.51	4.11	0.54	3.51	0.67	3.83	0.50	3.86	0.57
(f) 佤族	458	4.03	0.50	4.24	0.58	3.73	0.65	4.01	0.52	4.02	0.51
(g) 瑶族	487	3.90	0.50	4.10	0.60	3.52	0.68	3.83	0.53	3.90	0.58
(h) 彝族	168	3.91	0.51	4.20	0.56	3.75	0.70	3.99	0.53	3.88	0.55
(i) 壮族	132	3.91	0.55	4.14	0.63	3.47	0.68	3.83	0.53	38.4	0.57
	F	7.181***		9.465***		17.056***		17.581***		7.808***	
事后多重比较		a>g、b、f>e、g、d>a、c、e、g、h、i		a、b>e、g、f>g、d>a、b、c、e、f、g、h、i		a、c、f>e、g、i、b、d>a、c、e、f、g、i、d>h		a、f>e、g、i、c>e、g、b>a、c、e、g、i、d>a、b、c、e、f、g、h、i		b、d、f>e、g、i、b、d>h、b>a	

由表 5-8 可知，采用单因素方差分析发现，9 个民族的学生在多元文化互动情感、对概念的理解、对内容的认识、多元文化互动认知以及多元文化互动能力上的差异均非常显著。

事后多重比较发现，在多元文化互动情感上，景颇族、傣族和佤族学生的得分相对较高，苗族、瑶族、彝族和壮族学生的得分相对较低；在对概念的理解、对内容的认识和多元文化互动认知上，景颇族、傣族学生的得分相对较高，苗族、瑶族和壮族学生的得分相对较低；在多元文化互动能力上，景颇族、傣族和佤族学生的得分相对较高，苗族、瑶族、彝族、壮族学生的得分相对较低。

通过调查发现，在 9 个民族的学生中得分较高的大多是景颇族、傣族、佤族，而苗族、瑶族、壮族等学生的得分相对较低，这可能与地域因素有关。在四县市的民族分布状况中，苗族、瑶族、壮族大多分布在河口县。联系上文的分析结果，河口县学生的各项多元文化互动素养得分均较低。当然，这同样也反映出不同民族学生受地域文化、情感态度、认知方式、行为技能等的影响，表现出不同水平的多元文化互动素养。此外，因为汉族学生与少数民族学生都生活在民族地区，都潜移默化地受到了多元文化的影响，因此二者并未在多元文化互动素养上表现出明显的差异。

二、教师的多元文化互动素养现状

教师是学校教育实施的主体，是影响学校多元文化教育质量的决定性因素之一。边疆地区教师的多元文化素养水平，直接影响学生的多元文化素养水平，影响多元文化教育的成效。因此，有必要对教师群体多元文化互动素养展开调查，以更全面地了解边疆地区学校场域中的多元文化互动素养状况。

（一）教师多元文化互动素养状况整体良好，但区域间差异显著

调查发现，教师的多元文化互动素养状况整体良好，但不同区域的教师多元文化互动素养差异显著。

表 5—9 四县市教师多元文化互动素养比较

	（a）耿马（n=239）		（b）河口（n=282）		（c）瑞丽（n=195）		（d）勐腊（n=277）		F	事后多重比较
	$\bar{x}$	s	$\bar{x}$	s	$\bar{x}$	s	$\bar{x}$	s		
美感	4.40	0.59	4.35	0.50	4.51	0.52	4.53	0.44	7.961***	c>b, d>a、b
理智感	3.98	0.77	3.85	0.77	3.88	0.76	3.96	0.75	1.673	
道德感	4.52	0.65	4.50	0.49	4.67	0.45	4.64	0.43	6.870***	c>a、b, d>b
多元文化互动情感	4.25	0.48	4.18	0.48	4.29	0.46	4.32	0.47	4.653**	c、d>b
对内容的认识	4.13	0.56	3.94	0.59	4.47	0.45	4.24	0.51	40.144***	c>a、d>b
对概念的认识	4.36	0.68	4.47	0.56	4.46	0.57	4.56	0.58	4.778**	d>a
多元文化互动认知	4.22	0.44	4.15	0.46	4.47	0.40	4.36	0.42	26.198***	c>d>a、b
多元文化互动能力	4.38	0.50	4.23	0.51	4.53	0.45	4.52	0.40	23.409***	c、d>a>b

由表5-9可知，采用单因素方差分析发现，四县市的教师在美感、道德感和多元文化互动情感上的差异均非常显著，在理智感上的差异不显著；在对内容的认识、对概念的认识和多元文化互动认知上的差异均非常显著；在多元文化互动能力上的差异非常显著。

事后多重比较发现，在美感上，瑞丽市教师的得分显著高于河口县教师的得分，勐腊县教师的得分显著高于耿马县和河口县教师的得分；在道德感上，瑞丽市教师的得分显著高于耿马县和河口县教师的得分，勐腊县教师的得分显著高于河口县教师的得分；在多元文化互动情感上，瑞丽市和勐腊县教师的得分显著高于河口县教师的得分；在对内容的认识上，耿马县和勐腊县教师的得分显著高于河口县教师的得分，瑞丽市教师的得分显著高于耿马县、河口县和勐腊县教师的得分；在对概念的认识上，勐腊县教师的得分显著高于耿马县教师的得分；在多元文化互动认知上，勐腊县教师的得分显著高于耿马县和河口县教师的得分，瑞丽市教师的得分显著高于耿马县、河口县和勐腊县教师的得分；在多元文化互动能力上，耿马县教师的得分显著高于河口县教师的得分，瑞丽市和勐腊县教师的得分显著高于耿马县和河口县教师的得分。

通过对四县市教师在多元文化互动情感、多元文化互动认知以及多元文化互动能力上的比较，我们发现，由于各区域经济、教育发展水平的不同以及民族构成、毗邻国的不同，四县市的教师多元文化互动素养也有所差异。由于文化辐射范围的有限性和调查地选取的局限性，河口县教师得分普遍低于其他三县市，但由于教师群体自身认知水平较高，因而整体的得分都较高，说明教师群体在这几方面的整体素养良好。虽然四县市的教师在理智感上并无显著差异，但是其理智感相比其他方面得分较低。所以，在对边疆地区教师进行继续教育时，应当注重其在理智感方面的发展。

（二）小学教师和初中教师差异显著，且小学教师多元文化互动素养状况优于初中教师

通过调查发现，小学教师和初中教师多元文化互动素养差异显著，且小学教师的得分高于初中教师的得分。

表5—10　小学、初中教师多元文化互动素养比较

	小学（$n=464$）		初中（$n=387$）		t
	$\bar{x}$	s	$\bar{x}$	s	
美感	4.49	0.46	4.37	0.60	3.276$^{'**}$
理智感	3.94	0.78	3.85	0.77	1.663
道德感	4.64	0.46	4.50	0.60	3.740$^{'***}$
多元文化互动情感	4.30	0.46	4.19	0.50	3.360$^{'**}$
对内容的认识	4.25	0.56	4.09	0.58	3.892***
对概念的认识	4.48	0.58	4.44	0.64	0.918
多元文化互动认知	4.33	0.44	4.23	0.47	3.486**
多元文化互动能力	4.49	0.44	4.28	0.52	6.357$^{'***}$

　　由表5—10可知，采用独立样本t检验发现，小学、初中教师在美感、道德感和多元文化互动情感上的差异均非常显著，且小学教师的得分显著高于初中教师的得分，在理智感上的差异不显著；在对内容的认识和多元文化互动认知上的差异均非常显著，且小学教师的得分显著高于初中教师的得分，在对概念的认识上差异不显著；在多元文化互动能力上的差异非常显著，且小学教师的得分显著高于初中教师的得分。

　　综上所述，通过比较我们发现，小学教师和初中教师在美感、道德感、多元文化互动情感，对多元文化互动内容的认识以及多元文化互动认知，多元文化互动能力上具有显著的差异，且小学教师的得分均显著高于初中教师的得分。根据上述问卷调查结果，结合访谈调查，我们作如下分析：小学升学方面的压力较小，且小学是基础教育、素质教育并重，教师更关注基础知识的传授及学生身体素质的发展；与小学不同，初中面临着升高中的压力，教师的工作重心多转向系统知识的传授。由此，造成小学教师和初中教师以上几方面的素养状况存在显著差异。

　　从表5—10还可以看出，在理智感上，小学教师与初中教师无显著差异，但整体得分不高，说明其在理智感方面的素养有待提高；在对多元文化互动

概念的认识上，无论是初中教师还是小学教师对多元文化互动概念的理解都较好，且并无显著差异。由于教师在入职前接受过教师教育的相关知识，且民族地区教师在入职前一般都会接受职前培训，所以中小学教师大多都能理解相关的多元文化互动概念。

（三）男性教师与女性教师的多元文化互动情感存在显著差异，多元文化互动认知与多元文化互动能力不存在显著差异

虽然教师群体大多是接受过高等教育的人，认知发展水平较高，但在某些方面男性教师和女性教师有着显著差异。通过对不同性别教师群体的比较发现，男性教师和女性教师在多元文化互动情感上差异显著，在多元文化互动认知和多元文化互动能力方面差异不显著。

表 5-11　男性教师与女性教师多元文化互动素养比较

	男性教师（$n=297$）		女性教师（$n=687$）		t
	$\bar{x}$	s	$\bar{x}$	s	
美感	4.44	0.54	4.45	0.51	−0.196
理智感	3.79	0.85	3.98	0.71	−3.372$'^{**}$
道德感	4.50	0.60	4.61	0.47	−2.688$'^{**}$
多元文化互动情感	4.19	0.51	4.29	0.46	−3.071$'^{**}$
对内容的认识	4.18	0.56	4.17	0.57	0.176
对概念的认识	4.42	0.68	4.50	0.56	−1.754$'$
多元文化互动认知	4.27	0.47	4.29	0.44	−0.829
多元文化互动能力	4.41	0.47	4.40	0.48	0.398

由表 5-11 可知，采用独立样本 t 检验发现，男性教师与女性教师在理智感、道德感和多元文化互动情感上的差异均非常显著，且女性教师的得分显著高于男性教师的得分；在美感上的差异不显著；在对内容的认识、对概念的认识和多元文化互动认知上的差异均不显著；在多元文化互动能力上的差异不显著。

相关研究表明，女性在情感上的体验会比男性更为深刻。通过对四县市女性教师和男性教师在多元文化互动情感上的比较，不难看出在理智感、道

德感和多元文化互动情感上，女性教师的得分显著高于男性教师；在美感上，女性教师得分仍高于男性教师，但差异不显著，说明在边疆地区不论男性教师还是女性教师对其他民族文化都持欣赏态度。由于教师知识经验较为丰富，倾向于采用积极的应对策略来适应文化，文化适应性较强，所以在对多元文化互动内容的认识、概念的认识、多元文化互动认知及多元文化互动能力上差异不显著且得分较高，说明在教师群体中，无论是男性教师还是女性教师，多元文化互动素养状况都较好。

（四）汉族教师与少数民族教师的多元文化互动素养差异显著，且少数民族教师优势明显

教师个体的文化背景会潜移默化地作用于多元文化教育。通过对汉族教师和少数民族教师多元文化互动素养的比较发现，汉族教师与少数民族教师在多元文化互动情感、多元文化互动认知和多元文化互动能力上均存在显著差异，且少数民族教师得分显著高于汉族教师得分。

表 5-12　汉族教师与少数民族教师的多元文化互动素养比较

	汉族教师（n=443）		少数民族教师（n=394）		t
	$\bar{x}$	s	$\bar{x}$	s	
美感	4.41	0.56	4.51	0.45	$-2.712'^{**}$
理智感	3.90	0.76	3.97	0.76	-1.273
道德感	4.57	0.56	4.60	0.46	-0.740
多元文化互动情感	4.24	0.49	4.31	0.45	-2.054^{*}
对内容的认识	4.13	0.56	4.24	0.56	-2.742^{**}
对概念的认识	4.45	0.63	4.51	0.57	$-1.438'$
多元文化互动认知	4.25	0.45	4.34	0.44	-2.841^{**}
多元文化互动能力	4.37	0.50	4.45	0.44	$-2.217'^{**}$

由表 5-12 可知，采用独立样本 t 检验发现，汉族教师与少数民族教师在美感和多元文化互动情感上的差异均显著，且少数民族教师的得分显著高于汉族教师的得分，在理智感和道德感上的差异均不显著；在对内容的认识和

多元文化互动认知上的差异均非常显著，且少数民族教师的得分显著高于汉族教师的得分，在对概念的认识上差异不显著；在多元文化互动能力上的差异显著，且少数民族教师的得分显著高于汉族教师的得分。

在调查中我们发现，四县市的教师与学生样本的民族构成比例不同：学生样本中汉族占 29.70%，少数民族占 69.81%，而教师样本中汉族占 44.61%，少数民族占 39.68%（部分学生、教师未填写民族）。可见，部分教师并非从小就生活在多元文化环境中，因此，对于少数民族事物的美感体验，对于少数民族文化内容的认识，以及多元文化互动的能力，也就不如自小生活在少数民族地区的教师。而道德感、理智感虽然是一种情感体验，但前者基于社会道德标准，后者基于个人的理性评价，与多元文化互动认知中对概念的认识一样，更多受到教师知识水平和受教育程度的影响，因此不同民族的教师并未表现出明显的差异。

此外，同为接受过教师教育的教师群体，汉族教师和少数民族教师在道德感和理智感上并无显著差异。这是因为，教师在接受高等教育过程中也会接触多元文化教育，并且随着受教育程度的提高其认知能力、理解能力也在加强，所以，汉族教师和少数民族教师在对多元文化互动概念的理解上差异不显著，且整体得分较高。

三、家长和村民多元文化互动素养状况

父母是孩子的第一任教师，父母的多元文化素养直接影响孩子的多元文化素养。为更好地了解边疆地区不同群体的多元文化素养状况，本书从多元文化互动情感、多元文化互动认知、多元文化互动能力三个方面对家长和村民的多元文化互动素养状况进行调查。

本次的调查对象主要为学生家长。年龄段在 20—60 岁之间，其中 20—40 岁的家长和村民占比最多，为 53.13%；其次是 41—60 岁，占比 31.97%。从学历上看，大多数家长是初中毕业，占比 60.82%，其次是没上过学的，占比 18.34%，也有少数家长是学历较高的本科生、研究生等；在职业分布上，家长和村民的职业大多数是农民，占比 59.35%，其中也不乏从事商业、教师、公务员等职业的家长。

（一）家长和村民的多元文化互动情感状况

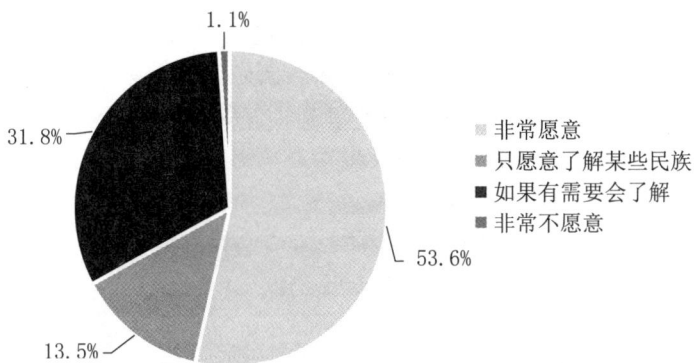

图 5—5　家长和村民对社区内其他民族文化的了解意愿

　　通过调查分析，家长和村民的多元文化互动情感状况，首先表现在对其他民族文化的接受意愿上，"当别人介绍他们的民族文化时"，四县市的家长和村民表示"愿意听"的占比高达94.6%，说明大多数家长是愿意接受其他民族文化的。其次，如图5—5所示，在家长和村民被问及对社区其他民族文化的了解意愿时，占比由高至低分别为：非常愿意、如果有需要会了解、只愿意了解某些民族、非常不愿意，由此可以看出，超过半数的家长和村民是非常愿意去了解社区内其他民族文化的，不愿意的占比很少，为1.1%。31.8%的家长和村民选择了"如果有需要会了解"，说明部分家长和村民对社区内其他民族文化了解的主动性与日常生活息息相关，在多民族杂居地区，日常生活中不可避免地会与其他民族接触、交流，总会有需要了解其他民族文化的时候，而家长和村民能在有需要的时候去了解其他民族文化，也有利于民族文化的交流与融合。最后，在对其他民族服饰的评价上，大多数家长认为其他民族服饰是漂亮的，约91.7%家长和村民认同社区内其他民族有其传统美德。通过对家长和村民在多元文化互动情感上的调查发现，四县市的家长和村民在多元文化互动情感上发展良好，能在自己的民族文化基础上积极主动地去了解、认识其他民族文化，并能很好地欣赏其他民族文化。

（二）家长和村民的多元文化互动认知状况

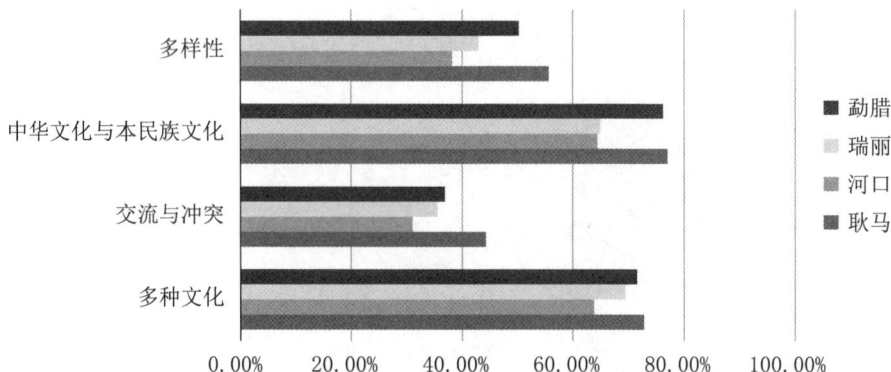

图5-6　四县市家长和村民对多元文化互动概念的认识

在多元文化互动认知方面，家长和村民对多元文化互动基本概念的认识如图5-6所示。在认为"多元文化是一个国家或多个国家的多个民族、多个地方的文化"和"既要重视传承中华文化的活动，又要重视各民族文化"两个选项上，四县市的家长和村民选择占比都较高，均超过了50%，而在认为"多元文化互动是不同民族文化的交流、融合与冲突"的选项上，四县市的家长和村民的选择均不足50%，说明家长和村民对多元文化和多元文化互动概念认识不清楚，且容易混淆，故在日常生活中应当努力提高家长和村民对多元文化互动的认识，并对多元文化和多元文化互动概念加以区分。

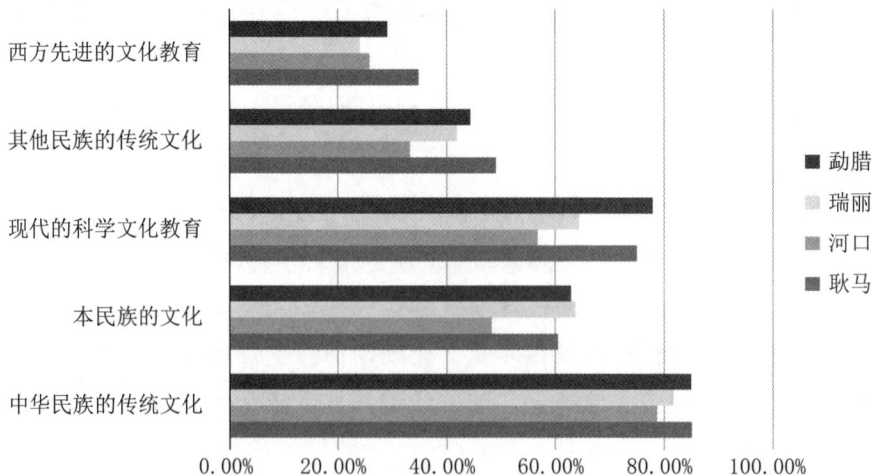

图5-7　四县市家长和村民对边疆地区儿童应学习内容的认识

在对多元文化互动内容的认识上，家长和村民认为边疆地区儿童应该学习的内容如图5-7所示。四县市的家长和村民选择占比由高到低依次为：中华民族的传统文化、现代的科学文化教育、本民族的文化、其他民族的传统文化、西方先进的文化教育，可见大多数家长和村民认为儿童学习的内容应该是本土的、传统的文化，而认为应该学习其他民族的传统文化和西方先进的文化教育的家长较少；在对多元文化活动内容的认识上（如图5-8所示），总体来看，服装、语言和民族节日是四县市大多数家长和村民比较认可的多元文化活动，而对传统游戏、房屋建筑等选项的选择则较少。

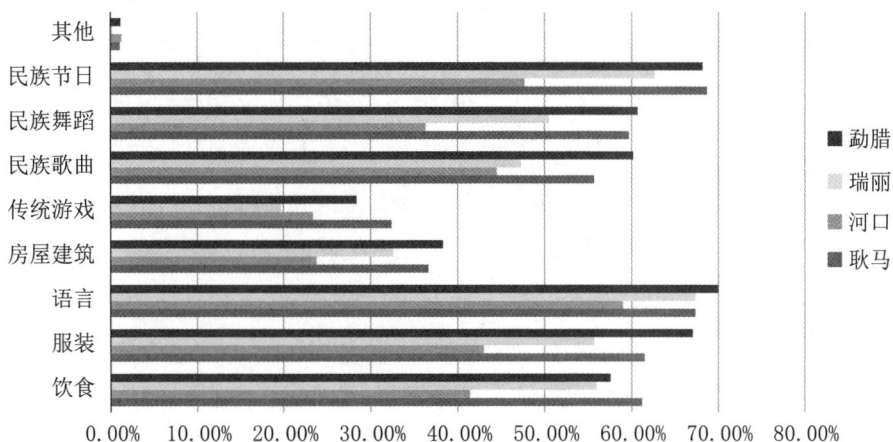

图5-8　四县市家长和村民对多元文化活动内容的认识

由此可见，家长和村民对多元文化互动的认知具有局限性，在概念上易与多元文化相混淆，在内容上局限于日常生活中的所见所闻，对多元文化互动内容的认识单一。在世界各国紧密联系的今天，文化多元、多元互动是大势所趋，尤其在边疆地区，除了要加深对中华文化、本民族文化的认识，还要将知识面拓宽至对其他民族文化、其他国家优秀文化的认识。

（三）家长和村民的多元文化互动能力状况

通过调查发现，家长和村民的多元文化互动能力现状主要表现如下：首先，在对其他民族文化的学习能力上，四县市的家长和村民认为自己"能很快掌握并运用所学到的民族知识"的比例高达78.8%，可见大多数家长和村民认为自己学习其他民族文化的能力是较强的。其次，在"与其他民族相处"

方面，超过半数的家长和村民认为自己能和其他民族的人友好相处，但仍有少部分家长和村民认为自己和其他民族的人相处困难。最后，在调查家长和村民对其他民族文化的理解和包容能力时，四县市均有超过 50% 的家长和村民表示在与其他民族的村民相处时"会尊重其他民族文化与本民族文化中有差异的地方"，"会耐心地处理由民族间文化差异产生的矛盾"，"当其他民族的邻居需要帮助的时候，能够提供帮助"。

总之，四县市的家长和村民在多元文化互动能力上整体水平良好。调查的家长大多是中青年，其学习能力和接受能力较强，大多数家长愿意主动去了解其他民族文化，并能与其他民族融洽相处。由于家长的职业原因及其生活范围的限制，仍有一部分家长和村民表示在有需要时才会去了解其他民族文化，而在对其他民族文化内容的认识上主要集中于日常生活所能接触到的；在对多元文化互动的认知和对多元文化互动概念的认识上易与多元文化概念相混淆，这与家长和村民的教育水平息息相关。虽然部分家长和村民的多元文化互动素养状况有待提升，但大多数家长和村民的多元文化互动素养状况良好，能很快掌握其他民族文化并将其运用于实践，在生活中能理解并尊重其他民族文化。

四、社区工作者的多元文化互动素养状况

社区是一个社会实体，具有多重功能，是人们参与社会生活的基本场所。社区资源能否发挥其最大功用离不开社区工作人员的协调、组织，社区工作者的素养状况是边疆地区不同群体多元文化互动素养状况的重要组成部分。

本书调查的社区工作者年龄大多在 50 岁以下（占比 81.82%），其中女性较多（占比 61.54%），工作年限大多在 3—5 年及 5 年以上（占比 70.63%），汉族社区工作者和少数民族社区工作者人数不相上下（占比分别为 44.06% 和 51.75%）。

（一）社区工作者的多元文化互动情感状况

通过对社区工作者的调查发现，大多数社区工作者表示"愿意接受"其他民族的人向他们介绍其民族文化。在对其他民族服饰的评价和对其他民族传统美德的认同上，均有超过 90% 的社区工作者认为"其他民族服饰漂亮"，认为其他民族"有其自己的传统美德"。社区工作者对社区内其他民族文化的

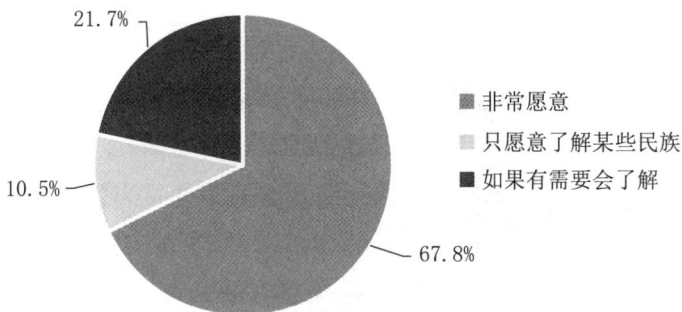

21.7%

10.5%

67.8%

■ 非常愿意
□ 只愿意了解某些民族
■ 如果有需要会了解

图 5-9 社区工作者对社区内其他民族文化的了解意愿

了解意愿如图 5-9 所示。尽管有部分社区工作者表示在有需要时会去了解，但超过半数的社区工作者愿意主动去了解社区内的其他民族文化，说明三县市社区工作者在多元文化互动情感上整体素养良好。另有 10.5% 的社区工作者只愿意了解某些民族的文化。

（二）社区工作者的多元文化互动认知现状

本书主要从对概念的理解和对内容的认识两方面对社区工作者多元文化互动认知现状进行考察。首先，在对概念的理解上，三县市均有超过半数的社区工作者认为"多元文化互动不仅是多种文化，而且是不同文化的交流、冲突与融合"，与家长和村民不同的是，社区工作者对多元文化互动概念的理解是多样的。其次，在对内容的认识上，三县市的社区工作者认可度最高的三项内容均为传统节日、民族服饰和特色美食，这些在日常生活中经常接触的具有民族特色的东西社区工作者了解较多，而在日常生活中较少接触的文学艺术、宗教信仰和历史文化等内容，社区工作者了解较少。由此可见，大多数社区工作者对多元文化互动概念有较正确的理解，而在对内容的认识上除了加深对日常生活中经常接触的文化的认识，还应组织多样的社区教育活动拓宽社区工作者对多元文化互动内容的认识。

（三）社区工作者的多元文化互动能力现状

如图 5-10 所示，在理解其他民族文化的难易程度上，三县市有 72% 的社区工作者认为其他民族文化是容易理解的，说明大多数社区工作者很容易理解其他民族文化，但仍有 28% 的社区工作者认为其他民族文化难理解；在与社区内其他民族的交往中，大多数社区工作者均不认为"与他人相

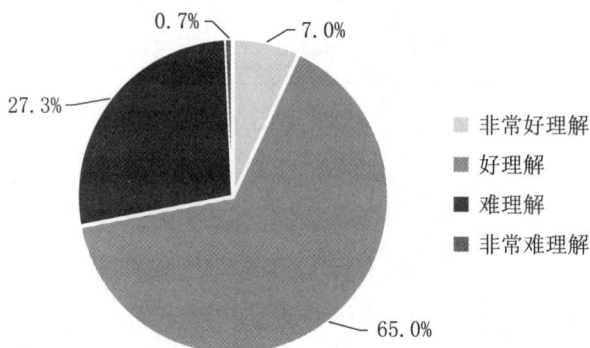

图 5—10　社区工作者对其他民族文化的理解能力

处困难",并表示"能与社区内的其他民族友好相处";大多数社区工作者能很好地理解并尊重各民族的文化差异,并能很好地发挥社区工作者的带头人作用,引导社区人员欣赏其他民族文化。在调查中,社区工作者的多元文化互动能力整体较好,但由于大多数社区工作者工作年限较长,且超过半数社区工作者是少数民族,对自身文化有其保守性,对其他民族文化的学习会有些许困难,因此,社区工作人员的选用应当更加年轻化,注重考察其社会能力的发展。

综上所述,社区工作者多元文化互动素养状况整体良好,其人员以中年为主,且大多为女性,对事物的接受能力较强,能积极主动地去了解其他民族的文化,对其他民族的文化持欣赏态度,并能尊重和理解其他民族文化。但由于大多数社区工作者的工作年限较长,在对一些新事物的了解上有其保守性,所以,对社区工作者也应实施知识更新教育,让多元文化走进社区,同时也应注重对汉族社区工作者的多元文化互动教育。

第三节　多元文化互动的目标、内容和方法

多元文化互动涉及多个方面,但核心却是互动的目标指向、承载目标的内容构架及其内涵的价值取向,以及达成目标、适合内容的实施方法和路径。

清晰的多元文化互动目标，明确具体的内容体系，灵活多样、行之有效的实践方式，能够使多元文化互动取得事半功倍的效果，进而促进多元文化的交流、融合与创新，推动边疆民族团结进步、社会稳定、经济发展、文化繁荣。因此，客观把握当前边疆地区多元文化互动的目标、内容和方法就显得十分必要。为此，我们在四县市开展问卷调查、参与式观察和深度访谈，以期获得对当前基本状况的客观认识。

一、多元文化互动主体对多元文化互动目标的认识较明晰

多元文化互动主体对多元文化互动目标的认识，在一定程度上影响多元文化互动的内容和方法。为了更好地了解多元文化互动主体对多元文化互动目标的认识，我们把多元文化互动目标分为宏观目标和微观目标两个方面——宏观目标是指多元文化互动应该达到的总体的、终极的目标，微观目标则指多元文化互动应该达到的具体的、阶段性的目标。调查发现，当前四县市多元文化互动主体对多元文化互动目标的认识较明晰，但不同主体间存在差异。

（一）多元文化互动主体对多元文化互动宏观目标的认识较明确

问卷调查表明，边疆地区多元文化互动主体——学生、教师、家长、村民和社区工作者对多元文化互动宏观目标均有正面的、积极的认识，但由于各主体社会角色、工作性质、认知水平、生活方式等方面的差异，致使不同主体在多元文化互动宏观目标选择上有所不同，呈现出目标多元、侧重点各异的特点。

1.学生对多元文化互动宏观目标的认识

如图 5-11 所示，边疆地区学生对多元文化互动宏观目标的认识呈现出以下特征：一是总体积极向上。四县市均有一半左右的学生对四个选项持肯定的态度。二是更倾向于多元文化互动的国家、民族价值。在四个选项中占比最高的为"继承和发扬少数民族的优秀文化遗产，丰富中华文化宝库，为中华民族的伟大复兴作出贡献"，其次是"唤起主体民族对少数民族优秀文化保护的意识，减少甚至消除对少数民族的偏见或歧视"。三是认同多元文化互动对群体和个人的意义，即"帮助少数民族成员提高适应现代社会的能力，以实

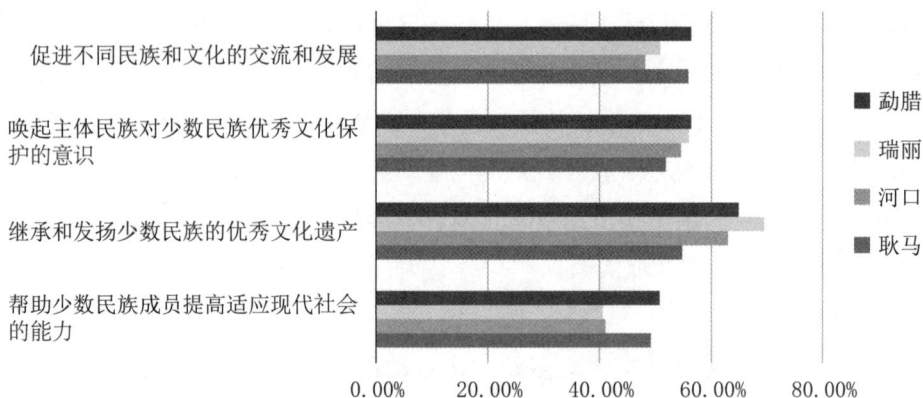

图5-11 四县市学生对多元文化互动宏观目标的认识

现个人的最大发展"。另有近50%的学生认为，多元文化互动有利于促进不同民族和文化的交流和发展。由此说明，当前边疆地区的学生对多元文化互动宏观目标具有较正确且清晰的认识。

2. 教师对多元文化互动宏观目标的认识

如图5-12所示，四县市教师在多元文化互动宏观目标的认识上并没有太大的区别，总体持有积极、正向的目标认识；约有84.0%的教师把"继承和发扬少数民族的优秀文化遗产，实现中华民族伟大复兴"作为最重要的目标。由此可见，四县市教师对多元文化互动目标的认识较清晰，并能立足于国家视角，从宏观层面考虑多元文化的目标。

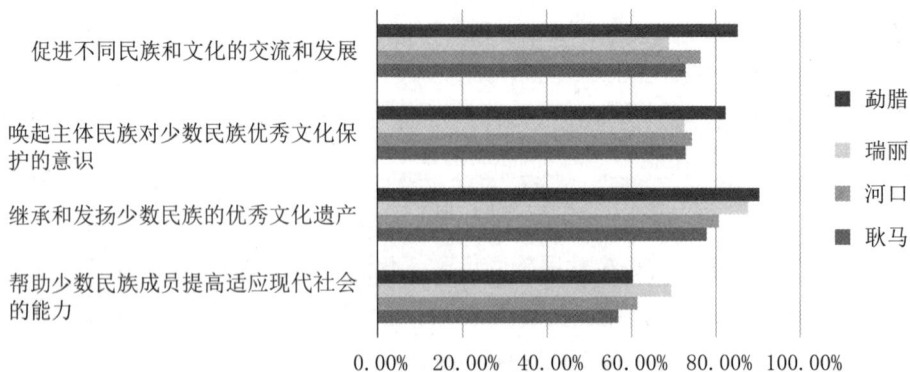

图5-12 四县市教师对多元文化互动宏观目标的认识

3. 家长和村民对多元文化互动宏观目标的认识

从图 5-13 可以看出，四县市家长和村民对多元文化互动宏观目标的认识既有共性又存在差异。首先，在四县市的家长和村民中，认可度较高的两个目标均是"增进民族间的交流和团结"和"集中展示少数民族节日风俗"，认可度较低的两个目标均是"满足村民情感、娱乐等需要"和"增强民族凝聚力"。这反映出四县市大多数的家长和村民对多元文化互动宏观目标的认识主要着眼于各民族间的良好关系和民族节日、风俗的传承，而较少简单着眼于满足村民需要这样的实际目标，也较少着眼于增强民族凝聚力这样的远大目标。其次，从四县市各自在四个选项上的占比来看，河口县和瑞丽市的比例要明显低于耿马县和勐腊县，特别是在"满足村民情感、娱乐等需要"和"增强民族凝聚力"两个选项上，二者的占比均不足 50%。这反映出四县市家长和村民在多元文化互动宏观目标的认识方面存在地区差异。整体来看，河口县和瑞丽市的家长和村民对多元文化互动宏观目标的认可度相对低一些。

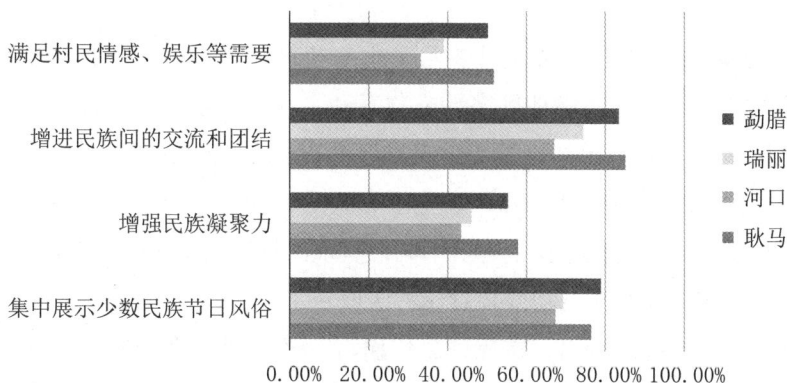

图 5-13　家长和村民对多元文化互动宏观目标的认识

4. 社区工作者对多元文化互动宏观目标的认识

从图 5-14 可以看出，首先，尽管地区间、选项间存在一定的差异，但总体而言，社区工作者对多元文化互动宏观目标的认识明显高于学生和教师。其次，社区工作者最看重多元文化互动在促进文化和谐、民族团结方面的价值和作用。分别有 83.9% 和 83.2% 的社区工作者认为，多元文化互动的目的在于"增强民族凝聚力"和"增进民族间的交流和团结";79.7%的社区工作者认为是"集中展示少数民族优秀传统文化,传承民族文化"。再次,仅有52.4%的社区工作者认为,多元文化互动的目的是"满足各民族人民情感、娱乐等方面的需要"。总体而言,这些数据较客观地反映出社区工作者作为国家公务人员的工作性质和社会职责,说明其具有更强烈的国家意识和民族意识。

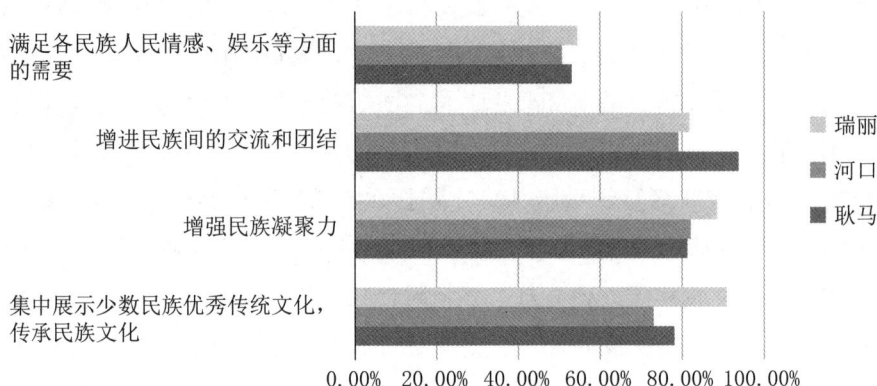

图 5-14 三县市社区工作者对多元文化互动宏观目标的认识

（二）多元文化互动主体对多元文化互动微观目标的认识较清晰

问卷调查显示,边疆地区多元文化互动主体——学生、教师、家长和村民、社区工作者对多元文化互动微观目标都有正面的、积极的认识,但由于社会角色、工作性质、认知水平、生活方式等方面的差异,导致不同主体在多元文化互动微观目标选择上有所不同,呈现出目标认识多样的特点。

1.学生对多元文化互动微观目标的认识

从图 5-15 可以看出,首先,总体而言,学生对于多元文化互动微观目标的认识各不相同,但仍有共同之处——38.8%的学生认为多元文化互动的目标在于"学习中华民族及其他民族的文化知识",以增强不同民族间的文化交流和理解。其次,25.7%的学生把"与其他民族的同学和睦相处"作为多元文化互动的目标。再次,有12.2%的学生把"更好地传承本民族文化""借鉴优秀文化"作为多元文化互动的目标。相对上述多元文化互动微观目标而言,以"方便长大后做生意"和"为了应付考试"这样以自身利益和为个体服务为目标的学生个体占比较低,仅占全部被调查学生的6.4%。这些数据表明，边疆地区学生对于多元文化互动微观目标的认识总体是积极、正面的，说明学生能从国家、民族的大局来看待多元文化互动的价值。

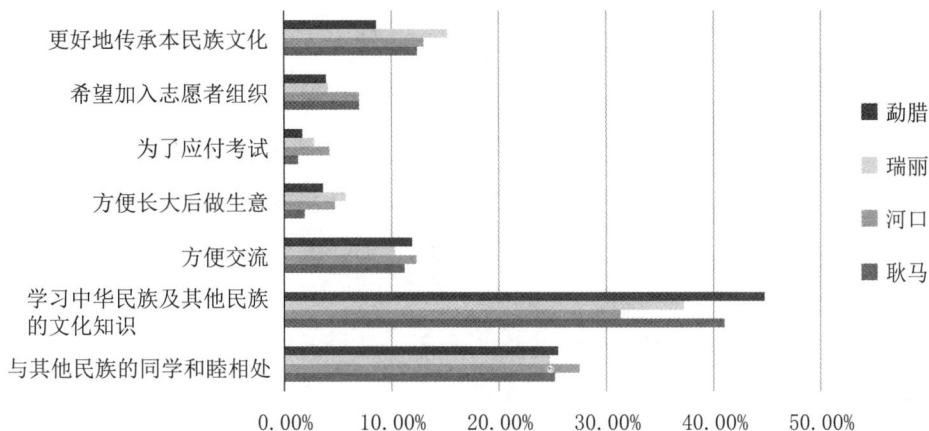

图 5—15 四县市学生对多元文化互动微观目标的认识

2. 教师对多元文化互动微观目标的认识

如图 5—16 所示，四县市教师对多元文化互动微观目标的认识大体一致，81.0% 的教师认为多元文化互动的目标是"帮助学生更加了解本民族文化以及其他民族的文化知识"，增加同学间的理解。相对其他多元文化互动目标而言，教师更加关注通过多元文化互动促进不同民族学生之间的理解和包容，增强学生的民族文化认同感和自信心。此外，80.9% 的教师希望能够"提高

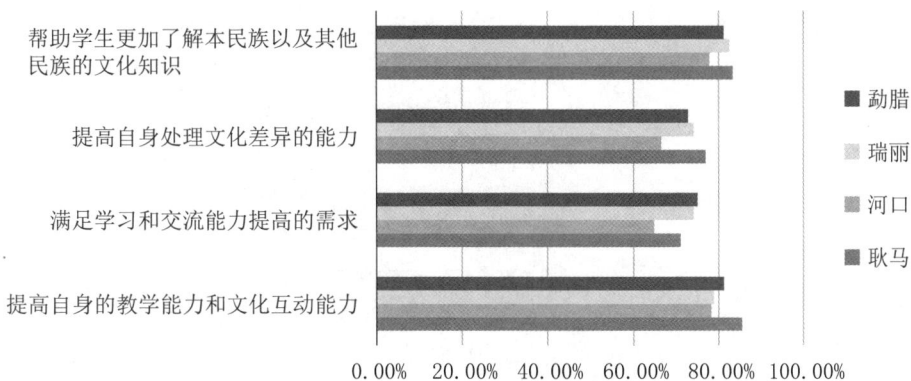

图 5—16 四县市教师对多元文化互动微观目标的认识

自身的教学能力和文化互动能力"，增强自身的多元文化素养。总体而言，边疆地区的教师能够正确认识多元文化互动微观目标，而且在关注学生发展的同时不忘提升自身综合能力，具有鲜明的职业特征。

这在我们对教师的访谈中也得到很好的证明。例如，瑞丽市民族中学 Z 老师就认为：

> 我们教师希望通过开展多元文化互动，提高自身的教学能力和文化互动能力，帮助学生多学习各少数民族的文化知识，让学生在进入主流社会后也可以有自身的独特性。（F-Z-16/05/26）

又如，勐腊县瑶乡中学 D 老师认为：

> 我们教师就是希望在进行多元文化活动时，可以提高自身处理文化差异的能力，解决各民族学生之间存在的文化冲突与隔阂。（F-D-17/04/06）

教书育人是教师的职责所在，教师能够从这样的高度来看待多元文化互动的价值和意义，无疑会大大推动边疆地区学校开展多元文化教育、促进学生多元文化发展。

3.家长和村民对多元文化互动微观目标的认识

图 5-17 表明，首先，四县市家长和村民在多元文化互动微观目标的认识方面并没有太大的差异，总体认识正确，态度积极正向。其次，家长和村民最看重多元文化互动的个体价值。与学生和教师不同，家长和村民更希望

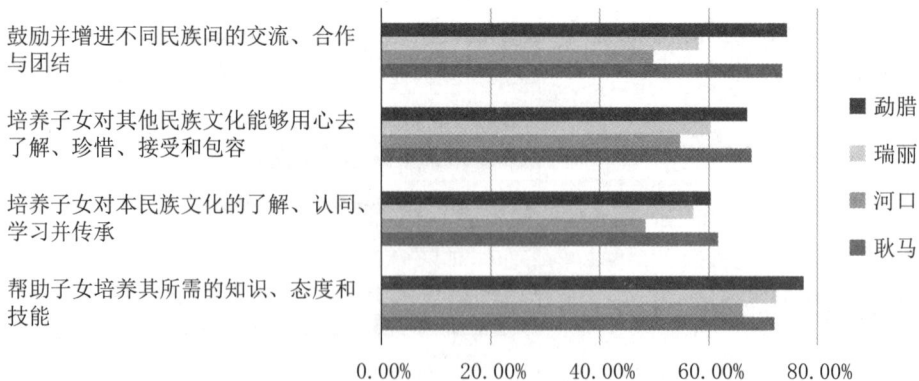

图5-17　四县市家长和村民对多元文化互动微观目标的认识

通过多元文化互动帮助孩子在将来更好地融入社会。再次，家长和村民重视不同民族文化交流。64.8% 的家长和村民认为，多元文化互动的目的在于增进不同民族文化的理解和包容，"鼓励并增进不同民族间的交流、合作与团结"。最后，虽然在四个选项中"培养子女对本民族文化的了解、认同、学习并传承"占比最低，但仍有 57.2% 的家长和村民认为，多元文化互动的目的在于认同、传承本民族的文化。

访谈调查也证实了这一点。例如，耿马县 S 村的一位家长在访谈中表示：

我虽然无法用学术性语言表达多元文化互动是什么，但是在日常生活中我想让孩子多学习一些其他民族的语言和文字，多了解一些其他民族的饮食文化和建筑风格。（F-S-16/09/29）

又如，勐腊县 L 村的一位村民认为：

生活在多民族聚居的村寨，如果不让子女学习和了解点其他民族的语言、歌舞、宗教活动之类的知识，出去会被别人笑话的。你知道其他民族的文化，别人也愿意了解你的民族，大家相互学习。（F-S-18/07/27）

由此可以看出，边疆地区的家长对多元文化互动目标的认识从自身需求出发，立足于实际，朴实、真挚而又贴近生活。

4. 社区工作者对多元文化互动微观目标的认识

我们的调查发现，作为政府管理和服务体系最基层的边疆社区工作者，大多能够比较准确地把握多元文化互动微观目标，而且能自觉地将其融入自己的日常工作之中，以互动目标为导向解决实际问题。例如，勐腊县一位社区工作者在访谈中表示：

当社区内不同民族出现矛盾时，我们会统一开会解决，不是单凭个人一己之力或单凭个人的偏好解决问题。我们会把各民族的文化、知识、习俗等都考虑在内。每当举行民族节日时，都会组织各民族成员一起参加，增加各民族交流。（F-M-17/04/15）

河口县 Y 乡书记更具有代表性，他的管理理念中就融入了对多元文化互动目标的理解：

在 Y 乡生活着不同的民族，尽管瑶族是主体民族，但是也不能忽视其他较少民族。开展民族活动时，既要有瑶族同胞，也要有其他民族同胞。唯有如此，大家才会团结，社区才更易管理，社会才能安定。（F-Y-17/04/15）

由此可见，边疆社区工作者能够把多元文化互动微观目标同自己的实际工作相结合，以增进对多元文化的理解和包容，减少不同民族间的冲突与摩擦，同时，把社区发展繁荣、村寨邻里和睦、家庭和谐相处作为具体的目标。

综上所述，边疆地区不同群体和个体的多元文化互动目标既有共性又有差异。其一，学生、教师、家长和村民、社区工作者总体对多元文化互动目标有正确的认识，希望通过多元文化互动实现不同民族文化之间的相互交流、彼此尊重，以促进社区发展、边疆稳定。其二，多元文化互动主体因其职业、身份、教育水平、生活环境等差异，导致对多元文化互动目标认识的差异。尽管不同主体对多元文化互动的认识不同，但大多是从其工作、学习、生活实际出发选择多元文化互动的价值取向。其三，值得提出的是，绝大多数被调查者能够把自己对多元文化互动目标的认识和理解与实际生活结合起来，以解决面对的问题。

二、多元文化互动的内容较丰富

正确的多元文化互动目标指导着多元文化互动内容的选择。学生、教师、家长和村民、社区工作者等多元文化互动主体对多元文化互动目标的认识在一定程度上决定了多元文化互动内容的选择。调查表明，四县市的多元文化互动内容以各民族的衣食住行、艺术体育、民族节庆等活动为重点，彰显其地域民族文化，贴近生活、颇具特色。

（一）反映物质文化与非物质文化内容

民族文化包括物质文化和非物质文化。其中饮食、服饰、建筑、交通、生产工具等属于物质文化，语言、文字、文学、艺术、道德、礼仪、节日、传统属于非物质文化。四县市的多元文化互动内容包括各民族丰富多彩的物质文化与非物质文化。

1. 物质文化

首先是饮食文化。每个民族都有自己的饮食习惯。耿马县的佤族好酒；

相对而言，河口县的瑶族嗜咸；瑞丽市的德昂族喜欢浓茶；以傣族为世居民族的勐腊县饮食多以酸、辣为主。在独特的饮食习惯背后，是不同民族、不同地域的饮食文化。实地调查表明，四县市的初中、小学和幼儿园都把饮食文化作为民族文化传承与交流的重要内容，每年都会举行特色民族美食展览、美食节、美食街等活动。尽管各学校开展活动的形式不同、内容各异，但其主题都是各具特色的美食，让学生通过美食来了解不同地域的饮食文化。例如，瑞丽市的 M 小学，每年五月都会举办校园美食节活动（如图 5-18 所示）。活动以班级为单位，按照民族分为不同的小组，各小组制作出本民族最具代表性的特色菜，随后各小组之间轮流品尝，选出最佳小组，参加学校比赛。此外，美食节活动还会邀请家长一起参加，由家长动手制作当地民族具有代表性的美食，如傣族的手抓饭、德昂族的浓茶等。M 小学利用校园美食节活动，不仅提高了学生参与的积极性，更加深了学生对民族饮食文化的理解，增强了学生的民族认同与自豪感。

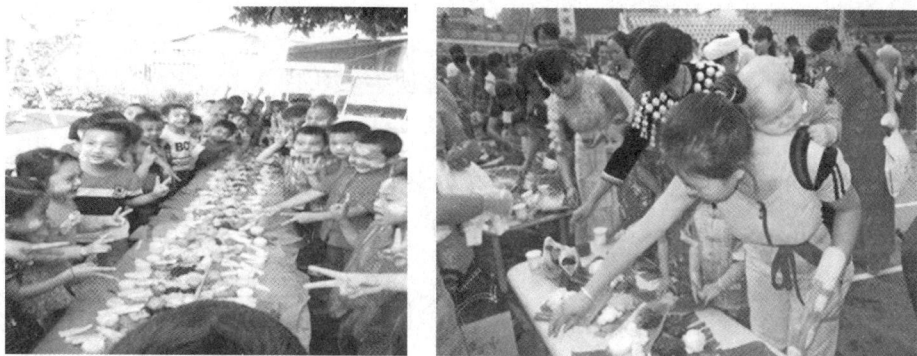

图 5-18 瑞丽市 M 小学一年一度的美食节

其次是服饰文化。服饰是一个民族显著的外在特征，是民族间相互了解最直观的方式。四县市均为多民族聚居地区，各民族服饰特色鲜明、五彩缤纷。这些极具民族特色的服饰大都是由村寨中的村民自己缝制的，瑞丽市一位德昂族的家长就强调：

　　家庭中的父辈们还保留着德昂族传统的刺绣等手工技艺，并且现在自己穿的衣服也是亲自绣的。（F-R-17/05/23）

正是看到了民族服饰蕴含的重要文化元素，现在许多学校已经把展示、了解和学习民族服饰作为一项重要的多元文化教育内容，融入学校的日常活动、节庆活动之中。

第三是建筑文化。边疆地区村寨中的建筑大都依据本民族世居习俗、宗教信仰而建。例如，瑞丽市以傣族和景颇族为世居民族，为此，建筑多是竹楼。另因傣族信奉佛教，建筑较多偏金字塔形状。河口县以瑶族为主，住房多采用"人"字形棚居建筑式样。我们不仅可以在村寨中看到形式各样的房屋建筑，也可以在学校美术课上欣赏各民族不同的建筑。课堂上，教师会向学生介绍当地不同类型的民族建筑，还会播放视频让学生欣赏不同民族建造房屋的过程。访谈中，我们曾经和河口县 Z 学校的教师探讨过如何在教学中体现民族特色的问题，他说道：

> 开始时我们给学生介绍当地的建筑、服饰、饮食并没有考虑太多，后来学生自己在学习中慢慢有所感悟，喜欢自己民族特色的文化，我们老师才留心并在课堂上讲解更多关于民族物质文化的知识。（F-H-17/05/24）

显然，建筑中的民族文化不仅可以促使学生在日常生活中得到感悟，也可以升华学生的民族情感。

第四是民族手工艺。民族手工艺是少数民族智慧的结晶，代表了当地浓厚的民族文化。四县市有非常丰富的民族手工艺，如傣族有傣陶、剪纸、竹编、果雕、象脚鼓等，景颇族有挎包、织锦刺绣、景颇刀等，佤族有绘画、雕刻、木鼓等。四县市通过申报、审批，拥有了一批国家级、省级、州市级民族手工艺传承人。欣赏民族手工艺品让人们领略了不同文化的特色，而参与手工艺品的制作则让人体验到创造美的快乐，感受到民族文化的魅力，从而更愿意传承和弘扬民族文化。融展示和学习为一体，重参与和创作过程中的喜悦与体悟，聚校内外资源为学习民族手工艺所用，已经成为边疆地区学校多元文化教育的一大特色。例如，瑞丽市 S 中学致力于培养学生的兴趣爱好，让民族手工艺进校园。该校不仅高薪聘请缅甸果雕师傅以及当地果雕传承人作为兼职教师，而且把活动纳入学校教学计划，定时、定点向学生传授果雕技艺，以培养学生的民族文化情感，丰富学生的课余生活，彰显民族文化的魅力。目前，S 中学已成为国家非物质文化遗产果雕的传承基地（如图 5—19 所示）。

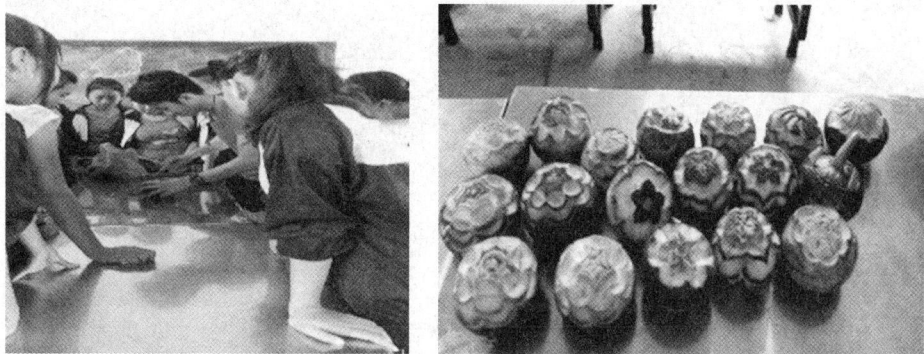

图 5—19　瑞丽市 S 中学果雕手工艺

2. 非物质文化

不同于物质文化，非物质文化如隐性课程一般，无时无刻不在影响着我们。它包括民族艺术活动、民族传统节日及民族语言文化。

第一是艺术活动。调查表明，四县市的社区和家庭都比较重视开展体现民族风情的艺术活动。在耿马县 S 村，家长每天都会利用空闲时间教授孩子打陀螺、刺绣、丢包、吹葫芦丝、拍打象脚鼓等技艺。这一方面丰富了孩子的课余生活，增加了亲子交流时间，另一方面也增强了孩子的民族文化认同感，激发了孩子对民族文化的热爱。河口县居住着瑶族、苗族、壮族、彝族等 24 个民族，每当举行重要活动时，村寨都会敲起鼓唱起歌，其中以瑶族长鼓舞最负盛名。此外，苗族村寨举行婚礼时，都有"抢婚""踩花山"活动。勐腊县 M 镇中心小学每年都会举行"弘扬傣族民族文化系列活动展"，不仅展示傣族织锦、纺棉的过程，还有傣族上庙用的各种纸花的剪法（如图 5—20 所示）。另外，学校会邀请佛寺的僧人教授孩子如何在贝叶上篆刻经文等。多姿多彩、生动活泼的民族艺术活动，深受广大学生的喜爱。在积极参与活动的过程中，他们不仅学到了民族艺术知识、感受到民族文化的内涵，也深深爱上了璀璨的民族艺术。

图 5-20　勐腊县 M 镇中心小学举办"弘扬傣族民族文化系列活动展"

第二是民族节日。民族节日反映了不同民族的价值观念、宗教信仰和文化特征。泼水节是傣族最为隆重的节日。学校通常把泼水节作为多元文化互动的重要内容，在组织校内节庆活动中传承民族文化知识。例如，勐腊县 M 幼儿园组织全园教师和幼儿开展"欢庆泼水节"大型节庆活动。幼儿载歌载舞表演傣族舞蹈、歌曲，动手包泼水粑粑等。教师和幼儿共度佳节，欢聚一堂，让各民族孩子感受民族文化的魅力与风采（如图 5-21 所示）。

图 5-21　勐腊县 M 幼儿园教师和幼儿共度泼水节

盘王节是瑶族最为期待的节日。节日当天，河口县瑶族群众身穿民族服装汇聚在盘王广场，欢庆这一重大节日。苗族、汉族、壮族等同胞也会加入其中，共同感受瑶族文化的魅力，分享瑶族人民的喜悦。河口县大瑶乡的学校不仅组织校内的庆祝活动，还与社区紧密合作，以多种形式参与县政府在当地盘王广场举办的大型庆祝活动。每年佤历的七月，也就是公历的五月是佤族同胞为庆祝青苗成长而举行的祭祀活动——青苗节。举办多种形式的青苗节活动，已成为耿马县多所学校的传统，让不同民族的学生通过参与活动分享节日的喜悦，感悟节日的意义，学会理解、尊重、学习和吸取不同的民族文化。

调查结果表明，四县市学校以民族节庆作为多元文化互动重要内容的状况如下：在问及"你最想参与学校组织的哪个非物质文化传承活动"时，有37.9%的学生表示是"本地民族的节庆活动"或"中华民族的传统节庆活动"；在问及"在民族文化活动中您组织最多的关于其他民族文化的内容是什么"时，有65.9%的教师明确表示是"传统节日"；在村落中有67.8%的村民表示"我参加过其他民族的传统节庆活动"。由此可以看出，在许多学生、教师和村民看来，民族传统节日是民族文化的重要体现，是民族文化得以延续的重要载体。边疆地区丰富多彩、形式各异的节庆活动，不仅有助于各族人民体悟各民族文化的博大精深，更有助于增强民族间的交往与互动。

第三是语言文化。我们问卷调查的结果表明，语言文化在边疆地区的多元文化互动中具有重要的作用。在回答"参加过的非物质文化传承活动有哪些"时，四县市约有一半的受访者表示"我学习过其他民族的语言"，耿马、河口、瑞丽、勐腊四县市的占比分别为43.4%、52.1%、49.8%和55.0%。边疆地区的民众重视并愿意学习其他民族语言，不仅受其生活环境的影响，也是不同文化交流的需要。例如，我们调查的许多村寨、家庭就由多个民族组成，形成了嵌入式的民族文化生态圈。生活在这种自然的民族文化生态中的人，尤其是孩子，从小耳濡目染，习得了多种民族语言，沉浸于多种民族文化，萌生了文化和谐的种子。学校则扩大了语言交流的范围，将语言文化的学习系统化。

语言文化的学习，不仅包括少数民族语言的学习，也涉及汉语言文字的学习。尤其是对于汉语水平有限的少数民族而言，加强汉语学习是其融入现代社会，实现可持续发展的重要内容。例如，近年来，为实现"直过民族"脱贫攻坚的发展目标，国家大力推进通用语言文字普及推广工作。通用语言文字普及、推广工作由相关县市的教育局、民宗局共同主持，由学校教师任教，在"直过民族"聚居的村民小组，以送教上门的方式进行。2017年4月

6日—30日，我们有幸部分参加了勐腊县在回绕、南歪、南欠等7个"直过民族"村民小组开展的通用语言文字普及推广活动。尽管教学现场条件有限，但村民们学习的热情、认真的态度却深深打动了我们。

语言文化的学习，离不开教育场域。我们的调查发现，边疆地区的学校大都把民族语言文化的学习作为多元文化教育的内容，并以多种形式开展活动，如开设民族语言兴趣班、语言学习兴趣小组，在课堂教学中渗透民族语言，通过民族歌曲、民间故事、寓言传说学习民族语言，等等。家庭也是语言学习的重要场域，父母、长辈是民族语言教育最好的老师。例如，我们调查的耿马县W家就是一个家庭民族语言教育的典型。W家庭人口众多，民族构成复杂，祖父是普米族，祖母是傣族，母亲是佤族，姑父是纳西族，还有汉族、彝族等民族。在日常生活中，家庭成员用多种民族语言交流，孩子则每时每刻受到多种民族语言熏陶，不仅学会了不同的民族语言，更把民族文化烙印在心间。

民族文化如同一本鲜活的历史课本，而人们的日常生活不断为其增添内容。无论是物质文化中的饮食、服饰、建筑、民族手工艺，还是非物质文化中的语言、文字、节庆活动，都在点滴生活中深刻影响着边疆地区少数民族的生存与发展。实际上，一个民族的文化不是通过简单地参加节庆活动或单纯地学习民族语言文字就可以体悟，而是要在日常的衣食住行、宗教信仰、民族节庆等活动中逐渐理解和顿悟。正是有了这样的认识，边疆地区的多元文化互动不仅内容丰富多彩，而且充满民族和乡土气息，贴近生活。

（二）彰显边疆民族地域特色

1.以规范行为、尊敬长辈为重点的道德教育

培养良好的行为习惯、遵守社会规范和约束、尊重长辈孝敬老人是中华民族的传统美德，也是边疆各族人民共同的行为规范。在四县市的调研中我们看到，无论是学校、家庭、社区（或乡镇）还是村落，无论在课堂、佛堂还是教堂，无论节庆的盛典还是日常的生活，都渗透着传统道德教育的内容。养成良好的行为习惯、铭记家训祖训、遵守乡规民约、恪守民族宗教禁忌；尊重长辈、孝敬老人，与人为善、家庭和睦、邻里和谐、民族团结；勤劳勇敢、诚信朴实、善恶有别、崇善抑恶；天人合一、崇尚自然、爱护环境

等诸多方面的传统道德规范，已经成为多元文化互动、多元文化教育的共同内容。

在瑞丽市位于国境线畔的弄岛镇二队，我们有幸全程参与了村委会组织的重阳节活动，目睹了各族人民对长辈的尊重、对老人的关爱，以及社会各界对敬老节的重视。参加敬老节的不仅包括全寨 60 岁以上的老人，村委会全体工作人员，村民小组的代表，而且镇政府各部门负责人，镇中心学校、中小学、幼儿园负责人，甚至周边其他村寨的代表都应邀参加庆祝活动。各民族的老人们，尤其是 80 岁以上高龄的老人们端坐前排，观赏充满民族情调、感恩长辈的歌舞、曲艺表演，接受大家深深的祝福。在调研中我们看到，类似的情景在不同地域、不同民族、不同村寨、不同家庭的大小活动中多次出现。可见，尊敬长辈、关爱老人作为中华民族的传统美德已经深深地融入各族人民的血液之中，并转化为自觉行动。

2. 以中华文化为基础的中华民族认同教育

云南边疆地区大多自然条件恶劣，交通不便，基础设施落后，经济发展滞后；多民族聚居、文化多元、宗教信仰多样；远离国家政治、经济、文化教育中心，毗邻国家情况复杂、跨境民族众多，极易受到境外负面因素的影响、干扰与侵蚀。正是由于这些特征，云南边疆地区各级各类学校、社区（或乡镇）、村落和家庭都非常重视在多元文化互动中融入中华民族认同的相关内容，强化中华民族"多元一体""一族多群"[①] 意识。我们调研的四县市均广泛开展民族团结教育，旨在树立中华民族多元一体的整体观念，形成"你中有我、我中有你"、中华民族一家亲的思想意识，增强中华民族认同。

中华文化认同是中华民族认同的基础，是凝聚各族人民的情感纽带和心灵归宿。边疆地区把中华文化认同作为多元文化教育的核心内容并予以高度重视。调查中我们发现，在国门学校、边寨村落、城乡社区、边境口岸、边防哨所，人们以各种方式通过多种途径传承与弘扬中华文化，播撒文化和谐的种子，筑牢文化认同的根基。其内容非常丰富，主要包括传承中华传统美德、学习中华传统艺术、感悟中华文化的博大精深；挖掘并弘扬当地少数民

---

① 周平：《中华民族：中华现代国家的基石》，《政治学研究》2015 年第 4 期。

族文化，让中华文化之树根深叶茂；学习中华文化知识，增强情感认同，培养行为规范；了解中华文化对毗邻国家、对世界的影响，增强文化自信和自豪等。

3. 以爱国主义为核心的国家认同教育

边疆的特殊地理位置、民族人口构成、边疆发展的历史和文化变迁，以及当前边疆在国家发展战略中地位由边缘走向前沿的客观事实，使加强国家认同成为多元文化教育的重要内容。四县市的许多乡镇、村寨都紧邻国境线，"一寨两国""一井两国"，村寨、农田、学校毗邻或嵌入在国外的情况较多，也不乏同一民族、同一家族成员跨境而居的情况，加之跨国婚姻日益增多，两国甚至多国人员来往密切、交流频繁。这些现象的普遍存在，不仅增加了边疆安全的隐患，而且使一些民众形成了"族群"大于"国家"的认识误区，因此强化国家认同不仅必要而且紧迫。

四县市的爱国主义教育主要包括以下内容：一是历史上各民族抗击外国侵略者、维护祖国统一的爱国主义壮举。例如，抗日战争时期，景颇族人民积极参加游击队打击日本侵略者，瑞丽户瓦景颇山成为日军始终无法占领的坚强堡垒。[①] 又如，抗日战争时期，佤族和各族人民组织耿马沧源支队、阿佤山区游击支队等游击队与侵略者展开武装斗争。1944 年，各族人民又配合抗日部队收复失地，将日军驱逐出孟定，为捍卫祖国的领土完整和统一作出了重大贡献。[②] 二是当代各族人民保家卫国、维护边境稳定的英雄、模范和典型事例。例如，在对越自卫反击战中为维护国家主权、边疆各族人民生命安全和财产作出牺牲和重大奉献的解放军指战员和舍小家为大家的当地支前民兵和各族群众的感人事例；边防哨所、武警、公安干警等为保卫边疆安全与发展，保卫各族人民群众生命、财产作出的重要贡献和默默奉献的事例，等等。三是用家乡的巨大变迁，城市、乡村的进步和发展，家庭生活的逐步富裕，各族群众获得感、幸福感的增强，边疆社会稳定，日益走向繁荣、开放和现代化的鲜活事实，尤其是通过家乡的今昔对比、与毗邻国家的对比，增强人

---

① 申旭、刘稚：《中国西南与东南亚的跨境民族》，云南民族出版社 1988 年版，第 293 页。

② 云南省勐腊县志编纂委员会：《勐腊县志》，云南人民出版社 1994 年版，第 78 页。

们对家乡、对祖国的热爱。四是通过改革开放以来，尤其是党的十八大以来我国在经济社会、科学技术、文化体育、基础设施建设、脱贫攻坚等各方面取得的巨大成就，国家日益强大、国际地位的显著提升，中华民族伟大复兴中国梦正在实现等数据、案例和客观事实，激发边民强烈的爱国主义、民族自豪感和国家认同感。

总之，四县市的爱国主义教育内容丰富、具体、鲜活、生动，具有强烈的榜样示范作用和感召力，因而成为边疆地区强化国家认同的核心内容和重要抓手。

4. 以禁毒、防艾为重点的边疆安全教育

云南边境线漫长，口岸、通道尤其是民间通道众多，给边疆地区带来诸多直接和潜在的安全隐患和社会问题。近年来，贩毒、吸毒、艾滋病、走私问题突出，给社会带来许多负面影响。在调查中我们看到，由于贩毒、吸毒、艾滋病等问题导致家破人亡、村寨破落、民族衰败的现象；一些青少年被引诱沦为走私贩子的"小弟"；学校周边环境恶劣，校长、教师、家长无力整治。这些问题已经危及边疆地区的社会稳定、经济发展和民族进步。

各级政府和社会各界高度关注边疆地区的上述问题，并积极采取多种措施加以应对、预防和解决。学校作为教育的主阵地，发挥了重要的作用并逐步形成了以禁毒、防艾为重点的边疆安全教育内容体系。例如，学校通过广泛的宣传和较系统的学习国家有关法律法规，了解毒品、艾滋病的危害和防范措施；以身边的典型案例、当事人的现身说法，唤醒学生的自我防范意识，增强抵御的能力。又如，学校与社区、村落、家长合作，建立紧密的教育、预防、监督体系，构建良好的教育生态，保障学生的健康发展。再如，学校与边防检查站、派出所合作，邀请武警和公安干警到学校，或是把学生带到国门口岸、边防哨所，了解边境沿线形势的复杂，反侵蚀、反渗透、反分裂、反毒品、反走私等方面斗争的艰巨，学习战斗在第一线的英雄、模范的感人事迹，激发学生自觉维护边疆安全的意愿。

三、多元文化互动的方法较灵活

多元文化互动的方法，即为达到多元文化互动的目的，针对不同的互动场域、互动内容、互动形式，以及参与互动主体而采取的方式和路径。边疆地区多元文化互动可以在多个场域展开，其中，家庭、学校、社区是最重要的场域。我们通过调查发现，四县市的三个场域特点不同，多元文化互动的目标和内容既有共性也有一定差异，但在实施的方法上却有不少共同之处。总体而言，多元文化互动的方法较灵活多样，针对性较强。

（一）开发特色乡土课程，注重课堂教学渗透

乡土课程核心在于"乡土"二字，乡土并非仅指城市以外的某个地方，这里面还包含其他丰富的内容。有学者指出："乡土不是固定的，而应是动态的，它包含多个维度，随着一个人居住的环境和成长的过程而变化不定。"① 边疆地区开发乡土课程主要是指以民族文化资源为载体，探寻和挖掘反映学生心理且带有积极意义的教育内容。

1. 以课程为媒介增强民族情感

自 2001 年起，国家不断进行课程改革，其目的是发挥教育功能，实现文化的传承与创新，形成国家、地方和校本三级课程体系。边疆地区的学校充分利用不同类型的课程，传承民族文化，增强学生的民族情感。首先，通过国家课程，了解中华民族的整体风貌。按照国家相关规定，在少数民族地区开设民族团结教育课程，保证每学年有 10—12 个学时。为此，四县市的学校积极开设民族团结教育课程，并保证足够的学时。例如，在小学三、四年级开设"中华大家庭"课程，在五、六年级开设"民族常识"等国家课程，让学生了解中华民族大家庭 56 个民族的基本情况和主要特征。其次，通过地方课程，了解云南省的省情和特色。云南省根据各地区经济、文化发展状况及未来社会的发展需求编制了一套义务教育地方课程，其中包括"动物王国""游走彩云南""童眼看云南"和"三生教育"。除此之外，四县市还编制了适合本地区发展的地方课程。例如，勐腊县 M 小学编制了有关安全教育的课程。这些课程大都选取真实发生的事件，一定程度上加深了学生对生活的认识，同时体现了课程的针对性。第三，通过校本课程，了解家乡、热爱家乡。作为延续乡土文化的重要载体，校本课程最能反映当地的民族文化，最

---

① 黄浩森：《乡土课程资源的界定及其开发原则》，《中国教育学刊》2009 年第 1 期。

贴近学生的生活，最容易引起学生的共鸣，更能增强学生的文化认同和文化自信。边疆地区具有多样的民族文化资源，挖掘和利用本土文化资源，开发校本课程已成为四县市各级各类学校开展多元文化互动的重要方法之一。例如，耿马县 D 小学教师自行创编了民族舞蹈课，介绍当地傣族、佤族、景颇族、傈僳族、拉祜族等少数民族舞蹈的基本特征和主要动作。又如，瑞丽县 S 中学编写了学报丛刊系列，每周阅读课发给学生课上、课后阅读，内容包含国家重大事项、乡土民族文化风情和学生的优秀作文节选等。学校以课程的形式整合民族文化资源，并把校本课程纳入学校的课程体系，从而保证了民族文化在课内、课外的学习。

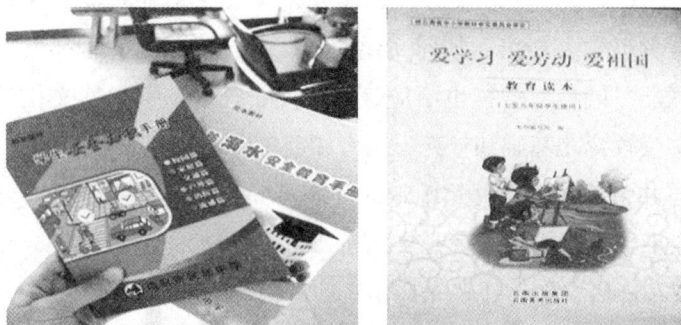

图 5-22　瑞丽市 M 中学选用的地方教材和校本教材

图 5-23　勐腊县 M 镇中心小学选用的地方教材和校本教材

2. 以学科教材为渠道渗透民族文化教育

教材是文化知识传递的重要载体，同时也是学校进行多元文化教育的重要路径。实际上，在许多学科教材中都蕴含丰富的多元文化互动内容。例如，语文教材中的民族节日、思想品德教材中的爱国主义、美术教材中的民族手工艺、音乐教材中的民歌民谣等，无不彰显了文化的多样性和丰富性。我们在调查中看到，边疆地区的学校非常注重把具有地方特色的民族文化资源融入学科教材和课堂教学之中。例如，耿马县 M 中学在语文、思想品德、历史课的教学中，会把中华民族传统文化、爱国主义教育与当地的历史、文化和传统结合起来；瑞丽市 S 中学教师在讲解有关泼水节的内容时，请学生身穿傣族服饰感受泼水的仪式；勐腊县 C 小学在手工课上，会邀请村寨的果雕、刺绣、剪纸的传承人进校教授学生手工技艺。此外，许多学校已经把丢沙包、打陀螺等极具地方特色的少数民族传统体育项目引入体育课的教学活动之中。

（二）搭建合作、交流平台，拓展多元文化互动的广度和深度

美国学者奥尔森指出，任何文化的形成都不是单独的，都与当地的文化环境相关联。[①] 同样，学校也不应该是游离于社区、家庭的文化孤岛，家庭和社区是学校教育的基础和补充，三者相互依存、相互影响，形成文化互动、文化共生与共荣的共同体。边疆地区开展多元文化互动需要多方合作，搭建良好的交流平台，才能拓展多元文化互动的广度和深度。

1. 学校和社区合作，让多元文化互动"动"起来

学校是民族文化教育的主阵地，学校教育的民族文化传承功能在边疆地区具有重要的、不可或缺的作用。社区不仅蕴藏着丰富的民族文化资源，而且其行政功能有益于组织、调动和整合各种资源，促进多元文化活动的开展。学校和社区各有所长、各有侧重，但具有传承中华民族文化、促进民族团结、边疆发展的共同目标。因此，学校与社区合作已成为边疆地区多元文化互动的重要途径。

四县市的许多学校和社区都能在一定程度上开展合作，促进多元文化互动。例如，河口县 Y 乡的 B 小学已经与社区建立了密切的常态化的联系。每年瑶族的盘王节，B 小学都会组织学生参与社区举办的瑶族祭祀活动，让学生通过亲身经历更加了解仪式的过程，加深对祖先的敬畏之情。又如，勐腊

---

① 顾霁昀：《从"文化孤岛"走向"文化共同体"——学校与社区"教育一体化"的校本探索》，《上海教育科研》2018 年第 4 期。

县 Z 小学每年都会开展民族美食活动，邀请社区负责人和不同民族的家长作为美食活动的评委，品尝和感受不同民族的特色美食，从而加强学校、社区和家庭的文化互动。再如，勐腊县 G 中学与当地文化站紧密合作，每当文化站举行重大活动时，都会邀请学校歌舞表演团队参加表演。此外，学校定期带领学生到社区敬老院，帮助老人打扫卫生、修剪花草等，让学生在实践活动中传承孝敬关爱老人的中华民族传统美德。学校与社区的紧密合作，在我们的问卷调查中也得以印证。当问及"最喜欢哪个方式来参与文化互动"时，有约 1/5 的学生表示最愿意参与"学校与乡镇、村委会共同举办的民族文化活动"。可见，学校与社区合作充满活力，学生在参与多元文化互动中真正"动"了起来，更深切地体会到民族文化的魅力，增强了传承民族文化的责任感和使命感。

2. "警校""佛校"合作，多路径拓展多元文化互动的广度

边境是国家重要的安全防线，关乎国家的稳定与团结。但是，由于边境地区人员构成复杂，经济贸易往来频繁，各种犯罪活动屡禁不止，威胁着当地居民的生命财产安全，进而影响着青少年的健康成长。为增强学生的爱国意识和民族情感，学校不断加强思想教育、爱国主义教育，通过升旗仪式、政治教育等方式，深化爱国主义教育，并与当地多个部门和机构合作，积极探索多元文化互动的新路径。例如，勐腊县 D 小学位于边境地区，人员流动频繁，学生思想意识易受影响。因此，学校积极与当地边防武警合作，每月邀请武警战士进校园给学生宣讲日常的安全知识，并教授学生简单的自卫技巧。学校也会定期带领学生参观军营，让学生直观地了解毒品并告诉他们其中的危害。通过这些实践活动，增强了学生的安全意识。又如，瑞丽市 M 中学根据当地傣族信奉小乘佛教、学校傣族学生众多的状况，与佛学院合作办学，创新了多元文化互动的方式。该校 Z 校长指出：

> M 中学与佛学院合作办学的目标是培养正确爱国爱教的"僧侣"人才，使现代宗教与我国教育的总目标相适宜。积极引导宗教与社会发展相适应，继承和发展传统的傣族佛教文化，有利于促进边疆地区的长治久安。（F-Z-16/12/31）

学校和佛学院之间的合作，不仅丰富了多元文化互动的方法和路径，而

且拓展了互动的广度和深度，取得了 1+1＞2 的效果，受到了家长、社会广泛的好评。

（三）开展民族文化特色活动，提升多元文化互动素养与能力

活动是最能代表和体现一个地区的文化特色和民族风情的一种多元文化互动方式。通过开展丰富多彩、特色鲜明的活动，不仅可以满足不同参与者的需求，也有益于彰显地方文化魅力，打造文化品牌。因此，四县市因地制宜积极探索具有地方特色、适应不同场域的多元文化活动方式，提升多元文化互动的实效性。

1.多姿多彩、活力绽放的校园多元文化活动

学生需要一个合适的舞台，展示自我风采，彰显民族文化。校园文化活动就是放飞学生心灵、彰显学生个性、增强学生多元文化认同、促进学生全面发展的重要途径。边疆地区学校开展校园多样文化活动主要有以下途径：一是组织兴趣小组活动。学校根据学生的兴趣爱好、现实和发展需要，以及当地的民族特色、优势及学校的基础和条件，组织了丰富多样的兴趣小组。例如，民族项目组，下设孔雀舞、象脚舞、木鼓舞、腰鼓、打歌、二胡、架子鼓等兴趣小组；现代项目组，包括篮球、跳棋、写作、阅读、趣味数学、英语等兴趣小组。这样的兴趣小组活动无疑是多元文化教育的主要实践形式，也是开展多元文化教育的重要路径。二是组建各种社团。通过组建各种社团培养学生的兴趣爱好，传承民族文化，提高综合素质，是边境地区中小学普遍的做法。例如，瑞丽市 N 中学就是一个通过社团活动促进学生、教师和学校发展的典型。由于 N 中学紧邻国境线，以傣族为主体的少数民族学生占绝大多数，多年来学生辍学或隐性辍学现象严重。自 2015 年开展社团活动以来，不但留住了学生而且留住了学生的心，实现了学生、教师和学校的共同发展。目前学校已经成立了 19 个社团，逐步形成了"德智体美劳全面发展、特色发展"的培养模式，提高了教师的业务知识水平，同时也提高了学生对学校教育的认同，辍学率由两年前的 20% 左右下降到现在的不到5%。[①] 又如，勐腊县 Y 小学开展丰富多彩的社团活动，组织了葫芦丝、傣语、

---

① 李官、王凌：《中国边境教育安全研究——以云南省为例》，人民出版社 2018 年版，第 264 页。

陶艺、民族歌舞等社团，学生社团秉承"挖掘民族文化内涵，提升学生综合素质，丰富校园文化"的目标，积极学习和传承当地的民族手工艺。该校校长指出：

> 学校每周都会开展各种民族文化兴趣社团活动，形式多样，各具特色。学生的积极性很高，每当开展时，学生都兴高采烈。通过开展这样的活动，激发了学生的学习兴趣和爱好，提高了整体素质，丰富了校园文化活动，使校园充满生机与活力。（F-Y-17/04/05）

三是开办各种学习班、培训班。依托建立在学校中的乡村少年宫，借助乡镇文化馆或凭借学校教师、学生家长的优势和特色，举办各种学习班和培训班，是学校促进多元文化互动的又一途径。例如，耿马县 H 小学，河口县 M 小学，瑞丽市 C 小学、M 中学、N 中学，勐腊县 Y 小学、Z 中学等学校，开办了民族手工艺班、民族舞蹈班、民族刺绣班、绘画班、傣语班、老挝语班、民族乐器班、棋类班等学习和培训班。四是在学校常规活动中融入民族文化元素。例如，许多学校把每周一的升旗仪式作为典型的爱国主义教育活动，以站在边境、心向北京、建设边境、繁荣祖国等为活动主题，培养学生的爱国情怀，激发学生对祖国、对民族的感恩之情（如图 5-24 所示）。又如，学校会选择一些热点新闻有针对性地开展主题教育，如诚信教育、民族精神教育、创新精神教育、感恩教育、安全教育、心理健康教育，等等。此外，学校还通过校园文化、班级文化建设，传承与弘扬民族文化，促进多元文化互动与交流。

图 5-24 瑞丽市中小学升旗仪式和民族课间操

2. 特色鲜明、融入生活的社区、村落民族节庆活动

边疆地区的节庆活动，主要包括两大类型，一是当地少数民族的传统节日；二是中华民族的传统节日。由于我国少数民族节日具有浓烈的地方特色，厚重的文化底蕴，独特的活动形式，备受各民族的重视。各民族的传统节日有固定的时间、特别的仪式、多彩的服饰、丰富的美食等，体现了节日的隆重感和仪式感。因此，在边疆地区，民族节日无疑是开展多元文化教育、丰富多元文化教育路径的重要方式。

四县市利用民族节日活动，促进各少数民族认识、了解和感受不同节日的内涵，促进不同民族文化的交流与互动，激发当地各族人民的文化情感、文化自豪感和文化认同感。例如，河口县政府为发扬民族传统文化，全面展示县域内的非物质文化遗产，每年都会在北山明珠广场举行包粽子比赛。各少数民族纷纷展示自己民族的粽子，壮族的粽粑、瑶族的五豆粽、布依族的三角粽，粽子的形状不一、色彩不同，但都承载着自己民族的历史、文化和记忆，都表达着对节日的祝贺，对幸福生活的祈愿。又如，瑞丽市每年都会举办中缅胞波狂欢节。这期间会举办团拜活动、花车巡游、歌舞表演、文艺演出、赶白塔等多项活动。通过举办中缅胞波狂欢节，进一步促进了中缅两国边境地区各族人民的文化交往与交流，进一步加深了两国人民的深厚友谊。再如，村寨举办的民族节庆活动也备受欢迎。每逢重要的民族节庆，各乡镇、各村寨都会举行庆祝活动，不管本乡镇、村寨的主体民族是傣族、佤族、瑶族、拉祜族，还是景颇族、汉族等，不管过的是泼水节、青苗节、盘王节，还是新米节、目瑙纵歌节、火把节、春节，各民族兄弟姐妹欢聚一堂，载歌载舞，共同庆祝。调查表明，有 72.0% 的社区工作者认为受欢迎的文化交流活动是社区和学校联合举办的文化、教育活动，69.2% 的社区工作者认为是放映电影或组织文艺表演、宣传活动，67.8% 的社区工作者认为是组织居民开展传统节庆活动，65.0% 的社区工作者认为是组织社区居民开展的教育和职业技术培训活动。可见，多数社区工作者认为社区举办的文化交流活动受到村民们的好评。

总之，边疆地区多方合作，积极开展特色鲜明的多元文化活动，不仅加强了各民族之间的文化与情感交流，丰富了文化互动的内容，提高了多元文

化素养和互动的能力，而且探索出适应边疆地区发展、边民喜闻乐见、颇具成效的多元文化互动之路。

─────○ 共性与差异：求同存异促多元文化互动发展 ○─────

我国西南边疆各民族文化交流频繁，文化共性明显。对四县市学生、教师、家长和村民、社区工作者四类群体的多元文化互动素养的调查结果显示，不同群体的多元文化互动素养均呈现出积极、正向和共性多，兼有些许差异的特点。同样，对四县市多元文化互动目标、内容和路径的调查也发现，不同主体对多元文化互动的目标认知趋于一致，差异很小；总体积极向上，更倾向于多元文化互动的国家、民族价值等宏观目标，同时兼顾微观、具体的目标，如"帮助少数民族成员提高适应现代社会的能力，以实现个人的最大发展"；多元文化互动的内容和路径呈现出丰富、多元的特点。

调查发现，学生群体的多元文化互动素养在区域、学龄阶段、性别、民族等方面存在显著差异。文化环境、认知水平、性别差异、文化背景等都是影响学生多元文化互动素养的因素。此外，在学校教育中影响学生多元文化互动素养的因素还和学校课程设置、学校对多元文化互动的认识有关。尽管学生的多元文化互动素养有差异，但调查结果显示，大多数学生的多元文化互动素养状况良好，能很好地适应不同的文化。

在边疆多民族地区，学校多元文化互动的关键是教师。学校是不同文化交融、汇聚之处，教师的多元文化素养直接影响学生的多元文化素养。调查发现，教师多元文化互动素养存在年级、民族等方面的差异。区域文化的不同与教学任务及教学压力的不同也是影响教师多元文化素养状况的重要因素。此外，与生长于多元文化环境中的少数民族教师相比，汉族教师的多元文化适应性相对较弱，但由于教师职业需要高度的文化包容性，教师群体整体得分较高。所以，尽管教师之间的多元文化素养有差异，但大多数教师都会采取积极的方式来应对不同的文化环境。

对家长和村民、社区工作者的多元文化素养状况的调查发现，当被问及对其他民族文化的了解以及接受态度时，虽然大多数家长和村民、社区工作者持开放态度，但他们所接受的文化都是世代传承下来的文化，文化的保守性使少数家长和村民、社区工作者不太愿意去了解其他民族文化。与此形成反差的是，大多数家长和村民、社区工作者深深地感受到学习或了解现代文化以及其他少数民族文化在日常生活中所带来的便利与实惠，因此，面对多元文化的碰撞，他们会采取积极主动的态度，既保留自身的传统文化，也积极与其他文化群体进行交流，对多元文化采取积极、开放和接纳的态度，但又略有被动适应的意味。

在多元文化的大环境下，主体的文化适应性与主体的多元文化互动素养有直接的关系。有鉴于此，学生、教师、家长和村民、社区工作者转变多元文化互动观念，提升多元文化互动素养，主动融入多元文化，又发扬本民族的文化特性，提高自身的文化适应性至关重要。主体在面对不同于自身的文化时，应当采取积极的文化应对策略，在将自身文化发扬光大的同时也能积极接受其他的优秀文化，做到兼容并蓄、和而不同，最终实现文化共荣。

通过对四县市多元文化互动目标、内容和路径的调查分析发现，在边疆地区不同民族文化的相互激荡和碰撞中，各地区具有相对明确的多元文化互动目标认识，形成特色鲜明、各有侧重的多元文化互动内容和路径。

第一，云南边疆地区不同群体的多元文化互动目标与当地经济、政治和文化密切相连。国家经济社会的发展需求、民族教育发展的政策方针、多样的民族文化生态、特殊的地域生存环境等因素，促成了总体趋于一致、个别差异并存的多元文化互动目标。无论是学生、教师、家长和村民，还是社区工作者，对多元文化目标的认识都呈现积极向上、关注宏观目标并兼顾微观目标的特点。

第二，多元文化资源是开展多元文化互动的前提和基础。多元文化资源包括物质文化、非物质文化和彰显边疆民族特色的地方文化资源。云南边疆地区具有丰富的多元文化资源，正是由于有了这些文化资源，才使四县市多元文化互动内容丰富多彩、精彩纷呈。从衣食住行到手工技艺，从物质文化到非物质文化，从爱国主义到中华文化、中华民族认同，形成了独具特色的民族文化生态和多元文化互动内容体系。这些源于历史和传统、蕴含于日常生活之中的多元文化资源，为边疆地区的多元文化互动提供了不竭的动力。

　　第三，文化是历史的积淀，是人类的瑰宝。如何传承和发扬多元文化，如何通过合适的路径让多元文化相互交融，扬长避短，相互吸收借鉴，共同繁荣发展是多元文化发展的关键。云南边疆地区囊括不同地域、不同民族的文化，采取合适的多元文化互动路径传承民族文化至关重要。为此，四县市积极探索适应本身历史、文化，发展现状和未来需要的多元文化互动方法和路径，如开发乡土课程、抓住大型民族节日契机、开展特色民族文化活动等，旨在与时俱进，提升多元文化互动的实效性，促进文化的交流与融合、民族的和睦与团结、边疆的稳定和发展。

　　总之，西南边疆四县市各群体在多元文化互动素养、多元文化互动目标、内容和路径上总体趋向一致、大同小异。各地区依照各自发展现状，围绕积极、正向的多元文化发展目标，利用县域内丰富的多元文化互动资源，选取了多样的多元文化互动路径，在多元文化互动过程中求同存异谋发展，取得明显成效。四县市多元文化互动不仅促进了不同性别、种族、民族、语言的学生享有平等的受教育机会，提升了学生的跨文化交往能力，也为边疆各民族团结和社区繁荣发展奠定了坚实的基础。

第六章　困境与出路：研究区域多元文化互动的问题、原因及对策

通过实地问卷调查和访谈，我们发现，四县市多元文化互动取得了一定的成效，这在第五章多元文化素养，多元文化互动的目标、内容和路径等方面都有所体现。本章我们主要阐述研究区域多元文化互动存在的问题，分析其原因，并在此基础上探讨解决问题的对策。

第一节　多元文化互动存在的问题

从微观层面来看，研究区域多元文化互动存在的问题较复杂，但依据我们的调查结果，主要体现在多元文化互动的目标、内容及路径三个方面。

一、对多元文化互动目标的认识有待提高

多元文化互动目标是多元文化内容和路径的出发点和归宿，对多元文化互动目标认识是否正确，直接影响多元文化互动内容和路径的选择。我们的问卷调查和访谈结果表明，云南边疆四县市的学生对多元文化互动目标认识不到位。其主要表现在以下两个方面。

（一）对多元文化互动宏观目标的认识不够全面

多元文化互动的宏观目标包括"促进不同民族和文化的交流和发展""唤

起主体民族对少数民族优秀文化保护的意识""继承和发扬少数民族的优秀文化遗产"和"帮助少数民族成员提高适应现代社会的能力"等方面。如果学生只认识到其中的某些方面，说明其对多元文化宏观目标的认识不够全面。

对耿马、河口、瑞丽及勐腊四县市学生问卷调查的结果显示：在关于"多元文化互动的目标是什么"这一多项选择题中，耿马县和瑞丽市均有50%以上的学生选择了"继承和发扬少数民族的优秀文化遗产""唤起主体民族对少数民族优秀文化保护的意识"和"促进不同民族和文化的交流和发展"，分别占54.8%、69.5%，51.9%、56.0%和55.9%、50.9%；河口县有50%以上的学生选择了"继承和发扬少数民族的优秀文化遗产"和"唤起主体民族对少数民族优秀文化保护的意识"，分别占63.0%和54.6%；勐腊县的学生在"帮助少数民族成员提高适应现代社会的能力""继承和发扬少数民族的优秀文化遗产""唤起主体民族对少数民族优秀文化保护的意识"和"促进不同民族和文化的交流和发展"四个选项上的占比均超过50%，分别为50.8%、64.9%、56.4%和56.4%（如第五章图5-11所示）。由此可见，尽管四县市的学生在四个选项上的选择都接近或超过半数，但仍有不少学生对多元文化宏观目标的认识较片面。

（二）对多元文化互动微观目标的认识较单一

问卷调查结果表明，四县市学生对参与多元文化互动目的的认识比较单一，且呈现出显著的差异（如图6-1所示）。

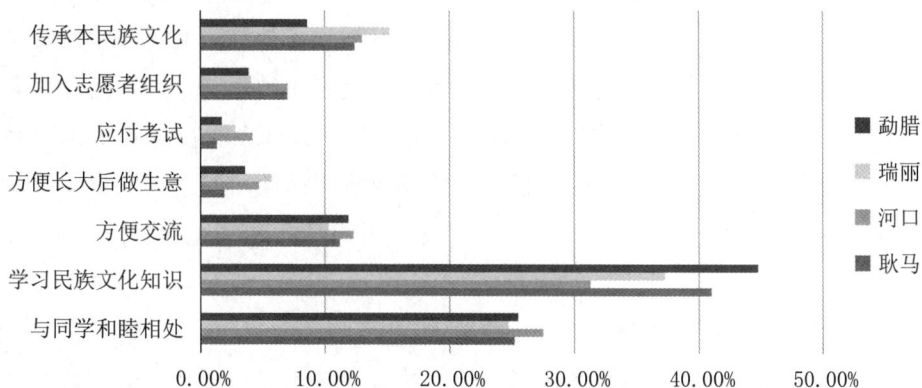

图6-1　四县市学生对多元文化互动微观目标的认识

从图 6-1 可以看出，不同地区的学生参与多元文化互动的目的存在显著差异（地区和选项的独立性检验非常显著，Pearson $\chi^2 = 116.994$，$df = 18$，$p < 0.001$）。其中，选择"与其他同学和睦相处"选项的，河口县的学生占比最高，为 27.5%；选择"学习中华民族及其他民族的文化知识"选项的，勐腊县的学生占比最高，为 44.7%，河口县的学生占比最低，为 31.3%；选择"借鉴其他民族的优秀文化以便更好地传承本民族文化"选项的，瑞丽市的学生占比最高，为 15.2%，勐腊县的学生占比最低，为 8.6%；选择"方便与其他民族的人员交流"选项的，四县市的学生占比相当，均大约为 11.4%；选择"我学习缅（越南、泰、老挝）语是为了方便长大后做生意""学习英语就是为了应付考试"和"希望今后加入社区（村寨）志愿者组织，服务小区（村寨）建设"选项的，四县市的学生占比均不足 10%。调查结果显示，四县市学生侧重于多元文化互动认知目标或知识目标，即"学习中华民族及其他民族的文化知识"，平均占比为 38.8%。可见，四县市的学生主要是从知识层面去理解多元文化互动目标，理解多元文化互动目标的维度较为单一。

二、多元文化互动内容有待充实

我们的研究表明，四县市多元文化互动内容较为丰富，但也存在需要改进和充实之处。

（一）多元文化互动内容较单一

在对四县市的实地调研中我们发现，学校多元文化活动内容较为丰富。例如，学校将各民族文化资源引入校园，并开展丰富的物质文化和非物质文化传承活动，促进各民族的多元文化互动。但受经费缺乏、设备不足等因素的限制，学校也存在多元文化互动内容较为单一的现象。在调查中，约有 19.0% 的学生认为"学校开展民族文化活动或节庆活动，如六一儿童节的内容都差不多"；约有 7.4% 的教师认为"学校组织的多元文化活动内容单一，不受学生欢迎"。

在对学校的走访调查中，一位副校长指出：

目前，学校里面更多的还是抓成绩，在多元文化活动方面，只是在课堂中稍微渗入。（F—N—16/11/03）

一位瑶族老师补充道：

> 民族文化进课堂不够，像我们瑶族的传统文化就做得不到位，流失比较严重，很多瑶族后代连基本的民族语言也不会了。（F-N-16/11/03）

尽管反映多元文化互动内容单一的学生和教师所占比例不高，但也在一定程度上反映了学校开展的多元文化活动中存在的问题，应当引起教育部门和学校的重视。

与学校相比，村落与社区一是没有固定的场所、专职的教师、规范的制度等优势条件，二是受到当地经济、教育水平等因素的限制，也存在多元文化互动内容较为单一的状况。在对社区工作者的调查中，约有72.0%的人认为"社区开展的多元文化互动内容单一"。在走访调查中，一位村民说道：

> 我们每到节日的时候，都会举行一些关于民族习俗的活动，但由于没有专门的活动经费，活动中的仪式尽量从简，有的材料我们采用替代品，或者就直接省略一些仪式。久而久之，有的仪式慢慢地被忽略了。（F-N-16/11/2）

（二）多元文化互动内容较乏味

通过问卷和访谈调查，我们发现，很多学校开展了具有地方特色、符合学生兴趣爱好的多元文化活动，得到了学生和教师的认可。但仍有一些学校在多元文化内容的选择等方面存在一些问题，导致学生对学校开展的多元文化活动不感兴趣。

首先，学校开展的多元文化活动内容缺乏地方特色，约有19.7%的学生认为"校本课程没有反映出当地的乡土和民族文化特征"。其次，学校开展的多元文化活动不能引起学生的兴趣，约有10.9%的学生表示"对学校开展的文化互动活动不感兴趣"；另有约有18.1%的学生表示"很少能参加到自己真正感兴趣的活动中"；约有9.9%的学生表示"我觉得我参加各项活动就是个旁观者，不能发挥自己的才能和积极作用"。

在村落与社区层面，由于平时生产生活繁忙，再加上没有专业的指导，校外组织的多元文化活动内容较为乏味。在家长和村民的问卷调查中，约有46.5%的家长和村民认为"活动走形式，村民、孩子不喜欢，参与不积极"；

约有 57.3% 的社区工作者表示在社区开展民族文化交流活动时"社区居民参与的积极性不高"。可见，在村落与社区中，多元文化互动内容较为乏味，不能引起家长、村民及社区居民的兴趣，以致家长、村民及社区居民参与的积极性不高，导致多元文化互动未能真正起到促进各民族文化交流的作用。

三、多元文化互动路径有待拓宽

（一）多元文化活动形式不够多样

在对四县市的实地考察中我们发现，许多学校、社区和村落开展了形式多样的多元文化活动，产生了良好的效果。但是，学校、社区和村落的多元文化活动路径仍有待拓宽。

首先，学校多元文化活动形式不够多样。繁重的教学任务使得一些教师在组织多元文化活动方面有心无力，开展的多元文化活动缺乏多样性。在对学生的调查中，约有 19.0% 的学生认为"我们学校开展民族文化活动或节庆活动，如六一儿童节的形式比较单一"。在对教师的调查中，也有约 7.4% 的教师认为"学校组织的多元文化活动形式单一，不受学生欢迎"。可见，部分学生和教师认为学校开展的多元文化活动形式单一。

其次，校外多元文化活动形式较为单一。在对社区工作者的调查中，耿马、河口和瑞丽三县市的社区工作者选择占比前两位的选项均为"活动内容简单、方式单一"，分别占 71.9%、80.6% 和 59.1%。由此可知，相当一部分社区工作者认为，社区中开展的多元文化活动存在方式单一的问题。

（二）多元文化互动合作不够充分

在实地调研中，四县市的学校、村落以及社区都以不同形式开展不同程度的多元文化活动。但在多元文化活动中，政府、学校、村落和社区的合作还不够充分。

首先，只有少数学校与家庭、社区的合作较为充分，多数学校与家庭及社区的互动不够充分，个别学校甚至没有和家庭、社区合作开展多元文化活动。调查表明，约有 19.2% 的学生表示"我们学校从来不和家庭、社区合作举办民族文化交流活动"。可见，少数学校在开展多元文化活动时，没有很好地调动家庭与社区参与学校举行的民族文化活动的积极性，没有发挥学校的引导作用。

其次，由于缺乏政府的支持、专业人员的指导，社区的多元文化活动存在一定问题。在对家长和村民的调查中，约有 47.1% 的家长和村民表示在民族文化活动中"缺乏专业人员的指导"。当被问及"你认为社区开展民族文化活动存在的最大问题是什么"时，约有 56.4% 的社区工作者表示社区内开展多元文化活动存在的最大问题是"政府支持力度不够，政策、方法等创新不够"，约有 30.0% 的社区工作者认为是"没有相关专家学者指导，无所适从"；仅有约 3.6% 和 10.0% 的社区工作者认为是"社区内相关工作人员专业素质偏低"和"社区内居民不主动参与"（如图 6-2 所示）。

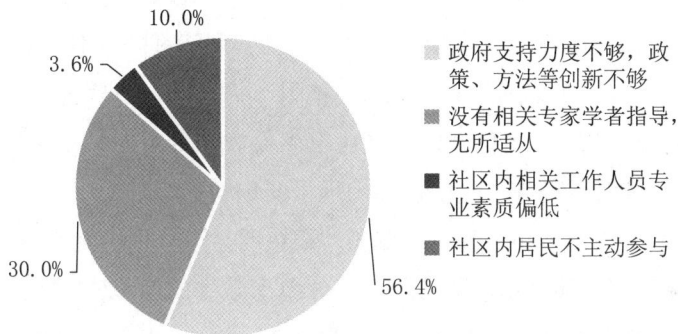

图 6-2　社区内开展多元文化活动存在的最大问题

由此可见，所调查的村落和社区在进行多元文化互动时，缺乏外力的支持，导致开展的活动缺乏有效性。

第二节　多元文化互动存在问题的原因探析

当今世界是一个多元文化并存共生、互动日益频繁的世界。多元文化的并存与互动使我们的社会充满了勃勃生机，同时也带来了前所未有的挑战。从边疆地区的外部环境来看，民族文化受到外来文化的冲击，致使本土生活方式改变，民族传统文化面临挑战。从边疆地区的内部环境来看，一方面，边民对多元文化互动的认识有待提高；另一方面，多元文化互动主体素养不高，学校缺乏多元文化互动的评价制度，村落、社区缺乏专业化的指导机制。以上这些因素导致了所调查区域多元文化互动中的各种问题。

一、外来文化对本土文化的冲击

（一）全球化对民族文化的影响

全球化不仅深刻影响着世界的政治经济，同时也对各国的文化产生了一定的影响。它促进了不同国家、民族间的文化交流与融合，也引起不同文化之间的矛盾、对立与冲突。我们的研究表明，全球化对边疆地区的民族文化具有较大的影响，在一定程度上影响了多元文化互动。

首先，对本民族文化的认同有所弱化。我国学者对"民族认同"的含义理解基本一致，可以概括为"社会成员对自己归属于某一家庭、家族、社区、阶层、阶级、国家、文化等的认知和感情依附"①。我们的研究表明，在边疆地区，当民族文化和现代文化、外来文化发生碰撞和冲突时，学生、教师、家长和村民等群体对本民族文化的认同出现了弱化的趋势。

在问卷调查中，耿马、河口、瑞丽、勐腊四县市分别约有41.9%、42.0%、48.7%、44.1%的教师表示"随着外地（外籍）学生的增多，影响了本地学生学习民族文化的积极性"；四县市分别约有72.0%、66.2%、72.3%、77.4%的家长希望"帮助子女培养现代社会所需的知识、态度和技能，使其将来能够更好地融入现代社会"；还有约23.3%、30.2%、16.9%、28.2%的学生表示"学习了其他民族的文化后，使我降低了对本民族文化的认同"。在问及"外来人员和文化对当地产生的最大负面影响是什么"时（地区和选项的独立性检验显著，Pearson $\chi^2 = 66.853$，$df = 21$，$p < 0.001$），不同县市的学生在不同选项上的占比存在显著的差异。其中，选择"了解了其他民族的文化后，我觉得本民族的文化很落后"选项的，河口县的学生占比最高，为15.2%，瑞丽市的学生占比最低，为10.7%；而选择"相比本民族的节日，我更喜欢过春节、端午节等中华民族的传统节日"选项的，瑞丽市的学生占比最高，为27.2%，河口县的学生占比最低，为21.4%。此外，少数学生表示"我所

---

① 王鉴、万明钢：《多元文化与民族认同》，《广西民族研究》2004年第2期。

在社区（村寨）中，尊老爱幼、诚实守信、节俭勤奋等传统美德越来越不受重视"（耿马、河口、瑞丽、勐腊的占比分别约为 14.0%、14.5%、16.4%、15.0%）。由此可见，四县市的一些学生和家长在外来文化与本民族文化发生冲突与碰撞时，倾向于选择外来文化，对民族文化的认同有所削弱。

其次，价值观念与行为方式有所变化。当前，全球化已经影响到四县市人们生活的各个领域。全球化在促进经济发展、文化交流的同时，也使人们的价值观念与行为方式发生了变化。通过访谈部分少数民族学生，我们了解到，相比本民族的节日，他们更喜欢过平安夜、圣诞节等国外节日。一部分学生不能准确说出本民族传统文化知识、民族特色等，但是对国外节日却能列举一二。

在问卷调查中，耿马、河口、瑞丽、勐腊四县市分别约有 26.4%、37.0%、30.2%、23.3% 的教师表示，"相对于本地区民族活动，学校更倾向于组织西方节日活动"；四县市分别约有高达 73.6%、69.6%、60.3%、71.9% 的教师表示，"受外来人口的影响，少数学生的价值观念与行为方式逐渐趋向汉化与西方化"。可见，受全球化和现代教育的影响，边疆地区师生的价值观念和行为方式发生了变化。

（二）境外文化对地域文化的侵蚀

首先，生活方式和文化习俗的改变。"一带一路"倡议实施以来，国家在边疆地区设立了许多开放口岸，加快了边境贸易发展的步伐。边疆地区的美食、美景吸引了世界各地的人们前来旅游、投资，促进了当地经济的发展。与此同时，大量青年外出务工，境外人口大量流入，使得人口流动性有所增强，促进了多元文化互动。

在实地调查中我们发现，一些边民已经不再过原始的农耕生活，而是办起了农家乐。口岸的开放也为村寨带来很多游客，其中也有一些时髦的酒吧、烧烤吧，供外来游客娱乐、消遣。这些现代化的东西渗透到村寨中，不仅增加了边民的经济收入，也改变了他们的生活方式。在访谈中，一位村民说道：

> 现在的年轻人都出去打工了。每年过年的时候，村里的孩子看着打工回来的年轻人穿着打扮比较时髦，就跟着出去打工了。年轻人的外出打工让村寨变得安静了。之前村里还会有篝火晚会，村里的和隔

壁村的男女青年们都会围着篝火打跳、对歌等，现在慢慢少了。（F-C-16/11/4）

外来文化带走了村寨的年轻人，年轻人受到外来文化的影响，又将外来文化习俗带进了村寨。通过问卷调查我们了解到，耿马、河口、瑞丽、勐腊四县市分别有 62.4%、50.4%、50.6%、60.8% 的家长、村民认为外来人员和文化导致了"本地传统婚姻习俗和观念的改变"。在访谈中，一位村民告诉我们：

> 年轻人受到外界打工思潮的影响，纷纷外出打工，村里面多数都是老人和小孩了。剩下的年轻人也很少喜欢传统仪式。村里过节或者哪家遇到什么喜事都是从简处理，很多传统仪式都不搞一下，没有节日的气氛，一点都不热闹，慢慢感觉人与人之间的人情味变淡了。（F-C-16/11/4）

在对四县市村寨的走访调查中，我们已经不能感受到民族地区浓浓的文化习俗和特有的生活方式了。随着外来文化的影响，这里的青年人开始向往大城市的生活，追求现代化的时尚潮流，而对于村落中原有的一些仪式活动变得不在乎甚至排斥，使得本土的生活方式和文化习俗发生了变化。

其次，传统人际关系的变化。在原始的、封闭的村寨中，人们保持着淳朴的民风，传承着传统的民族文化。外来人口的增加，在拓展个体视野、丰富村寨人员构成的同时，也冲击着传统的民族文化，影响着人们的观念。在我们的调查中，耿马、河口、瑞丽、勐腊四县市分别约有 70.1%、58.9%、59.9%、65.7% 的家长、村民认为外来人员和外来文化使"传统的家庭结构和人与人之间关系产生变化"；四县市分别约有 36.9%、40.8%、43.4%、44.6% 的家长、村民表示这些外来人员和文化"加大了当地穷人和富人的差距，使不同群体之间的来往减少"。在访谈调查中，一位村民说道：

> 口岸开通了，村里面的许多人都出去打工或做生意了。有的做生意做发了，像做玉石生意这些，就看不起我们这些留在村里的农民。（F-C-16/11/04）

可见，很多家长、村民都认为外来文化致使本民族的传统家庭结构和人与人之间的关系发生了变化。

最后，边境安全受到挑战。耿马、河口、瑞丽三县市都处于边境贸易开放口岸地区。由于民族众多、人口流动性大、对外贸易频繁等原因，边境安全面临挑战。例如，因为邻近国家种植罂粟，三县市长期以来成为毒品泛滥的重灾区。调查显示，耿马、河口及瑞丽分别有 53.3%、40.9% 及 65.9% 的社区工作者表示"受经济利益驱使，社区内有不少人走私、贩卖毒品或拐卖人口，犯罪率较高"。

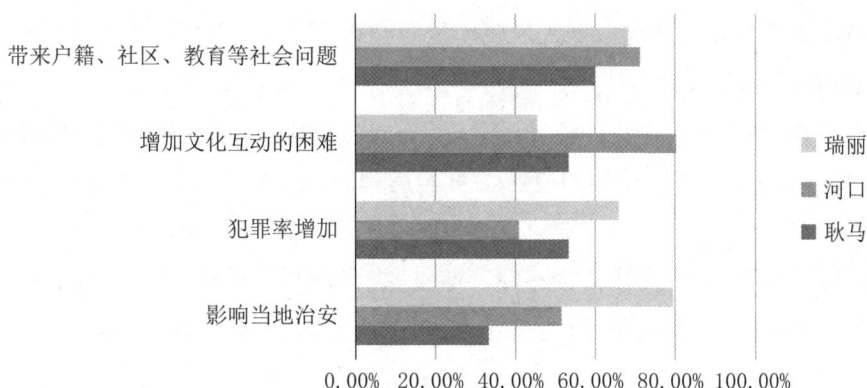

图 6—3 三县市社区工作者认为外来人员或外来文化带来的问题

如图 6—3 所示，在被问及"外来文化给当地多元文化互动带来的问题"时，耿马县的社区工作者选择占比超过 50% 的选项为"走私、毒品贩卖或人口拐卖，犯罪率较高""文化和宗教更加多元，增加了文化互动的困难"和"非法入境或非法滞留的外籍人员增多"；河口县的社区工作者选择占比超过 50% 的选项为"很多境外人员到境内做生意，影响了当地的治安""文化和宗教更加多元，增加了文化互动的困难"和"非法入境或非法滞留的外籍人员增多"；瑞丽市的社区工作者选择占比超过 50% 的选项为"很多境外人员到境内做生意，影响了当地的治安""走私、毒品贩卖或人口拐卖，犯罪率较高"和"非法入境或非法滞留的外籍人员增多"。可见，由于非法入境、毒品泛滥、人口拐卖等复杂因素，云南边境安全受到挑战，增加了多元文化互动的难度。

二、多元文化互动认识的偏差

我们的研究表明，四县市学生、家长和村民、社区工作者对多元文化互动的内涵认识不足。

（一）不了解文化互动中多元文化的平等地位

文化互动是一个作用与反馈的交叉连续过程。两种民族文化的互动是建立在地位平等的基础上的，而非是强势一方对弱势一方的植入。互动双方的地位不对等，互动就难以深入。我们的研究表明，部分学生认为本民族文化不如其他民族的文化。

问卷调查结果显示，耿马、河口、瑞丽、勐腊四县市分别约有44.0%、44.0%、38.3%、43.3%的学生表示"我觉得别的民族文化、外地（外国）的文化优于本民族的文化"；分别约有19.0%、22.3%、11.6%及18.0%的学生表示"和其他民族的同学交往我会感到自卑"；约有34.9%、35.0%、25.7%、33.6%的学生表示"只想努力学习，想考上大学，离开这里"（如图6-4所示）。

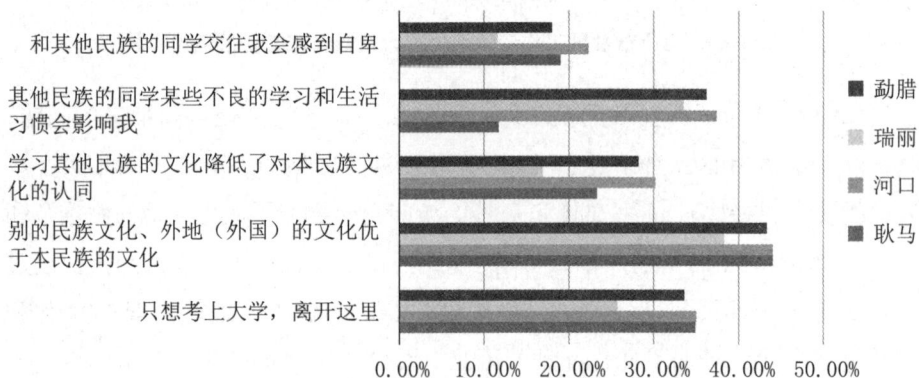

图6-4　四县市学生在与其他民族同学交往时的想法

由图6-4可知，部分学生对多元文化互动的内涵把握不准确，认为各民族文化是不平等的，文化互动会使自己感到自卑及降低自己对本民族文化的认同感。这些都是因为学生没有充分认识到多元文化互动内涵的表现。文化互动任何一方认识不到彼此地位的对等性，都会影响文化互动的进程与效果。

（二）不清楚多元文化互动是文化活动过程

如前所述，多元文化互动，是指多民族聚居地地域空间内，各民族文化相互接触、冲突、融合、发生变迁的文化活动过程。然而，对耿马、河口、瑞丽、勐腊四县市家长、村民多元文化互动内涵的问卷调查显示，有半数以上的家长、村民认为多元文化互动"是一个国家或多个国家的多个民族、多个地方的文化"和"既要重视传承中华文化的活动，又要重视各民族文化"。四县市分别约有55.7%、38.2%、43.1%及50.3%的家长、村民认为多元文化互动"体现出文化的多样性"；但只有不足一半的家长、村民认为多元文化互动是"不同民族文化的交流、融合与冲突"（如图6—5所示）。

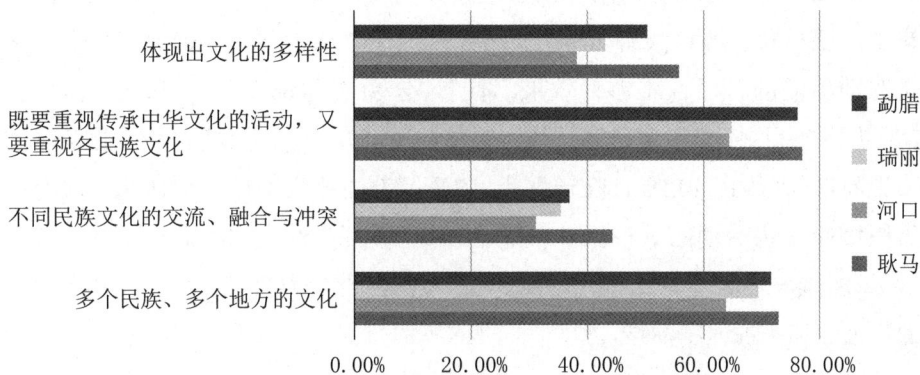

图6—5　四县市家长和村民对多元文化互动内涵的认识

由图6—5可知，在问卷调查中，家长和村民对于多元文化互动内涵的理解更多停留在文化的多元并存，没有更多地从文化交流、融合和冲突的视角看待多元文化之间的互动，不了解多元文化互动实际上是多种文化交流、融合和冲突的文化活动过程。

三、对多元文化互动价值的认识不到位

（一）政府对多元文化互动的重视程度不够

多元文化活动的开展离不开政府的支持。政府通过发挥职能，可以充分调动当地的人力、物力、财力等，为多元文化互动提供保障。但在云南边疆地区，存在政府不够重视多元文化互动，不能充分发挥其在多元文化互动中

的主导作用的问题。在我们的问卷调查中，耿马、河口、瑞丽、勐腊四县市分别约有 40.4%、34.8%、33.7%、43.1% 的家长、村民认为在多民族文化互动中"领导重视的程度不够"，导致当地多元文化互动受阻；耿马、河口、瑞丽三县市分别约有 65.6%、79.1%、54.5% 的社区工作者认为"政府更关注经济发展，对组织民族文化活动的重视不够"。在访谈中，一位社区工作者说道：

> 我们这里比较贫穷，政府主要是抓经济建设，希望能够抓住口岸开放的机遇，把我们这里的经济搞上去，至于民族文化的发展则是在解决经济问题的基础上才会考虑的问题。（F-S-16/11/4）

在关于"当地政府在执行国家民族文化互动政策中存在什么问题"的调查中，耿马县、河口县有 2/3 以上的社区工作者认为"政府相关人员组织文化互动活动的积极性不够，效果不佳"，分别约占 68.8% 和 77.6%；河口县2/3 以上的社区工作者也认为"政府更关注经济发展，对组织民族文化活动的重视不够"，约占 79.1%；在瑞丽市，2/3 以上的社区工作者则认为"政府对组织民族文化活动的重视不够，资金投入不足"，约占 70.5%（如图 6-6 所示）。总体来看，这些县 / 市的社区工作者倾向于认为政府组织多元文化活动的积极性和重视程度不够。

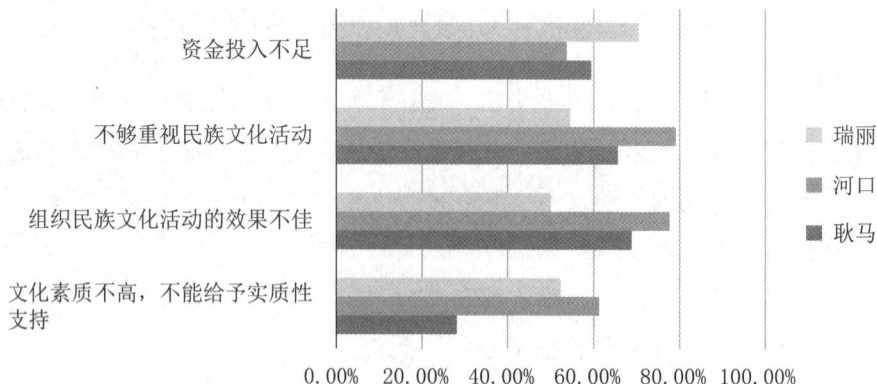

图 6-6 三县市社区工作者认为当地政府在多元文化互动政策中存在的问题

在关于"当地政府在民族文化互动政策执行中存在的问题"的调查中，耿马、河口、瑞丽、勐腊四县市均有半数以上的教师认为，"当地政府相关人员组织文化活动的积极性不够，缺乏创新性，效果不佳""当地政府具有地方特色的民族文化活动缺少规划、指导和相应的资金保障""当地政府对开展'多元一体'中华文化教育的重视不够，形式单一"（如图6-7所示）。

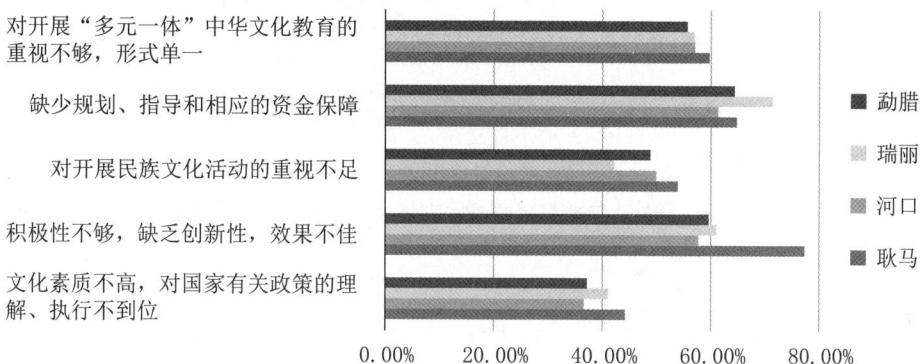

图6-7　四县市教师认为当地政府在民族文化互动政策执行中存在的问题

由此可知，政府缺乏组织多元文化活动的积极性，对多元文化活动的重视程度不够。政府应转变在多元文化互动中的角色和定位，以行政力量推进政府、学校与村落的合作，加强对边疆少数民族群众的引导，促进多元文化互动。

（二）学校对多元文化教育的关注不足

我们的调查表明，耿马、河口、瑞丽、勐腊四县市分别约有66.9%、63.8%、50.0%、45.5%的教师认为"学校过分强调升学率，忽视民族文化教育"；耿马、瑞丽、勐腊三县市有一半以上的教师认为"学校重视开展当地主体民族的文化传承活动，但忽略对少少民族文化的传承与交流"；此外，耿马、河口、瑞丽、勐腊分别约有51.0%、39.0%、50.5%、38.3%的教师认为"学校忽视对'多元一体'中华文化的学习和宣传"（如图6-8所示）。可见，学校对多元文化教育关注不足，对多元文化互动价值的认识不到位。

由于特殊的历史和环境的影响，云南边疆地区的学校大多由不同民族学生组成，多元文化应当是校本课程和校园文化建设不可多得的资源。然而，在对中小学的走访调查中我们发现，边疆地区部分学校课程设置和教学活动多为国家指导纲要要求开设的常规课程，具有乡土气息和民族文化元素的校

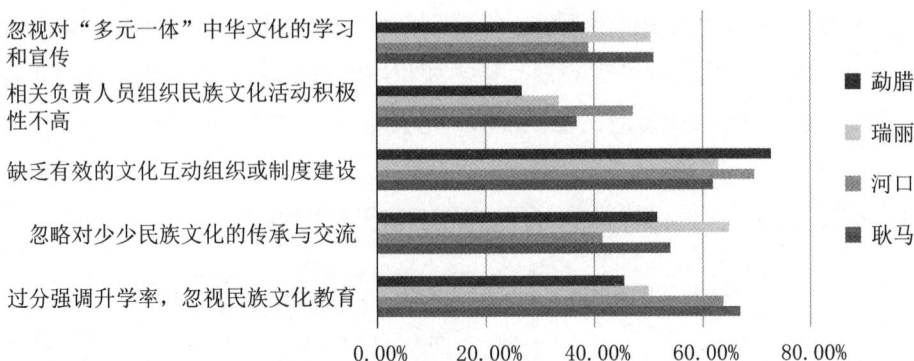

图6-8 四县市学校在培养多元文化互动观念中存在的问题

本课程则较少开发和运用。

（三）家庭对多元文化互动的重视不够

家庭是多元文化互动的第一个场所。家长是否重视多元文化互动直接关系儿童对多元文化的认识、情感与行为。调查显示，耿马、河口、瑞丽、勐腊四县市分别约有72.0%、66.2%、72.3%、77.4%的家长认为让孩子学习不同民族文化是为了"帮助子女培养其所需的知识，使其将来能够更好地融入现代社会"。在走访调查中，一位家长说：

我的三个孩子都在外面上学。我没有有意识地将本民族的传统民族文化教给他们，看孩子自己的意愿，想学就学。我认为，孩子还是以学习为主，其他方面没有考虑太多。日常生活中，我还是很支持孩子和其他民族的孩子一起玩。只要孩子愿意，不反对他们过其他民族的节日，但前提是要将学校老师布置的作业完成。（F-Y-16/11/1）

一些教师反映，许多家长不重视多元文化互动。一位小学教师说：

在民族地区，家长的综合素质都较低，对教育的认识还不到位。很多家长都只是忙于经济，对孩子的学习情况不闻不问，他们也无力辅导孩子的家庭作业，认为教育是老师的事，只要把孩子交到学校就万事大吉了。家长根本不配合老师的工作，更别提重视孩子的多元文化教育了。（F-Q-16/11/1）

由此可见，四县市的家长更重视孩子的学习，不够重视多元文化互动在促进儿童发展方面的作用。这在一定程度上影响了学生对多元文化互动的重视，从而影响了他们对多元文化互动的认识、情感和态度。

为什么政府、学校、家庭和社区在一定程度上忽视多元文化互动？这是因为，在现代社会中，包括边疆地区在内的人们的选择越来越趋于理性化。在他们看来，"没有接受本民族文化教育的学生固然可能产生疏远感和无根感，但缺少主流文化教育的学生将会失去许多经济、政治和社会性的机会"①。从这一视角来看，我们就不难理解，为什么云南边疆地区的多元文化互动得不到应有的重视。

四、多元文化互动保障条件不充分

（一）教师队伍不稳定，工作压力大

首先，四县市缺乏专业教师，师资队伍不稳定。在调研中我们发现，许多学校师资的流动性非常大，经常出现教师突发性"缺失"。在被调查学校中，尤其是小学和幼儿园，教师流动性大，缺乏编制，需要额外聘请教师加入，外聘教师工资60%由政府出，其余由学校出，但因工资偏低，教师流动频繁。在谈到教师队伍不稳定问题时，一位校长说：

> 我们学校有三分之二教师是特岗教师，大多是非师范学校毕业生，整体年龄较年轻，平均在29.9岁左右。自2010年起，每年大概有5—6名特岗教师到学校，但大部分特岗教师不愿待在这里，造成教师队伍不稳定，流动性较大。主要有以下原因：第一，年轻教师面临着住房条件差、工资收入低、生活无规律、孤独寂寞等困难，这些困难都影响着他们的工作热情。第二，很多人难以转变角色，工作不够积极，与周围人交流较少，业余生活较为单调，经常是待在宿舍玩电脑、上网等。最后，大部分教师没有婚配，有很大一部分特岗教师远离家乡，这给他们的生活和心态稳定造成了一定的影响。（F-Y-16/11/5）

可见，在教师队伍不稳定、经常出现流失的状况下，学校难以保证多元文化活动的顺利开展。

---

① Walter Feinberg, "Liberalism and the aims of multicultural education", *Journal of Philosophy of Education*, 2010, 29（2）: pp. 203-216.

其次，教师工作压力大，没有余力关注多元文化互动。我们的调查发现，四县市许多学校教师工作压力大。在访谈中，一位教师说："我已经把学校当成了自己的家，经常要值班。"在问卷调查中，约有18.4%的教师认为学校在多元文化互动中存在的主要问题是"师资匮乏，教师工作压力大，没有时间和精力去组织多元文化活动"。而在工作压力方面，其中约有30.2%的教师表示是"工资低，生活压力大"，约有26.8%的教师表示是"教学任务重"，另有约24.1%的教师认为是"学生成绩差，难管教"，还有14.4%的教师认为是"与学生家长间的沟通与合作"，仅有4.5%的教师表示"语言不通，与学生难交流"（如图6-9所示）。

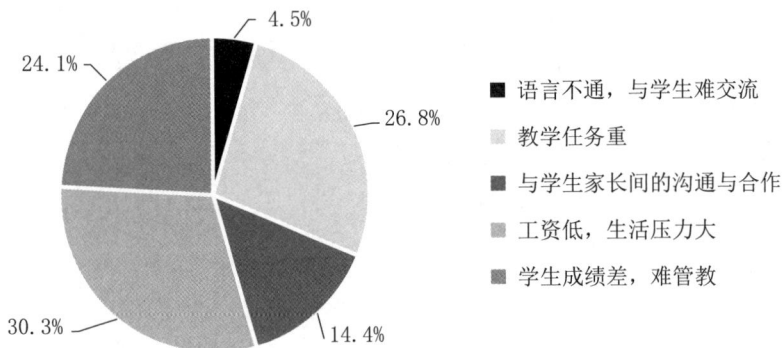

图6-9 教师主要的工作压力

上述结果表明，边疆地区的教师主要因为教学任务繁重、生活压力大及学生难以管教等问题，没有时间和精力开展多元文化活动。

（二）学校缺乏多元文化互动的评价制度

我们的调查发现，许多学校的评价制度与多元文化互动内容无关，导致多数教师在绩效工资制度下不愿意投入时间和精力开展多元文化活动。问卷调查中，耿马、河口、瑞丽、勐腊四县市分别约有61.9%、69.5%、62.9%、72.6%的教师认为"缺乏有效的文化互动组织或制度建设，不能保障学校多元文化互动的常态化开展"。访谈中，一名中学教师说：

> 我们的学生大部分是少数民族，我们也想开展各民族文化活动，一来丰富学生的日常学习，二来可以给各民族学生创造交流的机会。但是，现在无论是评职称、评优都得看学生的学习成绩，还有绩效工资也是与

学生的成绩直接挂钩。所以，老师们也只能狠抓学生学习成绩，对于民族文化的交流只能应付一下。（F-Q-16/11/3）

由此可见，在以学生成绩为评价标准、多元文化互动未纳入评价体系的状况下，多元文化互动没有得到应有的重视。

（三）村落、社区缺乏专业化的指导机制

多元文化互动要想科学有效进行，离不开专业人员的指导。构建专业化的指导机制是进行多元文化互动的有效途径，也是加快多元文化交流和融合的有效措施。我们的调查表明，村落、社区缺乏专业化的指导机制。

在问卷调查中，耿马、河口、瑞丽及勐腊四县市分别约有50.6%、35.5%、48.9%、52.2%的家长、村民认为"缺乏专业人员的指导"阻碍了村落中多民族的文化互动。在针对社区工作者的问卷调查中，耿马、河口、瑞丽三县市分别约有59.4%、61.2%、43.2%的社区工作者认为"缺少开展多元文化交流活动的培训机会"；此外，分别约有22.6%、23.1%、45.5%的社区工作者认为"没有相关专家学者指导，无所适从"。

在调研过程中，一位村民告诉我们：

> 我们开展的活动都是凭以往的经验，一是没有相关的专业人员来指导，开展活动的效果不够理想；二是自身的知识文化水平不高，又缺乏培训的平台，所以，有时候想把活动搞得好一点，也难以实现。（F-C-16/11/4）

村落、社区缺乏专业化的指导机制，严重制约了村落、社区中民族文化的交流与互动。政府应建立村落与社区专业化的指导机制，以推进多元文化互动，唤醒儿童、家长、村民的文化意识。

第三节　多元文化互动问题的对策建议

如前所述，耿马、河口、瑞丽、勐腊四县市多元文化互动在取得积极成效的同时，也存在一些值得关注的问题。为进一步推进研究区域多元文化互动，本书提出以下对策建议。

一、重视多元文化互动

边疆地区的多元文化互动，离不开社区工作者、教师、学生、家长和村民等互动主体的认同、重视及参与，离不开各多元文化互动主体对文化互动双边影响的认识，也离不开社区（或乡镇）、村落、学校"一体两翼"作用的发挥。

（一）充分认识多元文化互动的价值

首先，认识多元文化互动的内涵。多元文化互动主体应认识到，多元文化互动是指在多民族聚居地域空间内，各民族族群文化之间发生的相互作用，进而使彼此发生改变的一个过程。从互动层面看，既包括不同文化之间的交流与相互渗透、融合以及冲突，又聚焦于各群体成员间自觉交流的行为路径。总之，多元文化互动以群体间的文化自觉为前提，是在文化认同的基础上进行文化交流与合作、融合与吸收的过程。

其次，全面了解多元文化互动的价值。如前所述，20 世纪 80 年代，费孝通先生提出"中华民族多元一体格局"的理论，表明多元文化发展要以维护国家统一、实现民族团结、保证社区稳定发展为前提，要遵循"各美其美，美人之美，美美与共，天下大同"的理念，要在多民族、多文化融合背景下进行沟通和交流。教师、学生、家长和村民、社区工作者等多元文化主体应以费孝通先生"中华民族多元一体格局"理论为指导，充分认识多元文化互动的价值。就社会而言，边疆地区多元文化互动的实施，既有利于各民族群体的文化交流融合，在"各美其美"中促成社会的稳定和谐发展；又有利于营造"百花齐放"的文化氛围，在"美美与共"的发展中坚定文化自信、实现文化传承。从个体来看，多元文化互动有助于增强各民族群体，尤其是学生对本民族或其他民族文化的了解和熟悉，有助于提升民族文化认同，形成和谐人际关系，传承各民族文化精髓，夯实多元一体中华文化的底蕴。总之，多元文化互动对边疆地区民族团结进步、区域稳定和谐、文化繁荣发展均有举足轻重的作用。

最后，认识多元文化互动的潜在价值。教师、学生、家长和村民、社区工作者等多元文化主体应认识到，从古至今，不论是汉文化还是少数民族文化，均承载着自强不息、积极进取等优秀文化内涵和人文情怀。加强边疆地区多元文化互动，既符合"一带一路"倡议中坚持文化先行，以文化带经济，以文化提素质，以文化促发展的相关要求；也是提升国家软实力的必然举措，对建设和谐、安全、稳定的现代社会具有重要影响。重视边疆地区多元文化互动，符合落实国家政策的需求，是实现文化共通、促成文化认同的重要路径。边疆地区多元文化互动的发展，既要从外在的文化特色知识入手，更应扣紧内隐的文化价值，通过学校多元文化教育、家庭多元文化奠基、社区多元文化陶冶、社会多元文化引导使其得以彰显，进而达到增强中华民族文化认同，凝聚民族精神，团结各民族群众，促进边疆社会稳定、经济发展、文化繁荣的发展目标。

（二）纠正多元文化互动认识偏差

为提高教师、学生、家长和村民、社区工作者等多元文化互动主体对多元文化互动价值和意义的认识，有必要采取如下措施。

首先，以政策落实多元文化互动。调查表明，四县市从少数民族语言传承、民族团结进步示范区域建设等方面入手，签署《民族团结进步目标责任书》，认真贯彻落实民族区域自治制度，并以每年的"民族团结月"、泼水节、目瑙纵歌节、中缅胞波节等民族重大节日庆典为载体，开展多元文化活动。但因学习时间、学习场地及师资配备等的限制，其多元文化活动多集中表现为歌舞表演。因此，当地民族宗教局、文化局、教育局等行政部门应在落实国家、省、州／市相关政策的基础上，因地制宜制订适宜性的民族文化政策条例，并出台促进多元文化互动的相关举措，明晰社区工作者、教师、家长等多元文化互动主体的具体职责，促进国家政策贯通、地方政策融通，构建目标明确、功能清晰、职责明确的多元文化互动政策实施体系。

其次，以自觉行动提升多元文化互动意识。"文化自觉"是指在一定文化传统中的人群对其自身的文化来历、形成过程的历史以及其特点（包括优点和缺点）和发展的趋势等能作出认真的思考和反省。[1] 在文化交流中，学生、

---

① 汤一介：《"文明的冲突"与"文明的共存"》，《北京大学学报》（哲学社会科学版）2004年第6期。

教师、家长和村民等多元文化互动主体对自身文化的思考和反省是自觉行动的基础,是实现文化认同的重要前提。基于"五层空间"多元文化互动理论,学校多元文化教育是促成多元文化互动的主导力量,因此,要从以下几方面促进多元文化主体提升多元文化互动意识:一是加强宣讲培训,构建专业化的教师团队,主动研发促进不同民族文化互动的方法,最大限度发挥示范和引领作用;二是拓展活动路径,激发学生的参与兴趣,引导其尊重不同文化习俗,提升自身文化交流互动能力和文化认同感;三是发挥学校教育的引领作用,鼓励教师和学生带动周边人,尤其是家长和社区居民,从日常生活入手,自觉参与多元文化活动,提升其文化自觉意识和互动意识。

最后,以文化需求提升群体素养。多元文化互动的开展成效,与多元文化互动主体的动机和需求等密切联系。社区、政府部门等对学校、家长的期许,学校、家庭等对教师、学生的期盼等,直接影响各互动主体对多元文化互动的参与热情及对各民族文化的态度和看法。为此,边疆地区应从教师、学生、家长和村民等的基础性、持续性文化需求入手,结合新时代的发展需求,选取普适性的文化内容,开展符合大众要求的多元文化活动。同时,对参与多元文化知识学习的不同民族的学生、教师、家长和村民、社区工作者等,要给予充分的肯定和支持,以激发其学习热情,提升文化认同感,坚定文化自信。

二、明确多元文化互动目标

我们的调查表明,四县市多元文化互动主要以掌握本民族语言、习俗、艺术技艺、服装饮食等民族文化知识为主,力求在"大花园"式的文化环境中,实现平等对话、和谐共处、共享共进。这与多元文化互动的核心目标——以各民族团结、互助、和谐、共荣为基调,促进民族团结、文化和谐、社会稳定发展、实现文化融合还有一定的差距。为促进边疆地区多元文化互动,有必要从以下几方面促进多元文化互动主体明确多元文化互动目标。

(一)构建多元文化互动的三层目标

基于"五层空间"多元文化互动理论,我们认为,边疆地区多元文化互动的目标设置,应从国家、地方和执行人三个层面考虑。

　　首先，立足国家文化战略，以文化自信促发展。中华文化发展要以"协和万邦"为基，以人为本，以持续稳步发展为命脉，因为民本思想是实现文化传承和发展的出发点和归宿。一是明确文化互通是人民和谐共存的前提。各民族若能在相互尊重和相互欣赏的基础上沟通交流，即可规避文化冲突，实现文化共享。二是明晰文化互动发展是提升国家软实力的关键。只有坚定文化信念，提升自觉意识，才能推动文化繁荣兴盛，建设社会主义文化强国。三是明确跨文化交流是"走出去"战略的核心。为落实"走出去"战略，发挥文化辐射作用，各族人民须具备多元一体理念，相互理解、平等交流，在提升文化修养和文化自信的基础上实现人与人、人与社会的稳定和谐。

　　其次，遵循国家文化战略导向，以区域特点定发展指南。地方层面的多元文化互动目标是服务于国家文化战略，以省、市、县、乡镇等区域特点为依据的多元文化互动目标，是联系国家和个体间的纽带。一是地方发展指南要以国家文化政策为始点。党的十九大报告明确了在中国特色社会主义新时代，文化建设以满足人们的精神需求为核心，以建设文化强国为目标，以中国文化价值传承为着力点，坚持百花齐放、百家争鸣、革故鼎新的方针。为贯彻落实国家总体部署，按照省委、省政府的要求，文化厅等相关部门应制订相应计划，明确其部署的重要意义、总体要求、重点任务、保障措施等内容，为执行主体指明方向和任务。二是计划制订要综合考虑地市各级具体实际。在调研样本县市可尝试以"试验区建设"形式，发展以玉石、（民族）医药、特色饮食、服饰、村落旅游等为主的文化产业。同时，建立市（县）级、州（市）级、省级、国家级四级非物质文化遗产保护体系，加强各部门的参与，营造你中有我、我中有你的互动氛围。

　　最后，明确责任，细化方案，组织落实。基于管理层级特点，国家和地方的相关政策、制度、计划、方案等的贯彻执行需要文化站、社区、村落、学校等基层部门、组织机构的积极参与。各基层部门的性质不同、对象不同，各具特色，因此，应根据部门特色，细化实施方案，落实责任。学校的多元文化教育要在密切联系教师、学生、家长和村民、社区工作者等互动群体的基础上，实现基础知识与先进科技、普适性知识等的整合。同时，要以第二课堂的形式引入傣族、景颇族、佤族等民族艺术、服饰、语言、饮食文化等元素，并通过走进传承基地等途径感受各民族文化的传承魅力，真正实现各民族文化的和谐共生。就社区和家庭来看，要充分利用家长与子女间、社区工作者与村民间、家庭与家庭间的日常交流，在潜移默化中传承文化。此外，县市文化局、民族宗教局等机构，要关注文化政策宣讲教育，通过媒体、报纸、杂志、宣讲等形式，创设互动环境，引导村民重视民族文化，并充分利用民族文化传习所等场所、发挥各级非物质文化传承人的骨干作用、组织大型民族传统节庆活动等方式，传承和弘扬中华文化、本土文化和少数民族文化，为多元文化互动构建平台、奠定基础。

（二）设置多元文化教育的三维目标

为实现美美与共、天下大同的愿景，促进边疆地区团结进步，多元文化教育目标应考虑各民族文化知识、技能、情感等方面的综合要求，以便为多元文化互动发展创设良好条件。

边疆地区多元文化教育的目标设置（如图 6-10 所示），以国家文化战略为导向，着重从知识目标、技能目标、情感态度与价值观目标等方面展开。其中，知识目标的设置，旨在让参与多元文化教育的主体能够系统地学习并掌握中华优秀传统文化、各民族文化以及社会主义先进文化等基础知识，

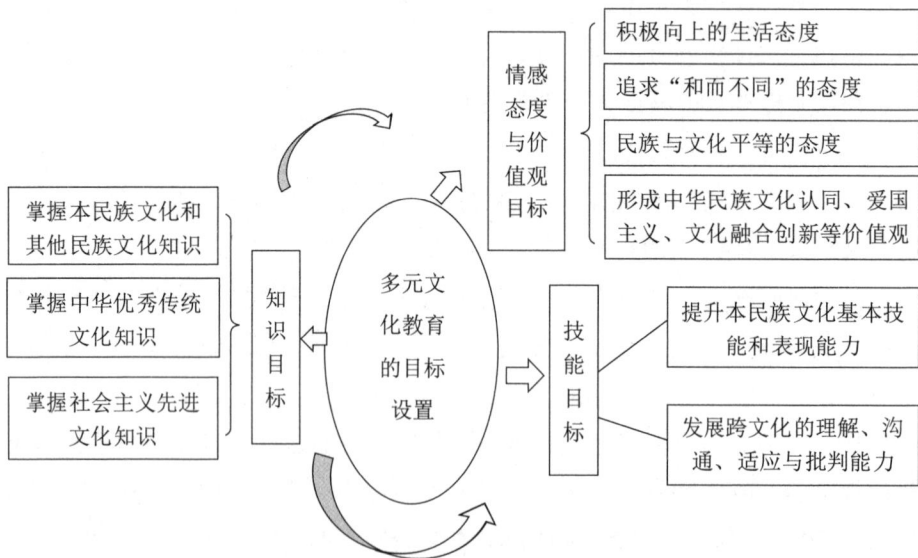

图 6-10　多元文化教育的目标设置

争取减少偏见、规避冲突，提升民族认同感和文化自觉意识。从技能目标来看，旨在提升本民族文化基本技能和表现力，发展其跨文化的理解能力、沟通能力、适应能力和批判能力，并能够客观对待文化差异，合理解决各民族文化交流带来的"冲突"。就情感态度与价值观目标而言，主要是激发民族热情，在尊重民族多样性的同时培养追求"和而不同"的态度、民主与平等的态度，以及避免歧视、偏见，积极向上的生活态度，旨在培养爱国主义、热爱中华民族文化、坚持文化包容与和谐、民族平等与团结等价值观念。

首先，重视民族文化基础知识的掌握。在民族团结进步示范区建设过程中，各村落的节庆表演、歌舞竞赛等活动日渐增加，各群体不仅对自己的民族文化有了深入的体验，也对其他民族的文化有了初步的感知。一般看来，各民族的服饰、歌舞、语言、文字、饮食等易成为多元文化教育的主要内容，而对日常生活中常见的建筑、手工艺、宗教信仰、婚丧嫁娶等隐性知识涉及较少。为促进各民族之间的平等沟通，在学习中华文化或基础教育知识，掌握本民族文化的基础上，应尝试从日常生活入手，全面了解民族文化习俗，概括不同民族文化的异同；同时也要学习社会主义先进文化知识，以适应社会发展的需要。

其次，关注多元文化互动能力和技能的提升。促进多元文化互动、提升互动实效性，不仅需要增强个体参与互动的意愿，而且必须提高其多元文化互动的能力和技能。多元文化互动能力和技能的提升，应以多元文化教育为载体，在各群体平等沟通、愿意学习各民族文化的基础上，通过多形式、多路径提升多元文化互动各主体在文化理解、包容与适应、沟通交流、解决问题、活动参与等方面的能力和技能，进而增强其参与多元文化互动的自信，提升互动的实效性。

最后，领悟多元文化教育的情感价值。多元文化教育是边疆地区民族团结进步教育的重要内容，既是提升文化认同、传承民族文化的主要形式，又是增强个体适应能力、培养民族情怀、维护边境稳定的重要手段。在多元文化教育中，要从国家教育目的入手，综合考虑物质文化和精神文化对各民族群体的整体影响，重视个体情怀塑造，培养符合新时代需求的"四有"人才。同时，多元文化教育要立足于村落发展需求，选取家长、村民、学生等群体熟悉的形式和内容，提升其自觉意识和文化认同感，进一步提升对本民族或其他民族文化的传承热情。

三、整合多元文化互动资源

从整体来看，边疆地区多元文化资源丰富多样、包罗万象、内涵深厚，赋予了多元文化互动形式各异、灵活多样、贴近生活等鲜明特点。各群体的多元文化互动，以相关文化基础知识的积淀为前提，以相关民俗的理解和包容为基础，以相关场域中不同文化的融合发展为指导。为此，作为多元文化互动的直接参与者、引导者和支持者，政府、社区、学校、村落等部门，应共同参与、明确职责，发挥各自的功能和作用，整合不同场域中的文化互动资源。

（一）实现显性资源和潜在资源的融合

多元文化互动资源既包括服饰、建筑、舞蹈、音乐、宗教信仰、文学艺术、人际氛围等传统资源与新乐器（如吉他、架子鼓）、新教学设备（如白板、相机、信息技术）、新观念（如新的人才观、发展观等）等现代资源，也包括与民族服饰、建筑、舞蹈、音乐、乐器等显性资源相关的文化习俗、人际关系等潜在资源。

首先，充分发挥现有资源优势。随着"民族教育促进工程"项目的推进，学校以民族团结进步教育为主线，尝试借助当地主体民族文化，开展第二课堂等活动，以创设独具特色的校园文化；社区（或乡镇）、村落以民族团结进步目标为导向，构建民族团结进步示范区。总体上，学校借助少数民族特色曲调"以舞代操"，让民乐、折扇等民族元素走进校园，让目瑙纵歌等传统节庆活动成为学校大课间的亮丽风景，一定程度上打破了整齐划一的常规课间操活动，提升了学生的音乐素养和身体素质。但基于场地、专业指导人员等的限制，学校民族特色活动开展频次较低，学校与社区、家庭间的联系不足。为此，四县市的多元文化互动应采取"引进来""走出去"的形式，进一步发挥民族文化传承人及传承机构的作用，充分利用家庭、村落、社区的资源优势，最大限度满足学生学习需求。此外，还应加强校园、街道的文化栏板报、墙面设计等的宣传效应，以图案、色彩、文字等形式再现不同文化的魅力，营造浓浓的多元文化氛围。

其次，重视潜在资源的精神给养。从古至今，文化既是时代发展的产物，又是物质文化和精神文化的集合体，承载着"化人"的重任。在相关部门的支持帮助下，四县市积极探索民族团结进步示范区建设的有效路径，尝试从宗教文化入手，创办"菩提学校"，实现"国民教育"与"宗教教育"的协调发展，支持非物质文化传承活动、非物质文化进校园。这些活动的开展不仅加强了社区、村落与学校间的联系，促进了各互动群体的沟通交流，而且挖掘并发挥了潜在文化资源的教育价值，在一定程度上深化了多元文化互动的内涵。在今后的多元文化互动中，边疆地区不仅应形成学校、家庭、社区不同场域的合力，还应充分利用有形的、显性的文化资源，挖掘、利用无形的、潜在的文化资源，彰显那些积淀在现实或潜在资源中的民族历史记忆、民族文化价值和社会发展意义，真正发挥多元文化互动"化人"功能。

最后，关注现有资源和潜在资源的综合运用。基于课程"三级管理体制"的推进及地方和校本课程的改革，地方特色课程构建成为可能，一定程度上为多元文化教育的革新提供了新的路径，为多元文化互动发展奠定了基础。四县市一些学校对地方、校本课程、教材的开发与应用，将当地民族文化元素和潜在文化精髓进行了整合，成为多元文化互动有计划、有目的、系统的自觉行动的重要内容，学生喜闻乐见、易于接受。今后，在多元文化互动资源开发与应用中，边疆地区学校应综合考虑现有民族文化资源，如服饰、歌舞等外显元素与文化习俗、宗教信仰等潜在资源的交叉融合，不仅要学习有形的民族文化知识、技能，而且要了解符号后面的文化内涵，同时也要挖掘潜在的文化资源，充分利用其内含的民族精神与文化实质。例如，在教材内容选择上，既要选取学生具有浓厚兴趣的民族音乐、民族歌舞、餐饮文化等常见内容，又要融入与之密切相关的历史文化传统、社会行为规范和价值精神取向等内涵。让学生在形实兼备的文化互动中，既激发对本族或其他民族文化艺术、工艺技能的学习兴趣，深入感受民族文化魅力，进而愿意参与文化传承，又习得民族文化的核心价值，提升其文化自觉意识和文化认同感，逐步形成正确的文化理念和行为方式。

（二）促成内部资源和外来资源的整合

自古以来，中华文化便具有强大的生命力和凝聚力，因此能不断突破自我限制，吸收、融合外来文化成果。只有整合内部与外部的优秀资源，才能实现融合与创新，让中华文化源远流长、充满勃勃生机。

首先，理性看待外来文化的"双面性"。近年来，由于四县市的独特位置和资源优势，吸引了大批的外来人员，其中有以通婚、求学为主的境外人员，有以做生意、打工或旅游为主的外地人员。一方面，外来人员带来了不同的文化，带来了新的思想观念和生活方式，进一步促进了区域文化的多样性发展；另一方面，外来文化也在很大程度上冲击了本土文化，使少数民族文化传承面临困境。例如，圣诞节、情人节等西方节日受到学生追捧，但当地重要的民族节日，如新米节、阔时节等却不被关注。又如，手机、网游、群聊等现代社交方式的广泛应用，改变了边疆地区人民的生活方式，但承载着民族文化精髓的文化传承活动却难以深入开展，面临后继乏人的窘况。因此，应客观分析外来文化的积极与消极影响，学习和借鉴其积极的方面，自觉抵制其负面的、消极的方面。

其次，借助外来文化优质资源。联合国教科文组织在《教育——财富蕴藏其中》中指出，"真正的多元文化教育应当既能满足全球和国家一体化的迫切需要，又能满足农村或城市具有自己文化的特定社区的特殊需要"[1]。边疆地区的多元文化互动也应体现对不同需求的适应性，既要服务于国家，又要适应于地方文化互动需求。无论是满足多样化的需求，还是体现特定区域的文化特征，都要求多元文化互动能够提供多种文化教育资源。在大量外来人口涌入、文化多样性凸显的状况下，不仅需要挖掘、利用好原有的乡土文化资源、少数民族文化资源，也应充分利用外来文化的优质资源。例如，以国外的、外地的优秀的、特色的文化资源充实多元文化互动的内容；以外来的优秀人才资源充实多元文化互动的师资队伍；以外来的现代技术资源拓展多元文化互动的方法和路径。

综上所述，合理筛选内部、外部的优质文化资源，优化与整合两方面的

---

① 转引自王鉴、万明钢：《多元文化教育比较研究》，民族出版社 2006 年版，第 21—22 页。

优质文化资源，是促进边疆地区多元文化互动、提高互动实效性的必由之路。

四、优化多元文化互动路径

在全球化潮流和科技日益发展的今天，对各民族文化多样性的探索，既符合全球化背景下"和而不同"的要求，又可实现多元文化互动"美美与共"的目的。本书中的多元文化互动层次多元，强调学校、社区、家庭、村落等的相互作用。因此，多元文化互动应紧扣时代脉搏，从多元文化主体的实际需求入手，探索开放式的互动路径。

（一）创设多元文化互动平台

搭建多元文化互动平台，既是推动西南边疆地区稳定持续发展的前提，又是促成多元文化良性互动的基础。

首先，关注多元文化交流学习平台建设。多元文化互动基础设施的完善，一方面有利于多元文化活动的组织开展，另一方面则为多元文化互动创设条件。目前，西南边疆地区社区（或乡镇）、村落，尤其是学校的多元文化教育基础设施明显不足，大部分学校由于第二课堂活动场地有限、特色活动基本条件不足等原因，只好压缩活动时间，减少甚至取消活动。因此，建设完善西南边疆地区文化教育基础设施，并充分发挥其作用，搭建多元文化交流学习平台迫在眉睫。其主要举措如下：一要加强对多元文化互动的领导和组织。各级领导要严格落实国家加强民族团结、促进文化和谐的有关政策，认识多元文化互动的价值，为推进多元文化互动的深入开展提供政策保障。二是设置专项经费与多渠道筹措经费并举，为多元文化互动提供经费保障，逐步改善社区、村寨，尤其是学校开展多元文化活动的条件。三是促进多方合作，充分发挥现有设施的功能，共创多元文化交流学习的平台。各有关部门应深入推进学校与家庭、社区、社会其他机构的多方合作，优势互补、资源共享，形成合力，构建复合型多元文化交流学习平台，形成全社会重视多元文化互动的良好氛围。

其次，重视多元文化互动师资培训平台构建。就四县市学校的情况来看，普遍存在教师少数民族文化知识有限、组织多元文化活动能力不足、专业师资队伍建设滞后等问题，在一定程度上影响了学校多元文化活动的开展。因此，应借助校内外资源，搭建多种形式的培训平台，提高四县市广大教师的多元文化素养，组织开展多元文化活动能力和技能培训，培养具有较高水平的师资队伍。其主要举措如下：一是要借助现有的、分散在各部门的文化教育资源，如教师进修学校、教育研究中心、文化馆或青少年文化活动中心等，搭建区域性多元文化教育培训平台，针对学校领导、教师、社区工作者开展专项培训，学习国家相关政策、多元文化互动的相关理论，提高其对多元文化互动价值的认识，提升多元文化互动理论和实践能力。二是要整合校内资源，针对校内的具体问题，搭建多种形式的校本培训平台。例如，切实抓好新教师和非少数民族教师的多元文化教育培训。通过集中培训、座谈研讨、主题活动、走进传承基地等方式，加强其对多元文化理论知识和当地少数民族文化习俗等方面知识的综合学习。三是借助当地文化传承基地和村落的独特优势，构建复合型培训基地，提升教师组织多元文化活动的能力和技能，形成专兼职相结合的专业师资队伍。例如，加强学校与村落、社区、非物质文化传承基地、民俗传习馆等方面的联系，拓展学校教师的培训面、增强民族文化体验和实操能力。事实上，多元文化互动复合型培训基地建设的意义，不仅仅是培训教师，更重要的是它为学校开展多元文化活动提供了经验丰富的专业教师，为学生的学习、实践提供了做中学的重要场域。

最后，加强多元文化互动信息平台创建。随着现代信息技术的迅速发展、网络平台的不断延伸、少数民族语言录入系统等新技术的陆续推广应用，时间概念在压缩，空间边际在模糊，不同地域之间、不同民族之间、不同群体之间的文化互动和交流不断加强，在很大程度上打破了传统多元文化互动的方式与路径。因此，创新多元文化互动的信息平台，对促进西南边疆多元文化交流具有重要意义。其主要举措如下：一是借助现代信息技术手段，实现少数民族优秀文化资源的数字化处理，建立民族文化数据库，为民族文化的保护与传承提供新的平台。二是借助现代传播技术，创新多元文化互动的交互平台。例如，尝试将多元文化互动与互联网络、移动电视、手机终端等新媒体业务融合，以微信、APP等实现多元文化资源共享，以群聊、网页互动等形式加强文化交流。三是鼓励创作和开发适合新媒体传播的多元文化动画、音频、网络游戏等优秀作品，为文化交流创设更为宽广的平台，扩大民族文化的传播力和感染力，满足大众民族文化知识学习的需求。

（二）统合多元文化互动方法

在调研的四县市中，大部分学校以"民族特色活动工程"为蓝图，以"控辍保学"为目标，重视对各民族学生的培养，但基于多元文化互动的区域限制，其多元文化互动相对有限。为促进各民族的多元文化互动，探索新方法成为必然。

首先，传统与现代相结合，创新多元文化互动方法。政治、经济、文化的交互发展，电视、局域网络、微信等通信技术的发展，打破了原有的地域和民族局限，为民族文化知识、技能的学习拓宽了渠道，使"跨越式""网状化"的沟通交流成为可能，也使各群体的需求更加多元。为提升多元文化互动方法的实效性，应融合传统方法和现代技术。就学校来看，多元文化活动的开展要充分发挥电子白板、多媒体设备、学校机房等新资源优势，通过视频、音频、电子书等形式，为学生创造良好学习条件，随时随地学习各民族文化；借助信息化平台，以微信、网络媒体、家长委员会、村落文化廊等形式，加强学校与村落、社区间的互动交流，以形成多元、动态、开放的文化场。就社区（或乡镇）、村落而言，应该认真做好民族文化知识宣传管理工作，及时反馈家长、村民、学生、教师等不同群体的学习情况及需求，定期对民族文化信息资源库进行更新和维护。

其次，包容文化差异，重视生活化教学。四县市多元文化互动主要以学校多元文化教育为载体，存在知识化、说教化、形式化、表层化、同质化等问题，一定程度上忽视了多元文化源于生活的实质，从而影响了文化互动的有序推进。多元文化源于生活，多元文化教育应突破学校教育局限，从日常生活入手，拓展教育形式，充分发挥家庭、社区、学校的交互作用，为多元文化互动主体的交流互动创设条件。就学校多元文化教育看，民族服饰、建筑、饮食、图腾等元素为常见教学内容，将课堂延伸至村落、社区等地，便于弥补场地、时间、师资等方面的欠缺，以在具体实践中拓展学生交流空间，提升文化认同和文化自觉性。同时，学校与社区、家庭合作开展民族节庆活动、民族文化展演和宣传，既能引起家长、村民的共鸣，又能激发学生对各少数民族文化的学习兴趣，了解并尊重不同民族的风俗，树立文化包容、和谐共荣的理念。

最后，"教学做合一"，在互动中实现多元文化的价值。针对四县市仍存在的多元文化互动形式化、表层化、教条化，互动交流的群体局限于同一民族或同一村落等问题，学校、家庭、村落、社区应进一步推进、深化多元文化互动，不断践行"教学做合一"的理念，重视在实践中提升学生、教师、家长和村民、社区工作者等的多元文化素养和能力。"教学做合一"要求教、学均要以"做"为核心，以学习者为中心，因此，多元文化互动应努力做到三者的有机结合。其具体举措如下：一是唤醒多元文化互动参与者的主体意识，无论是教师、学生、家长和村民还是社区工作者，在互动过程中既是参与者、实践者，又是学习者、传承者、创新者。二是在互动过程中实现教与学的统一，即在具体活动过程中达到教与学的目的，实现对多元文化知识的传承、多元文化情感的培养、多元文化能力的提升。三是在多元文化互动的实践活动中，体悟多元文化的魅力、感受多元文化的深邃、吸取多元文化的精髓，形成文化平等、文化包容、文化共荣的价值观，增强对本民族文化、对多元一体中华文化的认同与自信。四是通过多元文化互动的实践活动，进一步促进边疆地区文化和谐、民族团结、社会稳定、经济繁荣、边疆安全，彰显多元文化互动的重要价值与作用。

──────○ "瓶颈"与对策：明晰问题谋多元文化互动发展 ○──────

我们的调查研究表明，西南边疆多元文化互动总体状况良好，国家、区域、社区（或乡镇）、村落和学校五个空间层面的多元文化互动都有较为明显的兴起趋势。例如，国家和地方政府重视对民族文化的保护性传承，积极制定相关的政策措施，学校有意识地开展多元文化活动，并在促进多元文化互动良性发展方面发挥了主体性、导向性的作用。

但是，限于当前教育体制，限于从政府到学校对多元文化互动价值认识的偏差，限于地方政府有限的多元文化互动支持政策、策略，西南边疆多元文化互动存在较为明显的发展"瓶颈"。主要表现在以下几个方面。

一是多元文化互动主体对多元文化互动的目标认识有待提高。表现为多元文化互动主体对多元文化互动宏观目标的认识较片面，对多元文化互动微观目标的认识较单一。例如，大多数领导和教师都把多元文化互动片面地理解为多元文化内容，把多元文化互动的关注点放在互动的内容上。以学校为例，教师更关心的是不同民族的文化在学校教育中的体现，所以通过兴趣小组、节日活动等途径将丰富多彩的民族文化充实到教学内容中。然而，对多元文化互动目标指向不清楚，即为什么要这么做，还可以怎么做，如果不这样做会怎么样，学生通过多元文化教育到底获得了什么成长，从教师到学生的多元文化互动素养提高了与否。对此类直指多元文化互动目标的思考是欠缺的，也缺乏可评估的标准。目标导向不清晰，是西南边疆多元文化互动一个比较突出的问题。

　　二是多元文化互动的内容表面丰富实则单一。丰富与单薄本是一对矛盾，似乎不可相容。但是通过对西南边疆多元文化互动内容的分析发现，多元文化互动内容丰富的表象下透出的却是内容的单薄。内容服务于目标。当我们把多元文化互动的内容和目标联系起来时，就会看到西南边疆多元文化互动内容丰富而单薄的特点。首先，从丰富性上看，多元文化互动的内容的确是非常丰富的，服饰文化、饮食文化、节日文化、艺术文化、宗教文化、语言文字……丰富多彩。但如果拨开丰富的面纱，我们会发现，之所以会给人以西南边疆多元文化互动内容丰富多彩的印象，是因为我们所研究区域本身就是一个多民族大杂居、小聚居的区域，文化的丰富多彩是其常态。然而，各民族文化的丰富多彩，并不等于多元文化互动的丰富多彩。其二，多元文化互动的丰富多彩并不等于多元文化的深层互动。也就是说，多元文化互动至少是有两个层次的，表层互动和深层互动。文化的平等并立、和谐共处和不同民族的相互接触，这仅仅是表层的"接触"层面，而未有交融、融合和创生这样深层的多元文化互动层面。西南边疆多元文化互动，给我们的印象便是一种丰富多彩、无处不在的"接触"，然而深层次的互动是远远不够的。表现在"五层空间"多元文化互动的关联性不足、深度不够。在实践层面，从多元文化互动意愿到目标、内容、路径、形态和成效上并未形成深层、完整的互动链条。正是这样的状态使西南边疆多元文化的互动呈现出丰满的外表、骨感的内里。

　　三是多元文化互动路径的目标导向不清晰。研究发现，西南边疆多元文化互动的路径不可谓不多样、平台不可谓不丰富，如节日活动、兴趣小组活动、大课间活动、培训活动，等等。但其最大的"瓶颈"问题有两个方面，一是学校并未从根本上将多元文化互动融入教育体系。当然这不仅仅是学校内部的问题，也是当前无法改变的教育体制及其他方面的局限。二是以学校为中心的多元文化互动处于"孤岛"状态，多元文化互动成了学校和教师需要在正常教学之外的"额外"工作，再加上政策的支持不够、激励不够，家庭、社区与学校多元文化联动机制尚未建立等原因，良性、健康的多元文化互动既不能抬高成一种"精神负担"，也不能沦落为一种"娱乐活动"，那么多元文化互动何去何从？要回答这个问题，就必须树立一种以目标为导向而兼顾过程的多元文化互动路径意识。多元文化互动的路径和方法同样是服务于多元文化互动的目标和过程的——当前多元文化互动的过程是和谐的，但也是散漫的，然而目标在哪里？定位在哪里？走向一体多元或多元一体的大方向也是清楚的，然而过程目标何在？区域差异如何体现？这些问题正是当前束缚西南边疆多元文化互动的"瓶颈"问题，值得我们进一步思考和研究。

　　有鉴于以上关于多元文化互动"瓶颈"的分析，我们提出了以下促进多元文化互动的对策和建议。

　　一是让多元文化互动主体，包括国家、区域、社区（或乡镇）、村落和学校五个空间层面的多元文化互动主体真正重视多元文化互动、正确理解多元文化互动内涵、纠正对多元文化互动认识的偏差，培养各群体的多元文化互动情感和多元文化互动意识。

　　二是必须建立以学校多元文化互动为中心的"一体两翼"多元文化互动体系。统合学校、村落和社区（或乡镇）多元文化互动关系，将多元文化教育从根本上融入当前的学校教育课程体系，包括构建多元文化互动目标体系、内容体系和评价体系。整合多元文化互动内外部资源，理性处理外来文化与本土文化的关系。而这涉及广泛的教育改革问题和民族教育问题，需要长期的努力。

　　三是搭建学校内外多元文化互动平台，尊重传统节日文化在多元文化互动中的价值和意义，并给予正确的引导，确立以学校为中心的多元文化互动体系，同时充分利用现代技术手段，如网络技术平台等，将传统方式与现代方式相结合，搭建一个多维主体、多维路径、多维参与、多维交互、多维对话的多元文化互动平台，打破当前多元文化互动路径松散、主体单一、合力难成的局面。

四是通过各种培训，提升多元文化互动主体的多元文化互动素养，特别是提升政府主体和教师主体的多元文化互动素养，提升多元文化互动主体政策制定、政策把握和政策落实能力。这是推进多元文化互动的关键。前者作为管理者主体，关系多元文化互动的价值导向和政策制定、评价体系确立等，后者作为实践主体，直接决定多元文化互动（含多元文化教育）的目标、内容、成效的达成。两大主体相辅相成，互相成就。

第七章 和谐之根：人类学视野下幼儿家庭多元文化互动的个案研究

　　幼儿通常是指0—6岁的儿童，这一阶段儿童的身体和心理都处于发展的关键期。此时的幼儿还未形成自己的价值体系，家庭中长辈的行为习惯、道德规范、价值观念等都会对幼儿产生重要影响。促进多元文化背景下幼儿的家庭多元文化互动，可以更好地帮助他们学习本民族的文化，理解、包容其他民族的文化，对培养其跨文化适应能力、初步形成多元文化社会所需要的价值观等具有重要意义。

　　田野调查法是人类学最有特色的一种研究方法，也是获取资料的重要途径。研究者先后于2016年5月3日至16日，2016年9月19日至10月17日两次进入耿马县S村W家进行实地考察研究，获得了丰富的第一手资料。在田野调查中，研究者主要运用参与观察法和访谈法。

　　首先，研究者以观察者的身份参与到当地人的日常生活中，与研究对象W一家同吃同住，与S村人共同分享生活经验，并近距离感受和观察他们习以为常的文化风俗、民俗生活。民族文化的传承与交融往往会通过人们的外在行为，如饮食、服饰、语言、行为方式等表现出来，研究者通过亲身参与到他们的生活当中，观察人们的外在行为，从中探究在多元文化背景下少数民族幼儿家庭多元文化互动展开情况。

　　其次，研究者通过与个案家庭中的主要成员深度交谈，了解该家庭中多元文化互动的状况。本书涉及的主要访谈对象有：S村W家的W支书（以下简称 W)，W 的母亲 H，W 的妻子 T，W 的儿媳妇 F，以及 W 的孙子 YD、YBL，孙女 YS、DD 等。

第一节　走近 W 家：打开一扇多元文化互动之窗

一、S 村：一个得天独厚的多元文化社区

W 家位于耿马县 S 村。S 村属于耿马县 H 乡，距离乡政府 5 千米，距离耿马县城 15 千米。S 村现有耕地面积 7424 亩，其中水田 1777 亩、旱地 5647 亩，林地面积 10241.4 亩。全村的经济收入来源主要是甘蔗。

全村下辖 10 个自然村、12 个村民小组。12 个村民小组中，只有 Z 组是傣族聚居村，其他村民小组基本都是佤族聚居村落。由于与外界通婚等原因，村中还有一些其他民族如汉族村民。由于 S 村各族居民历史上长期聚居，村内的日常生活随处体现着不同民族的文化特征，村内各民族之间的相处也十分融洽。

（一）杂居环境的影响与渗透

佤族通常生活在山区。S 村平均海拔在 1100 米以上，山地较多，村里 91% 以上的居民皆为佤族，他们世代居住在这里，历史久远。S 村唯一的傣族寨子 Z 组，其历史相对较短，据 W 介绍，Z 组在历史上几经毁灭，最近的一次重建是在清朝。

总而言之，S 村作为佤族与傣族人民共同居住的村落，形成了大杂居、小聚居的格局。一方面，各民族居住的寨子相互交错，各族人民相互交流，有着密切的经济往来，且不同民族间的文化相互沟通、相互吸收、相互兼容，形成了独具特色的文化圈。另一方面，在不同民族大杂居的背景下，各民族又以村寨为单位形成了小聚居的格局，使得各民族原有的饮食、语言、风俗习惯等得以保留与传承。

（二）村领导的重视与宣传

尽管不同的民族共同生活在同一个村落中，但民族之间的文化差异并没有因此而消失，也就是说，虽然傣族和佤族共同生活在 S 村已经有百年以上

的历史了，但各民族还是较好地保存了各自的民族特性。那么，如何保证具有不同民族个性的人们能够和谐地共同生活呢？这其中少不了基层组织村委会的作用。

1. 明确的村规民约

S村很早就有村规民约，而且会根据实际情况的变化和时代的发展调整相关内容。2015年，为了响应政府有关创建文明、安全、规范、和谐村寨的要求，S村村委会修改了村规民约。新村规民约的第十章"家庭邻里管理"第四十八条明确提出：搞民族分裂、拉家族派系肇事者，罚当事人每人每事100元。此规定以具体的条款和处罚措施体现了各民族和谐共处的基本原则，不仅有助于减少不同民族居民间的矛盾与冲突，而且可以通过条例的方式对村民进行思想上的宣传与教育，帮助他们树立民族平等、和谐共处的观念。第四十九条规定：对破坏开展民族风俗文娱活动者，每人每次罚款20—100元外，还要弥补损失。此条目旨在要求村民不仅要尊重与传承本民族的特色文化活动，更要学会理解与包容其他民族居民的文化娱乐方式，不可因为民族偏见而故意破坏其他民族的文化活动。

由以上规定可以发现，S村民族的文化互动及和谐共处已是一项重要的文化政策。从乡政府到村委会，达成了一致共识，不但通过日常的宣传教育活动来普及民族团结的理念，更是通过具体的条例来明确相关要求，既从主观上帮助他们形成正确的民族观念，又从客观上培养他们的民族行为，进而推动村内民族工作的顺利开展。

2. 核心的民族团结工作者

明确的规定可以约束村民的行为，但人与人的关系真实而复杂，当真正遇到矛盾时，并不是几条冷冰冰的条例就可以解决的，如何才能做到既解决问题，还让村民从思想上真正接受民族平等的观念，这就需要基层工作者的努力与付出了。S村的W就是这样一位基层领导干部，他曾荣获"民族团结进步模范个人"称号。

由于特殊的生活环境以及工作背景，W常常与傣族居民和佤族居民打交道，加之他本人勤奋好学，所以精通傣语、佤语、当地方言等多种语言，且对傣族文化和佤族文化都非常了解。此外，W对村里的一切情况了如指掌，村中居民的数量，各自的民族，每家的经济状况，甚至每家每户有几口人、都叫什么名字、多大年龄，谁家有困难，谁家孩子上大学，谁家老人生了什么病，这些情况他都清清楚楚。

W一直都平等对待每户村民，而不因为民族的不同而有所区分。在农忙时节，每家每户都要砍甘蔗，当支书了解到哪一户人手不足，需要帮助时，就会发动村里的其他居民去帮助这家人，于是在村中时常可以看到一片甘蔗地中，有佤族人，也有傣族人，大家不分彼此，一起劳动。关于精神文明建设，一方面，他要求村里要经常组织各种文艺活动丰富村民的生活，如佤族传统的打歌活动、拔河比赛、文艺汇演等；另一方面，他要求抓好教育，尤其是义务教育。W经常前往S村完小，与教师、校长交谈，不但竭尽全力支持学校开展各种民族文化活动，而且积极协助学校设计开发校本课程，让孩子们在学习科学文化知识的同时，保持对本民族文化的传承以及对他民族文化的了解和学习。

自从W上任以来，S村没有出现一件上访和投诉案例，他用自己真诚而火热的心感染了每一位村民，为村民树立了榜样。在他的带领下，S村不但形成了经济快速发展、全村奔小康的良好势头，更呈现出各民族团结共处、全村一家亲的和谐景象。

二、W家：一个多元文化互动的场域

（一）W家的家庭结构

W家住在S村Z组。Z组内绝大多数家庭为傣族，只有几户佤族村民。相对而言，W家的民族构成是村内较为复杂的。

W是S村的支书，村民都亲切地称呼他为W支书。W家人丁兴旺，四代同堂，是一个幸福和睦的大家庭。W的母亲H，虽已过耄耋之年，但身体仍非常健康，是家中最为年长的老人，深受整个家庭的尊敬与爱戴。H育有四个儿子和一个女儿，大儿子便是W，H常年与大儿子一家住在一起。W与妻子T共同养育了三个孩子，一个儿子和两个女儿，现在三个孩子都已成家，并都有了自己的孩子。W的大儿子与儿媳生育了一儿一女，女儿YS较大，已在县城里的M小学读三年级；儿子YD较小，刚过4岁，秋天才开始读幼儿

园。大儿子一家同 W 夫妇及 H 共同生活在 Z 组，承担了家里大部分的农活。W 的大女儿和女婿也养育了一个可爱的女儿 DD，一家人生活在县城，DD 在县幼儿园读大班。W 的小女儿一家也生活在县城里，他们家的孩子是个一岁多的小男孩叫 YBL，由于平日工作繁忙，孩子一直由 W 照顾着。

W 家人口多，民族构成也较复杂。W 的母亲 H 是土生土长的当地人，本是汉族，但因为从小生活在傣族寨子里，平日穿傣族服饰，说傣语，吃傣族食物，信仰小乘佛教，从她那里可以听到很多关于傣族的历史和文化故事。W 的父亲 X 来自丽江市宁蒗县，普米族人。尽管 W 不精通普米族的语言，但深受普米族文化的熏陶，W 家在很多方面依然保存着普米族的文化传统与民族特色。W 的妻子 T 是地道的 Z 组人，傣族，W 家的三个子女民族身份都随母亲，是傣族。W 有两个女婿，大女婿是来自凤庆的汉族，他的女儿民族身份随母亲，是傣族；小女婿是地道的四排山佤族，他的儿子民族身份随父亲，是佤族。此外，W 的妹夫是来自丽江的纳西族，其三弟媳是彝族。所以，这个大家庭由普米族、傣族、汉族、佤族、纳西族和彝族六个民族构成。可想而

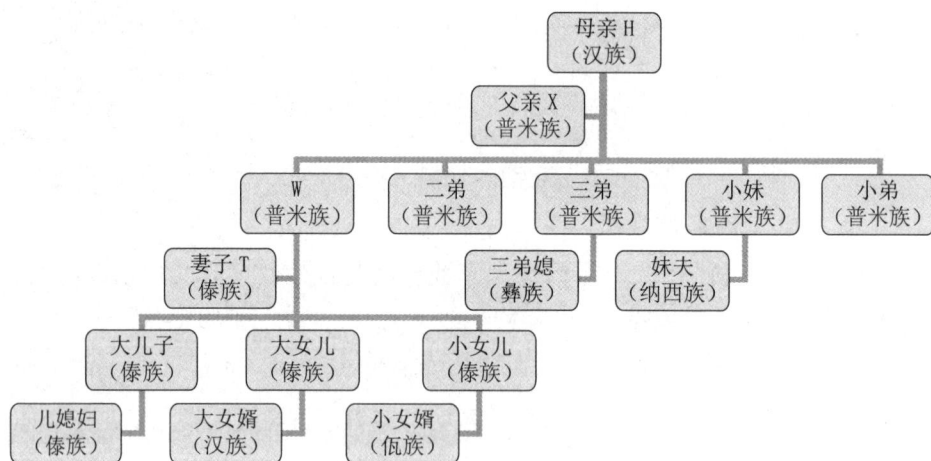

图 7—1　W 家的家庭结构图 ①

---

① 此图只标出在民族成分方面有代表性的部分家庭成员。

知，这样的民族背景必然会体现在生活中的方方面面，如语言、饮食、服饰，甚至价值观念等，这样的家庭必然是一个民族文化丰富的家庭。

（二）支持民族团结的家族传统

在 W 一家中，支持民族团结，努力做到与其他各民族和睦相处，是几代人的基本价值观念。

1. 开拓奠基的第一代

（1）多元文化的启蒙

W 的外公外婆，原本是临沧的汉族人，因为逃避抓壮丁，举家逃难至 S 村。当时的 S 村大多是佤族，Z 组则都是傣族。这家人很快适应了当地人的生活，从服饰到饮食，甚至掌握了傣族的语言。当 H 出生时，一家人搬到这个寨子已经近十年了。所以，H 在成长过程中接触到的更多是傣族的传统文化。他们一家人在这个少数民族杂居的寨子里生活多年，如果 H 不提到这段历史，外人很难猜到他们家本是汉族。

在 H 儿时，S 村是山上的居民来往县城的必经之路，很多佤族人从山上走到县城需要两三天的时间，而 S 村恰好成了他们歇脚的地方。H 当时的家就在主路边上，借宿在他们家的佤族人格外多，H 关于佤族最初的认识就源于此。因为当地一直流传着佤族人会砍人头祭祀的传说，所以 H 从小就很害怕佤族人。年幼的 H 第一次见到他们时，立刻被吓哭了。

> 我第一次看到佤族人的时候特别害怕。他们皮肤很黑，比我们黑多了，头发都散着，不穿上衣，下身用一些动物的皮或者草围一下权当衣服了，打着赤脚，很多人还会背着弓箭和短刀在身上。再加上他们说的话跟我们完全不一样，所以，当时真的是很害怕，都不敢靠近他们，更不敢和他们讲话。（F-H-16/09/23）

> 还好那时有妈妈，她耐心地告诉我，这些人其实和我们是一样的，只是因为他们生活在不同的地方，所以皮肤黑点，说的话也不一样，但是他们都是好人，可以和他们做朋友的。就像我们刚刚到这里的时候一样，那时的爸爸妈妈也听不懂大家在说什么，所有人穿的吃的都和我们不一样，但是慢慢地和他们接触多了就知道，大家其实都是很善良、很热情的。所以，不要害怕，多和他们玩一下，你就会喜欢上他们

的。（F-H-16/09/23）

在妈妈的劝导下，H开始试着与这些"不太一样的人"接触。起初，H和他们互相都听不懂对方在说什么，大家用手比划着交流。佤族人非常热情，不管见到什么人都是笑脸相迎，有的时候还会从山上带来他们的风味小吃，比如烧苞谷，H说直到现在她都能够记得那些苞谷的味道。慢慢地H不再害怕了，他们每次到H家，她总是冲上去主动和他们玩。H说，这都得益于妈妈当年及时而且正确的引导。

（2）一生从事民族工作

1950年，耿马县和平解放。政府专门派遣民族工作队，在民族地区进行政策宣传，让边疆人民了解和认可共产党和新中国。因为既会说汉语，又会说傣语，而且性格开朗，与人为善，所以当时的H被选为民族工作队的一员，被派到县城去培训。培训结束后跟随民族工作队进村工作，由工作人员讲解党的政策，H做翻译工作，当村民遇到什么不理解的问题，就由H从中协调沟通，确保了党的政策可以宣传到户。此外，因为H接受过多年的教育，在当时的少数民族地区属于难得的人才，所以，后来H长期主持S村的扫盲工作，并担任S村卫生所的接生员。在工作过程中，通过与佤族人民频繁的接触，对佤族人民的文化风俗有了更为清晰的了解。

在工作队里，H认识了来自丽江，较早就开始从事民族工作的X。X是来自丽江的普米族人，16岁时经过层层选拔，被送往昆明的云南民族学院学习。经过两年的培训，X成为一名正式的民族工作队成员，被派到耿马工作。在工作中，H与X相识相爱并结婚，然后在Z组定居下来，民族工作队的工作结束后，X被安排在乡政府任职，继续从事民族相关工作。

人生匆匆几十载，H和X从事了一辈子的民族工作，对当地的少数民族文化了解甚深，他们一生都致力于维护各民族的团结与边疆的稳定。如此的人生经历，使得一家人有了极高的思想觉悟，并将此融入对下一代的教育当中。

2.薪火相传的第二代

（1）多元文化的浸染

X从小生活在玉龙雪山下，祖上曾富甲一方。到了X一代家道中落，日子大不如前。X 自参加工作便定居在耿马，过着清贫的日子。在"文化大革命"时期，因为祖辈的原因，X 被划定为地主，失去了工作，还被遣返回原籍。

　　X 和 H 在丽江生活了六年的时间，有三个儿子都在丽江出生，大儿子也就是 W，是 X 和 H 到丽江的第一年出生的。丽江老家都是普米族人，所以，W 从出生开始接触到的都是普米族文化。跟着家中的长辈和周围的邻居，W 吃普米族的玉米和青稞，学会了普米族的语言，会跳普米族的民间舞蹈，直到现在还保持普米族特有的宗教信仰。后来 X 平反，一家人从丽江迁回了耿马，回到了 S 村。周边的亲戚朋友一下从普米族人变为了傣族人，身边的人都说着听不懂的话，邻居的小伙伴也因为语言不通不和 W 一起玩，年幼的 W 一时很难适应，总是很伤心地哭。这时，H 学着她母亲当年的样子，跟 W 说：

> 　　没事的，村里的小伙伴不是不喜欢你，只是因为你刚刚从爸爸的老家回来，和他们说的话不太一样，他们不知道你到底想干什么。妈妈以后会多教你一些傣族话，你也多和他们在一起玩，把你的好吃的，你的小玩具拿给大家一起玩，慢慢小朋友就会喜欢你了。（F-H-16/09/22）

　　从那时起，H 也开始有意识地让 W 多接触傣族的文化，如做一些傣族的特色菜，缝制傣族的小衣服，教他傣语，带着他参加傣族人的节庆活动。慢慢地，W 开始适应傣族人的生活，糯米饭、牛撒撇和酸肉等食物不知不觉成了 W 的最爱，傣族的泼水节更成为 W 儿时一年中最期待的日子。他喜欢上了傣族的服饰，学会了傣族的歌曲与舞蹈，还经常到缅寺里念经拜佛。不到一年的时间，W 接受了当地的傣族文化，并融入其中。

　　生活在傣族、佤族聚居的村子里，W 和弟弟们经常会在放羊、去田里劳动的时候遇到佤族的孩子。一来二往，大家接触得多了，便成了非常要好的朋友，饮食上互相分享，衣服换着穿。

　　W 是个非常聪明且勤奋好学的人，他知道如果想和他的佤族小伙伴玩得更好，就一定要说同样的语言，所以他开始学佤语。他从学会听佤语开始，渐渐地可以用佤语与佤族小伙伴沟通。他还喜欢去佤族小朋友的寨子里做客，喜欢吃他们的玉米饭和鸡肉烂饭，喜欢和大家一起打歌。

（2）钟爱民族事业

W 的一生都在为民族团结作着贡献。初中毕业的 W 因为掌握多种少数民族语言成为当时不可多得的人才，来自省里的专家点名邀请他到省城的电影制片厂工作，做电影翻译员，将汉语的电影翻译成特定民族语言的电影。但 W 考虑到家中负担较重，没有接受这份工作，而做了一名电影放映员，为附近各村各寨的居民播放电影，丰富他们的文化生活。之后 W 先后担任了 Z 组的组长、S 村的村支书，并工作至今。在任期间，W 不但带领全村百姓致富，更是为 S 村营造了和谐与稳定的氛围。

综上所述，W 家有着优良的家族传统，每代人对于多元文化的了解虽有不同，但都保有多民族平等、文化共荣的观念。这样的家庭环境对于幼儿的成长具有积极意义。

第二节　生活活动：播下多元文化的种子

一、兼容并蓄：饮食中的家庭多元文化互动

W 一家的饮食如同他们接触的文化一般丰富多彩，饭桌上常常既有傣族美味，也不乏佤族美食，孩子每日都与多元化的饮食相伴，并爱上了这不同的美味。

由于家中多是傣族人，而且家中每餐饭基本都是由 W 的妻子 T（傣族）负责，所以餐桌上主要以傣族菜品为主，平常会有酸牛脚筋、凉拌牛干巴、傣族豆豉等，遇到特殊的日子就必有糯米饭、牛撒撇、牛扒烀等。

W 一家对佤族菜的钟爱程度丝毫不低于傣族菜，其中全家人最爱吃的便是佤族最出名的特色菜——鸡肉烂饭，佤语称"布安纳亚"。鸡肉烂饭是佤族人家逢年过节、招待客人必不可少的菜肴。佤族因为生活在山区，粮食较少，生活条件艰苦，少量的粮食煮成粥就可以填饱更多人的肚子，在其中加入鸡肉还有各种作料，不但口味丰富，而且又是菜又是饭，一举两得。W 一家都非常喜欢吃鸡肉烂饭这道菜，有时候是隔壁佤族邻居送来的，有时候自己家也会做，因为家中的小孩子都特别喜欢吃，所以 T 一个月至少会做一次，满

足一下大家的食欲。

一张简简单单的餐桌承载着深厚的文化内涵，不同的饮食折射出不同民族的饮食习惯。幼儿通过品尝、接纳不同民族的食物，学会了尊重这种饮食所代表的民族文化，也对这种民族文化有了最初的认识和了解。

二、多姿多彩：服饰中的家庭多元文化互动

W 一家的服饰可以用五彩缤纷来形容，家人大多数时候穿汉族服饰、傣族服饰，有的时候也会穿佤族服饰。上年纪的女性，如 H 和 T 平常都会穿傣族服饰，基本不穿汉族服饰；而年轻人，如 W 的儿子和儿媳通常穿汉族服饰，但他们每个人也都有自己的傣族衣服，在重要的节日或者特殊的仪式上穿。因为现在的傣族人家已经很少自己做衣服，去外面买又价格昂贵，所以平日里幼儿多穿着汉族服饰，而在每年泼水节到来前，家长都会专门带着孩子去定制一套傣族服饰，以便泼水节时可以盛装出席。W 的儿媳 F 每逢泼水节就会给女儿 YS 定制一套傣族服装，让她在泼水节当天穿。YS 从 3 岁开始学习葫芦丝，参加表演时需要穿傣族服饰，所以她有很多漂亮的傣族裙子。

作为村支书，W 会和村中各户村民频繁往来，这其中就包括傣族村民和佤族村民。其中一个佤族妇女非常喜欢 W 的小孙女 YS，每年都会做一套佤族的小裙子给 YS 穿。佤族衣服多用棉线纺织而成，质感很好，也很透气，相比多用丝绸制作的傣族服饰，孩子穿起来会更加舒服。加之佤族服饰多用红、黄、蓝等非常鲜艳的颜色，因此 YS 很喜欢穿这些佤族的小裙子。

图 7-2　小孙女 YS（傣族）身穿佤族服饰

YS 本来就随我，皮肤比较黑，每次一穿上佤族的衣服，开心地到处蹦蹦跳跳的时候，你还真会以为她是个佤族孩子呢！（F-W-16/09/23）

W家的大人看到孩子们穿傣族或佤族服饰，总是称赞他们漂亮，这让孩子们更喜欢穿不同的民族服饰。作为一种文化符号，服饰承载了各民族的传统文化。生活在寨子中的幼儿时常可以看到周围的人穿着各式各样的民族服饰，对其样式、色彩以及材质的不同幼儿都会有所感知。此时家长适当的引导和鼓励会促使幼儿形成对不同服饰文化的认识；当幼儿穿上不同民族的服饰，则会以另一种更为亲近的方式，领略和感受该民族的文化。

三、和而不同：宗教信仰中的家庭多元文化互动

在民族结构复杂的W家，宗教信仰的多元化体现得尤为突出。在厨房和二楼的客厅里，便蕴含了普米族和傣族两个民族的宗教信仰。

（一）普米族的祖先崇拜

在厨房里，灶台的右上角一直摆着一只小碗，碗里始终装满各种饭菜。在制作一日三餐的过程中，每做出一道菜，必须先从锅里盛出一点放进小碗里，每餐的米饭也需要盛一点放进小碗里。这是W家对普米族祖先的供奉。普米族相信过世的祖先只是去了另外一个地方，活着的人只有让祖先丰衣足食，祖先才会保佑一家老小。

图7-3 厨房中体现的普米族的宗教信仰

在家中，孩子们每日进出厨房，都会看到这只与众不同的碗，刚开始他们都会充满好奇地追问家中的长辈。T说，YS在小时候就时常问她："奶奶，那个小碗是做什么的？为什么总要往里面放饭呢？"面对这样的问题，T会细心地给她讲：

> 这里是我们的祖先，他们去世了，到了别的地方，但他们每天都会回到家里吃饭，所以我们要在碗里装满饭，他们才不会饿啊。他们吃饱了，过得好了，就会保佑我们，也让我们生活得幸福。（F-T-16/05/13）

小小的 YS 似懂非懂地点着头，默默地在心里记下了这项每日生活中必不可少的活动。

普米族利用这种方式，一方面表达了后代对于祖先的敬畏与怀念，另一方面也表达了自己希冀祖先保佑的美好愿望。在潜移默化中，幼儿不但习得了普米族这种敬畏祖先的做法，也学会了尊重和敬爱家中的长辈。

（二）傣族的宗教信仰

在二楼的客厅里有两处供奉神灵的地方，一处在进门正对的位置，另一处在它的左侧。在进门正对面的墙上贴着一张照片，照片上是一位佛爷，佛爷的背后有一座白塔。这是缅甸一位很有威望的佛爷，是这座白塔的建造者，供奉他的照片其实就是供奉佛祖。在这张照片正下方位置，有一个盘子，盘子里面有很多烧化的蜡烛。H 说，每逢初一、十五，家里供奉佛祖的时候就会点上蜡烛，这是傣族人民供奉神灵的方式。

每日中午，当煮熟的米饭透过锅盖飘出香味时，H 就会从柜中拿出一只小银碗，盛出最新鲜的米饭，一只手捧着碗，另一只手牵着 YBL，前往二楼客厅。进入客厅，H 会先脱掉鞋子，YBL 也跟着脱掉自己的小鞋，两人径直走向门正对的位置。H 在正前方跪下，YBL 站在旁边静静地观察着 H 的一举一动。H 将手中的银碗高举过头，口中念念有词，YBL 会静静地站在旁边看着。H 念完站起身来，手持银碗转向自己的左边，这时 YBL 也会随着 H 转身。

图 7-4　客厅中体现的傣族宗教信仰

这个方位有一个比较高的三层柜子，在柜子的最高层放着一只和 H 手中的银碗相同的银碗，里面也放着米饭，旁边还放置了经书和供佛的花叶。这是一个简单的佛龛，供奉的是家中的祖先神"叠瓦拉很"。H 高举银碗拜上三拜，然后用手中的银碗换下摆在柜上的碗，为祖先换上新鲜的米饭。这样就完成了整个仪式。

这就是我们傣族人家的信仰，一面供奉的是我们信仰的佛教的佛祖，一面供奉的是我们家的家神，也就是我们的祖先和死去的老人。每天给他们供上饭，让他们吃饱，才能保佑我们一家人平平安安、顺顺利利的。是不是啊，YBL？（F-H-16/09/20）

完成这些仪式，一家人才开始吃饭。

因为民族成分不同，W 的家庭成员拥有不同的信仰。但面对不同，W 想到的不是统一成一种信仰，而是尊重各个民族的信仰。这样，宗教信仰在这个家庭中呈现出一种多元化的状态。其实，任何民族的宗教信仰都是表达自己内心美好愿望的一种形式，都是祈求神灵和祖先的保佑，希望家人平安、家庭幸福。归根结底，多元化的宗教信仰传达的都是对美好生活的向往。

四、不拘一格：语言中的家庭多元文化互动

W 一家民族成分复杂，家庭内的常用语言也很复杂。通常只有 W 自家人在的时候，他们会说傣语；家庭聚会的时候，大家一般说汉语；而有佤族村民来做客的时候，大家又会使用佤语交流。多样的语言环境给正处于语言学习关键期的幼儿带来了很大的影响，家中的几个孙子、孙女都掌握了一些傣语、汉语、佤语。

（一）傣语

在 W 家，家庭成员之间的日常用语是傣语。在这样的环境中，幼儿学会的第一句话是由家长用傣语教的，生活中每一样事物的名称也是先用傣语表达，而日常的交际用语则通过聆听家长之间的交流以及自己与家长之间的沟通习得，渐渐地，幼儿便学会了用傣语表达自己的想法。

YBL 虽然是佤族，但从出生到现在基本都和 W 一家生活在一起，所以他的母语实际上是傣语。他现在接近两岁，正是学说话的时候，听着家里长辈每天都在说傣语，他学得也很快。吃饭的时候他会喊 jin hao（吃饭），饭桌上他会要 jin ne（吃肉），洗澡的时候水浇在身上，他会脱口而出 mei（烫）。尽管他现在还小，会说的词汇还很少，但可以看出家中最常用的傣语已经成为他最主要的语言。

（二）汉语

汉语也是孩子们日常生活中的通用语言，他们学习汉语和学习傣语的方式略有不同。因为家里人在一起的时候都说傣语，只有其他不是傣族的亲朋

好友来到家里时，大家才会说汉语，那时孩子们就会学到一些。

除了和大人学习，孩子们还有一种重要的学习汉语的方式，就是看动画片。YD 每天从幼儿园回到家，和长辈们打一圈招呼后，就冲进客厅，打开电视，切换到动画频道。他最喜欢看的动画片就是《熊出没》，一看这个动画片，整个人就安静了。

> YD 就喜欢看这个动画片。不过也好呢，看看这个，学会了好多汉语，还会唱那个歌呢。我们的汉语都不太标准，不好教他，他从电视里头学来的倒是标准呢。（F-H-16/09/23）

（三）佤语

S 村内有许多佤族的村民小组，他们常来 W 家。这时，W 就会使用佤语和他们交流。久而久之，孩子们也可以听懂一些佤语。此外，W 家的老邻居是世居的佤族人，时常在他们家里玩耍的 YS 和 YBL 也深受影响，学会了一些常用的词汇。

> 等 YBL 满了两岁，他奶奶那边的房子也修得差不多了，我就打算把他送到四排山跟着他奶奶了，因为他毕竟是佤族人嘛，还是要学习佤语和佤族文化才行。（F-W-16/09/24）

因为民族成分和周围环境的影响，W 的家庭成员会说不同的民族语言。在 W 家生活的孙子和孙女，也深受傣语、普通话和佤语的浸染。幼儿期是人类学习语言的关键期，W 家的语言环境和家长有意识的教育为其孙子、孙女学习多民族语言、进行多元文化互动奠定了基础。

第三节　艺术活动：体悟多元文化之美

一、美不胜收：歌舞中的家庭多元文化互动

生活在 S 村的村民，因为世代居住在山区，现代化的娱乐方式对他们的影响还不大。民族歌舞是他们生活中不可或缺的娱乐方式，一方面，各民族依然保存着自己的传统歌舞形式；另一方面，因为长期的聚居，不同民族间也在学习借鉴其他民族的歌舞形式。

（一）欢快轻盈的傣族歌舞

傣族是一个情感细腻、能歌善舞的民族，其民间歌舞历史悠久、丰富多彩，至今仍较好地保留着原生态的文化特质，多以道具舞蹈的形式展现，代表性的舞蹈主要有白象舞、马鹿舞、蝴蝶舞、孔雀舞、象脚鼓舞等。其中孔雀舞是最为人们熟知的民间歌舞。

> 泼水节非常热闹，因为距离县城近，县城里也有专门的庆祝活动，所以很多人都会到县城里去玩，我家的这些小孩最喜欢去看人家表演了。那几天沿着广场那条街有各种表演队，有的跳白象舞，有的跳马鹿舞，还有的跳孔雀舞，有的人敲着象脚鼓，热闹得不得了，小孩子也兴奋得很。我每年都带着他们去参加活动。我认为这样很好，能够让孩子们了解我们民族的文化。（F—W—16/09/22）

在 W 看来，民族歌舞是了解一个民族传统文化的重要方式，时常带孩子们参加各种活动，让他们亲身体验民族歌舞的魅力，可以加深幼儿对这个民族的了解，增进对民族文化的热爱。

（二）热情奔放的佤族歌舞

佤族是一个热情奔放、更为原始的民族，他们的舞蹈很少需要道具，只要有歌曲，他们在任何地方都可以随时表演。当地流行这样一句话，"佤族人会说话就会唱歌，会走路就会跳舞"，也说明了佤族是个能歌善舞的民族。

> 打歌是佤族非常有代表性的一种艺术形式，一般只要寨子里哪家有喜事，大家都会去他家里打歌。一群人聚在一起，围成一个大圈，其中有一个人唱佤族歌曲，其他人会根据歌曲内容跳不同的舞蹈。在耿马县城的广场，每天晚上都有打歌活动，有很多群众参与，非常热闹。
>
> 这些人中有傣族、佤族、汉族，也有拉祜族、景颇族，大家都是因为喜欢这样的一种活动方式，才积

图 7-5 打歌的孩子们

极地参与进来，同时也通过这种方式对佤族歌舞、佤族文化有了更深的认识和了解。

9月底的一天，是 W 侄女的生日，一家人都来到县城侄女家为她庆祝生日。庆祝宴结束后，T 和 F 就带着几个孩子到广场上看热闹。八点钟，广场上打歌的音乐准时响起，打歌的群众也纷纷随着音乐跳起来，几个孩子听着音乐看着热闹，不禁拉着大人一起加入了打歌的队伍。YS 带着两个弟弟站在队伍中间，随着音乐起步、跺步、抬脚、踮步、双脚并跳。三个孩子模仿着周围大人的脚步，有模有样地学着、跳着、笑着，非常开心。

在 S 村，人们对于打歌这种艺术活动已经很熟悉，孩子们也个个都会打歌，并通过这样一种轻松欢快的方式融入佤族文化当中。当研究者问 YS 是否喜欢打歌时，她开心地回答：

> 我特别喜欢打歌呢，每次我们村里的佤族人有喜事要打歌时，我都会让爷爷带着我去，我很小的时候就跟着爷爷一起去打歌了。刚开始我都不会的，看着旁边的婆婆怎么跳，我就怎么跳，跳着跳着就会了。后来我爷爷也请他们到我家打歌，人可多了。（F-YS-16/09/28）

在各民族的原始宗教信仰中，歌舞被看作人类与神灵、自然界沟通交流的桥梁，更是祭祀文化中必不可少的部分。幼儿通过欣赏、学习多种民族的歌舞，可以了解这些民族的宗教信仰、生产方式以及他们对美好生活的向往等，可以感受到这些民族最原始、最本真的文化元素，形成对这些民族最真实的感悟。有了对多个民族歌舞的了解，幼儿的世界观得到了丰富，也更加夯实了幼儿多元文化互动的基石。

二、异彩纷呈：乐器中的家庭多元文化互动

由于耿马县政府的重视和大力弘扬，许多民族的传统乐器依然活跃于人们的日常生活中。孩子们也有机会见到一些传统的民族乐器，对民族乐器有了一定的了解和认识。

（一）象脚鼓

第一次到 W 家时，在村口便看见一个阔气的门楼，门楼最顶处分别用汉语和傣语写着这个寨子的名字，门楼两侧有两个像鼓一样造型的石墩，初次

见到这样物件的笔者不免发出疑问。

"这是象脚鼓，是我们傣族自己的乐器，它的声音可好听了，我还会叩呢。"W的小孙女YS抢在他爷爷前面回答了我们的疑问，脸上洋溢着满满的自豪感，W也不禁笑了。

W说，这是当地傣族最具特色的传统乐器，几乎每个寨子都有一两对象脚鼓。它音色清脆、节奏明快，

图7-6　寨子门楼处的象脚鼓

跳马鹿舞和孔雀舞时常用其伴奏。每逢重大节日或者喜庆的日子，傣族人都要敲响欢乐的象脚鼓。

泼水节的时候人们会叩象脚鼓，鼓就放在缅寺那里，每天晚上村里的小伙子们轮着去叩鼓，从天黑一直叩到天亮，这样一直要叩十五天呢，很热闹的。还有像我们的关门节、开门节也会叩的，只是时间短点，一般叩两天，从天黑叩到夜里十二点。鼓的声音很大，在缅寺这里叩，整个寨子都听得清清楚楚的。孩子们最喜欢听鼓了，每次听到鼓叩响了，就什么也不管了，跑到缅寺去看人家叩，有时候还偷偷跑过去自己叩两下。是不是啊，YS？（F-W-16/05/03）

是呢，每次我都带着弟弟一起去看呢。（F-YS-16/05/03）

除了在村口看到的一对大大的象脚鼓，在寨子中间的广场上也有一对大大的石制象脚鼓，非常醒目也很漂亮，这个广场是寨子里的人们平日里最爱去的地方，休息的时候大人们爱聚在这里拉拉家常，聊聊天，小孩子爱在这里跑跑闹闹，玩游戏。

一天早上，YBL去广场玩，小小的他一定要和一群比他大的孩子们一起玩。他们在广场上跑来跑去，打打闹闹，两只巨大的象脚鼓成了他们的玩具，几个孩子围着它

图7-7　广场上的象脚鼓

们绕来绕去，躲躲藏藏，到处都是欢声笑语。也许在这些孩子的意识里，象脚鼓已不仅仅是节庆日里才能看到的古董，而已经成为他们生活中的日常，成为他们关于本民族文化认知中很重要的一个部分。

（二）牛腿琴、蒲葵扇

除了象脚鼓，寨子里还有各种各样的傣族乐器，每一样都精致而又充满历史的气息。

一天早上，YBL 正在自家的院子里玩，这时不远处传来琴声，他寻着声音来到邻居的院子。这家是 H 的侄女儿家，侄女婿正在弹牛腿琴。牛腿琴因其形状像牛腿而得名，傣语称之为"叮"，是傣族的传统乐器。它是木制三弦琴，长约 70 厘米，弹奏时拧紧琴弦，用一根削尖了的鸡毛杆套在大拇指上拨弄琴弦，因为琴身中空，音色清脆响亮，给人一种轻松欢快的感觉。在我们谈话的同时，YBL 早就忍不住拨弄琴弦了，听到叮叮的声音，他就会开心地朝着我们乐，H 的侄女婿也上前去陪他玩，用手抓着 YBL 的小手，套上鸡毛杆带着他一起弹奏。

另外，W 家里一直有一把扇子摆在客厅，乍一看不觉得有什么特别，拿起来仔细看，才发现这把扇子的巧妙之处，这把扇子是用竹篾编制的，整体呈圆形，但不是平面的，中间微微隆起，像一个小小的山峰。这把扇子不是普通的扇子，它也是一种乐器，叫作蒲葵扇。在进行表演时，扇扇子其实就是打节拍，傣族人民可以根据这样的节奏唱出相应的曲调。可

图 7-8　蒲葵扇

惜的是，现在会这门艺术的人已经很少了，寨子里几乎家家都有这样的扇子，但已经没有人会用它来唱出曲调了。孩子们平时也会拿着这把扇子玩耍，听奶奶讲这样的故事，遗憾的是他们从未听过那样的曲调。

（三）佤族木鼓

2016 年 5 月中旬，耿马县佤族迎来了青苗节，县里举办了大型的庆祝活

动，从 15 日一直到 18 日都有丰富多彩的活动，其中 16 日的活动主题为民族方阵巡游及千人拉木鼓活动，从县人民政府出发，一直到广场，穿过了两条路一条街，场面非常盛大，充分展现了当地佤族独具特色的文化魅力。这天我们随着 W 的大女儿来到县城里参加活动，她的女儿 DD 也和我们一起来到人群中。DD 今年五岁，在县幼儿园上中班，因为生活在县城里，加之父亲是汉族，所以她不会说傣语，但是她对傣族文化还是比较了解的。她喜欢泼水节，喜欢穿傣族的小裙子，爱吃傣族的特色菜，还说自己是正宗的傣族。不仅如此，她还了解很多佤族的习俗。当知道要去看佤族表演，她非常兴奋，出门前便不停地念叨着。

> 我们会看到很多的漂亮衣服，还能看到他们跳舞呢，对了，还有木鼓，那个木鼓可大了，要好多人一起拉才拉得动，还有人站在上面表演呢。（F-DD-16/05/16）

佤族最为有名的乐器便是木鼓。木鼓对于佤族人民而言，不仅仅是乐器，更是佤族文化的重要体现。在佤族人的世界观里，人和神的交流是经常的，而木鼓便是神在人间的化身，利用它，人可以与神沟通，向神表达自己的心愿，听从神的旨意。

可以说，木鼓是佤族文化最直接、最生动的呈现。通过佤族节庆活动的展现与推崇，木鼓被广为熟知，佤族的特色文化也得到了很好的宣传。各民族的男女老少来到这里，听着木鼓悠长浑厚的声音，看着佤族人民欢快的木鼓舞，感受到历史悠久的佤族所具有的深厚文化底蕴。幼儿也在耳濡目染中感受到佤族的古老文化。

幼儿正处于以感知体验为主的认知阶段，真实地触摸、演奏民族乐器，聆听民族乐器的优美曲调，会引起幼儿的兴趣，增强幼儿对该文化的认同感。佤族的乐器同佤族人民一样简单而淳朴，傣族的乐器也如同傣族人民一样细腻精致，乐器上所体现出的文化差异，在幼儿接触的过程中也会传递到幼儿的意识中，使幼儿感受到多元文化的魅力。

三、包罗万象：文学中的家庭多元文化互动

傣族和佤族都是历史悠久的少数民族，都留下了很多民族传说和故事。

聆听这些来自遥远的过去、承载着民族记忆的故事，对幼儿来说无疑是了解民族文化的一种绝佳方式。

（一）民族栖息地的传说

午饭过后，YBL 该睡午觉了，躺在床上的他却翻来覆去怎么也不肯睡。翻着翻着，他突然撅起屁股，脸贴在床上，转头看着。这时 H 笑着说道："真是个小佤族啊！"笔者好奇地问 H 为什么这么说，H 便讲起了一个有关傣族和佤族如何选择聚居地的传说。传说在刚刚有人类的时候，傣族和佤族的首领为了公平地选择民族的栖息地，相约来到了山顶。傣族首领站在山顶向下看，看见远远的一个地方，土地平坦，大河奔流，河边有一棵菩提树。他觉得这个地方很美，很适合生活，便选择它作为傣族的栖息地。从此，傣族的世世代代都生活在坝区且有水的地方，各村各寨都会栽种菩提树。傣族首领选完栖息地后，当时正站在山崖边的佤族首领立即趴下身子往回看，视野里就只有山了，所以只好选择在山上生活。之后佤族的子孙后代也都生活在山上，靠打猎为生。虽然在 20 世纪五六十年代有很多佤族居民响应政府号召由山区迁往坝区，但至今仍有很多佤族同胞生活在山区，而傣族同胞直到现在，都仍然喜欢生活在坝区。

小 YBL 乖乖地坐在床上听完了整个传说。H 问他："你听懂了没有？"他似懂非懂地眨巴着大眼睛。虽然他可能没有完全听懂传说的含义，但这样的传说一定会在他的记忆中留下些许印象，成为他接触、了解佤族的起点。

（二）司岗里的传说

YBL 是个精力旺盛且调皮的孩子，晚上很晚了还经常赖着不睡。后来家里人发现，让他睡觉有一个好办法，就是讲故事。他只要听 H 讲故事，很快就能睡着。久而久之，这成了 YBL 每晚睡前的"固定节目"。

许多佤族人认为，沧源县的司岗里大溶洞是最神圣的地方，因为它是人类诞生的地方。有一天，H 在 YBL 睡前，讲了司岗里的传说。

很久很久以前，在阿佤山有个山洞，山洞四周都是悬崖和森林，佤族人的祖先就生活在里面。因为山洞的出口被一条巨大的蟒蛇挡住了，所以，佤族人一直都出不来。很多动物在山洞外面转来转去，想帮助佤族人，把他们救出来。可是这条蟒蛇太大了，皮也特别厚。很多野兽在蟒蛇的身上踩来踩去，也没有踩破它的一点皮；一百头大象聚拢在山洞前，想用鼻子把蛇抬走，整整抬了三百六十五天，鼻子都拉长了，也没有抬起巨蟒一点点；佤族最厉害的神木依吉想到了一个主意，用大火来烧这条蟒蛇，烧啊烧啊，烧了三百六十五天，蟒蛇还是好好的。大家都伤心了，谁也不知道该怎么办了。这时候从远处飞来一群小米雀，它们飞到悬崖边，在上面磨自己的嘴，它们都把自己的嘴磨得特别尖，然后飞到蟒蛇身边，用尖尖的嘴啄蟒蛇，小米雀们啄了七天七夜，终于啄开了蟒蛇。佤族人民终于从山洞里面走出来，感谢了所有帮助他们的动物。（F-H-16/09/23）

平日里 H 讲完故事的时候，YBL 早就进入了梦乡，但那天的他却格外精神，躺在床上，瞪着两只大大的眼睛盯着 H 看。H 说："可能他也知道是说他们佤族的事情，就高兴得睡不着呢。"

通过聆听本民族和其他民族的传说和故事，幼儿进入了不同民族漫长的历史长河中，感受着各民族的文化气息，为他们感受多元化的民族风情，认同、理解和尊重不同文化奠定了基础。

第四节　节庆活动：彰显多元文化的魅力

一、泼水节：柔情似水的傣族文化

泼水节是傣族最隆重的节日，也是云南少数民族中影响范围最广，参加人数最多的节日。泼水节是傣族的新年，时间在傣历的六月份，相当于公历的四月中旬，一般持续 3 至 7 天。

（一）民族经典的吟唱

W 一家人生活在傣族聚居的寨子里，而且家中大部分人都是傣族，所以，泼水节对于他们来说意义非凡。

　　就像汉族过春节一样，泼水节是傣族人民最喜欢的节日。我们一家人虽然有好几个民族，但是每个人都喜欢过泼水节。（F-W-16/05/10）
关于泼水节对于幼儿的意义，W 是这样说的：

你看我们家这几个孙子孙女，YS 和 YD 都是傣族，肯定得过自己民族的节日啊。要是傣族人都不过泼水节了，那泼水节不就没了嘛。YBL 虽然是佤族，但他身上还流着傣族人的血，天天和我们生活在一起，怎么能不了解傣族的节日呢。从他们小的时候我们每年过泼水节，不管干什么都带着他们，过泼水节是我们生活的一部分，也应该是他们生活的一部分，自然他们也要参加嘛。泼水节还是傣族最重要的节日，这个节日体现了我们傣族的文化，让他们参与其中，是帮助他们了解傣族文化最重要的方式。（F-W-16/05/10）

（二）狂欢中的文化传承

1. 节日前夜

在泼水节的前一天晚上，缅寺便会彻夜叩响象脚鼓。这是欢庆的鼓点，整个寨子沉浸其中，等待着节日的到来。吃完晚饭，一家人聚在一起喝茶聊天，W 的孙子孙女就去缅寺里看叩鼓。他们在缅寺听着鼓声，玩着游戏，用阵阵欢笑声表达自己对节日的期待，直到很晚才回到家里。

W 家有一个过节的传统，就是在泼水节的前晚睡觉前，H 会给孩子们讲关于泼水节的传说。虽然每年都听相同的故事，但孩子们依然都对这个时刻充满期待。睡觉前，一家人都围坐在客厅，长辈抱着孩子们，H 坐在最中间，开始讲泼水节的传说。关于泼水节的传说有很多，而 W 家的版本是这样的：

很早以前，有一个火魔，身怀魔法，刀枪不入，无恶不作，横行霸道。它从人间抢走了 7 个美丽的姑娘做它的妻子。其中最年轻的一个妻子叫侬香。她很漂亮，也很聪明，靠自己的聪明智慧，知道了杀死了火魔的方法。她拔下火魔的头发，用头发勒死了火魔。她杀死火魔后，火魔头掉在地上，流下的每一滴血都变成了一团火，火势迅速蔓延到人间。为了不让火势继续蔓延，侬香和其他 6 个姑娘轮流抱着火魔的头。火熄灭后，侬香返回人间，但她一身都是血。人们为了洗掉她身上的血迹，纷纷向她泼水。血迹终于洗净了，侬香幸福地生活在了人间。侬香死后，人们为了纪念她，在每年过年的时候，就相互泼水，用洁净的水洗去身上的污垢，迎来吉祥的新年。后来慢慢演变成了泼水节。（F-H-16/05/10）

听着 H 讲着古老的传说，伴着缅寺传来的声声鼓音，孩子们渐渐进入了梦乡。

2. 麦日

泼水节的第一天称为"麦日",这一天寨子里的主要活动有浴佛和堆沙。在很多傣族寨子,采花是一项非常重要的活动。但在 Z 组,几乎每家每户的院子里都种着傣族香花,这里的人都用它来插花,所以 Z 组省去了采花这个环节。

浴佛是一项庄重的仪式,傣语称为"阿南帕召"。一大早寨子里的人就要去打浴佛用的水,每次 H 都会带着孙子孙女,随着全村的男女老幼和佛爷一起出发。一行人敲着象脚鼓前往村头的古井打水,之后又排着整齐的队伍,踩着欢快的鼓点,环村步行至缅寺。人们将打来的清水放在厅内,将丁香花放在水中。佛爷将丁香水舀起来,从大佛的头部倒下去,反复几次;再将一种红色的药水从大佛头顶倒下去,反复几次后,用干净的布将大佛擦干净即可。然后是小佛,大家按照同样的步骤进行清洗。在傣族人看来,洗佛是一件可以带来福气的事情,因此不论男女老少,大家都会亲自擦拭小佛。W 的小孙子 YD 排在 H 之后,却抢在 H 之前去洗佛。H 乐呵呵地叮嘱他:"小心点啊,擦干净点。"他听到后用布反复擦洗,其认真的模样让人忍俊不禁。

浴佛之后是堆沙活动。堆沙是当地傣族在泼水节期间举行的最为隆重的宗教民俗活动,一般都在"麦日"当天的午后进行。堆沙,傣语是"喃赛",寓意着一个人在过去的一年中,犯下了很多的过错,经历了许多的苦难,像沙子一样多。在新年的第一天,大家会将从河边用银碗取回的沙子倒入沙塔中,以掩埋自己过去一年所犯下的罪过,祈求在新的一年里佛祖保佑自己吉祥如意。堆沙活动由 H、W 和 T 带着孩子们在庙房的门外进行,这里已经堆好了两个沙堆,这些沙子都是村民从河边取回来的。H、W 和 T 每人手中都会端着一碗细沙,他们领着孩子们一起将沙子倒进沙堆,然后再将一早从家中院子里摘来的傣族香花插进沙堆中,祈求新的一年一切顺利。

3. 恼日

泼水节的第二天称为"恼日",这一天没有什么仪式活动,而是留出时间让家人团圆聚会。因为 W 在家中排行老大,而且 H 一直住在 W 家,所以每年的聚会都在 W 家举办。H 的亲家、儿子、女儿、亲戚以及关系十分要好的朋友,都会赶来 W 家聚餐,有的人会带来蔬菜,有的人会买来牛羊肉,有的人则会带来一些水果，总之，这一天可以说是这一年全家最团聚、最热闹的日子。亲友们到了之后，会进厨房看有没有什么可以帮忙的，从择菜、洗菜、切菜、处理肉到炒菜，都有很多人在做。每到这时候孩子们也会特别开心，因为他们又会有很多的玩伴，几个一堆地凑着看动画片，几个在院子里你追我打地闹着，有的还会去帮大人择择菜，到处都飘荡着他们的欢声笑语。

经过半天的忙碌，下午的时候大家终于可以享受自己的劳动成果了。H、她的亲家、W 和他的几个兄弟姐妹，以及村中的几个长辈坐在一桌，这桌也被大家亲切地称为"长辈桌"。所有的小孩子由他们的妈妈带着坐一桌，其他桌大家可以随意坐着。这样的座次体现了傣族饮食文化中的用餐礼仪，诠释了其尊老爱幼的传统美德。这时饭桌上已摆满了丰盛的菜肴，其中必不可少的是一些傣族特色菜，如牛撒撇、牛干巴、酸肉、牛脚筋、香茅草烤鱼等，还有自家酿制的苞谷酒。大家边享用美食，边聊着各自的生活近况，每个人脸上都洋溢着幸福和喜悦。

4.叭尼玛

泼水节的第三天是新年，傣语称为"叭尼玛"，意为"岁首"。傣族人民把这一天视为最美好、最吉祥的日子。最为隆重的滴水仪式和最欢乐的泼水活动都在当日举行，所以这一天是极尽欢乐的一天。

滴水，傣语称为"亚南"，是为已经过世的亲人滴水献祭，送去祝福，祈求祖先的保佑。这一天全家人都会换上崭新的民族服饰，女人们会戴上自己所有的金银首饰，打扮得漂漂亮亮地前往缅寺；孩子们穿上节日的盛装，欢呼雀跃地跑向缅寺。H 和 T 提着两只撒毫，里面装满了丰盛的菜肴，香甜的水果点心，酥脆的豪崩，以及滴水用的器具。全村的男女老少都聚在缅寺的大厅内，由佛爷带领大家祈祷诵经（"素玛"）。当佛爷念到祭奠家中死去的老人时，大家就进行滴水，一直到经文全部念完，水也要滴完，孩子们一般不会自己滴水，或由大人带领，或者在旁边静静地看着。每到这时，H 总是喜欢握着小重孙 YD 的手带领他一起滴水。她认为，只有亲自参与了，孩子才会真正地融入这项活动中，感受到它的意义。滴水过后就是狂欢的时刻了，人们都来到广场上，互相泼水，帮对方洗去身上的罪恶和邪气，互相祝福吉祥如意，身体健康。意犹未尽的人们还会带着孩子前往县城，参加县里的大型庆祝活动。

当地傣族信仰南传佛教的历史久远，当地的节日也深受南传佛教的影响，因此傣族的泼水节不仅具有浓郁的地方特色，还具有鲜明的宗教色彩。通过泼水节的传说，可以看出傣族人民对善良、勇敢、智慧等品格的崇尚；节日期间人们互相泼水祝福对方，也表现了傣族人民团结友爱的宝贵品质；庆祝活动中，傣族传统歌舞的表演更是显示出傣族人民柔情似水的民族性格。通过泼水节活动，幼儿不但获得了节日带来的快乐，而且可以更好地感受、了解和融入傣族文化。

二、青苗节：热情似火的佤族文化

1953 年，佤族人从原始社会直接过渡到社会主义社会。长期原始的生活状态造就了佤族人民特有的文化，他们至今仍信仰自然崇拜，相信万物皆有灵，许多传统节日多与原始宗教的祭祀活动相关。青苗节在每年佤历的七月，也就是公历的五月，是佤族人民为了庆祝青苗成长而举行的祭祀活动。传统的青苗节通常庆祝三天，第一天祭拜雷神，第二天祭祀谷神，第三天举行欢快的迎青苗活动。

（一）古老文明的弘扬

虽说青苗节是佤族的传统节日，但 W 家每年也会参加青苗节的庆祝活动，原因主要有两个：

首先，为了弘扬民族文化，传承民族传统。2007 年 11 月，经云南省人大常委会批准，青苗节被写入《耿马傣族佤族自治县条例》，被定为全县的法定节日。每年县里都会举行隆重的庆祝活动，这样的活动是当地群众尤其是儿童不愿错过的狂欢时刻。

其次，YBL 的爸爸是四排山佤族人。四排山乡是一个以佤族为主的少数民族乡镇，青苗节是当地传承了上千年的传统节日，青苗节对于他们的意义犹如泼水节对于傣族人民的意义。因此，每年的青苗节，YBL 的爸爸都要带着 YBL 回家过节，而 W 也会带着 YS 和 YD 一同前往。

民族传统节日是民族文化的重要体现，集中展示了各族人民的民族个性和民族心理，通过参与其节日庆祝活动，可以帮助幼儿丰富对此民族的认识，进而认同其生活方式、价值取向以及传统文化。

（二）庆典中的崇拜分享

近年来，耿马县每年5月会在县里举办青苗节庆典活动。2016年第九届青苗节活动于5月15日至18日举行，活动主题为"庆青苗，祈丰收"，包括"司岗里"、"梅门"（山神）、"洞西雍"（水神）祭祀活动，民族健身操（舞）展演，"印象佤山"主题晚会，民族方阵巡游，千人拉木鼓活动，青苗节开幕式及文艺演出等一系列文化活动。这些活动突出了当地佤族的民族特色，展现了当地佤族的传统文化。

5月16日上午，DD妈妈和DD参加了民族方阵巡游及千人拉木鼓活动。那天的活动是在主街上举行的，DD担心人太多看不见，一直催妈妈早点出门。早上九点多的时候，DD和妈妈就盛装出门了。等她们到了主街和我们汇合后，才发现活动还没开始，便站在路旁等着。10点40分左右，远处突然传来热闹的欢呼声，DD兴奋地喊着："来了，来了，妈妈，他们来了。妈妈，快看！那个是佤族的，他们还拉着木鼓！"随着DD的喊声，我们看到第一个走来的方阵是佤族方阵，男性都穿着黑色的民族服装，背着白色的筒包；女性上身穿着红色的圆领短衣，下身穿着红色的筒裙。走在最前面的人怀中抱着一个巨大的牛角，后面的人分为四列，每列人手中都拉着一根长长的绳子，每两列人拉着一只木鼓，每只木鼓上都站着一个衣着华丽的佤族人。DD的眼睛紧紧盯着两只木鼓，兴奋地连话都顾不上讲。

> 我告诉过DD，这个木鼓是佤族人人崇拜的吉祥物，是佤族人的通天神器。佤族人敲响木鼓，就能够和神灵说话了，他们有什么愿望，神灵都会帮他们实现。自那以后，她每次看到木鼓都特别兴奋，觉得那是一个神奇的东西。（F-DD妈妈-16/05/16）

这时我们才明白，为什么DD看到木鼓那么高兴和兴奋，看来她在一定程度上了解了木鼓的价值和意义。

在佤族方阵之后还有许多民族组成的方阵，有傣族、景颇族、布朗族等，每个方阵的群众都身穿本民族的服装，手中拿着本民族的乐器，载歌载舞地从我们面前经过，场面十分热闹。开心的DD时刻不忘与我们分享她所看到的一切："那个是傣族的，他们手里拍的是象脚鼓……那个也是傣族的，他们跳的是扇子舞……那个是景颇族的，他们手里拿着景颇刀呢……那个是佤族的，他们跳的就是我打歌的舞。"那一刻，我们不但被眼前如此精彩纷呈、热闹非凡而又陌生新奇的表演震撼，更被 DD 这个只有 6 岁的幼儿拥有如此丰富的民族文化知识震撼。

DD 不但掌握许多当地民族的文化知识，而且对这些民族文化充满了情感，这一方面得益于家中长辈的教育和引导，另一方面源于家长时常带她参加各种民族文化活动。如此的家庭多元文化互动，不仅促使 DD 感知和体验了文化的独特性和差异性，也为她拥有一种欣赏、包容、接纳各民族文化的多元文化观奠定了基础。

传统节日是民族传统文化的集中体现。通过亲身参与不同民族的节日活动，幼儿可以感知多民族文化的特点和差异，感受各民族丰富多彩的节庆活动，了解不同民族的饮食、服饰和文化艺术形式，从而对不同民族文化有一个更为深刻的认识，同时学会尊重与接纳其他民族的文化。总而言之，节日是一个全方位了解一个民族文化的独特方式，它呈现给幼儿更为直观、丰富且生动的文化，是幼儿家庭多元文化互动的一种至关重要的途径。

第五节　传承与超越：关于幼儿家庭
多元文化互动的思考

通过与当地人的日常接触和访谈，我们发现，村子里的佤族、傣族虽然长期聚居在一起，但仍然保持着各自鲜明的民族特征，这表现在他们生活的方方面面——不同的语言、饮食、服饰、宗教信仰、民间歌舞和节日。透过这些外在的文化符号，我们看到了佤族和傣族不同的民族性格——佤族人狂野奔放，傣族人柔美恬静。拥有不同性格的两个民族，却世世代代在同一个村子里和谐生活，这必然与每一代人年幼时家庭良性的多元文化互动相关。W 家就是这样一个典范。

一、卓有成效的家庭多元文化互动

（一）互动目的：树立多元文化的观念

1.生活活动：接受多元文化的洗礼

家庭可以满足个体多方面的需要，而满足这些需要的主要途径是生活活动。家庭中的多元文化互动一般贯穿整个日常生活。在琐碎平淡的日常生活中，家庭环境、家庭所在的社区环境以及家长的文化特质，都会通过潜移默化的方式影响幼儿的发展。在 S 村这样的多民族聚居村落中，到处都充满了多种民族文化的气息，各种文化之间也不断碰撞交流着。如此多元的文化现状，必然体现在家庭生活的各个方面，并通过生活活动渗透到幼儿最初的文化体系中。

成人在与幼儿进行谈话、讲故事、做游戏时，除了传授本民族的文化，对其他文化的评价也会直接影响幼儿。与幼儿进行早期的多元文化互动，能够使他们用好奇和接受来代替对本民族文化和其他文化的疑虑和畏惧，能够帮助他们理解为什么其他人有着不同的观点、衣着、行为表现，教会他们尊重和欣赏多元文化。[①] 因此，在幼儿的生活活动中处处蕴藏着多元文化互动的契机，家长在日常生活中可以帮助幼儿接触、了解、欣赏、接纳不同民族的文化，从而促进幼儿从小树立多元文化的观念。

2.艺术活动：感知多元文化的精彩

9 月 29 日，在县体育馆举办了 2016 年耿马县广场健身舞和民族舞比赛，全县各乡、镇人民政府，孟定、勐撒农场管委会、华侨农场管理区、县直各部门都参与了本次比赛。参赛的每个节目都非常精彩，或清新欢快或铿锵有力的民族曲调，或狂野或优美的民族舞姿，色彩分明各具特色的民族服饰，为观众们带来了视觉、听觉全方位的体验。当天现场有非常多的观众，其中不乏许多随家长同去的幼儿。在这样的环境中，各民族丰富多样的文化会带给幼儿一种赏心悦目的感受，欢欣愉快的氛围也有利于他们了解和接纳各民族的精彩文化。

---

① 刘丽红：《加拿大的多元文化教育》，《中国民族教育》1997 年第 6 期。

民族歌舞等艺术活动，直观、生动、有趣也很美好。相对于一板一眼有规则的事物，幼儿更喜欢这样随性的表达方式。他们可以通过优美的曲调、曼妙的舞姿和绚丽的服装接受熏陶，可以感受不同民族的特色和个性，从而达到对这个民族初步的认识，了解多元文化的精彩；通过自由自在地参与其中，不仅能获得无穷的乐趣，还能激发其了解民族文化的兴趣，从而尊重和接纳多元文化。

3. 节庆活动：体悟多元文化的氛围

不同于生活活动与艺术活动，节庆活动作为一种特殊的场域，可以提供给幼儿视觉、听觉、触觉、味觉等全方位的感觉与体验。幼儿在参与节庆活动的过程中，有机会品尝到民族的特色美食，看到民族的特色服饰，观赏到民族的特色歌舞。通过亲身参与各民族的节庆活动，可以深入了解民族传统文化，感受民族特有的风情，从而形成对该民族全方位的理解，且在思维观念、行为方式上逐渐形成对该民族文化的认同。

各民族传统节日是民族文化的集中体现，展示了各民族深厚的文化底蕴以及各民族独有的民族性格。参加本民族的节庆活动，可以帮助幼儿深入了解民族的文化与习俗，逐渐形成对民族文化的认同和热爱；参与其他民族的节庆活动，则可以在轻松愉快的氛围中认识其他民族特有的文化，从而逐渐接纳、包容、尊重各民族的不同文化，最终形成一种多元文化观念。

（二）互动方式：平凡生活中的非凡智慧

1. 近朱近墨的家庭环境

家庭环境包含丰富的内容，对幼儿的成长有着深远的影响。家中长辈在进行生活活动、艺术活动和节庆活动的时候，幼儿往往就在旁边，观察着周围发生的一切。幼儿习得的经验也许需要几天、几周，甚至更长时间以后才会表现出来，但这些经验已经存在于他们的大脑中。

家庭环境通常可以分为家庭的物质环境和精神环境。家庭的物质环境包括家中的各种陈设、日常饮食、个体服饰等；家庭的精神环境包括家庭内的宗教信仰、成员之间的语言交流以及家庭内特有的文化底蕴等。不论是家庭的物质环境还是精神环境，都是家庭中每日生活的日常，人们每天重复着相似的生活节奏，这样的环境虽然普通而且平淡，但是由于每日的重复以及每个成员的习以为常，幼儿身处其中，深受浸染，逐渐形成了和家庭成员类似的文化认同，建构起他们最初的文化体系。

例如，生活在傣族寨子里，饮食所需的食材、所采用的烹饪方法都具有傣族的特色，故幼儿从小吃到的是正宗的傣族食物，傣族特色的酸肉、牛撒撇、牛扒烀、糯米饭、豆豉，是傣族人餐桌上的家常菜，每日这样的食物建构了 YS、YD 等幼儿的饮食结构，而这样的饮食结构是他们一生都很难改变的。H 和 T 每天穿着的傣族服装，H 头上每日缠绕的包头，脚上穿的傣族绣花鞋，每日家里人沟通交流的傣语，每日都要供奉饭食的神龛和灶台，屋顶上傣族人钟爱的孔雀图案，家门口路灯上栩栩如生的孔雀造型，院子里种的美丽圣洁的傣族香花，家中 70 只藤篾鼓凳，YD 妈妈干活时腰间系的小篾箩，做糯米饭时专用的甑子，H 去缅寺时提的撒毫等，成就了 YS 和 YD 特有的文化特征。

此外，家庭内还有多种文化元素在不知不觉中影响着幼儿的成长。当地电视台有一档旅游栏目，每期都会到一个极具民族特色的寨子，介绍当地的民族文化，每周一期的节目是全家人的最爱。这些生活中的细节，往往不容易被人察觉，却使幼儿获得比学习还要深刻的印象，因为这一切早已融入他们的生活中。

2. 和睦相处的邻里亲朋

W 一家善良宽厚，待人真诚热情，自家亲戚和村中居民都经常来 W 家串门聊天。W 家中经常有各民族的人往来，每个人都带着浓浓的民族气息，对幼儿的成长产生了一些影响。

W 家的邻居是佤族人，虽然长期在 S 村居住，但更多地保持着佤族的特色。平日里他们一家人在一起的时候说佤语，做饭通常以佤族人的方式烹饪，喜欢用佤族的传统工艺烤酒喝，他们家烤的酒寨子里的人最喜欢买，他们还会在佤族的节日里宴请村子里的人。一天中午，W 一家人正在吃饭，邻居的女主人端着一碗佤族人常吃的蜂蛹来了。这道菜是将新鲜的蜂蛹与木瓜一起煮，作料放了小米辣、花椒、生姜叶子，还有佤味必不可少的阿佤芫荽。虽然 W 家偶尔也会做这道菜，但因为做法不太相同，所以味道也不太一样。一看到隔壁奶奶送来的蜂蛹，YBL 第一个伸出自己的小手就要从碗里抓着吃，T 赶紧拦下来，用筷子夹在他的碗里，然后用勺子喂给 YBL 吃，他吃得格外开心。

除了这样的日常往来，W 家的邻居逢年过节，或家里有什么喜事，如收了粮食、赚了钱等，也会请 W 一家等到家里做客，亲自做佤族特色美食给大家品尝，而佤族最有特色的鸡肉烂饭是必不可少的。W 告诉我们，孩子们最爱吃这家人做的鸡肉烂饭，每次收到邻居的邀请，孩子们都会吵着来。

虽然自家也会做鸡肉烂饭，但到底还是佤族人自己做出来的味道最正宗，所以，孩子每次听到这家人做，都会自己跑去吃。

我们通常就会这样，家里有了什么好吃的就会互相送去给对方家里尝尝，从我们小的时候就是这样了，所以，现在我的孙子孙女们也很喜欢吃他们家的饭，经常跑去他们家玩，有时也会留在他们家里吃饭。我们两家相处几十年了，就像亲戚一样，小孩子也一样，尤其是小孙女，邻居家的小孙子刚好比她大一岁，两个孩子从小一起玩大的，相处就像亲兄妹一样，我们也希望他们这样，有个玩伴好，我们大人也从来不会刻意提醒他们有什么民族的差异。（F—W—16/10/12）

这样的亲密往来使孩子们有机会经常品尝正宗的傣族和佤族的饮食，就像吃自己家的饭一样。他们小小的年纪便可以通过这样的方式接触其他民族的文化，且完全融入他们的日常生活中，确实是一件非常幸运的事情。

幼儿好奇心强，喜欢模仿，家长的言行举止、行为方式等，都在潜移默化地影响着幼儿。长辈与各民族群众和谐相处，幼儿也会习得相同的态度与能力。例如，W 会经常请佤族村民到家里做客，为表示尊重，W 会选择用佤语与他们交流；W 积极参加佤族人家的活动，不论是满月、婚礼还是葬礼，他都会出席，以表示对佤族文化的尊重与认同。这些都对 YS、YBL 和 YD 产生了很大影响。

3.因材施教的家长引导

家长有意识地对幼儿进行引导，会帮助幼儿构建最早的价值观和世界观，奠定他们一生的文化基础。

（1）YBL 佤族房屋之初见

一天中午，W 吃完午饭后，便驱车前往村委会工作。当时，YBL 正在车上玩耍，怎么也不愿意下车，W 便带他去了村委会。W 忙完工作后，将 YBL

抱在怀中，边走边和他玩。走到一处佤族人家的房子前，W 指着房子问 YBL："这房子是什么颜色的啊？"YBL 回答道："红色。"W 笑着说："是的。那你看到那个屋顶了没有？它像什么啊？"YBL 看向 W 指的地方，眨巴眨巴眼睛说不出答案。"那个像不像牛角啊？"W 接着往下问。YBL 看着屋脊重复着 W 说的话："牛角，牛角……"W 继续说："以后啊，你看到屋顶上有这样的牛角，就知道这样的房子里住的人肯定是佤族人了。"

因为村委会所在的寨子是一个佤族寨子，YBL 来佤族寨子的次数还比较少。W 巧妙地利用逛寨子的机会，向 YBL 介绍了佤族民居最主要的特征——颜色与屋脊上的牛角叉，教给了小孙子识别佤族民居的方法，使他在头脑中形成了关于佤族民居最初的认识。

（2）YS 音乐天赋之培养

小时候，YS 就表现出很高的艺术天分，听到音乐就会跟着唱，而且唱得很好。经过商量，家人决定送 YS 去学习葫芦丝。一则考虑到孩子太小，学钢琴有一定难度；二则家里长辈都认为 YS 毕竟是傣族人，会一些傣族乐器是非常有必要的。于是 YS 从不到三岁起，就开始学习葫芦丝，每个星期都要去县城里上两小时的课。不论家里有多忙，每周必定有一个家长带着孩子去县城里上课。五年的时间，这样的学习从未间断。

> 那时候 YS 还太小，三岁都不到，通常都是我爸每周送我们进县城去上课，有时候我爸有事，我就自己送她去县城上课。我先骑十多分钟的摩托车送她到乡里，然后我俩一起坐城乡公交去县城里。这样折腾，到县城里也需要将近一个小时了，上两个小时的课，我们又要这样坐车、骑车回来。有的时候真的挺心疼孩子的，累了一个下午，回来的时候经常坐在摩托车后面就睡着了，孩子也是很不容易呢。现在学了这么多年，经常会去县里、市里参加各种活动和比赛，也拿到了很多的奖项，考过了葫芦丝的七级，我们大人都为她感到骄傲，她自己也越来越自信了！

> 毕竟我们是傣族人嘛，YS 也是。现在少数民族的人都去学习汉族的东西去了，自己民族的东西都丢得差不多了。我一直觉得外面的东西再先进，自己的东西也不应该丢。所以我就说无论多苦多难，学费有多贵，我都要 YS 学好这种民族乐器，起码要传承一些本民族的东西才行！（F-

F-16/09/27）

随着 YS 长大一些，葫芦丝也学得差不多了，家里人觉得她有精力可以再学习一门乐器，便开始让她学习钢琴。现在学了一年多的钢琴，YS 已经考过了二级，家里人都觉得她非常有天赋，表示会一直支持她。

其实不仅是本民族的乐器，其他民族的乐器和音乐，家里人也不反对孩子学，反而积极支持。W 认为，每种乐器都代表了不同的文化，通过学习这些乐器可以开拓孩子的视野，帮助孩子了解多种多样的文化，体会不同文化的艺术美，从而接纳包容各种不同的文化。

此外，W 家会以各种各样的方式有意识地将多元文化有机地融入日常生活中，使幼儿从中获益。例如，DD 的妈妈每年都会带她参加县里的青苗节庆祝活动，并向她介绍各个民族特有的文化符号以及其所蕴含的文化内涵，有意识地增加她对各民族文化的了解和兴趣；W 经常带孙子孙女参加佤族人的活动，为他们提供了解其他民族文化的机会。

4. 精彩纷呈的社区活动

（1）耳濡目染的社区环境

2016 年 10 月 2 日一大早，S 村里的广播就开始播放歌曲了。歌曲的节奏时而柔和，时而明朗，时而热烈奔放，时而甜美舒缓，偶尔还能听到广播中有人在用傣语说话。因为平日里很少听到广播，心生疑问的笔者问 W 其中的缘由。W 说道：

> 明天阿龙要结婚，从今天开始村里就要放广播，把这个消息告诉寨子里的人，顺便说一下，有时间的就过去帮帮忙。我们少数民族地区就是这样，你家有事我帮帮你，我家有事你也来帮帮我。我们办婚礼要办五天的，一天三顿饭都是这些亲戚朋友做呢，这就应了那句话——"民族团结一家亲"。（F-W-16/10/02）

关于广播中播放的歌曲，W 解释道：

> 那些歌曲有些是傣族歌曲，有些是佤族歌曲，所以节奏不太一样。傣族歌曲一般细声细语、软绵绵的，佤族歌曲更欢快一点，让人听起来更有劲。我们广播的时候也不是专门选什么民族的歌，只是选好听的、大家平时喜欢听的。你也看见了我车上的光碟有傣族的，也有佤族的。

我们家这几个孙子孙女，不也是什么歌曲都会唱点的嘛，都是平时听得多了，自然就会了。（F—W—16/10/02）

原来寨子里不论谁家办喜事，都会采用这样的方式，连续播放几天的民族歌曲，这也成为幼儿了解和学习各民族歌曲的重要方式。

（2）积极踊跃地参与活动

10月4日，是W邻居佤族女儿出嫁的日子。晚上吃完饭，W就带着孙子孙女和笔者一起去邻居家附近的空地上打歌。还没走到打歌的地方，就看到那里已经聚集了很多人，因为现场一直播放着佤族歌曲，所以显得格外热闹。W的孙女和两个小孙子，一来到这里便被现场热闹的氛围感染了，开始你追我跑在场中间打打闹闹。YBL更是可爱，听到有节奏的佤族音乐，他站在一边开始随着音乐不停地晃动身体，一会扭扭屁股，一会晃晃小手，活脱脱一副现场表演的样子，惹得大家笑起来。

不一会儿，从S村请来的佤族打歌队出现了。打歌的音乐响起后，领唱唱起了欢快的佤族歌曲，大家便开始跳起舞来，打歌的队伍越来越壮大。这时W的几个孙子孙女跃跃欲试，但又有点害羞不敢上去。W鼓励道："上去跳嘛，以前不是跳得挺好的嘛。去吧，YS，你带着弟弟们去吧。"在爷爷的鼓励下，三个孩子走进了打歌的队伍。

因为以前也经常参加打歌活动，几个孩子对这些曲子本就不陌生，很快就跟上了节奏，开心地跳起来。T也高兴地跟在孩子们的后面。小孩子们你看看我，我看看你，一直笑哈哈地跟着人们跳舞。在打歌的队伍中，有不同民族的群众，大家在一起欢快地舞蹈，享受快乐。

由于生活环境和经常参与活动等原因，W的孙子孙女从小就熟悉打歌等艺术活动。这些活动已经成为他们生活的一部分，也促使他们更加了解和热爱佤族文化。

二、特色鲜明的幼儿家庭多元文化互动

（一）启蒙性与继承性

1.启蒙性

启蒙乃启于未发，循序而育之意。幼儿刚刚来到这个世界，对人类社会

中的一切都处于懵懂状态，他们需要通过家庭多元文化互动了解、继承和发扬本民族的传统文化，增强民族自信心，并感知、了解、接纳和欣赏其他民族的文化。

W 家创设了环境和条件，通过生活活动促进幼儿在多种文化融合的氛围中成长，帮助他们接触各民族的饮食、服饰、语言、宗教等传统文化，形成对各民族文化以及多元文化最初的认识；通过民族歌舞、传说故事等多种民间传统艺术，以及各民族热闹非凡的节庆活动，在让幼儿欣赏美、感受欢乐的同时，帮助他们形成对各民族审美心理、性格特征的直观认识。这些多元文化活动促使幼儿在积累丰富感性经验的基础上形成对于多元文化的基本认识，这既符合幼儿的现实需要，更有利于其长远的发展。

2. 继承性

傣族有这样一句谚语："在哪里住，就砍哪里的竹子盖房子"，是指人要学会入乡随俗，努力适应周围的环境和文化，并融入其中。在这方面 W 一家人做得很好，从 H 的父辈开始，就十分注重融入当地的环境和文化。之后，W 一家将这样的生活方式作为一种家族传统一代代传承下来，并将平等对待每个民族的居民、了解和接纳其他民族文化作为家风不断发扬光大。

W 家每一代家长都注重家庭多元文化互动，都注重促使下一代人在传承本民族传统文化的同时树立多元文化的观念，促进他们与其他民族的居民和谐相处，甚至愿意与不同民族的人联姻，使整个家庭的民族构成更为丰富，保证了家风的不断传承。

（二）有意性与随机性

1. 有意性

W 一家对家庭多元文化互动十分重视，不但注意在家庭中促进幼儿了解傣族的传统文化，而且注重幼儿对佤族文化和汉族文化的学习。他们之所以如此重视家庭多元文化互动，主要基于以下原因。

首先，傣族传统文化对家庭、对幼儿来说都非常重要。因为一家人都生活在傣族寨子中，只有了解傣族文化、融入傣族文化，才可能保证成人和幼儿的生活顺畅愉快。作为傣族人，他们也担负着传承和弘扬傣族文化的责任。

其次，对于佤族文化的重视，主要源于他们所生活的环境。生活在佤族人口占90%以上的村落中，幼儿在日常生活中与佤族人沟通交流不可避免，加之幼儿以后进入小学，班上绝大多数孩子都是佤族人，因此，只有帮助幼儿尽早学会尊重并了解佤族文化，才有利于他们今后学习生活的顺利展开。

再次，对于汉族文化的学习，主要是为了适应社会的发展。幼儿以后的学习和工作，甚至与其他民族的人进行沟通，汉族文化都是一座重要的桥梁。

最后，W家人普遍认为，在幼儿今后漫长的人生中，一定会遇到傣族、佤族、汉族之外的民族，只有在幼儿阶段通过多元文化互动，帮助他们树立起多元文化的观念，他们今后才可能拥有更为多彩的人生。

2. 随机性

与幼儿园开展的多元文化活动不同，家庭中的多元文化互动具有随机性。个案家庭中进行的幼儿家庭多元文化互动具有更加鲜明的随机性，原因主要有以下几个方面。

首先，时间存在随机性。尽管W家内部存在许多多元文化的因素，如家中多元化的宗教信仰、饮食、语言等，但事实上更多的多元文化互动内容、方式体现在家长和幼儿与他人、与家庭外部环境接触的过程中，如到其他民族的家庭中做客，品尝他们的美食，观察他们的日常生活，参加他们的聚会，观赏和参与他们的艺术表演、节庆活动，然而，这样的活动机会都是可遇不可求的，只有碰到恰当的时机，加之家长的引导，才可能发生多元文化互动，因此，进行多元文化互动的时间存在随机性。

其次，场所存在随机性。W家的多元文化互动不只发生在家庭中，很多还发生在家庭之外，如佤族邻居家、乡里的佤族婚礼现场、参加青苗节的四排山乡，因为家长、幼儿的参与，这些原本普通的地方也变成了多元文化互动的"大课堂"，因此，进行多元文化互动的场所存在随机性。

最后，内容存在随机性。家庭中的多元文化互动内容很少是由家长提前设定好的，通常是家长根据具体的情境确定的，如W向YBL介绍佤族民居的特点，DD的妈妈向DD介绍佤族的木鼓文化等，这样的多元文化互动都是根据当时的特定情况发生的，因此，多元文化互动的内容存在随机性。

总之，家庭中的多元文化互动多通过潜移默化的方式，在日浸月染的过程中进行，这样的过程必然导致家庭多元文化互动带有随机性，不论时间、地点、内容还是方式都需要家长根据当时的特定场景，凭借自身敏锐的洞察力以及积极主动的意识，抓住机会，适时开展。

（三）隔代性与终身性

1. 隔代性

在进行田野考察期间，笔者发现 W 家的家庭多元文化互动存在明显的隔代性，即家庭多元文化互动主要在 H、W、T 和 YS、YBL、DD 之间展开。导致家庭多元文化互动隔代性的主要原因有以下两个方面。

首先，孩子们的父母平日里工作繁忙，无暇照顾孩子，只得由家中长辈代为照顾。

其次，幼儿父母多元文化方面的知识比较薄弱。W 十分重视对子女的教育，在他们很小的时候就将他们送到乡里上学。学校里教的多是现代文化知识，他们只有在周末才会回家，因此，接触本民族以及身边其他民族文化的机会相对较少。通过与他们交谈我们了解到，虽然他们也认为少数民族的文化需要继承和弘扬，民族和谐与繁荣很重要，但是他们多元文化方面的知识比较单薄。

由此可见，家庭多元文化互动的隔代性是受客观条件制约形成的，但也有其合理性。

2. 终身性

终身性是指家庭中的多元文化互动会对幼儿的一生产生影响。在家庭生活中，幼儿吃傣族、佤族等多个民族的饮食，穿着不同民族的服饰，与不同民族的人顺畅沟通，包容、接纳其他民族不同的宗教信仰；在艺术活动中，他们欣赏不同民族的文化艺术，通过各民族的传说故事、民族歌舞以及民间乐器，感受不同民族内心情感的表达；在节庆活动中，通过亲身参与热火朝天的庆祝活动，近距离感受这个民族几千年来的古老信仰，了解其内心对自然和社会的认识。

这样的多元文化互动会伴随他们一生，并影响他们人生中的许多重大决定，如上学期间与各民族的同学和睦相处，工作中与不同民族的同事友好共事，生活中选择抛开民族偏见与自己真正相爱的人在一起。

三、以家庭为主体的幼儿多元文化生态系统

美国著名人类学家和生态心理学家尤·布朗芬布伦纳（U. Bronfenbrenner），提出了著名的人类发展生态学理论，指出环境对于个体行为和心理的发展都有重要的影响。他认为学校、家庭、社会等因素都会对人的发展产生影响，并提出了"四系统观"：微观系统、中介系统、外在系统和宏观系统。

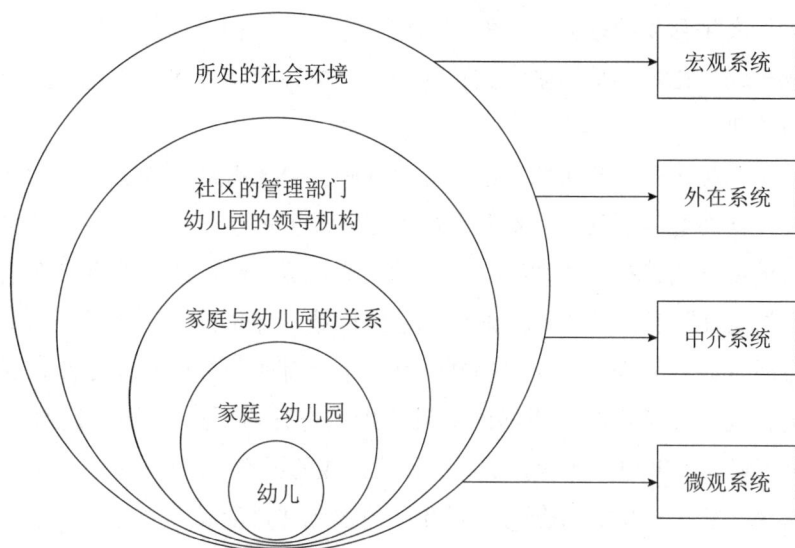

图7—9　学前教育生态系统图

对幼儿而言，微观系统是指幼儿直接接触的环境，如家庭、幼儿园；中介系统是指各个微观系统之间的联系或相互关系，如家庭与幼儿园的关系；外在系统则是指那些幼儿并不直接接触，却仍可以对幼儿的成长产生影响的因素，如社区的管理部门、幼儿园的领导机构等；宏观系统是指个体成长所处的整个社会环境，包括社会的文化背景、政策环境等。①

依据上述理论可得出，对幼儿的成长产生影响的，包括家庭、幼儿园、

---

① 车广吉、丁艳辉、徐明：《论构建学校、家庭、社会教育一体化的德育体系——尤·布朗芬布伦纳发展生态学理论的启示》，《东北师大学报》（哲学社会科学版）2007年第4期。

社区等各种因素，因此，良好的幼儿多元文化互动也应该由家庭、社区和幼儿园等多方面共同携手完成。因为家庭的特殊性，它成为良好的幼儿多元文化互动的首要阵地，但多样的社会环境是幼儿必须面对的，所以在幼儿成长的过程中，我们应努力营造一个以家庭为主体的和谐文化环境，构建幼儿多元文化互动的生态系统。

（一）与幼儿园通力合作

幼儿园是幼儿多元文化互动的重要场所。幼儿园开展的多元文化活动是家庭多元文化互动的补充、延伸和拓展。家庭应重视与幼儿园的合作，为幼儿形成多元文化观、掌握多元文化知识和技能以及培养多元文化情感等奠定坚实的基础。

首先，在幼儿入园初期，家长应使教师充分了解幼儿的家庭多元文化互动状况，帮助幼儿顺利融入幼儿园的生活。幼儿园中幼儿众多，且来自不同的生活环境，尤其在边疆地区，幼儿的民族构成复杂，语言背景存在诸多差异。家长应提醒教师关注幼儿的语言适应问题，在集体生活中可采用主体民族语言或者普通话进行交流，遇到这两种语言都听不懂的幼儿需额外提供语言帮助，之后在长期共同生活的基础上慢慢将普通话过渡为主要交际用语，这样可以最大限度地降低语言不通对幼儿造成的影响。

其次，家长应积极配合幼儿园开展的多元文化活动。一方面，家长要积极进入幼儿园同幼儿一起参加多元文化活动，如与教师、幼儿一起制作材料、布置多元化的园内环境，参与以民族文化为主题的各种活动等；另一方面，部分家长可以以民族文化传承代表的身份走进幼儿园，为幼儿生动地呈现其民族丰富多彩的传统文化，给幼儿以直观的感受。

在家园合作的过程中，因为家长的陪同和参与，会帮助幼儿更好地融入这些活动中，既提高了幼儿的参与程度，又促进了幼儿对多元文化的理解，同时提高了幼儿家长多元文化互动的技能，促进了家庭的多元文化互动。

（二）和社区协力推进

社区是进行多元文化互动的重要场所。其主要原因有以下两点：一方面，社区中有许多老人，其中也不乏一些民族文化的传承人，他们自身就是多元文化的活字典，年迈的他们也希望将自己民族的文化传给年幼的一代；另一方面，每个社区都会组织各式各样的活动，拥有自己独特的文化氛围，多民族杂居的社区更是因为居民民族成分的多样性，形成了浓厚的多元文化氛围，这样的氛围对于幼儿多元文化互动非常重要。因此，家长应该充分利用好社区资源，为幼儿多元文化互动提供一个更为广阔的平台。

首先，家长可以依托有价值的社区资源开展幼儿多元文化互动。例如，家长可带领幼儿进入具有民族特色的社区，品尝各民族的特色美食，近距离观察各民族的传统服饰以及房屋建筑，观看民族村寨中的特色民族文化表演，充分体验和感受各种不同的风俗。也可以参观民族博物馆等，从宏观的视角了解各民族的历史和文化。

其次，家长可利用自身便利条件，为幼儿提供机会参与各种社区多元文化活动。这些多元文化活动既包括社区的集体活动，如社区组织的文艺活动、节庆活动等，也包括村民自家举办的小型活动，如婚礼仪式、叫魂仪式等。例如，S村的一次换届选举活动就可以成为一次全民狂欢活动，全体村民借此机会聚在一起，载歌载舞，场面热闹欢快。在这样的活动中，幼儿可以广泛接触各民族的人，浓厚的多元文化氛围非常有利于培养幼儿的多元文化情感，使其形成多元文化观念。

总之，家长应带领幼儿参加各种社区活动，为幼儿提供更多的机会，让幼儿在欢快的情境中学习和接纳各民族文化，在不断积累感性经验的基础上，对多元文化形成开放、包容的态度。

传承与发展：幼儿家庭多元文化互动方兴未艾

本章选取了拥有多元文化背景的耿马县W家作为研究对象，主要采用田野调查法，在人类学的视野下对个案家庭生活活动、艺术活动以及节庆活动中的幼儿家庭多元文化互动进行分析解读，呈现出个案家庭幼儿家庭多元文化互动的现状，进而总结出多元文化互动促进民族和谐、社区发展的有益经验，以期为其他家庭开展幼儿多元文化活动提供一定的参考和借鉴。

首先，个案家庭幼儿多元文化互动的成功，存在一些主客观方面的条件。主要表现在以下几个方面：第一，个案家庭所在的村落为多民族聚居村落，历史上长期的聚居使各族人民能够和谐相处。一方面，各民族自身的传统文化得到了很好的传承与发展，另一方面，各民族间的文化相互融合与渗透。这些都为个案家庭进行幼儿多元文化互动提供了肥沃的土壤。第二，个案家庭内部民族构成复杂。W家共有六种民族，而且不同民族的家庭成员均较好地传承了本民族的传统文化。正所谓"染于苍则苍，染于黄则黄"，这样多元的家庭环境为家庭内部进行幼儿多元文化互动提供了得天独厚的便利条件。第三，个案家庭在多元文化互动方面，有着优良的家族传统。各民族平等、和谐共荣的思想观念代代相传，已在每代W家人的意识中生根发芽。

其次，个案家庭幼儿多元文化互动的成功经验，具有借鉴的必要性与可能性。第一，借鉴的必要性。一方面，对于少数民族而言，有必要借鉴个案家庭多元文化互动的经验。当今，许多少数民族的文化在遗失，一些民族语言、歌舞、乐器等不再出现在人们的日常生活中，许多人空有民族身份，却完全不懂民族文化，更不必说了解、尊重其他民族的文化了。因此，少数民族家庭有必要向个案家庭学习，促进家庭多元文化互动，让幼儿从小树立民族平等、和谐发展的观念，培养多元文化共存共荣的意识。另一方面，对于我们每一个普通人而言，有必要借鉴个案家庭多元文化互动的经验。随着交通、互联网技术等的飞速发展，人与人之间的距离越来越近。小到家庭，孩子的父母就可能来自不同的地域，拥有不同的文化背景及生活习惯；大到社区，每个家庭所居住的社区都可能生活着来自五湖四海不同地方的人，大家拥有不同的文化观念；再大到国家范畴，随着中国实力的不断增强，从世界各地来到中国工作生活的人越来越多，也有越来越多的国人愿意走出国门，到更大的世界去看一看，因此与其他国家的人打交道就变成一件平常事，而为了使彼此的交流更加顺畅，就需要我们了解彼此国家的文化。因此，对于这个时代中的每一个人来说，多元文化互动都将是一堂必修课。而幼儿是民族的未来，他们从小就建构多元文化的理念，奠定多元文化的文化基础，待他们长大成人后便会一直秉承这样的观念待人处事，进而对各民族和谐共处、社区发展和国家稳定都产生积极的意义。第二，借鉴的可能性。个案家庭幼儿多元文化互动的经验存在借鉴的可能性，原因主要有以下两个方面：一是互动内容的生活化。个案家庭幼儿多元文化互动的主要内容为幼儿一日生活的各个方面，包括饮食、宗教、语言等生活活动，乐器、歌舞等艺术活动，以及各种节庆活动，这些都是幼儿日常生活中可以直观感知和接触的事物，幼儿不但乐于接受，而且直观的呈现方式可以帮助幼儿更易于获取新知识。二是互动方式的生活化。个案家庭幼儿多元文化互动的主要方式为家庭环境熏陶、邻里互动、社区活动等，以上方式皆为幼儿日常生活的一部分，是幼儿喜闻乐见的互动方式，而且家长也无须学习更多专业的教育方法。

最后，家长在进行幼儿家庭多元文化互动的过程中，可以参考个案家庭的相关经验，从以下几个方面着手：一是帮助幼儿构建多元文化的理念。家长可引导幼儿在面对生活中不同的人、不一样的文化时，应保有一种开放包容的态度，尝试理解并接纳世界的多元。二是为幼儿创造条件。家长宜创造更多的机会和场景，引导幼儿接触更多不同种类的文化，帮助幼儿以直观的方式，真实地感知文化的多样性。三是家长给予适时的引导。日常生活中，幼儿面对多元文化互动的环境时，家长可以进行适时引导，帮助幼儿深入了解该种文化的内涵与意义。

总之，幼儿家庭多元文化互动可以帮助幼儿加深对本民族文化的了解与认同，有益于培养幼儿理解、包容、尊重他人及他民族文化的能力，可以促进幼儿成为世界公民。家庭与幼儿园、社区等各方面通力合作，从生活活动、艺术活动、节庆活动等方面着手，运用潜移默化、有意引导等多种方式，帮助幼儿构建多元文化的理念，获取多元文化的知识，培养多元文化互动的能力。

第八章　包容和合：耿马县 M 小学多元文化互动的实践探索

2016 年 5 月 3 日至 13 日，我们在耿马县进行了问卷调查，收集了丰富翔实的一手材料，包括文本、音频、照片等各种形式的素材，并与教育局领导、相关学校的校长、教师及学生进行了访谈，初步了解了耿马县学校多元文化互动的概况。其中，我们对 M 小学发放教师问卷 35 份，回收 35 份，有效问卷 33 份，有效回收率为 94.3%；发放学生问卷 100 份，回收 100 份，有效问卷 97 份，有效回收率为 97.0%；并对 M 小学的 L 校长、部分教师和学生进行了访谈。

2016 年 9 月 19 日—10 月 16 日，我们深入 M 小学开展田野调查，挖掘素材。在调研过程中，我们不仅多次深度访谈了 M 小学 H 校长、少先队辅导员、教导主任、相关活动的负责教师、班主任和学生等 20 多人，而且通过进入课堂听课、参与学生活动等多种形式与各年级、各民族的学生进行了深层次的交流。此外，我们还和 M 小学的教师一起观看了县里举办的民族健身舞和唱红歌比赛，在此过程中与学校老师和各社区（村寨）村民交流；进入 M 小学学生所在村寨的村民家中，参与其进新房、办婚礼、叫魂、开门节等各种仪式和活动。通过调研，我们试图把握当前 M 小学多元文化互动的现状、面临的问题及其背后的原因，探究其预期目标与影响，探索其发展机制与策略。

第一节　M 小学的基本情况

一、M 小学校情简介 [①]

M 小学是 1988 年澜沧—耿马"11·6"大地震后，由昆明市五华区率先捐资 60 万元新建的一所县直完全小学。学校坐落在县城南端，于 1991 年正式开班办学，当时仅有 4 个教学班，6 名教师。至 2016 年 10 月，学校各方面条件都得到极大改善，有 20 个教学班，教职工 62 人（其中职工 4 人，专任教师 58 人），学生 890 人。在 890 名学生中，农村户口 673 人，农民工子女 247 人，留守儿童 96 人，外来人员 218 人，寄宿生 51 人（2016 年上半年有 108 人），低保户 7 人，残疾 1 人。学校占地面积 18.5 亩，其中校舍建筑面积 3983 平方米，藏书 2 万余册，并设有多媒体室、美术室、音乐室、书法室、实验室、计算机室、科技室等专用教室。

学校以"育人为本、特色兴校"为办学理念，以"让社会满意、让家长放心、让学生成才"为办学目标，形成了"和"的校训，"快乐学习、文明做人、健康向上、求实创新"的校风，"以爱为源、因材施教、敬业笃行"的教风和"勤奋、文明、求实、创新"的学风。在此基础上，学校逐步形成了以学生的和谐发展为本、以少先队活动为载体、以弘扬民族精神为特色的适合边疆地区基础教育可持续发展的教育模式。学校先后荣获"云南省省一级示范小学""省级文明学校""省级红领巾示范学校""省级绿色学校""省级科技示范校""省级家长示范学校"等荣誉称号，并且是全县辅导员、少先队培训基地。少先队也先后被授予"全国红旗大队"、省市"红旗大队""雏鹰大队"等几十项凝结着师生汗水的荣誉称号。

如今，M 小学已成为全县德育、民族教育和素质教育的窗口，以自己的独特风貌，实现了跨越式发展。

[①] 相关资料和数据由 M 小学校长室和教导处提供。

二、M小学师资和生源状况

（一）师资结构

如表8—1所示，M小学的师资结构呈现出以下特点：从性别上看，男女教师的比例为1:3.46；从年龄上看，师资呈现出"中间大、两头小"的特点，教师多为30—50岁之间的中年教师，30岁以下的青年教师奇缺，50岁以上的老教师较少；从学历上看，绝大多数教师全日制学历为中专，基本都接受过大专及以上在职教育；从职称上看，大部分教师职称为中小学一级和二级，且一级教师人数最多，占教师总人数的一半以上。

表8—1　M小学师资结构（单位：人）

性别		年龄（岁）				学历				职称		
						全日制教育学历		参与在职教育学历				
男	女	<30	30—40	40—50	50—60	中专	大专	大专	本科	二级	一级	高级
13	45	1	26	26	5	55	3	25	29	11	44	3

此外，M小学教师民族种类多样，少数民族教师占教师总数的31.03%，其中傣族6人，佤族3人，彝族、拉祜族、白族各2人，布朗族、壮族、哈尼族各1人。

（二）生源情况

M小学的少数民族学生占学生总人数的55.17%，学生民族种类多达16种，其中傣族168人，佤族145人，彝族77人，拉祜族37人，白族29人，布朗族13人，此外还有壮族、苗族、回族、德昂族、傈僳族、景颇族、哈尼族、布依族、蒙古族共22人，且不少学生家庭由两个及以上的民族构成。M小学的汉族学生来源相当广泛，其籍贯遍及四川、重庆、湖南、贵州、湖北、广西等14个省市自治区，另有2名缅籍学生。

（三）师生比和班师比

按照教育部"统一城乡中小学教职工编制标准"的通知，当前县镇、农村小学师生比为 1∶19 [①]。整体而言，M 小学的师资在数量上已达到全国基本标准，具体情况如表 8−2 所示。

表 8−2　M 小学师生比及班师比情况（2016—2017 学年）

专任教师	在校生	师生比	班级数	班师比
58 人	890 人	1∶15.3	20 个	1∶2.9

尽管从编制而言教师数量已达标，但从班师比情况可以看出，M 小学2—3 名教师负责一个班级的教育教学工作和各类活动的开展，任务不可谓不繁重。此外，M 小学缺乏英语、音乐、美术、体育、科学等科目的专任教师，教师"教非所学"现象较严重。

三、M 小学多元文化互动的概况

自成立之初起，M 小学就致力于建设成为一所有民族文化特色的学校，试图根据学生的兴趣爱好，创造多姿多彩的校园文化。自 1991 年开始办学起，学校就着手创办民族舞蹈队，后来又创建了百人民乐团，1996 年又进一步将其拓展成每周四下午定期举行的兴趣小组活动，系统安排老师教学，近年来又得到县青少年活动中心的资助，为其提供相应的资金、设备、服装、道具等，使 M 小学的多元文化互动开展得有声有色。

建校二十多年来，M 小学的民族文化活动非常丰富：舞蹈主要有当地的傣族嘎秧舞、吉祥舞，佤族的甩发舞，德昂族的德昂舞等；乐器主要有象脚鼓、三弦、芦笙、木鼓、竹笛、镲、铓等；兴趣小组除大众化的鼓号队、书法、诵读等外，还有颇具民族风情的丢包、打陀螺、射弩等和别具特色的小交警队、小消防队、环保队等。M 小学还注重在课堂上培养学生的民族认同和乡土情结，除兴趣小组活动中的傣语、佤语班外，M 小学还将地方教材、"三生教育"、品德与社会等课程作为弘扬民族精神的渠道，不定期地利用这

---

① 中央编办、教育部、财政部：《关于统一城乡中小学教职工编制标准的通知》（中央编办发〔2014〕72 号），2014 年。

些课程开展民族团结教育、传授乡土知识等活动。

M小学最大的特色之一就是自开班办学后的第三年起，每一届的五、六年级都会从全县各乡镇招收一个班的学生，组成民族班。当然，民族班里也有汉族学生。由于他们来自不同乡镇，所有学生统一住校，由学校食堂提供一日三餐，并要求上晚自习。民族班不是各民族学生的简单组合，而是给来自乡镇甚至困难家庭的学生进入县城学校上学提供机会。此外，M小学在关爱农民工子女（留守儿童）方面也做得相当不错，并由此创生了"七彩课堂"，用实际行动贯彻多元文化互动的主旨。

第二节　M小学多元文化互动的现状

一、M小学师生关于多元文化互动目标的认识

（一）校长对多元文化互动目标的看法

前任校长L（2012.09—2016.05任M小学校长，哈尼族）认为：

> M小学进行多元文化互动的主要目标是促进少数民族学生之间的交流，进而引导学生健康、快乐地成长，培养其兴趣爱好，提高其学习成绩。不仅要让他们学习课本知识，还要让他们传承本民族的文化。M小学生源比较复杂，各少数民族学生之间存在交流不顺畅、生活习俗差异大甚至有偏见等情况，学校首先要让学生适应校园生活，他们才会喜欢学校，喜欢学习。（F-L-16/05/05）

M小学的现任校长H（2016年9月开始任校长一职）现年36岁，江苏南京人，汉族。2003年，H毕业于晓庄师范学院，怀着满腔热情作为志愿者来到耿马县，之后考入M小学成为教师，并嫁给了当地傣族小伙，留在了耿马县。在M小学工作仅十年，H校长就从一名普通的教师成长为校长。她认为，学校多元文化互动的目标主要是传承各民族的传统文化，让孩子有宽阔的眼界。

> 我们是想要让所有学生发现自己的闪光点，不论是哪个民族，不论是县城的还是各乡镇来的学生，都能掌握适合自己的学习方法，学会适

应不同的环境。我提出每个学期兴趣小组要有一次汇报演出，慢慢让老师放手，让孩子相互教，我希望以后孩子们能够以老带新，不需要老师过多指导。我想要告诉我们的孩子，尤其是少数民族的孩子，你自己的东西你要掌握，要有责任去传承。我们的目标是在毕业前，让孩子掌握一种民族（文化），重点想要打造的就是民族乐器和舞蹈，如嘎秧舞、象脚鼓、木鼓舞、葫芦丝等，今年还新添加了古筝组，代表中国古典文化。我们希望孩子们能认识到各民族文化的美妙之处，同时也知道民族的才是世界的，要有这种大的概念。（F-H-16/09/24）

从与两任校长的访谈中可以看出，他们对多元文化互动目标的看法存在如下共同之处：一是要帮助孩子树立正确的人生观、价值观和民族观，即要学会做人，宽容理解不同文化，消除民族偏见和歧视；二是要促进学生间的交往和文化的交流，使各民族的学生尽快适应学校生活，为将来融入社会做准备；三是要传承民族文化，增强民族认同；四是要团结各民族同学，形成和谐的校园文化氛围。

两位校长对多元文化互动目标的看法对 M 小学制定多元文化教育目标有很大的影响。学校"和"的校训更是引导教师开展多元文化互动的根本准则，"和"，首先要让各民族学生和睦相处，然后才会有各民族的和谐共荣，最终才会有世界的和平安宁。这个"和"字，其实就是多元一体的精华，既要有各民族文化百花齐放的灿烂，又要有百川归海的大一统。

（二）教师对多元文化互动目标的认识

1. 教师对多元文化互动宏观目标的认识

由图 8-1 可知，M 小学教师认为学校开展多元文化互动最重要的宏观目标是"继承和发扬少数民族的优秀文化遗产，丰富中华文化宝库，为中华民族的伟大复兴作出贡献"以及"唤起主体民族对少少民族优秀文化保护的意识，减少甚至消除对少数民族的偏见或歧视"。这与学校的办学理念和它的学生来自全国各地，大部分住在县城，又有一部分来自各个民族聚居的不同村寨的生源状况密切相关。

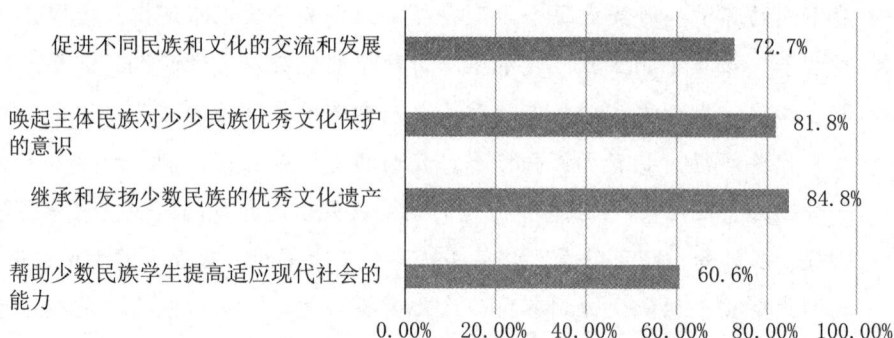

图 8-1　M 小学教师对多元文化互动宏观目标的认识

2. 教师对多元文化互动微观目标的认识

由图 8-2 可知，选择多元文化互动可以"帮助学生更加了解本民族以及其他民族的文化知识，增进同学间的理解和和谐"和"提高自身的教学能力和文化互动能力"的比例分别为 93.9% 和 84.8%，可见 M 小学的教师认为多元文化互动最主要的微观目标是促进学生发展和提升自我。

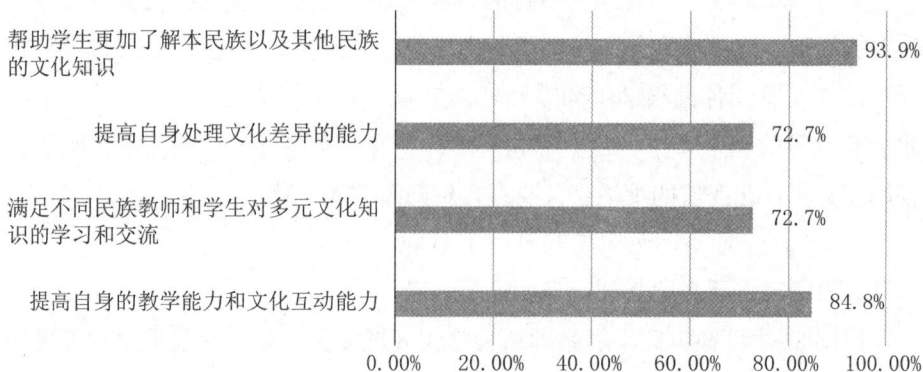

图 8-2　M 小学教师对多元文化互动微观目标的认识

（三）学生对多元文化互动目标的认识

总体而言，学生对多元文化互动目标的认识符合学校具体情况，并与教师对多元文化互动目标的认识大体一致。

1. 学生对多元文化互动宏观目标的认识

如图 8-3 所示，M 小学学生对多元文化互动宏观目标的认识选择最多的

是"继承和发扬少数民族的优秀文化遗产，丰富中华文化宝库，为中华民族
的伟大复兴作出贡献"，这与学校教师的选择是一致的。

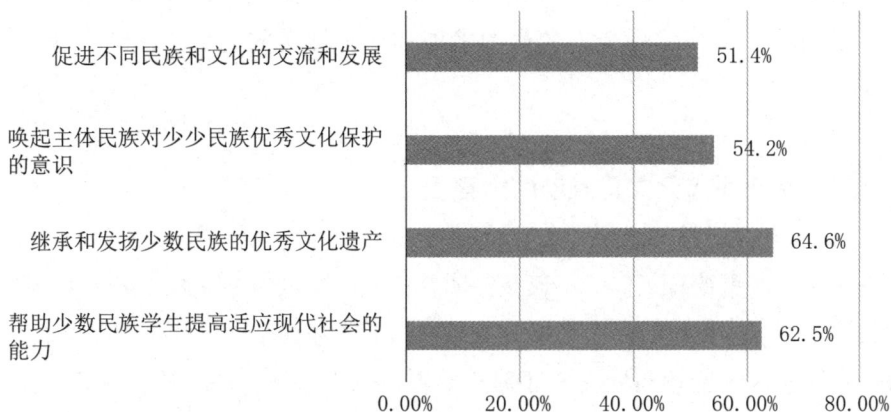

图 8-3　M 小学学生对多元文化互动宏观目标的认识

2. 学生对多元文化互动微观目标的认识

由图 8-4 可知，M 小学学生倾向于将多元文化互动的微观目标理解为学
习各民族文化知识以及方便与同学相处和交流，这和学校的定位及校长、教
师的教育理念密切相关，M 小学的校长提到进行多元文化互动的主要目的之
一是增进学生之间的交流，显然对学生产生了潜移默化的影响。

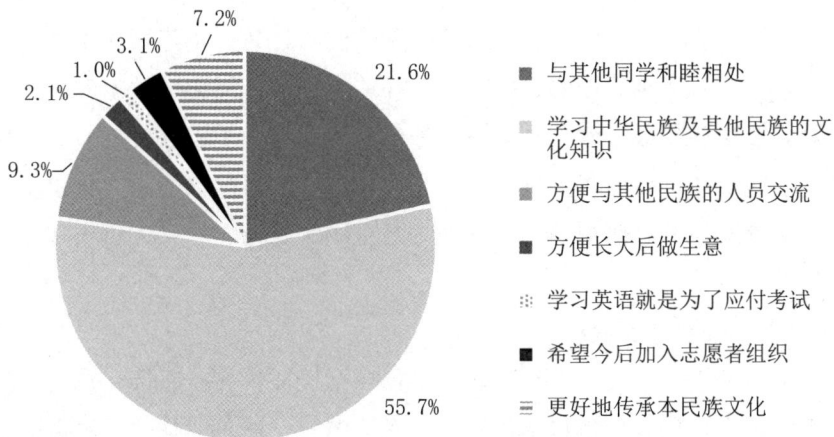

图 8-4　M 小学学生对多元文化互动微观目标的认识

综上所述，M 小学校长、教师和学生对多元文化互动的目标有清楚的认识和理解。师生们都认为既要保持自我，又要学会理解和宽容他人；既要学习包括中华民族经典文化在内的各民族优秀文化，又要继承和发扬本民族的传统文化，最终实现个人的最大发展和整个社会的公平、团结、和谐与共荣。

二、M 小学多元文化互动的内容

（一）中华传统文化

M 小学注重德育工作，不仅在文明礼仪、道德风尚等方面严格要求学生，也特别重视学生良好行为习惯的养成教育，尤其强调中华民族传统美德教育。教师通过语文、品德与社会等课程让学生知道自己是中华民族的一员，教导学生在学校要尊师重道、团结同学，在家要孝顺父母长辈、友爱兄弟姐妹，在社会上要礼貌待人、文明行事等。教师还将《三字经》《千字文》《弟子规》等国学经典读物及相关经典诗词等作为重要的德育素材，纳入学校多元文化互动体系，并通过地方课程、经典诵读兴趣小组等来实施。M 小学开设有写字课和书法兴趣小组，教师一方面教学生书法技能，另一方面系统地向学生传授书法的基本理论、历史演变过程，不仅使学生增长了才干，也增强了他们的民族自豪感和对中华传统文化的认同感。

此外，M 小学也将中华民族英雄人物、道德楷模、民族团结先进典范的相关事迹以班会或少先队活动的形式向学生进行宣传，用正面典型陶冶学生情操，取得了润物细无声的良好效果，在一定程度上强化了学生的民族和国家认同。在中高年级，教师会有意识地向学生介绍中华民族传统节日、传统风俗的文化内涵，引导学生领会经典名篇中包含的思想情感和文化精髓，让学生学会理解他人、懂得感恩，并加深对祖国大好河山、悠久历史和灿烂文化的热爱。

（二）民族特色文化

M 小学民族特色文化丰富多彩，不仅包括民族饮食、服饰、建筑、生产工具等物质文化内容，也包括语言、艺术、节日、道德、礼仪、民俗、民间故事等非物质文化内容。

在饮食方面，教师引导学生认识或亲自尝试做傣族的牛撒撇、牛干巴、手抓饭、牛扒烀、菠萝饭等，佤族的鸡肉烂饭、八宝饭等；在服饰上，教学生认识傣族、佤族、彝族、拉祜族、德昂族、白族、景颇族等当地少数民族的服饰，鼓励学生在开展各类活动时穿民族服饰进行展示；在建筑方面，教学生识别古代和现代傣族、佤族的房屋，了解其标志性饰物的含义；在语言方面，主要开办了傣语和佤语兴趣班，教学生简单的日常用语和歌曲，如《洪洪仲仲》《勐相耿坎我的家》《摇沙》等当地傣族歌手原创的表示欢迎、祝福和对家乡热爱之情的歌曲，《加林赛》《阿佤人民唱新歌》等佤族表示欢庆、表达喜悦之情的歌曲等；在民族节日方面，让学生参与当地最隆重的泼水节、青苗节、开门节、关门节等节日，交流心得体会；在艺术方面，教学生傣族的嘎秧舞、马鹿舞，佤族的甩发舞、木鼓舞，景颇族的长刀舞、扇舞等，傣族的丢包、打陀螺、刺绣，拉祜族的射弩等民族传统体育竞技和手工，以及傣族的葫芦丝、象脚鼓、铓、镲、锣，拉祜族的芦笙，哈尼族的三弦等乐器。这些民族特色文化互动使学生体会和感悟到各民族文化的美，可以增强学生的民族文化认同，使其掌握更多的技能，实现个人全面而健康的发展。

（三）国外优秀文化

耿马县与缅甸山水相连，一直以来，当地傣族与缅甸的掸族在历史、族源、宗教信仰、婚姻等方面密切相连，其信奉的佛教便是经由缅甸传入的。每年泼水节前后，耿马县都有不少虔诚的信众去缅甸仰光等地的佛寺赕佛，缅甸也会派遣相关佛教人员到耿马地区的佛寺与当地的佛爷进行交流。这些友好往来在一定程度上增进了两地人民的情感和友谊，也将缅甸境内诸多的佛学经义引入我国，教人克己、守礼。县城的商业城还有一条街为缅甸商人所经营。M 小学也有来自缅甸的学生，在开展教育活动时教师会有选择性地介绍一些缅甸及佛教的文化，让本地学生学会平等地看待来自缅甸的学生，培养学生向善、宽容的品格。

此外，M 小学在中高年级开设有英语课程，教师会在诸如感恩节、圣诞节等西方有意义的重大节日期间向学生讲述节日的由来并举办相应的活动。其中西方的母亲节在 M 小学特别流行，学校将母亲节与感恩教育以及我国传统的孝道结合起来，通过以班级为单位的班会活动，让学生知道母亲节的意义，懂得母爱的伟大，并让其在这一天用语言和实际行动感恩父母。此外，教师还会在高年级的阅读课中向学生推荐世界各国的经典名著，如《汤姆·索亚历险记》《鲁滨孙漂流记》等，以开阔学生眼界，使其初步建立"世界"的概念。M 小学秉承"取其精华，去其糟粕"的理念，选择国外的优秀文化来引导学生，让他们知道不同民族文化虽呈现方式不尽相同，在意义上却有异曲同工之处。

（四）校园文化

M 小学立足社会主义核心价值观，吸收校园周边乡土知识，创造性地生成了具有特色的校园文化，部分教师会自觉地将其作为教育内容在课堂内外传授，将当地的民族文化整合进课堂教学或文化互动活动中。例如，专任美术老师 Q（汉族），在学校的兴趣小组活动中担任科技影像组负责人，2016年，他和大队辅导员 M 老师（傣族）一起指导学生拍摄了一组科学影像作品——《佤乡情——水酒的故事》，荣获第七届全国青少年科学影像节活动三等奖。这组影像的拍摄地点选在四排山乡的佤族学生家，两位老师和汉族、傣族、佤族的四位学生与当地村民一起参与了佤族水酒的制作，这不仅让各民族孩子通过实践在互动中了解、传承和发扬了佤族文化，还搭建了家校合作的桥梁，使大山深处的学生家长一起参与了孩子的学习过程。

综上所述，M 小学多元文化互动的内容丰富，既包含了中华民族在漫长历史中形成的优秀传统文化，又囊括了各族人民自觉创造的绚烂多姿的民族特色文化，还引入了全球一体化时代来自国外不同民族的优秀文化，并创生了多样的校园文化。

三、M 小学多元文化互动的路径

M 小学多元文化互动的形式非常多样。在多元文化互动的路径方面，调查问卷中学生选择最多的前三项分别是"通过各种兴趣小组活动，组织学生参与多元文化学习""通过信息技术（计算机）等学习中华文化和各民族文化知识"和"通过少先队活动、重要节庆活动开展多元文化活动"（如图 8-5 所示）。这与我们在调研期间通过访谈、观察所了解到的情况是一致的。

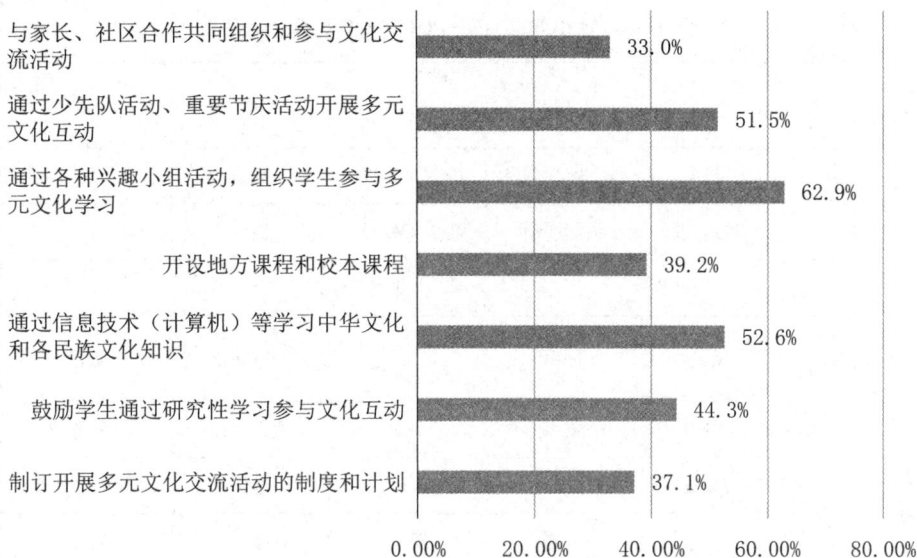

图 8-5　M 小学学生认为其所在学校多元文化互动的实施路径

与家长、社区合作共同组织和参与文化交流活动　33.0%

通过少先队活动、重要节庆活动开展多元文化互动　51.5%

通过各种兴趣小组活动，组织学生参与多元文化学习　62.9%

开设地方课程和校本课程　39.2%

通过信息技术（计算机）等学习中华文化和各民族文化知识　52.6%

鼓励学生通过研究性学习参与文化互动　44.3%

制订开展多元文化交流活动的制度和计划　37.1%

0.00%　20.00%　40.00%　60.00%　80.00%

图 8-5　M 小学学生认为其所在学校多元文化互动的实施路径

（一）以课程为载体增强文化认同

目前，M 小学开设的课程较为完善，包括国家、地方、校本三级课程体系。随着信息技术的发展，全部教室已配置班班通，在课堂上教师可更加生动形象地将多元文化内容呈现给学生。其课表编排独具匠心，仅语文一门课程就以语文、口语交际、分享阅读、联想写作四种形式呈现，将民族团结课程明确安排在课表上，与品德与社会课程结合开展，并将每周四下午开展的兴趣小组活动称为"幸福课程"，充满了人性化的关怀和智慧（如表 8-3 所示）。

具体而言，国家课程方面，M 小学严格按照教育部要求，将《中华大家庭》《民族常识》的内容放在"民族团结""品德与社会"（"品德与生活"）等课程中讲授，激发学生爱国情感，促进各民族团结。"语文"和"品德与社会"（"品德与生活"）中有《欢乐的泼水节》《我们的民族小学》及《民俗民风知多少》等内容，大多数教师会将其与本地的实际情况结合起来讲授，特别重视利用这个机会让学生穿上自己民族的服装，上台讲述并进行展示，进一步强化学生的民族认同和自信。此外，一些教师也会在音乐课中渗透民族歌曲、舞蹈及乐器等的学习，在美术课上教学生刺绣、制作民族服饰和民间工艺品等。

表 8-3　M 小学 2016—2017 学年五年级课表

节次 ＼ 星期		一	二	三	四	五
上午	第一节	语文	数学	语文（教研）	数学	语文
	第二节	口语交际	数学活动	数学（教研）	数学	语文
	大课间活动					
	第三节	数学	科学	品德与社会（民族团结）	分享阅读	数学
	第四节	数学	联想写作	语文	地方课程	科学
下午	第一节	劳动技术	体育	音乐	信息技术	研究性学习
	第二节	英语	语文	美术	体育	英语
	第三节	书法	少先队活动、区域服务与实践	阳光运动（"三生教育"）	幸福课程（双语教学）	安全教育、班会、卫生
	第四节	语文辅导	语文辅导	数学辅导	数学辅导	

地方课程方面，云南省政府发行了一整套义务教育地方课程系列教材，包括《奇山异水云之南》《游走彩云南》《丰富的云南特色物产》《建设民族文化大省》《源远流长话云南》《云南的自然资源》等十二册。M 小学一至六年级均开设了此课程，并按要求在中高年级开设了"三生教育"课程，教师们时常

图 8-6　M 小学使用的地方课程教材及经典诵读教材

一起研究典型个案、探讨解决方案、总结经验教训。这些生动自然又切合实际的地方课程，在一定程度上加深了学生对省情的认识，增强了学生的民族自信心和自豪感。校本课程方面，M 小学曾开发过一、二年级的英语校本课程和环保校本课程，旨在对低年级的学生进行西方文化的启蒙教育，培养生态环境保护意识。

（二）以兴趣小组活动为动力拓展文化技能

M 小学开展的各类兴趣小组活动，已作为一门活动课程全面展开。活动内容多是对耿马县本地民族文化的挖掘，对激发学生的民族文化认同、乡土文化热爱具有重要作用。兴趣小组活动在每周四下午开展，依据"一室多用、一地多用、一师多用"的原则举行。这些异彩纷呈的兴趣小组活动，不仅可以锻炼身体、发展兴趣，更能培养学生的文化适应能力，是多元文化互动最直接有效的形式。每到开展兴趣小组活动的这一天，M 小学的校园就会变得特别热闹，多种民族的文化在同一时空里呈现，异常绚烂（如图 8-7 所示）。

图 8-7　M 小学的腰鼓和象脚鼓兴趣小组

许多学生还会穿上民族服装来到学校，将整个校园装饰得五彩缤纷。值得一提的是，M 小学非常注重通过阅读和经典诵读来进行多元文化互动，在提高学生语言表达能力的过程中促进不同民族学生之间的交流、交往，用经典名篇激发爱国主义情感和民族自豪感（如表 8-4 所示）。

表 8-4　2016—2017 学年上学期 M 小学兴趣小组项目一览表

项目＼学校	M 小学
现代化项目	鼓号队、科技、广播小记者、象棋、跳棋、校园足球、英语、小交警、国防队、消防队、乒乓球、朗诵、阅读、环保队、字画歌舞（一年级）
民族化项目	象脚鼓（配锣、镲、铓等乐器）、嘎秧舞、木鼓队、葫芦丝、笛子、古筝、腰鼓、围棋、傣语、佤语
一体化项目	书法、手工、科学影像、丢包
共计（组）	29

注：标注下划线的是 M 小学的特色兴趣小组。

（三）以学校主题教育为阵地提升文化素养

1. 学校大型活动

学校大型活动一般是指以校为单位开展的全员性活动，主要有六一儿童节、冬季运动会、泼水节、青苗节、建队节等。建队节是 M 小学举办得非常隆重的一个节日（如图 8-8 所示）。学校将其与中国梦联系在一起，对学生进行爱国主义、民族团结、树立崇高人生理想等方面的教育。在建队节期间，M 小学通常以"童心向党""相约中国梦""传承优秀文化传统"等为主题，举办经典诵读、演讲比赛和民族文艺表演。冬季运动会是 M 小学一年一度的体育盛会，不同民族的学生以班级为单位拧成一股绳，为班级荣誉顽强拼搏、呐喊助威。这期间的文艺表演如鼓号队和象脚鼓舞等把绚烂多姿的民族文化元素植入原本单一的现代体育竞赛中，让原本旨在锻炼学生坚强品质、团结奋斗精神的体育活动更富有人文气息。

M 小学还多次组织农民工子女庆祝泼水节（如图 8-8 所示），大家通过相互泼水泼出感情、泼出祝福、泼出快乐，感悟泼水的意义，体会节日的欢乐，在互动中更深入地了解民族文化的内涵。此外，M 小学还在节日前后进行有关泼水节由来、意义、风俗习惯的宣传和教育，学校的广播站会专门介绍泼水节、播放当地耳熟能详的傣语歌，学校的文化墙、展板、黑板报也会辟出专栏对泼水节和傣族文化进行介绍，整个校园洋溢着浓浓的节日气息。青苗节时 M 小学开展的多元文化活动则注重对佤族文化的教育和宣传。

图 8—8　M 小学的建队节和泼水节活动

2.学校常规教育

一是爱国主义教育和民族团结教育。M 小学每周一大课间时的升国旗仪式就是典型的爱国主义教育。2015 年，M 小学进行了以"抗日战争胜利暨世界反法西斯胜利 70 周年"为主题的国旗下讲话，引导全体学生进一步增强国家意识，强化国家认同，自觉维护国家的利益、尊严和荣誉。有时也通过诸如经典诵读比赛、演讲比赛、"向国旗敬礼"和民族团结说课比赛等形式来进行爱国主义教育和民族团结教育（如图 8—9 所示）。每学期开学时都会开展"开学第一课"活动，如 2015 年秋季，学校组织了诵读校训、传唱抗战歌曲，开展班级抗战征文比赛、抗战题材书画展等活动，使学生更加真切地了解抗日战争的伟大历史，感悟英勇顽强、不屈不挠的民族精神，不断增强民族自尊心、自信心和自豪感，树立爱国情怀。

图 8—9　M 小学开展的民族团结教育和安全演练

二是感恩教育、安全教育和道德教育。感恩教育主要以母亲节、感恩节、教师节、清明节等为契机，在传授学生节日相关知识的同时，让学生通过实际行动感恩父母长辈、教师、革命先烈。例如，母亲节时通过举行"故事会"、自制感恩卡、绘画、手抄报、作文比赛、做家务等活动对学生进行感恩教育，清明节时组织学生参观对越自卫反击战牺牲烈士的陵园等。安全教育主要包括国防意识教育、禁毒防艾教育、抗震安全演练、消防安全演练等（如图8—9所示）。道德教育主要包括行为习惯养成教育、心理健康教育、诚信教育、学雷锋活动等，其中特别重视对留守儿童、单亲家庭孩子的心理健康教育。

（四）以本地民族节庆为契机强化民族意识

耿马县政府非常重视各民族文化的传承和互动，每逢重大节日，县里都会举办不同规模的庆祝活动，一般持续好几天。教师也要求学生写日记、交流心得，让学生在参与节日活动、感受节日喜庆的同时，更进一步地了解和领悟节日的文化内涵和意义，更深层次地引导学生平等看待各民族文化，理解各民族不同风俗，与各民族同学和睦相处。耿马县当地举办的较为隆重的节日有汉族的春节，傣族的泼水节、开门节、关门节，佤族的青苗节、新米节，以及景颇族的目瑙纵歌和彝族的火把节等，M小学的大多数学生非常喜爱参加这些节庆活动。

民族传统节庆不仅仅是让人娱乐、休闲、放松的日子，而且能为多元文化互动提供宝贵的"德育""智育""体育""美育"资源。[1]以佤族最盛大的青苗节为例，举办青苗节活动既是为了庆祝青苗苗壮成长，祈求来年五谷丰登，也是为了让佤族文化的火种得以延续，给佤族人民提供丰富的精神食粮，同时宣传和弘扬佤族文化，让其走出村寨、走出边疆，走向社会、走向世界。2016年耿马的青苗节庆典，内容包括耿马民族历史文化展、"司岗里"民族文化活动、"印象佤山"主题晚会、民族方阵巡游及千人拉木鼓活动、"梅门"民族文化活动、打歌比赛、织锦展演等，M小学的师生观看并参与了活动，一起感受节日的喜悦和接受佤族文化的熏陶。不少佤族学生（尤其是来

---

[1] 马佳宏、黎天业：《传统节庆文化：多元文化教育的重要资源》，《广西师范大学学报》（哲学社会科学版）2010年第3期。

自佤族聚居地四排山乡的学生）表示，在这一天会积极参与村寨、县里的活动，会因自己是佤族人而感到自豪。其他民族的学生也认为佤族的舞蹈很好看、歌曲很好听、打歌活动很有意思很好玩。

（五）以校园内部文化环境创设为助力营造和谐氛围

M 小学独特的办学理念和教育目标，良好的校训、校风、教风和学风，可以引领学生健康成长、全面发展。学校特别重视通过环境创设来促进学校多元文化互动，充分利用学校的文化走廊、展板、教学楼外墙、教室墙壁、黑板报等来进行各民族文化教育和宣传，让每一块墙壁都变成"会说话"的墙。M 小学有两处展板，一处用来宣传学校的校训、校风、办学特色等内容和各民族文化（如图 8—10 所示），另一处用来处理学校的日常事务。教学楼外墙上张贴着教育标语；楼梯处和教室外墙上悬挂着古诗词和名人名言；黑板报也是学校进行文化宣传和教育的主要场地，主题按学校要求不定期变动，如推广普通话、庆祝泼水节等；各教室内墙则通常由班主任组织学生自行布置，内容丰富多样。

图 8—10　M 小学的展板

第三节　M 小学多元文化互动的特色及成效分析

M 小学在进一步严抓教育教学质量的同时，根据校情选取不同民族文化的精华，多措并举，加强多元文化互动，形成了鲜明的特色，基本实现了不同性别、民族、宗教信仰、语言、所属社会群体等的学生都享有平等的受教育机会，促进了学生的身心健康发展和跨文化交往能力的提高，促进了教师多元文化素养的提升及对学生的理解包容，让学校更加富有文化内涵，并带动了整个社会不同民族文化的良性互动、共同繁荣，增进了各民族群体的团结和谐，深化了各民族同胞的爱国之情。

一、M 小学多元文化互动的特色

（一）有的放矢，打造学校多元文化互动品牌

M 小学在进行多元文化互动的过程中，目标明确，定位清晰，以关爱弱势群体和开展多语教育为主，创设学校文化品牌。首先，在关爱农民工子女、单亲家庭子女、各乡镇和村寨少数民族学生尤其是少少民族学生等方面下功夫，提高弱势群体及少数民族的跨文化交往能力，以更好地实现教育公平。一是创办民族班，为乡镇、村寨的孩子提供进入县城学校就读的平等机会。二是针对农民工子女创生七彩课堂，内容包括"亲情陪护、学业辅导、感受城市、自护教育、爱心捐赠"等板块，还开展了诸如"留守的心不再孤单""中国梦·七彩梦"等主题活动，激励学生树立梦想，给予其精神抚慰，使其更好地适应学校的学习生活。三是举办民族运动会，原是专门为住校生举办的，开展的项目包括教师和孩子们结队进行的跳绳比赛、"插花"、"赶猪"、"两人三足"等趣味游戏，近年来已发展成全校性的活动。

其次，开展多语教育，掌握传承民族文化及与世界接轨的语言技能。M小学作为耿马县的双语教学示范学校，利用兴趣小组活动开办了四个双语班，分别是一年级的傣语班、佤语班，二至五年级的傣语佤语班和英语班。H 校长说：

> 我希望我们的孩子能够从小就掌握自己本民族的语言，传承本民族的文化。我经常告诉孩子，这些东西你不能丢掉，地方方言你可以不会，但是少数民族语言和普通话你一定要会，这是精华。因为社会越来越多元化，你拿不出有自己特色的东西，竞争力就没那么强。（F-H-16/09/29）

大队辅导员 M 老师认为：

虽然边疆地区贫穷、落后，但这并不意味着就不能跟上时代，希望通过英语学习，开阔学生的视野，教给学生一个"世界"的概念。（F-M-16/10/08）

（二）百花齐放，全方位促进多元文化互动

M 小学在开展多元文化互动的过程中，因地制宜，合理利用当地文化资源，使各民族教师和学生团结一心，整个校园百花齐放。M 小学多元文化互动的内容包罗万象，不仅涉及汉族和当地主体民族（傣族和佤族）的文化，也适当涉及当地较少民族（哈尼族、彝族、回族等）和少少民族（拉祜族、德昂族、景颇族等）等民族的文化教育，以消除民族偏见和歧视、增强少数民族学生的文化自信和文化适应能力。例如，鼓号队，在运动会、六一儿童节和兴趣小组活动中都会出现；傣族最具代表性的象脚鼓配嘎秧舞，佤族最具代表性的木鼓舞配甩发舞，是 M 小学民族文化的两大常青树；此外，拉祜族的芦笙和射弩、德昂族的踢毽子和舞蹈、哈尼族的三弦、景颇族的长刀舞和扇舞等，都是 M 小学民族文化百花园中姹紫嫣红的花朵（如图 8-11 所示）。

图 8-11　M 小学学生展示拉祜族的射弩和哈尼族的三弦

（三）抓住契机，利用有效资源强化多元文化互动

M 小学善于抓住契机，合理利用有效资源，在拓宽学生视野、增加学生民族自信心的同时增强民族凝聚力。例如，学校通过教师和学生一起参与投票的方式，不定期地开展诸如"感动 M 小学好儿童""民族团结好少年"等评优活动。又如，利用民族文化竞赛活动等机会，让学生展露才华。2013 年"红领巾相约中国梦"交流体验活动在北京盛大开幕，M 小学来自四排山乡的

佤族学生 K 有幸作为云南省的代表参与了此次活动。在此期间，K 参加了在天安门广场观看升旗仪式、在国家博物馆参观"复兴之路"大型主题展览和访问团中央网络影视中心未来网与四川雅安地震灾区小伙伴视频互动等活动。K 表示，心情很激动，感觉很幸福，回到学校后要珍惜机会，好好学习，团结同学，以优异的成绩回报所有关心他的人。[①] 后来，他以全校第五名的成绩从 M 小学毕业。这种抓住契机"走出去"的方式架起了边疆地区通往全国各地的文化桥梁，既能让教师和孩子们接触到先进的教育理念、思想和模式，有助于提高教师的专业素养，又能将本地的特色文化带出去，丰富其他地区的文化。

二、M 小学多元文化互动的成效分析

（一）扭转教师观念，激发潜能，提升多元文化素养

M 小学多数教师认为，通过组织和参与多元文化活动，他们了解了更多民族文化知识，能更加平等地对待不同民族的学生，并更加意识到继承和发扬民族优秀文化的重要性。在对"在民族文化活动的组织与构建中您取得了哪些进步？"一题的回答中，M 小学教师选择"更加平等地去对待不同民族的学生"这一选项的比例为 90.9%。而且，能够在具体活动中更加主动、积极地组织学生开展民族文化活动的教师比例为 69.7%（如图 8-12 所示）。

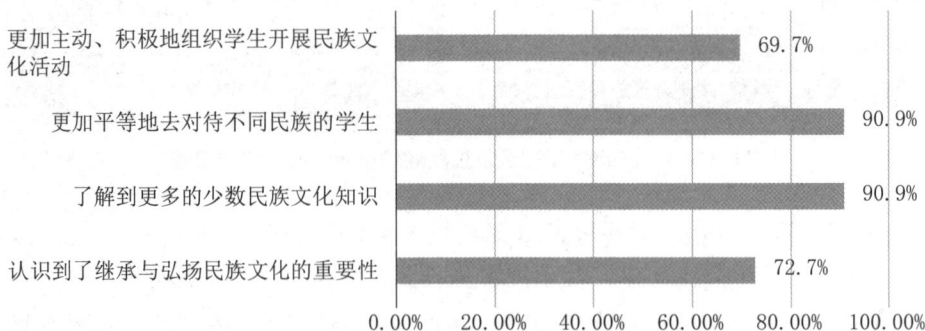

更加主动、积极地组织学生开展民族文化活动 ——— 69.7%
更加平等地去对待不同民族的学生 ——— 90.9%
了解到更多的少数民族文化知识 ——— 90.9%
认识到了继承与弘扬民族文化的重要性 ——— 72.7%

0.00%　20.00%　40.00%　60.00%　80.00%　100.00%

图 8-12　多元文化互动对教师产生的积极影响

---

① 引自 K 同学的活动体会，资料由 M 小学提供。

1. 更新观念，增加宽容理解

在全球化时代，宽容被视为一种德性，它为学校教育进行文化选择提供了宽广的道德基础。[①] 通过组织和参与多元文化活动，接触和了解不同民族的文化，教师能够更加理解和平等对待不同民族、不同性别、不同地区、不同家庭构成和不同文化背景的学生，更加耐心和宽容，不再简单地用考试分数去衡量学生。

刚建校那几年，虽然以"民族"立校，但教师对学校开展的多元文化活动持怀疑态度，担心影响学生成绩，直到后来实践证明这对学生的发展利远远大于弊，教师的观念才慢慢发生了转变。一部分调入 M 小学不久的教师表示，自己曾经存在过民族偏见，但现在已经改变；还有教师说，自从学校开展民族文化活动和兴趣小组活动后，自己发现了孩子们的闪光点，会更加用心去爱护每一个孩子。

2. 激发潜能，获得职业成就

多元文化互动对师资提出了更高要求，在一定程度上促使教师不断学习，掌握相关的教学技能，也激发了教师自身的潜能。在教学相长的过程中，教师的校内生活也愈发丰富、充实。例如，C 老师（汉族），因为十多年来一直担任民族班班主任，亲自到拉祜族的寨子跟随传承射弩技术的长者学习，学成后便成了学校射弩队的专业指导老师；Z 副校长（汉族），由于从小生活在傣族和佤族的寨子里，与傣族、佤族的孩子一起长大，学会了敲傣族的象脚鼓，多年来带领 M 小学的象脚鼓队成长壮大；同样是汉族的 H 老师，娶了傣族的姑娘，也学会了傣族的乐器，在 M 小学负责教与象脚鼓相配的锣、铓、镲等乐器。M 小学像这样的教师有很多。绝大多数教师认为通过这些学习，不仅拓展了自己的兴趣爱好，还让自己更加有职业成就感，校园文化生活更有乐趣和意义。

我们在 M 小学调研期间，正逢云南省开展民族团结教育说课比赛，M 小学六年级的 L 老师（傣族）上了一堂《绚丽多彩的民族服饰》的民族团结课，

①　滕星、张俊豪主编：《多民族文化背景下的教育研究》，民族出版社 2009 年版，第 197—282 页。

介绍了耿马县的基本情况，包括耿马县的县名由来、地理位置、民族构成、重大节日、美食、服饰等，然后让学生说自己知道的其他民族，并向学生展示了诸如藏族、蒙古族、维吾尔族等少数民族的服饰，最后向学生强调各民族都是一家人，要团结和睦，并要求学生通过小组合作或个人动手设计自己喜欢的民族服饰。整堂课学生非常主动，课堂气氛相当活跃，特别是不少少数民族的学生说起本民族时脸上充满了骄傲和自豪。

3. 推己及人，带动社会发展

M 小学是耿马县教学质量相对较好的小学，每届的民族班会到各个乡镇招生，一些教师的亲戚朋友便纷纷将子女送往 M 小学，并委托教师对其孩子进行"监管"。在这种情况下，教师们除了教师的身份外，往往还要扮演不同民族亲友孩子的"监护人"的角色。M 小学的 Z 老师、C 老师、H 老师、L 老师等"监护人"不仅要关心亲友孩子的学习成绩和生活状况，也要关心他们的思想道德。Z 老师在与笔者交流时曾说：

> 我和我丈夫 C 老师家都在河外乡（现已并入孟定镇）的大山深处，我们那里特别穷，是离耿马县城最远的乡，紧挨着缅甸，从我家到缅甸只有十几公里的距离。我到 M 小学快 20 年了，不知道从什么时候起，每年都有亲戚家的孩子送过来给我带，只算跟我们住过的，就有 20 多个，其中 8 个上了大学，现在有当公务员的、当老师的、当医生的，我们也挺开心的。每次回家，都有人来探望或拜访我们，我感到很自豪、很光荣，觉得我们的付出都是值得的。我们的力量很渺小，但是也能为自己家族的发展出一份力，能为自己家乡孩子的成长做一些力所能及的事。虽然很累，但真的觉得很幸福。现在周末在我家做作业的还有十多个，有的还是我孙子辈的。（F–Z–16/09/25）

在当前城乡教育发展尚不均衡的情况下，多数有条件的家长还是倾向于将自己的孩子送往师资、设备、环境等都相对较好的学校，诸如 Z 老师这样的教师也就成为农村孩子享受与县城孩子同等、公平受教育机会权利的纽带。这在一定程度上扩大了某个群体受教育的广度，提高了以其家族为核心，亲朋好友为辐射点范围内的群体的受教育水平，日积月累，也就促进了社会的发展。

（二）开阔学生眼界，塑造品行，深化国家和民族认同

多元文化互动对学生的影响是深远的，它能开阔学生的眼界，唤起学生对融在自己骨子里的文化脉络的认同。通过问卷调查，我们发现 M 小学学生认为多元文化互动让他们开阔了眼界，更加认同中华民族是一个美丽的大家庭，明白了各民族是平等的（如图 8-13 所示）。

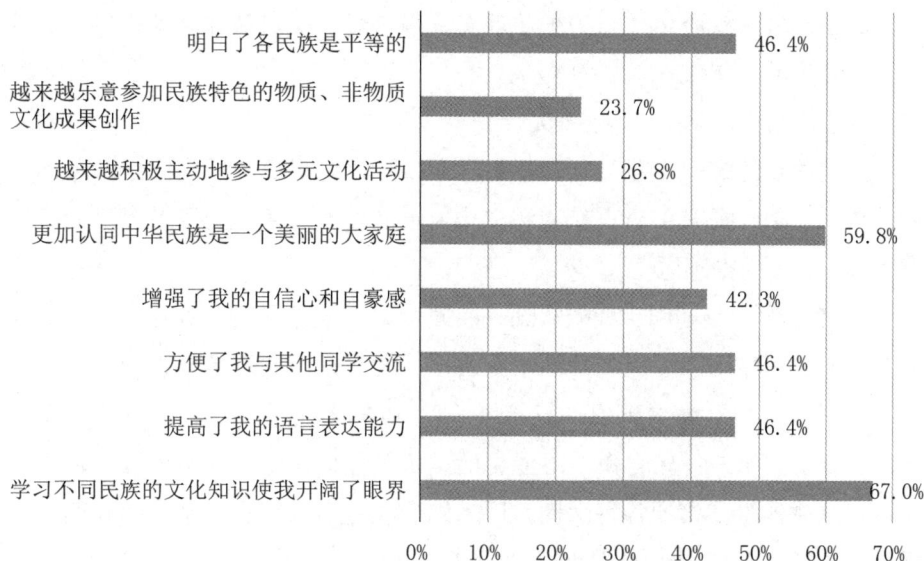

图 8-13　多元文化互动对学生产生的积极影响

1. 开阔眼界，拓展思维

M 小学采取多种多样的形式传承不同民族的文化，使学生更愿意与人交流，更能理解他人，更喜欢学校和学习。该校民族班（均为住校生）的孩子起初比较自卑和胆怯，随着他们在各类多元文化活动中绽放光芒，学习成绩也有所提高，让许多老师和同学刮目相看，逐渐被老师和同学接纳、认可和喜爱。M 小学常年担任民族班班主任的 H 老师说，民族班的学生进入 M 小学后，大多数进步明显，成绩上升，性格更开朗。有个孩子来之前数学才考十几分，毕业时也及格了。六年级（4）班来自四排山乡的 Y 同学告诉我们，他来 M 小学之前才考三四十分，现在可以考到七八十分了。2016 年考入清华的省理科状元 G 就曾在 M 小学民族班就读，M 小学邀请其回母校进行学习经验分享时，他以"仰望星空、脚踏实地"为题说到了很重要的一点：培养兴趣、

张扬个性、全面发展。L校长说：

> 通过参与学校组织的民族文化活动，孩子性格变开朗了，学习兴趣也浓了，对学校的感情更深了。我们开展的这些活动看起来可能跟学习没有多大的关系，可是对拓展孩子的思维是很有帮助的，他们到了初中就会有很大的潜力，思维一下子就有很大的飞跃。初中的老师也会跟我说，你们学校的学生到了中学后发展得很好，我们很喜欢教你们学校出来的学生。（F-L-16/05/13）

2. 塑造品行，学困生重拾信心

通过学校的多元文化互动，M小学学生不仅变得更加爱国守纪、尊师重道、文明礼貌，提升了语言交流和文化传承的技能，还学会了敬畏生命、热爱生活，更加懂得感恩。

在M小学调研期间，我们遇到一些回M小学看望教师的初中生。H老师说，M小学每年回来探望老师的学生很多，尤其是民族班走出去的孩子，大多数发展较好，且懂得感恩。五年级（1）班的Z同学，三年级时因父母离异，留级了一年，比较自卑，不爱说话。班主任根据她的兴趣，推荐她到阅读组和葫芦丝组，参加各种活动。后来她慢慢走出了阴影，越来越开朗，成绩越来越好，2015—2016学年下学期考了班级第一名，当上了班长，老师、同学都挺喜欢她。她在作文里写道：班主任老师就像我的妈妈一样，对我特别好，我要努力学习，将来报答她。

此外，多元文化互动对学困生走出低迷状态、重新获得信心起到了鼓舞作用。以前M小学的兴趣小组活动专门针对有特长或学有余力的学生，不允许学困生参加。当其他同学都在户外参加各种文化活动时，学困生却被留在教室由语文或数学老师轮流对其进行辅导。后来M小学将兴趣小组活动推广为全校性的活动，这为学困生绽放光芒、增添自信提供了机会。近年来，M小学开设了书法和绘画兴趣小组，学困生也渐渐能在市、县举办的书法、绘画比赛中获奖；在学校组织的各类大型活动和节庆中，他们也有展示自己的机会和获奖的可能。

3. 学会理解，深化民族和国家认同

只有在认同的基础上，学生才能学会理解他人，包容他民族文化，尤其是与本民族文化相异的文化。M 小学的多元文化互动就起到了这样的效果。例如，兴趣小组活动或者其他主题活动期间，学生可以穿自己喜欢的民族服装到学校，很多汉族的孩子会穿少数民族的服装，某一少数民族的孩子也会穿他喜欢的其他民族的服装（如图 8—14 所示）。此外，M 小学学生对国家的认同度较高，尽管身在边疆，但他们有比较强烈的国家意识，清楚地明白自己是中国人，是中华民族大家庭的一员。这与该小学的爱国主义教育是密不可分的。不少在家长或者教师带领下去清水河口岸参观过国门的同学表示，在参观国门时心里会涌上一种强烈的民族自豪感和对国家的热爱之情。

图 8—14　M 小学兴趣小组活动中身穿各色民族服装的学生

（三）打破校社藩篱，彰显学校多元文化互动主阵地作用

1. 发展迅速，学校影响力渐长

学校通过多元文化互动，不仅促进了教师的专业成长和学生核心素养的提升，也推动了学校的发展变革。例如，W 老师的团队成功立项了市级课题《提高少数民族地区寄宿生学习意识的策略研究》、L 校长的团队成功申报了《提高少数民族学生写作能力的探究》等课题，这不仅可以鼓励教师进行科研创新，也在一定程度上促进了学校的发展。学校开展的各种各样的多元文化活动，提升了学校的影响力，吸引了外地的学者、专家和相关领导来交流和考察，进而推动了整个学校教育的发展。M 小学是外地来宾到耿马县进行友好访问和参观交流的必到之处，是县里每次开展文化活动的主要单位，是全

县举办教育教学学习观摩和交流研讨活动的重要场所，还是县里组织参与上级举办活动的主要代表队和获奖能手。其教师合唱连续三次在县里举行的大型合唱比赛中夺得一等奖，已经成为耿马县合唱队伍中当之无愧的王者。此外，M 小学象脚鼓和嘎秧舞队还曾被邀请到县政府门口参与迎宾，木鼓舞也经常被邀请参与各类表演。

2. 联系乡土，学校教育阵地作用凸显

随着多元文化互动在 M 小学的推进，学校也变得充满民族特色，更富有文化内涵，在乡土社会的教育阵地作用也日益彰显。

首先，教师通过将本地的民族文化资源整合进课堂，使书本中有了学生熟悉的内容，课堂上出现了学生喜闻乐见的形式，学生的主动性和积极性也得到了提高。例如，我们在 M 小学听民族团结教育课时，课本上只是简单地介绍了一些少数民族，但许多教师自觉地把耿马县的民族文化整合进来，部分教师将涉及耿马本地风景人文、节庆表演等的照片做到课件中，学生看到后兴奋不已，课堂上"这个是我们傣族""这个是我们佤族""这个我见过""这个我吃过"和"这里我去过"的声音此起彼伏，学生发言特别积极。

其次，学校搭建了通往社会的桥梁，培养出为乡土社会服务的人才。一方面，学校邀请家长参与亲子阅读活动、亲子教育讲座，邀请有特长的家长或县文化馆、文工团才艺出众的工作人员指导学校的兴趣小组活动，聘请县消防队、部队官兵与学生一起开展消防安全演练、捐赠活动；另一方面，学校组织的小交警队在 60 周年县庆时与交警一起参与交通指挥，小环保队也曾进入各社区帮助打扫卫生和宣传环保知识，广播站小记者曾主持 2016 年全县举办的少先队建队活动。这些"请进来"与"走出去"的活动使学校教育与社区（或乡镇）的发展联系起来，使学校在乡土社会中的文化中心地位日渐凸显。

（四）促进文化传承与教育公平，维护民族团结与边疆和谐

1. 传承文化，促进教育公平

多元文化教育最重要的目标之一，就是实现教育公平。"公平"并非指每个学生应接受绝对"平均"或者"一模一样"的教育，而是根据学生的生存背景、民族特性、学习风格和心理特点等开展适合其发展的教育，最大限度地发掘每个学生的潜力，使每个学生获得成功的可能性。

M 小学的多元文化互动，其对象群体涉及当地少数民族以及一些缅籍学生，也包括处于弱势群体的农村学生、农民工子女、留守儿童、外来流动人员子女。M 小学依照各群体的不同特征开展适合他们的各类文化互动活动，帮助他们在和睦相处、平等交往的过程中健康成长、提高学业成就水平，在允许差异性存在的情况下促进教育公平和社会公平。

2. 加强团结，维护边疆和谐

M 小学的多元文化互动在一定程度上促进了边疆地区文化的繁荣发展，有效维护了民族团结，保障了边疆社会的和谐稳定。学校通过教育学生在学校尊敬师长、团结同学，在家孝敬父母长辈、爱护晚辈，在社会上文明礼貌、乐于助人等，让小学生将中华民族的传统美德带到各个家庭，扩散到各个社区和村寨，有效地促进了各民族的和睦相处。学生在学校受到良好的教育，就所学知识而言，提高了整个社会的文化水平；就所掌握的技能而言，在一定程度上促进了整个社会文化事业的繁荣，甚至能为今后发展旅游文化，带动整个社会经济发展作出贡献。此外，多元文化互动还增进了各民族、各社会群体之间的相互了解和认同，增强了各民族的凝聚力，夯实了民族团结和谐的文化基石，强化了对中华民族和国家的认同和热爱，保障了边疆地区的和平与稳定。

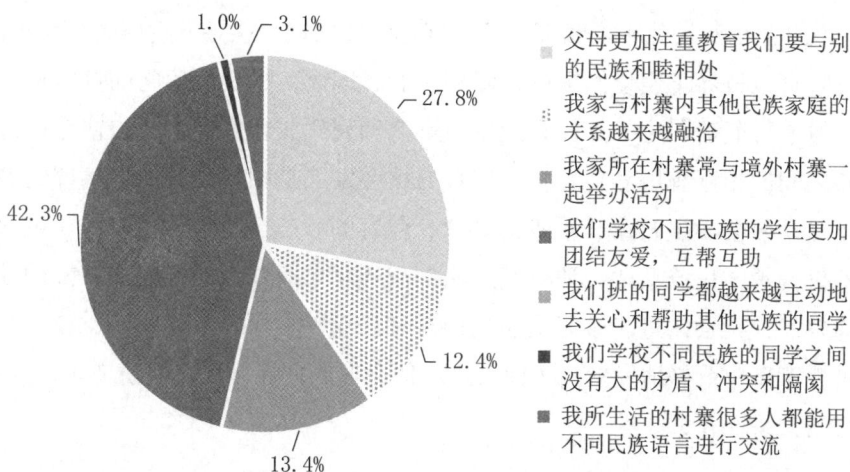

图 8-15 M 小学学生认为多元文化互动对边疆民族和谐产生的影响

由图 8-15 可知，M 小学的学生认为"多元文化互动能让不同民族的学生更加团结友爱，互帮互助"，"父母更加注重教育我们要与别的民族和睦相处"，分别占被调查学生人数的 42.3% 和 27.8%，可见多元文化互动在一定程度上促进了民族团结和边疆稳定。

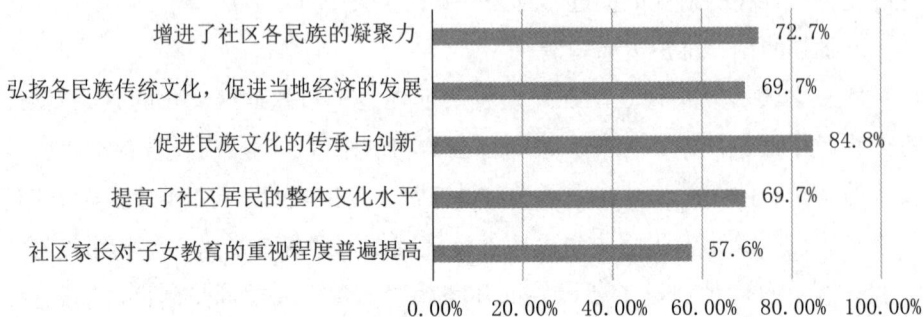

图 8-16　M 小学教师认为民族文化活动对促进边疆社区（或乡镇）或村落发展的作用

由图 8-16 可知，各选项 M 小学教师选择的比例均大于 50%，尤其是"促进民族文化的传承与创新，带来了社区（或乡镇）或村落文化的繁荣与发展"这一选项的选择比例达到 84.8%，教师都比较认同民族文化活动提高了居民文化水平，促进了民族文化的传承与创新，增进了民族团结和谐，增强了对中华民族的认同。

耿马县少数民族种类繁多，各民族都在党的统一领导下期望脱贫奔小康，学校教育也教导学生爱国爱党，团结一心，因此，尽管民族间的竞争依然存在，但矛盾渐渐弱化了。教育产生的影响和现代文化的冲击，往往会促进各民族之间的相互理解和包容。[1] 教育与社会发展是相互促进的，学校的多元文化互动教会学生及家长平等的观念、包容的心态、团结的精神，学生及家长不仅传承了民族文化，还将其运用到现代化事业建设的过程中，推动社会向前发展；社会的进步带来文明的前进和思想的更新，反作用于学校，又能促进教育事业更好地发展。久而久之，便会形成良性循环，促使文化、教育、社会三大系统齐头并进。

----

① 引自与教育局 Y 局长等人的座谈记录，2016 年 5 月 4 日。

第四节　M 小学多元文化互动的
问题及原因探析

一、M 小学多元文化互动存在的问题

尽管 M 小学的多元文化互动发展良好，逐步形成了本校特色，成绩显著，但受限于边疆地区社会发展和具有强力惯性的价值取向模式，其多元文化互动仍然存在不足之处。

（一）专业师资匮乏，基础设施落后

1.师资力量不强，多元文化互动主动性不够

一是多元文化教育师资力量不足。M 小学教师的知识结构不全面，专业素养尚有欠缺，缺少对多元文化互动深入的认识和理解，难以满足学校多元文化互动的需求。教师队伍年龄结构不合理，30 岁以下的青年教师仅有一人，后备师资严重不足，缺乏新生力量。此外，M 小学不少教师没有意识到多元文化教育在促进民族、国家乃至全球认同中的重要作用，其知识结构更新较慢，不能与边疆地区的经济和文化发展相适应。

二是教师实施多元文化互动的主动性、积极性不高。部分教师在教育教学过程中没有自主进行多元文化互动的意识，仅为完成任务。在参与学校开展的多元文化活动时经常应付，因循守旧，缺乏自主探索、发展创新的积极性。老教师长时间身处学校文化教育的氛围中，往往安于现状，致使活动缺乏新意。H 校长说：

> 我来 M 小学十年了，我们学校的民族文化活动一直是做得比较好的，但要说进步，好像真没有什么进步。可能老师都习惯了，把这项工作当完成任务一样地去做。（F-H-16/09/30）

这在学生的问卷中也得到了体现，当问及"你觉得你们学校开展的多元文化活动存在的最大不足是什么"时，认为"学校开展民族文化活动或节庆活动形式比较单一"的占被调查学生人数的 40.2%。

2.基础设施不全，限制多元文化活动的开展

首先是教育资源的短缺。一是设备、器材等硬件设施数量较少。电子钢

琴、古筝、吉他、架子鼓等乐器价格昂贵，受经济条件所限，兴趣小组只能2—3名学生共用1件。木鼓、象脚鼓等少数民族传统乐器仅有少数传承人会制作，一旦损坏，需要请专人维修，会耽搁活动的进展。曾因木鼓损坏，木鼓舞小组在2015—2016下学期不得不停开了大半个学期。二是缺乏校本教材和经过整合的教学内容。M小学当前开展的各类多元文化活动均无教材，任课教师都是"摸着石头过河"，教学内容零碎、片面，不系统。同时，活动对教师的依赖性很强，一旦相关教师调离，兴趣小组课程便会面临难以为继的困境。

其次是活动场地的局限。学校操场等户外活动场地面积小、建设差。M小学仅有一个操场，操场中央有一块硬化篮球场，周围则是未经硬化的土质地面，凹凸不平。兴趣小组活动的象脚鼓、嘎秧舞、丢包等户外活动就在这样的地面上开展。学校没有室内运动场所，每逢下雨，许多活动便无法进行。由于天气原因，2016年9月，兴趣小组活动仅开展了一次。

（二）供需存在差异，重活动形式而轻文化内涵

1. 学生需求和教师供给之间存在差异，师生互动默契不够

由于年龄、知识储备、社会生活经历等差距较大，师生对多元文化互动的认知和理解不同，有时会出现教师的供给和学生的需求相脱节的情况。其主要表现有两个方面：一是教师和学生在最喜欢的民族文化活动形式方面存在不同看法。例如，当被问及"你最喜欢哪种形式的民族文化活动"时，学生的回答如图8-17所示。

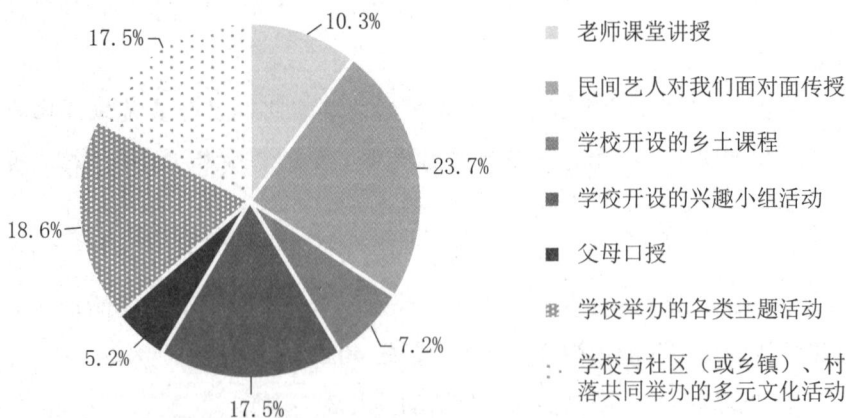

图8-17　M小学学生最喜欢的民族文化活动形式

由图 8−17 可知，M 小学学生最喜欢的文化活动形式排前三的依次是"民间艺人对我们面对面传授""学校举办的各类主题活动""学校与社区（或乡镇）、村落共同举办的多元文化活动"和"学校开设的兴趣小组活动"，分别占 23.7%、18.6%、17.5%（其中，后两种文化活动形式并列第三，占比均为 17.5%）。再来看教师眼中的"班级及学校组织的多元文化活动中哪种形式最受学生欢迎"，如图 8−18 所示。

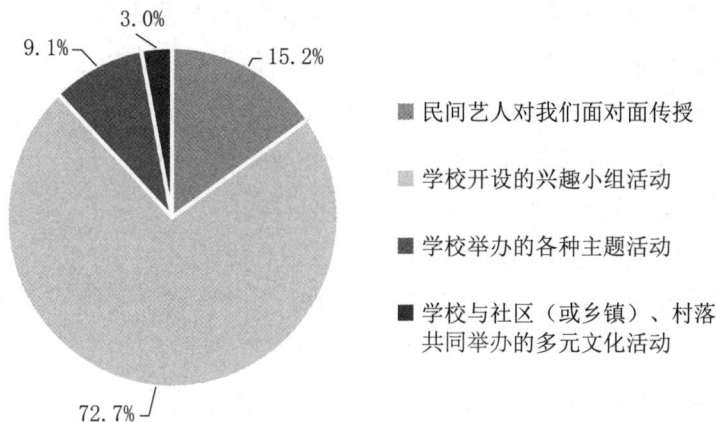

图 8−18　M 小学教师认为学生最喜欢的民族文化活动形式

由图 8−18 可知，M 小学有 72.7% 的教师认为"学校开设的兴趣小组活动"是最受学生欢迎的民族文化活动形式，仅有 3.0% 的教师认为"学校与社区（或乡镇）、村落共同举办的多元文化活动"最受学生喜爱，这跟学生的观点有较大出入。

二是兴趣小组活动时，由于每个组有人数限制，当学生喜欢的小组人员已满时，部分教师不顾学生意愿强行安排学生去他不喜欢且不擅长的小组，这极大地影响了学生的情绪和积极性。此外，六年级学生迫于升学压力不被允许参与兴趣小组活动，学生对此表现出不满。

2. 重视活动形式，忽视文化内涵

多元文化互动不仅仅是为了传授乡土知识和技能，更重要的是增进不同民族之间的沟通和理解，开阔视野，加强民族认同和国家认同。M 小学在进行多元文化互动时存在重视传授技能、忽视文化内涵的现象。一些学生并不知道民族歌曲、舞蹈、刺绣图案、节庆仪式等的意思和传承民族文化的意义，更不知道为何要学习不同民族的文化知识、了解不同民族的文化传统，只是老师教了，他们就学，并且单纯地认为某一民族的服饰好看、舞蹈或体育竞技好玩，开展活动比学书本知识有意思。大部分学生能将《弟子规》《三字经》背得滚瓜烂熟，可不少人并不知道其文化内涵；傣语班、佤语班的孩子能将民族歌曲唱得十分动听，却仍有许多人不知道其要表达什么情感；跳嘎秧舞、木鼓舞和筒裙舞的学生能表演得很优美，但不清楚她们所做的动作是要传递什么意思。每到兴趣小组活动时间，校园里的活动开展得热火朝天，但许多学生并不知道他正在进行多元文化互动并在无形中传承着民族文化。当前 M 小学的教师虽也较注重对文化内涵的剖析和教授，但仍然有很大的进步空间。

（三）家庭、社区及政府部门未形成教育合力

1. 家长及社区（或乡镇）或村落参与度不高

每个学生自出生起就开始接受其所处社区（或乡镇）或村落的教化，这种学习是一种与其成长形影不离的生活教育，一旦内化，很难被改变。学校并不是独立于社会的组织，学校教育与社会生活有着千丝万缕的联系，尤其需要学生家长及所处社区（或乡镇）或村落的教导及熏陶。但从前文对学生关于学校多元文化互动的路径的调查中我们发现，在列举的七条路径中，M 小学学生选择"与家长、社区（或乡镇）或村落合作共同组织和参与文化交流活动"的比例较低，仅占被调查学生人数的 10.3%，是七个选项中比例最低的。而当问及"学校开展的多元文化活动还存在什么不足"时，七个选项中学生选择人数排第二的是"我们学校从来不和家长、社区合作举办民族文化交流活动"，占比达 17.5%。说明 M 小学在与家长和社区（或乡镇）或村落合作共同组织和参与文化交流活动方面还有待提高。

另外，从对社区工作者的调查中我们也能得到类似的结论。当问及"您认为下列最受欢迎的文化交流活动有哪些"时，社区工作者选择最少的是"社区和学校联合举办的文化、教育活动"，是五个选项中百分比唯一没有超过50% 的一项。表明学校也没有和社区（或乡镇）或村落之间形成良好的互动或合作关系，虽然学校也努力想让多元文化走出校园，但还未能真正使其融入社会、扎根乡土。当然，M 小学部分家长还是相当支持学校教育工作的，但是整体而言，由于单亲及留守儿童多，一部分学生父母亲工作太忙，虽思想上理

解并支持学校的多元文化互动，但无法落实到行动上。另一部分学生家长忙着养家糊口，对孩子的教育问题不重视，没有参与学校教育教学管理工作的时间和意愿。缺少了家长和社区（或乡镇）或村落的协助，学校进行多元文化互动显得有些势单力薄。

2. 政府部门支持力度较弱

近年来，当地政府和教育部门加大了对多元文化互动的重视和支持力度，如要求学校开展民族团结教育、中华经典文化传承、汉字听写大赛等活动，但无论是教师、家长还是社区工作者，普遍认为政府能有更大作为。

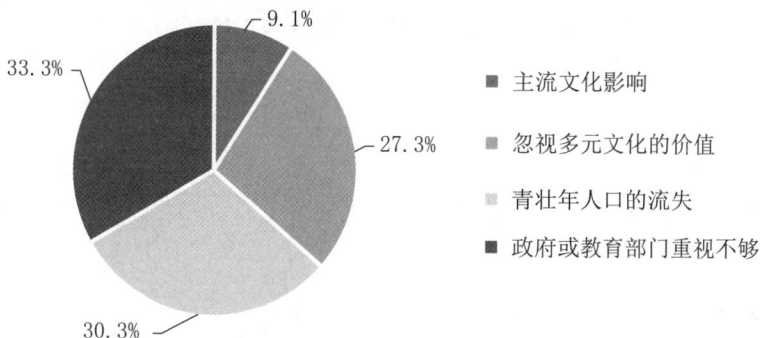

- 9.1%
- 33.3%
- 27.3%
- 30.3%

■ 主流文化影响
■ 忽视多元文化的价值
■ 青壮年人口的流失
■ 政府或教育部门重视不够

图 8-19　M 小学教师认为阻碍学校多元文化互动最主要的因素

由图 8-19 可知，教师认为学校进行多元文化互动最主要的障碍是政府部门重视不够，缺乏政策指导和经费支持。部分教师表示，他们在之前从来没有听说过"多元文化互动"一词，也没有得到过上级领导或专家的指导，面对校本课程开发等问题无从下手。此外，除学校自行申请到的扶助项目资金

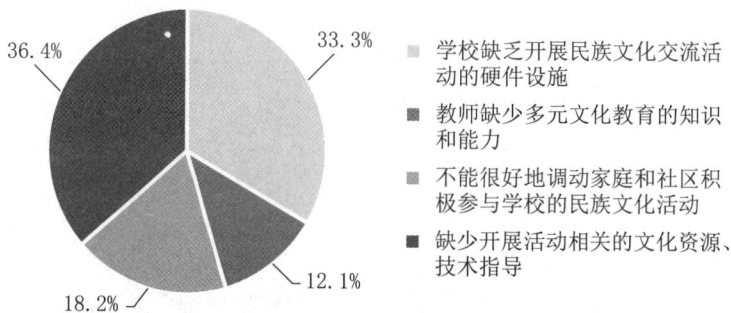

- 36.4%
- 33.3%
- 12.1%
- 18.2%

■ 学校缺乏开展民族文化交流活动的硬件设施
■ 教师缺少多元文化教育的知识和能力
■ 不能很好地调动家庭和社区积极参与学校的民族文化活动
■ 缺少开展活动相关的文化资源、技术指导

图 8-20　M 小学教师认为学校多元文化活动中存在的最主要问题

和赞助外，教育政府部门并未提供额外资金来支持学校开展活动，负责兴趣小组的教师无任何额外补贴。

由图 8-20 可以看出，M 小学教师认为当前学校多元文化活动最主要的问题是"缺少开展活动相关的文化资源、技术指导，降低了学校民族文化活动的有效性"，归根结底，是政府支持力度不够。L 校长也坦言，他们想要开发特色的校本课程，但是教师的理论素养还不够。由于缺乏专业人才，也无专家、学者的指导，学校尚未形成多学科共建体系，许多活动有形无神。

二、M 小学多元文化互动存在问题的原因探析

（一）社会因素

1. 不同民族的差异性导致多元一体整合存在困难

各少数民族在漫长的历史发展过程中，不仅创造了灿若星河的文化，也形成了独特的风俗习惯和文化特色。各民族的文化差异造成了多元文化整合的困难。在耿马县，汉族、傣族和佤族不乐意与生长于大山深处的拉祜族等少少民族通婚等一些隐性隔阂延伸至学校，阻碍了学校多元一体教育的有效开展。在 M 小学，从各个乡镇、村寨来民族班的孩子一般不大愿意和同年级其他班级的孩子交流，更喜欢与自己乡镇、村寨（一般一个村寨由一个单一民族构成）的学生交朋友，彼此之间也习惯称呼民族名字而非汉名。宗教信仰的不同（全部傣族、部分佤族等信仰小乘佛教，拉祜族、傈僳族、部分佤族等信仰基督教）也造成了学生文化认知上的差异。这在一定程度上阻碍了学生适应现代社会，使他们无意识地持有"分离"策略，难以实现文化的有效整合。

2. 现代文化和社区（或乡镇）或村落不良文化的双重影响

在耿马县，现代学校教育在边疆地区日益壮大，部分民族传统文化日渐褪色。在 M 小学接受问卷调查的 53 名少数民族学生中，掌握少数民族语言的仅占 58.5%，远低于附近 H 乡中心完小的 86.4%。虽然 M 小学开办了民族语言兴趣班，致力于传承民族语言，可是，部分自出生起便生活在县城，没有接触过民族语言的少数民族学生已经失去了对本民族语言的热情。相反，他们更愿意学普通话和英语，觉得那是符合潮流的。M 小学带傣语班的 W 老

师告诉我们：

> 我女儿也是傣族，可她不会傣语。我想要教她，可她不愿意学，每当我提出要用傣语跟她交流时，她就说那我用英语跟你说。我是希望我女儿能将我们本民族的语言继承下去的，可是她不愿意学我也没办法。毕竟现在这个社会，要走出去的话说实话还是普通话和英语实用点。（F—W—16/10/08）

面对强势的现代文化，作为正在传递少数民族文化的教师，对于自己女儿文化选择的偏向，W 老师的无奈折射出了整个大的教育环境。

社区（或乡镇）或村落周围不良文化的浸染也是影响学校多元文化互动的一大因素。诸如嗜酒成瘾等不良习俗延伸至学校，部分学生小小年纪就学会了喝酒。M 小学曾出现过学生偷喝酒而醉酒的事件，严重影响了学校的正常秩序。少数民族的一些传统习俗被扭曲，如少数民族原本因图腾崇拜和佛教信仰而做的文身（多为图腾和经文），现在也变成了潮流的象征，不少男生买贴纸的文身贴到身上装酷。教育局 L 股长反映，2015 年下半年曾有两名外地的年轻女教师到耿马县实习，当地一群社会青年天天晚上到她们房门外"串姑娘"①，她们只待了两个星期就走了。耿马县的群众身处杂糅的文化背景中，呈现左顾右盼的焦躁状态。体现在教育上，是教育回报率低导致"读书无用论"沉渣泛起。M 小学的毕业生，多数在县一中和民中读初中，若考不上高中，则会早早走上社会。

拒绝现代化意味着民族的贫困，丧失传统文化则意味着民族的消亡。②不良文化的侵蚀和渗透给学校教育带来了一定的阻碍，学生不仅没有汲取到现代文化和外来文化中的精华，反而学习了其中的糟粕；不仅没有将当地的优秀文化传统发扬光大，反而将一些不良的风俗习惯保留下来。这都违背了多元文化互动的本质，不利于学生正确人生观和价值观的树立及学校良好文化氛围的形成。

---

① 民族地区青年男女之间一种谈情说爱的形式，在傣族、佤族、景颇族、布朗族等少数民族中较为流行。

② 杨福泉：《论我国现代化进程中的少数民族文化保护》，《思想战线》1998 年第 5 期。

（二）学校因素

1.现代学校教育的价值取向

长期以来，边疆地区学校教育以向外输送高级人才为己任，可量化的考试分数成为衡量学校办学成果的唯一尺度，一定程度上背离了教育的本真。教育部门忙于"普九"和"两基"，学校培养目标单一，教育内容缺乏多样性、实用性、本地性，容易使培养出来的精英和人才"离乡""离农"，而其他人则既脱离其民族特色又不具备与发达地区竞争的优势，最终既不能服务乡土社会又无法适应现代社会，成为被"双重边缘化"的人。在 M 小学，学生多数以考上大学为目标。一旦考入高等学府，离开边疆，则会在大城市定居，很少有人回到故土建设家乡。

在现代学校教育中，少数民族的孩子不具备竞争优势。课本里的内容多数与其现实生活脱节，难以激发学生的民族认同和民族自信。以语文课本为例，小学 1—6 年级的课文（包括选读课文和略读课文在内）共计 438 篇，其中涉及少数民族内容的仅有 12 篇，占课文总数的 2.74%，[①] 涉及的民族多为藏族、维吾尔族、傣族等人口较多的民族，仅三年级上册的课文《我们的民族小学》提到景颇族、德昂族等人口较少的民族，其他少数民族或少少民族完全无法在课本中找到自己民族文化的痕迹。在贯彻国家统一教育的意识下，M 小学到处写着"请说普通话、请写规范字"的宣传标语，除专门开设的民族语言兴趣小组外，学生在学校几乎没有机会用民族语言沟通。在民族语言兴趣小组，由于原本会民族语言的学生较少，又很少有展示的机会，教师上课也只是简单地教一些口语化的词汇和用语，感兴趣的学生并不多。

2.教师的双重身份未能得到有效维护

根据对调查问卷的分析，M 小学的少数民族教师在多元文化素养上的得分呈现两极分化现象，总体而言，少数民族教师多元文化素养的得分低于汉族教师。得分高的教师多是工作或居住在县城的土生土长的少数民族，他们真心热爱自己的民族和故土，期望通过教育传承和发扬本民族文化，希望本

---

① 曹能秀、陈思：《多元文化背景下景颇族教育的困境及出路探析——以云南省瑞丽市 D 村为例》，《当代教育与文化》2017 年第 1 期。

民族的孩子将来有出息。例如，L 老师（布朗族）、Y 老师（佤族）和 W 老师（傣族）等，访谈中能很明显地感受到他们强烈的民族认同感和自豪感。得分低的少数民族老师，他们虽然不是汉族，但对本民族的文化又不甚了解，其行为习惯及思维方式与汉族无异，有些找不到归属感。后者多数属于典型的双重身份没有得到有效维护、教育理念存在问题的教师，在进行多元文化互动的过程中难以形成整合策略。许多少数民族教师在谈及他们未能掌握本民族语言的原因时，都谈到一点："由于从小在学校念书，后来长期在外求学。"这意味着不少教师认为他们不会本民族语言在很大程度上是因为在校念书和在外求学导致的，因为本民族的语言无法满足现代社会的需要。语言的传承是需要环境的，当环境发生变化时，语言功能也就容易丧失了。

3. 教师多元文化知识和能力较为欠缺，任务繁重

M 小学的大多数教师毕业于非全日制本科、大专和全日制中专，没有接受过正规的多元文化教育，多元文化知识和能力较为欠缺。一部分教师担任多元文化教学任务属于"赶鸭子上架"，常常经过短短十天半个月简单的技能培训，就上岗带兴趣小组，也没有制订相应的教学计划和活动方案，只是随意地组织学生学习一点技能，期末时为应付检查在记录本上写上一些内容草草了事。此外，教师的理论基础不扎实，科研能力也较欠缺，虽成功申报过市级课题和开发过简单的校本多元文化课程，但因各种原因现在也未能沿用。

此外，许多教师信息化素养较低，不知道如何利用信息技术整合多元文化知识。虽然 M 小学每个班级均装有电子白板，但教师们的教学课件多数是网上下载的，很少自制。当前网络上共享的课件，多为发达地区优质学校的教师上传的，很少涉及少数民族文化的内容，不大符合 M 小学学生的心理特点和文化背景。网络上关于民族文化的资料较为丰富，但教师往往嫌麻烦而不愿花时间去整合，惯用现成的课件。部分教师在访谈中也提到教学任务繁重、杂事多，严重影响多元文化教育的开展，无法在课堂上很好地进行多元文化互动。

调查发现，M 小学的教师认为目前面临的压力主要是"教学任务重"和"工资低，生活压力大"（如图 8-21 所示）。学校 58 名教师，除担负 20 个班

的日常教育教学和管理任务外，还得负责 29 个兴趣小组活动，需花费大量的时间和精力。目前，学校送教师外出培训的机会很少，培训内容也很少涉及多元文化互动。

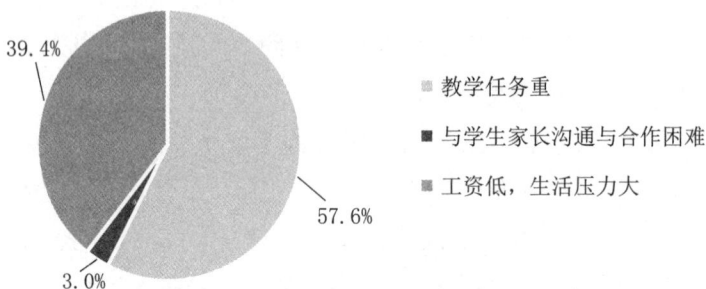

图 8-21　M 小学教师目前面临的主要压力

（三）家庭因素

1. 家长的多元文化互动观念存在误区

尽管 M 小学部分家长教育理念较为先进，能引导孩子与不同民族的同学团结友爱，让孩子接受各民族文化的熏陶，支持学校开展各类民族文化活动。但许多家长仍将考试成绩视为衡量一个学生好坏的标准，对于孩子的道德品行和人文素养不够重视，有些家长甚至存在民族歧视和偏见，影响了孩子多元文化观念的形成。

此外，市场经济的冲击导致家长的教育观念发生扭曲，而贫穷落后、不得不为生计奔波也让许多家长无心关注孩子的教育是多元还是一元。当前 M 小学仍有很多家长送孩子上学的目的就是读书—升学—挣钱，而不是如何提升文化素养，学会做人的道理，提升适应社会的能力等。M 小学 Z 村的一名家长在访谈中明确提到，希望自己的孩子好好读书，努力考出去，不要再回来像她一样过苦日子。L 校长表示，学校开展多元文化活动是希望家长也能参与其中，虽然绝大多数家长对学校的工作表示支持和配合，但是由于单亲家庭、留守家庭、外来流动人员及农村家庭的学生较多，能真正参与家校共建的家长还是少数。

宗教信仰也在一定程度上影响了家长的多元文化互动理念。佛教传入耿马地区已有 500 多年历史，影响非常深远，在传播傣族文化和引导人们向善等方面起到了积极的作用。但是，佛教提倡的平淡随缘的人生态度，与现代学校提倡的积极向上、锐意进取、发愤图强的精神形成了反差。一旦这两种文化发生冲突，家长们往往任学生选择，如不想学习汉语知识就算了，不想传承民族文化就算了，不能给予学生积极的引导。

2. 家长对外来文化的防备和抵触心理

在耿马县本地人的生活中，普通话是外来文化的象征，本地人听到普通话，会本能地产生防备心理，这种隐藏的防备心理或多或少地影响了家长对多元文化整合的态度。H 校长曾透露：

> 我刚来 M 小学时，被安排当班主任，那时我会对一些学生进行家访，或者打电话联系学生家长。因为我是外地来的，不会说耿马话，我在打电话给家长尤其是少数民族家长时，遭遇了好多次这样的尴尬场景：我刚把电话拨通，说了句："喂，您好！请问是 ××× 的家长吗？""砰"的一声，电话就被挂断了！再打，再问，又是被挂断。后来才知道是家长们之前都没有接触过只会说普通话的老师，一听到说普通话的，就以为是搞传销的或者骗子。（F-H-16/09/24）

由此可见，部分本地家长对陌生的语言有着本能的抵抗心理，他们在一定程度上拒绝与未知的或不熟悉的文化进行沟通和交流。这在一些少数民族家长身上体现得更为明显。这些家长难以接受以外来文化形式输入的现代教育，对子女接触其他民族文化也采取不支持的态度，其风俗习惯中的不良习俗如早恋早婚等，阻碍了学校多元文化的良性互动。

（四）政策因素

1. 政策支持与扶助的力度弱

耿马县教育局的一些领导在推进多元文化互动的过程中身体力行，但苦于财政困难等问题难以为继。工作人员多元文化知识不全，能力不强，积极性不够，导致出现了对多元文化互动"言语上支持多、行动上落实少"的局面。L 股长曾申请过名为《耿马小学傣族文化手工艺和食品传承的主要途径》的市级课题，在耿马选取了两个小学班（包括 M 小学的一个班）开展实践，手工艺主要是剪纸，食品则是牛肚和牛胃等的制作。经过两年的辛勤付出，L 股长的课题基本进入结题阶段，孩子们的学习积极性很高，家长十分支持，成功培养了三批文化传承人，取得了一些成效。但由于经费有限，课题最终没有顺利完成。[①] 此外，尽管 M 小学得到了县青少年活动中心的赞助，但整体而言还是缺少资金，每年增添、维修和保养各类文体器材开销较大，有时学生演出的道具、服装、奖品等需要学校出资金支付。

2. 评价标准体系的"一元化"

我国至今没有建立一套完整而系统的边疆少数民族教育评价体系，边疆地区的评价标准主要是借用发达地区的。这种"一元"的评价标准，是一种与文化多元的少数民族教育相悖的强制性评价，日积月累，便导致了如下后果：边疆地区的教育水平普遍较为落后，少数民族学生多数学业成就较低，绝大多数人成为这种评价制度下的失败者。少数民族学生接受的教育日益远离本民族的民族文化、民族心理、民族价值观，最终致使其被部分或完全"同化"，而不愿意接受这种教育的则被"隔离"。而且在被"同化"后，他们并不一定能得到社会的认可，因为他们身上还贴着"少数民族"的标签，若这两种身份都得不到维护，就更容易导致其边缘化。评价体系的"一元化"直接影响了多元文化互动的可持续发展。

应试教育在一定程度上促进了教育公平，但过度的应试追求又阻挡了多元文化互动前进的步伐。当前，M 小学许多学生努力学习就是为了升学，离开边疆。在"读书—升学—挣钱—离开农村"这样的不良循环圈里，"读书"成了孩子们离开贫困故土的唯一道路，而"应试"则是评判"读书"好坏的唯一标准。H 校长说：

> 我们虽然是民族小学，可现在学生的成绩依旧是我们的生命线，没有了教育质量，就没有了生源，久而久之，学校就无法立足了。我们首先得保证教育质量，才能谈"民族"。（F-H-16/09/24）

目前，应试教育仍然是边疆地区的孩子改变命运的主要途径。因此，多元文化互动要做的，就是如何在应试的环境中，让学生不仅学到考试大纲要求的知识，而且学到各民族的优秀文化知识，提高其民族和国家认同，培养其跨文化适应能力，维护其双重身份。

---

① 选自在耿马县教育局与 L 股长的访谈记录，2016 年 9 月 24 日。

第五节　促进 M 小学多元文化互动的策略

一、政策落实、资金投入、人才培养，三管齐下

（一）在落实好各项政策的同时引导评价标准多元化

首先，遵照《云南省人民政府关于加快发展民族教育的实施意见》（云政发〔2016〕100 号）（以下简称《意见》），开展多元文化互动。2016 年，云南省下发了《意见》，提出要逐步在德昂、布朗、景颇、傈僳、拉祜、佤等 11 个人口较少民族和"直过民族"聚居区实行 14 年免费教育；要坚持不懈开展爱国主义教育和民族团结教育，把维护和发展"平等、团结、民主、和谐"的社会主义新型民族关系教育作为爱国主义、公民道德和素质教育的重要内容；发挥民族资源优势，开展形式多样的校园文化和主题教育活动，促进各民族优秀文化交融；增强各族师生中华民族共同体意识，使广大师生自觉维护国家统一和民族团结。地方政府和 M 小学应该遵从《意见》的要求，开展多元文化教育，将政策落到实处。

其次，教育部门和 M 小学要扭转"以升学为导向"的教育目的，使教育评价标准多元化，避免出现课堂教学只为考试服务的问题。其主要举措如下：一是对学生成绩的评定，不应局限于闭卷考试的评价方式，而应采取质性与量化相结合的评价方式，如成长记录袋、学习日记、采集本、情景测验和开放性考试等，在对学生进行评价时还应考虑学生的民族特征和文化背景。二是教育部门在评价主体和对象上要力求多元化，如语文、思想品德等科目的内容编排，应把一线教师、学生作为主体，重视他们的感受，使他们处于积极主动的评价状态，根据他们的反馈来调整学科内容，适当增加民族元素。三是 M 小学要结合学生参与文化互动的情况和发展状况，注重学生对多元文化知识的了解和掌握，更要重视对学生多元文化情感态度、跨文化适应能力等方面的评价，并逐步建立起符合学校实际、促进学生核心素养提升的多元、开放、有效的评价体系，进而推动整个学校教育的进步。

（二）在继续加大资金投入的同时重点加强人才培养

地方财政应根据民族教育发展需求，继续加大倾斜力度，支持学校多元文化互动的发展：一是要继续加大对学生的资助，重点资助家庭经济困难的少数民族学生、孤儿、留守儿童、残疾儿童，并提高奖励标准，扩宽受益广度，提高寄宿生生活补贴；二是要继续投资完善学校的基础设施，如操场硬化、图书配备、实验室建设、活动道具添置等；三是要投资学校、相关科研机构，加强多元文化、民族教育研究团队建设，使其开展适合我国边疆地区的多元文化互动理论、政策及实践研究，并鼓励社会力量支持和参与多元文化互动的科学研究，为学校的多元文化互动提供更好的理论支撑，明确努力方向。

此外，政府部门和 M 小学需把人才培养及如何使其发挥最大作用作为促进多元文化互动的重心来抓。其举措如下：一是当地教育部门要改革教师在职培训的课程，将多元文化互动相关理论的书目纳入教师培训课程内容；二是教育部门和 M 小学要注重引导当地知识青年、技术人员回到故土建设家乡，通过专业知识、技能等培训和实践提高其多元文化素养和专业修养，使其能人尽其才，为当地教育和文化的发展作出贡献；三是 M 小学要注重对在职教师进行多元文化知识的传授和相关技能的培养，多支持教师到外地参加培训学习，要吸引更多青年教师和艺体教师进入 M 小学，并通过多种激励措施让其真正"留得下、愿意干"。

二、学校主导、社区参与、家庭配合，形成良好生态

（一）引导社区（或乡镇）或村落主动参与，促进文化互动与繁荣

M 小学应通过与社区（或乡镇）或村落开展各类交流合作活动，充分利用社区（或乡镇）广阔的文化娱乐活动场所、各类种植养殖基地、自然生态保护区等场地，调动民族文化传承人、离退休人员等的积极性，在将现代文化带入社区、加强社区个体文化互动意识的同时挖掘乡土资源，培养学生的乡土情感，形成对其所属社区（或乡镇）或村落的认同感和归属感，并在此过程中传递和创新民族文化。此外，M 小学还可通过邀请民间艺人和民族文化传承人到学校进行面对面授课，或带领学生到各村落参观民族手工艺的制

作，或参加各社区（或乡镇）或村落举办的民族文化活动等方式，多让学生与乡土社会直接联系与互动，深化学生的故土情结。

此外，政府和 M 小学要发挥社区（或乡镇）公共场馆及地方组织机构的育人和教化作用，让社区（或乡镇）成为学生了解民族传统文化和掌握相关技能的主要场所。其主要举措有：一是要充分发挥地方图书馆、博物馆、文化馆（站）、农家书屋等公共场馆的教化作用，定期组织学生参与阅读或讲座，学习现代农业技术，了解他民族文化传统，努力实现内生式发展，自觉完善社区（或乡镇）或村落精神文明建设，抵御外来不良文化的入侵，净化社区教育和人文环境，为孩子的成长提供多元和谐、积极向上的文化氛围；二是要充分发挥地方民间机构和组织如民族协会、社区（或乡镇）或村落歌舞队、乐队等的育人和娱乐功能，带动民族文化的繁荣发展；三是要妥善利用社区（或乡镇）或村落缅寺、教堂等宗教活动场所，宣传社会主义核心价值观。

（二）鼓励家长更好地成为学校多元文化互动的外援

教育部等九个部门联合下发的《关于指导推进家庭教育的五年规划（2016—2020 年）》的通知明确指出，家庭教育的任务包括注重突出家庭道德教育核心内容、正确引导家庭教育舆论导向、强化社区（或乡镇）家庭教育服务功能、巩固发展学校家庭教育指导服务阵地等十八项内容。妇联、教育部门和 M 小学应该引导家长们自觉对孩子进行基本的中华传统美德、本民族文化传统、行为规范等方面的教育，通过言传身教促使孩子形成正确的人生观和价值观，还可带领孩子参与县域内或周边社区（或乡镇）或村落各民族的节日庆典、品尝或制作各民族的美食、观看民族文化传承人的表演或工作等，使孩子形成基本的多元文化各具其美的观念。

此外，学校应通过大力宣传、讲座和培训等形式，号召家长积极参与家校共建工作，让家长主动为学校的多元文化互动提供资源和建设性意见。例如，可以通过开展更多的亲子活动调动家长参与学校教育教学工作的积极性；在家长开放日，不仅让家长到学校参观，还允许家长随机进课堂听课，为学校的教育教学工作献计献策；邀请家长参加学校的六一儿童节庆典，聘请其指导各类兴趣小组活动的开展及观看兴趣小组活动的汇报演出，甚至担任评委给出意见和建议；鼓励有能力的家长为学校的各类活动提供服装、道具、乐器等物质上的支持；设立民族团结日或民族文化周，邀请家长参与品尝各民族美食、观看各民族文化活动，与各民族学生交流并给出评价；等等。

三、师资锻造、资源整合、课程建设，创新教育渠道

（一）大力打造具备多元文化素养的教师队伍

首先，改变教师传统的教育观念，树立多元文化整合教育的理念。教育部门和学校应该提供资金大力支持教师到外校、进村寨参加培训和实地学习，或邀请专家开展讲座与进行指导，将多元文化互动的正确理念带入校园，带动整个社会多元文化的交流与发展。M 小学的教师要有放眼世界、胸怀天下的眼光和气度，要能够欣赏并善于借鉴他民族的优秀文化，敢于发扬和勇于创新本民族文化，还要学会整合各民族的优秀文化。其次，教师在带领学生开展各类民族文化活动时应学会放手，让学生真正成为学校的主人。例如，学校开展的各类兴趣小组活动，教师指导一段时间后，可由学生自行负责教学、演出、活动等相关事宜，教师只需从旁协助即可。最后，改进双语教学的形式和方法。在双语教学过程中，可借鉴和吸收传统语文教学中的"情景教学法"和"自然教学法""程序教学法""启发教学法"等新式教学方法，探索出适合 M 小学学生的双语教学方法。例如，可以通过"大带小""本族带他族"的方式鼓励学生之间相互教，让学生真正"弄得懂""学得会""用得上"。

（二）充分整合多元文化资源

首先，利用好信息技术这个抓手来整合多元文化资源。一方面，M 小学教师可通过将信息技术有效地融入各学科的教学过程来营造一种信息化教学环境，如教师可以充分发挥诸如影音、绘图、幻灯片等的展示功能，将学生进行多元文化互动的照片、视频等整合进来；或者在信息技术课上组织答题活动，将多元文化内容整合到计算机操作中，采用玩游戏的方式随机抽取题目，更好地调动学生的主动性、积极性、创造性。另一方面，学校可通过完善校园网或微信公众号建设，将学校开展的各类主题活动，节庆活动，兴趣小组活动，民族团结教育课程，学生优秀绘画、摄影、手工等作品推广到网络上，扩大学校的影响力。在这样一个双向整合的过程中，实现"双赢"的

目的。

其次，将各民族优秀文化适当整合进每一门课程。多元文化良性互动不是通过某一门课程实现的，而是渗透在学校每一门课程的教学过程中。除了在特定的兴趣小组活动和学校大型活动中开展民族文化活动及语文、思想品德、班会等课程中渗透爱国主义教育、中华传统美德教育、安全教育等内容外，学校可以充分利用各类课程进行多元文化互动。例如，在劳动技术课上教学生刺绣，做民族的香包、挂包、挂饰、筒裙、拖鞋、傣族绣花鞋等手工；在音乐、美术、体育、科技等课程中可适当教学生唱民族歌曲、跳民族舞蹈并引导学生体会其中要表达的情感、画民族服饰并了解其图案含义、开展民族竞技项目并了解其起源和意义等；还可在"三生教育"、地方教材等课程中带领学生到学校的种植园种植当地特色瓜果如甘蔗、菠萝、火龙果等水果和薄荷、橄榄、折耳根等蔬菜。

（三）着力开发适宜性校本课程

1.挖掘各民族文化精髓，丰富校本课程内容

M 小学师生民族众多，要根据各民族学生的民族个性和实际情况，开发适合其民情的校本课程。以少数民族酿造酒水为例，教师首先应肯定这一传统工艺是值得发扬的，不同民族都有其酿酒的传统和方式，若是开发成校本课程，可以介绍酒名、度数、酿造原料、方法、程序等内容，但也必须强调过度饮酒的危害，使学生明白什么是值得传承的，什么是必须摒弃的。

2.根据校情，开发切实可行的校本课程

M 小学的民族文化活动已经开展得比较好，目前需要做的就是打造学校更具特色的品牌，这就需要有实用性强的校本课程来支撑。校本课程开发需明确目标、内容、方法、步骤、意义等方面，具体实施上可以分为若干个板块。以象脚鼓舞为例，校本课程可以介绍什么是象脚鼓舞，它的特色、历史、内容，学习它的意义，组织这项活动的步骤、方法等，使教师和学生一看就能明白象脚鼓舞的来龙去脉。还可对相关活动的照片、视频等进行归纳、整理，让学生写一些关于活动的体会、感受，用来记录学生成长轨迹上的点点滴滴，最后做成学生作品集，在毕业典礼上作为毕业礼物送给学生，并且在校内外宣传和推广。

3. 联合各方力量开发科学有效的校本课程

基于 M 小学师资力量较弱、教师理论性知识不强等情况，学校要独立自主开发出科学且具有推广价值的校本课程存在一定难度。学校可利用各类扶助项目或申请课题的契机，邀请教育学专家、人类学研究者、民族文化传承人等相关人员，召集学校骨干教师，通过申请政府出资或招商引资等方法，将具有民族和地方特色的历史文化、语言文字、风俗习惯、节日庆典、民族歌谣、舞蹈、乐器等内容整合起来，按照课程开发的模式和步骤，将其编制成册，作为本校通用的教材。并通过学校的各类大型活动、主题教育活动、兴趣小组活动、汇报演出等展示所学内容，加强学生对当地各民族文化的了解，使之在多元文化的氛围中学会尊重与欣赏他民族文化，认同并热爱本民族文化。

民族文化活动和校本课程都只是多元文化互动的一个载体，最终目的是要让学生感受各民族文化之美，各美其美，美人之美，美美与共，让各民族文化交流、融合，在这样的过程中，使教师和学生整体能力得到提升，M 小学得以更好地发展，边疆地区各民族团结一心、和谐共生、繁荣昌盛。

○ 多元与融合：筑牢民族团结和谐之基 ○

本章所选取的个案对象 M 小学，是一所坐落于祖国西南边陲的民族小学。它既担负着传授现代科学知识，培养适应现代社会人才的重任；又肩负着传承民族文化，培育乡风文明的使命。在这样的双重压力下，经学校师生二十多年的共同努力，M 小学不仅实现了其"以人为本，特色兴校"的初衷，而且逐渐探索出一条适合自己发展的多元文化互动之路，夯实了边疆地区民族团结和谐的基石。

M 小学的多元文化互动秉承以人为本、多元开放、和谐共荣的基本理念，选取中华传统经典文化、民族特色文化以及国外优秀文化等内容，主要通过课程、兴趣小组活动、主题教育活动、本地民族节庆及校园内部文化创设五大途经来实施，呈现出一体多元、百花齐放的特点。其成效较为显著：一是师生的多元文化素养显著提升，教师转变了观念，激发了自己的潜力，学生开阔了眼界，塑造了品行，师生的双重身份得到有效维护，增强了文化自信，深化了国家和民族认同；二是打破了学校和社区（或乡镇）或村落间的藩篱，现代学校不再是独立于社区（或乡镇）或村落之外的孤岛，而是成为多元文化互动的主阵地，现代科学文化、民族特色文化及国外优秀文化良性互动，通过多种方式"浇水施肥"，使多元文化在相互碰撞、交流的过程中相互吸收借鉴，在融合中更好地成长；三是促进了文化传承和教育公平，一代代的学生在多元文化互动的过程中，自觉接过了民族文化传承的接力棒，让尘封在民族村寨里日渐褪色的传统文化重新焕发生机，也将开放包容的思想、多元和谐共生的文化带回了原本闭塞的村寨，有利于各族群众更好地适应现代社会，找到更适合自己成长、发展的方向，进而促进教育公平，带动整个边疆社会文化的繁荣发展，有效维护民族团结、边疆和谐及社会稳定。

当然，目前由于政府支持力度较弱，评价标准体系单一，边疆地区不同民族的差异性导致多元一体整合存在困难，家长和社区的辅助功能也尚未充分发挥，导致 M 小学的多元文化互动还存在一些问题，面临一定的挑战。但是，总体而言，其仍具有一定的借鉴意义和可推广性。首先，在调研过程中我们发现，虽然当前边疆地区的学生学业成就相对较低，但是绝大多数非常喜欢学校开展的多元文化活动并能在其中绽放光芒，学校的多元文化互动能在一定程度上满足他们更快更好融入现代社会、在学校生活和家庭生活中找到平衡的诉求，也让他们对未来有了更多的期待和憧憬，因此有必要进行多元文化互动。其次，M 小学的多元文化互动并没有大费周章、劳民伤财，而是因地制宜，充分利用学校的多元文化资源，通过激发教师潜能和发挥学生的主观能动性创造性地实施、内生式地发展，而这是边疆地区的学校都能做到的。最后，小学阶段是一个人世界观、人生观、价值观形成的关键期，良好的多元文化教育和文化互动体验能让孩子们从小具有更加开阔的眼界和更加包容的胸襟，更有益于实现个人的最大发展，也有利于实现各民族文化的交流互鉴、取长补短、共同繁荣。

当今世界是一个多元而开放的世界，又是一个一体而包容的世界。文化是一个民族的"根"和"魂"，文化互动能够增进各民族相互理解和尊重，促进各民族交流和融合，从而推动社会向前发展和人类文明进步。广大边疆地区的学校，应以 M 小学为榜样，在面对新时代日趋开放的社会环境、日渐繁杂的文化碰撞时，从学生的民族心理特点和学校实际出发，在加强各民族师生交往交流交融的基础上，深入挖掘各民族文化尤其是中华民族传统经典文化的时代价值，积极吸收世界各民族优秀文化养分，提高师生多元文化素养，铸牢中华民族共同体意识，让文化自信根植于各民族学生心底，让教育更好地为民族复兴贡献更基础、更深厚、更持久的力量。

第九章 不忘初心：瑞丽市 M 中学 多元文化互动的个案研究

　　20 世纪 90 年代以来，我国学者不断对多元文化互动理论和实践进行探索。总体而言，多元文化互动理论研究还有待加强，实践探索存在区域之间、城乡之间、学段之间的不平衡。就民族地区而言，多元文化互动在小学和幼儿园受到重视，并取得明显成效；而中学阶段因面临升学压力，多元文化活动开展较少。"应试教育"使得一些地方教育内容脱离当地实际需求，导致一些中学生辍学严重，在校生成绩普遍低下，学习兴趣不高，甚至厌学，家长因此对学校教育产生了怀疑。但在实地调研中我们惊喜地发现，也有不少中学顶住压力，结合本校的实际情况，因地制宜，扎扎实实开展多元文化活动。这些学校不但留住了学生的人，使辍学率明显降低；而且让学生的个性和特长得到发展，学习兴趣明显增强，学业成绩普遍提高，从而留住了学生的心。瑞丽市 M 中学就是一个以多元文化互动促进学生、教师、学校发展的典型代表。以瑞丽市 M 中学为个案，深入挖掘其内涵、系统梳理其路径，总结和提升其特色与成效，不仅有助于 M 中学进一步完善并深化多元文化互动，也可为其他类似的民族地区中学提供参考和借鉴。

　　我们主要采用文献分析法、问卷调查法、深度访谈法和参与式观察法。2014 年 12 月—2017 年 5 月课题组先后 7 次，累计 50 余天，来到相关学校、社区、佛学院，走进课堂、操场、餐厅、佛堂、家庭，与学校领导、骨干教师、学生代表、部分家长进行了 10 余场集体座谈；对多任校长、多位教师、佛学院佛爷、非物质文化传承人等 50 余人次做了深度访谈。在征得被访问者同意的情况下，我们对访谈内容进行了录音，由此获得了大量真实有效的文字、语音和影视资料，收集了大量鲜活的案例和素材，为个案研究的深入开展奠定了坚实的基础。基于此，我们借助布朗芬布伦纳的人类发展生态学理论，通过对影响 M 中学学生多元文化素养发展因素的系统分析，旨在发现其存在的问题和深层次的原因，思考发展中存在的误区，进而尝试构建边疆地区中学多元文化互动的生态体系。

第一节　M 中学多元文化互动的基本情况

一、M 中学校情简介

瑞丽市 M 中学始建于 1986 年，是一所城市全寄宿制初级中学，校园占地面积 41.5 亩。学校教学大楼、学生宿舍、理化生实验室、音乐教室、美术教室、舞蹈教室、计算机教室、多媒体教室、白板教室、学生食堂、沐浴室、篮球场等硬件设备齐全。2017 年末，学校有教职工 59 人，中学高级教师 11 人，中学一级教师 20 人；专任教师 39 人，本科学历 35 人，专科学历 4 人，其中有 18 位少数民族教师，占教师总数的 31%。校内设有 14 个教学班，七年级有 6 个班，八年级和九年级分别是 4 个班。在校生总数为 813 人，少数民族学生 634 人，占 78%。其中傣族 406 人，景颇族 107 人，德昂族 11 人，阿昌族 8 人，傈僳族 8 人，缅籍学生 19 人。[①] 长期以来，学校坚持以"面向农村、以德立校、依法治校、管理稳校、人才强校、教科兴校、特色活校，培养优秀民族人才"为办学理念，以"素质教育观"和"科学发展观"等为指导，以办人民满意的教育为宗旨，为高一级学校培养优秀人才，为社会输送合格劳动者。在全校师生的共同努力下，M 中学先后荣获云南省民族教育示范学校、云南省"三生教育"优秀学校、德宏州民族团结先进集体等殊荣。

在问卷研究中，我们共调查了 48 名教师和 200 名在校学生。其中，在教

---

① 数据来源于瑞丽市 M 中学民族团结自查报告。

师样本中，男性教师 9 人，女性教师 39 人；汉族教师 24 人，少数民族教师 12 人，未填写 12 人，少数民族教师中有白族、傣族、回族、景颇族和彝族；年龄在 30 岁以下的 13 人，31—40 岁的 23 人，41—50 岁的 12 人。在学生样本中，学生的平均年龄为 15.08 ± 0.74 岁，最小年龄 13 岁，最大年龄 18 岁；男、女学生各 100 人；汉族学生 74 人，少数民族学生 126 人，少数民族学生中有傣族、景颇族、德昂族、傈僳族、阿昌族、白族和佤族。

二、M 中学多元文化互动的发展过程

M 中学的多元文化互动从起步发展至今已有几十年的历史，现如今，已经取得了很好的成效，得到了社会的广泛认可，学生从中找到了自信心与自豪感，教师也因此提升了专业素养和能力。回顾 M 中学多元文化互动的历程，大约经历了三个阶段。

多元文化互动的起步阶段（1986—2011 年）：自学校创建之初，第一任校长就根据学校"培养少数民族骨干，促进民族教育的发展，为边疆教育事业作出贡献"的办学宗旨，提出要开展多元文化活动的主张，并在实践中逐步得到认同和加强。本阶段形成了以下特色：一是紧扣办校宗旨，实施民族语言教育；二是因陋就简，创造条件学习多元文化知识；三是引进当地民族文化资源，开展校园文化活动；四是针对边境特殊状况，强化爱国主义教育。处于起步阶段的 M 中学多元文化互动虽然内容较简单、形式较单一，学校领导及教师的多元文化互动意识都还不强，且对多元文化互动的把握也不全面，理解不深入，但是，它已经为 M 中学的多元文化互动奠定了良好的基础。

多元文化互动的形成阶段（2012—2014 年）：2012 年是 M 中学多元文化互动发展的一个新纪元，其原因主要有两个方面：一是国家对民族文化传承与保护的持续重视，为学校多元文化互动指明了方向，提供了强大的支撑和保障；二是 Z 校长坚持以多元文化互动打造学校发展品牌的办学理念，以及强劲、有效的行动力。本阶段形成了以下特征：一是充分发挥课堂的主渠道作用，多渠道开展多元文化活动；二是抓住民族团结活动契机，充实多元文化互动内容；三是加强对外宣传工作，扩大学校多元文化互动影响力。在这三年中，M 中学的多元文化互动取得了较为明显的进步，形成了发展的雏形，

赢得了广大教师、学生、家长的支持和社会的广泛认同。

多元文化互动的快速发展阶段（2015年至今）：2015年，《国务院关于加快发展民族教育的决定》以及随后一系列相关政策的颁布，成为M中学多元文化互动加快发展，逐步形成体系和品牌的催化剂。2015年是M中学发展多元文化互动的一个重要节点，在这一阶段的实践探索中，校领导及教师基本达成了共识：多元文化互动是目前民族地区学校获得发展的最佳选择，学校要坚定不移地开展下去。本阶段形成了以下特征：一是从课改入手，多方面提高学生的综合能力；二是以艺术节为载体，全面综合地开展多元文化活动；三是大力开展教师培训，提高教师多元文化素养；四是融入学校日常活动，促进多元文化传承与发展。通过全体师生的共同努力，M中学的多元文化互动进入了快速发展阶段，目标更清晰、内容更系统、方法更有效，形成了鲜明特色，树立了学校品牌。

第二节　M中学多元文化互动的现状

通过对M中学多元文化互动发展的阶段进行划分、概括与总结，我们对其发展的历史已经有了初步的认识。那么，当前M中学多元文化互动状况究竟如何，取得了什么新的成效，形成了哪些值得借鉴的经验，又面临什么新的问题。为了客观把握M中学多元文化互动的基本状况，我们从M中学师生的多元文化互动目标、多元文化互动内容及多元文化互动实施的具体路径三个方面展开深入的调查和访谈。

一、逐步明晰多元文化互动的理念和目标

（一）校长心中的多元文化互动理念

学校一切教学活动的开展都需要科学的理论作指导，而这种科学理论应成为校长的办学思想。一位具有先进办学理念的校长，必定能带领学校走在教育发展的前列。M中学的Z校长便是一位具有先进办学理念的学校领导人。

Z校长现年37岁，湖北孝感人，汉族，中共党员，其妻为当地傣族，也是教师。在担任M中学校长之前，Z校长曾在瑞丽市S中学任教7年，期间

获得四川师范大学函授本科文凭，所学专业为汉语言文学。随后在 M 中学担任党支部书记三年，于 2012 年开始担任 M 中学校长一职。Z 校长 2002 年参加工作，在短短的十年当中经历了从班主任、团委书记、年级主任、办公室主任到 M 中学党支部书记再到校长的蜕变。2013—2015 年，他连续三年被评为"优秀校长"，2015 年被评为"教育科研先进个人"。

Z 校长具有强烈而鲜明的办学理念，尤其注重全力推进学校多元文化互动。通过多次与校长、教师的访谈，我们将 Z 校长的办学理念进行综合梳理，主要表现为：一是正确的多元文化观；二是民族中学应彰显多元文化互动特色；三是多元文化互动应是一个系统工程；四是多元文化互动应渗透在学校的日常工作之中；五是多元文化互动应凸显教师和学生的主体地位。这些办学理念的形成与 Z 校长自身的求学经历息息相关。他在高中阶段就参与学校团委和学生会工作，期间组织和参与过很多的活动，可以说是这些活动造就了他。组织和参加活动后，他的能力得到了锻炼，同时自身的一些特长也得以展现。担任 M 中学的校长一职后，他努力为学生们提供一个能够锻炼他们能力、展示他们才华的舞台，从而促进他们的发展。

（二）教师眼中的多元文化互动目标

多元文化互动目标分为宏观目标与微观目标。其中，多元文化互动的宏观目标指的是多元文化互动应该达到的总体的、终极的目标；多元文化互动的微观目标指的是多元文化互动应该达到的具体的、阶段性的目标。以下我们从这两个方面对教师眼中的多元文化互动目标进行分析。

1.教师眼中的多元文化互动宏观目标

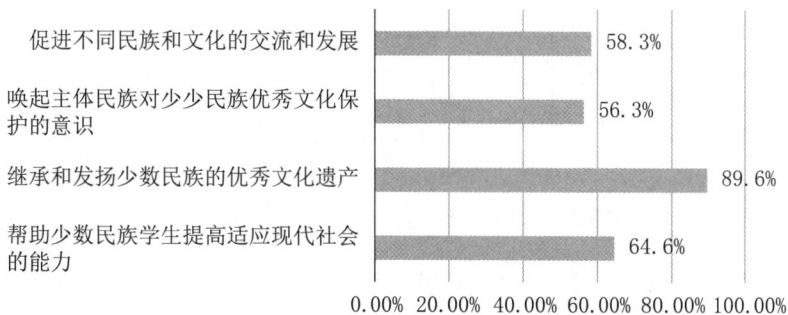

图 9-1　教师对多元文化互动宏观目标的认识

如图 9-1 所示，M 中学教师认为多元文化互动宏观目标首先是"继承和发扬少数民族的优秀文化遗产，丰富中华文化宝库，为中华民族的伟大复兴作出贡献"。可见，大多数教师认为多元文化互动的宏观目标是让少数民族优秀文化得以传承，为中华文化宝库添砖加瓦，这与多元文化互动的最终目标不谋而合。

2. 教师眼中的多元文化互动微观目标

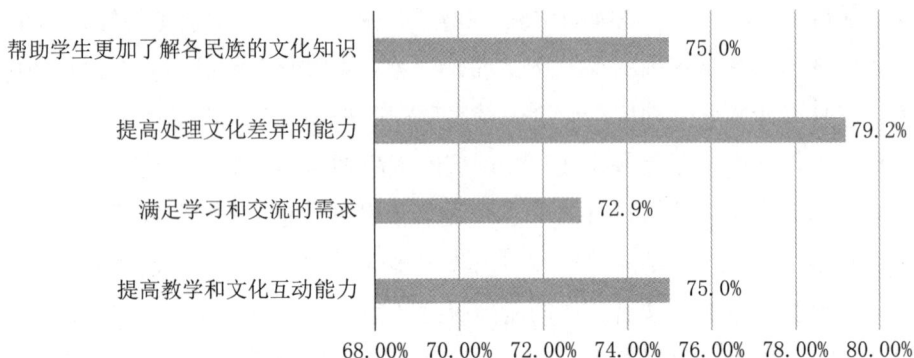

图 9-2　教师对多元文化互动微观目标的认识

如图 9-2 所示，M 中学的教师认为多元文化互动最重要的微观目标是"提高处理文化差异的能力，以解决各民族学生间存在的文化冲突和隔阂"。

（三）学生眼中的多元文化互动目标

1. 学生眼中的多元文化互动宏观目标

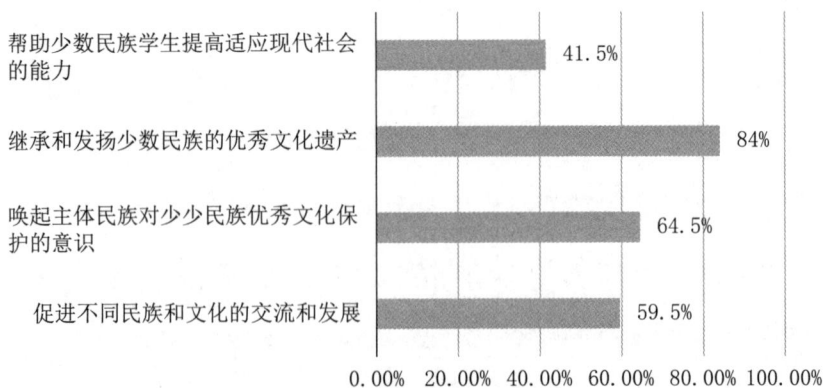

图 9-3　学生对多元文化互动宏观目标的认识

如图 9—3 所示，我们发现 M 中学学生认为多元文化互动最重要的宏观目标是"继承和发扬少数民族的优秀文化遗产，丰富中华文化宝库，为中华民族的伟大复兴作出贡献"。这与 M 中学教师对宏观目标的最高选项不谋而合，在一定程度上与学校的教育有关。学生选择最少的是"帮助少数民族学生提高适应现代社会的能力，以实现个人的最大发展"，说明当地少数民族学生适应现代社会能力较强，基本不需要加强这方面能力的培养。

2. 学生眼中的多元文化互动微观目标

学生眼中的多元文化互动微观目标反映了学生对多元文化互动的期待，同时也对教师实施多元文化互动提出了要求。因此，准确把握学生对多元文化互动微观目标的认识，有利于促进教师开展多元文化活动。

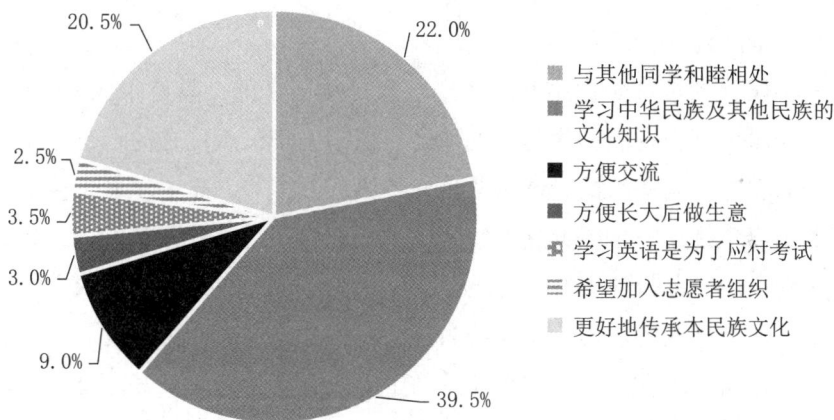

图 9—4 学生对多元文化互动微观目标的认识

如图 9—4 所示，学生最渴望通过多元文化互动"学习中华民族及其他民族的文化知识"，其次是希望"与其他同学和睦相处"，再次是"借鉴其他民族的优秀文化以便更好地传承本民族文化"。

综上所述，M 中学的师生对多元文化互动目标的认识基本上与多元文化互动所提倡的目标相契合：既要学习多元文化知识，也要培育多元文化情感，还要培养跨文化交往的技能；既要保持本民族的特性，也要学习中华民族的经典文化，还要借鉴、学习西方优秀文化，最终实现个人的最大发展，从而促进民族和谐、社会发展。

二、初步形成多元文化互动的内容体系

M 中学遵循"促进学生全面发展，培养具有民族文化认同，拥有民族情怀，具备跨文化交往能力的学生，从而达成各民族文化得以传承和中华文化更加繁荣富强"的办学目标。在此目标的指引下，M 中学通过校长及全校师生的共同努力，已初步形成了多元文化互动的内容体系。

（一）弘扬中华经典文化，奠定多元文化互动的基础

在中华民族传统文化中，物质文化包括饮食、服饰、建筑、生产工具等内容，非物质文化包括语言、科学、艺术、节日和神话传说等方面。M 中学对中华民族传统文化的弘扬主要集中于传统美德、传统艺术和传统节日三个方面。

1. 中华民族传统美德

中华民族的传统美德是几千年来一直延续下来的，具有很大的影响力，可继承且可以创新发展的优秀道德遗产，包括中华民族优秀的道德品质、优良的民族精神、高尚的民族情感及良好的民族习惯等。M 中学关于传统美德教育的内容包括：一是国家层面的爱国主义教育，通过升国旗仪式、英雄人物事迹的宣传、主题班会等形式开展，其中最具特色的是 2016 年成立的国旗班，现已成为该校学生的一张亮丽名片；二是社会层面的尊老爱老教育，利用节日契机组织活动，帮助学生在活动中养成尊老爱老的良好品德；三是个人层面的团结友善教育，通过主题班会、"争当美德少年"评比活动等形式，促进各族学生的团结友好。

2. 中华民族传统艺术

中华民族传统艺术是中国经典文化的重要组成部分，其历史源远流长，造诣深厚、特色鲜明，诸如文字书法、绘画艺术、建筑艺术、戏剧与舞蹈、手工艺术等。M 中学主要从以下几个方面开展中华民族传统艺术教育：一是书法。M 中学专门开设了书法课及书法兴趣小组活动。在教师指导及家长的参与下，M 中学学生的书法水平明显提升。例如，F 同学曾获得全省书法比赛一等奖。二是棋艺。M 中学开设棋艺社进行棋艺教学，并成为最受欢迎的社团之一。三是阅读。M 中学历来重视学生的阅读，学校图书室每天开放供

学生阅读，教室里设有读书角方便学生随时翻阅。自 2013 年以来，学校更是大力推进"书香校园"工程。四是音乐。M 中学的音乐教学形式多样，如音乐课、大合唱社团、歌唱比赛等。

3. 中华民族传统节日

中华民族的每一个传统节日都有其深刻的寓意和存在的价值，其形式多样，内容丰富，是中华民族悠久的历史文化的重要组成部分。M 中学抓住清明节、端午节、中秋节及重阳节等节日契机对学生进行教育。例如，清明时节，M 中学组织学生开展"我最敬佩的一位烈士"的征文活动；端午节时，班主任利用班会课向学生们介绍端午节的由来，从而引申出屈原的爱国之情，品尝端午粑粑，在实践中引导学生去感受伟人们的民族情怀；在中秋节与重阳节，M 中学在校组织活动、发放月饼给学生带回去与家人共享，引导他们学会感恩。

（二）传承民族传统文化，彰显多元文化互动的特色

各民族文化是中华文化的重要组成部分，然而在全球化及现代化的冲击下，很多优秀民族文化几近失传，面临消失的危险，因此对少数民族文化进行保护与传承显得尤为必要。瑞丽市隶属于德宏傣族景颇族自治州，少数民族众多并创造了极其优秀的民族文化，但作为祖国西南边陲的南大门，其民族文化也不断受到冲击与挑战。在此背景下，当地政府借助国家出台的相关政策正在大力保护、传承民族文化。学校作为教育的主阵地，自然要承担起传承民族文化的重要责任。M 中学的校领导及全校教师齐心协力，主动开展多元文化活动，内容丰富多彩，特色鲜明。M 中学的多元文化互动主要包括饮食、服饰、手工艺、舞蹈、音乐、节庆等内容，大致可分为生活文化、民族手工艺文化、民族节庆文化、非遗传承文化等几种类型。

1. 生活文化

生活文化是指人们在日常生活中形成的，具有地方性、民族性特征的关于衣食住行等方面的传统与特色，如饮食、服饰、建筑、交通等。在 M 中学实施的多元文化互动中，生活文化是重要的内容。其活动主要从两方面展开：一是饮食，M 中学为了将当地的饮食文化很好地传承下去，自 2013 年起每年都会组织一次厨艺比拼活动。学生们通过"学中研、玩中创"的形式，使当

地的饮食文化得到很好的传承。二是服饰，M中学为了帮助学生了解各民族服饰之美以及其中蕴含的历史、文化意义，特开展板报评比活动。学生在查询各民族服饰内容的过程中，加深了对民族服饰的了解，进而增强了他们的民族认同感。总之，M中学通过对生活文化中的饮食与服饰等文化资源进行挖掘、整理，使学生对生活中的民族文化有了更深刻的感知，民族情感得以升华，跨文化交往能力得以提升。

2. 民族手工艺文化

瑞丽市傣族的民族工艺品有傣陶、傣家竹编、剪纸、果雕等。目前，瑞丽市已培养了多位民族手工艺传承人。F老师是当地最具影响力的传承人之一，她毕业于云南民族大学，所学专业并非民族文化，但因自己是傣族，从小对傣族文化充满了兴趣并且对传承民族文化有一种强烈的责任感，所以毕业后直接在德宏州府芒市创办了工作室，专门教授关于傣族文化的内容，具体包括音乐、舞蹈、傣文、果雕及傣拳。经过几年的发展，工作室获得了家长的认可，她开始去各地表演、授课。自2012年起，M中学就请F老师进校利用美术课的时间教学生们果雕艺术，但遗憾的是由于F老师较忙及美术课时少，只有少量学生学有所成。此外，M中学还在美术课上教学生傣族剪纸、织锦刺绣等手工艺。通过参与手工艺品的制作，学生既学习了民族文化知识和工艺，同时也增进了民族自豪感。

3. 民族节庆文化

M中学的民族节庆文化主要是通过泼水节和目瑙纵歌节来传承的。泼水节是傣族的新年，它是展现傣族水文化、音乐舞蹈文化、服饰文化等传统文化的综合舞台，是学习和了解傣文化的重要窗口。M中学在泼水节前，会组织一次"民族团结一家亲"的征文活动，还会鼓励学生参与所在寨子的泼水节活动，去学习民族文化知识，感受民族文化之美。目瑙纵歌节是当地景颇族最为盛大的民族传统节日，在每年的正月十五前后举行。因为此时还未开学，学生多是参加寨子里的活动，但M中学并没有忽视这一节日文化，而是将其纳入学校的常规活动当中。例如，学校的宣传栏中有关于景颇族的介绍以及景颇族目瑙纵歌节的由来等内容；另外，每周三、五两天的课间操以及学校大型活动的结尾，跳的都是景颇族的目瑙纵歌舞。M中学通过这些形式，加深了师生对景颇族的了解，也深化了他们对景颇族文化的情感认同。

4. 非遗传承文化

瑞丽市的傣族孔雀舞于 2006 年被列入第一批国家级非物质文化遗产保护名录。市政府为了使非物质文化遗产得到进一步的保护与传承，组织开展了《瑞丽市非物质文化遗产成果展》。借此东风，M 中学积极开展以孔雀舞学习为重点的非物质文化传承活动，组建民族舞蹈兴趣小组，融民族舞蹈元素于大课间活动。

水鼓舞是德昂族的舞蹈，流行于瑞丽市德昂族聚居的山区村寨。瑞丽市文化馆于 2004 年开始深入挖掘水鼓舞文化，历经 10 年的努力，2014 年水鼓舞被列入国家级非物质文化遗产保护名录。秉承学校重视非物质文化传承的传统，M 中学积极申请成为水鼓舞传承基地。市文化馆对 M 中学长期重视民族文化传承，积极开展多种文化活动予以高度认同，决定授牌 M 中学为德昂族水鼓舞的传承基地。Z 校长表示，M 中学被授此殊荣与重任，他定当带领全校师生一起打造浓郁的民族特色校园，更好地将水鼓舞传承与发扬光大。学校不仅配备了舞蹈所需的鼓，为学生提供学习的硬件条件，而且邀请相关传承人做指导教师，让学生从基础开始学习标准的舞蹈动作。2016 年，M 中学的 J 老师以德昂族水鼓舞为原型，编创了一套新的水鼓舞舞蹈，带领全校二十多名学生参加了昆明市举办的比赛，并荣获二等奖。M 中学不仅实现了水鼓舞传承基地建设的目标，而且在传承的基础上有了创新和发展。

（三）借鉴国外优秀文化，培育多元文化互动的国际视野

1. 以市文化活动为依托，增进中缅两国学生的了解

瑞丽市与缅甸仅有"一水之隔""一桥之隔"，由此形成了"一寨两国""一井两国"的独特人文景观。长期以来，两国边民保持着密切的经贸、人文和教育等方面的友好往来。例如，自 2004 年瑞丽市成立菩提学校以来，已有 50 余位毕业生相继前往缅甸、斯里兰卡、泰国等国家继续深造。M 中学现有十几位缅籍学生，他们享有与中国学生同等的教育资源和生活待遇，并且国家现已放宽了中考政策，缅甸学生已经可以在中国读高中。在访谈中，一位缅籍傣族学生说道：

　　我们从来没有觉得自己是"外来人"，我们会好好珍惜在中国学习的

机会，努力学习。我哥哥也毕业于 M 中学，现在缅甸读高中，因为当时中国还没有中考优惠政策。（F—M—17/05/24）

缅甸学生与中国同学相处融洽、和谐，互相帮助，这些都为胞波（缅语音译而来，原意为同胞，是缅甸人对中国人的亲切称呼）情谊的延绵奠定了很好的文化基础。

2. 以西方节日为契机，深化感恩教育

在学习、借鉴他国优秀文化的过程中，M 中学还积极利用欧美国家的节日契机，对学生进行感恩教育。例如，在每年的母亲节及感恩节，学校以班级为单位组织学生了解节日的由来和寓意，帮助学生体会其中蕴含的深意，让他们用一句话或一件小事表达对母亲或是身边人的感恩之情。M 中学还组织了全校师生和家长聆听全国感恩教育专家程成老师以"感恩在行动"为主题的精彩演讲，不管是学生、老师还是家长，都受益颇多。M 中学开展的多种形式的感恩教育使参与者的思想获得了启迪，使学生充分认识了自身存在的不足，懂得了如何从身边的小事去感恩父母、感恩老师、感恩社会。

3. 秉持"取其精华，去其糟粕"的原则，吸收国外文化之精髓

对于国外文化我国一直坚持"取其精华，去其糟粕"的原则。M 中学的 Z 校长也一直秉持这样的办学理念，他认为只要是对学生发展有益的东西，学校都应该去学习借鉴，进而发展、创新本校文化。例如，M 中学在准备参加 2017 年民族团结展演活动的比赛时，对于舞蹈种类的选择，在考虑当地民族实情的同时又融入了现代性的元素，最终编创了一支优美的傣族华尔兹舞蹈。此次舞蹈的编创取得了很大的成功，得到了校领导的一致认可，也吸引了更多的学生积极报名参赛。正是由于坚持了这样的原则，M 中学开展的多元文化活动的成效日益显著。

综上所述，M 中学所开展的多元文化活动的核心是在坚持中华民族多元一体理论的基础上，对学校多元文化互动的内容进行了整合。具体体现在以下三个方面：一是对现代文化与少数民族文化的整合；二是对中华文化与西方文化的整合；三是对物质文化与精神文化的整合。尤其值得肯定的是，M 中学将这些文化要素融入学校的日常教学及大型活动当中，各民族文化之花都得以绽放，使 M 中学的多元文化活动成为瑞丽市一道亮丽的风景线。

三、积极探索多元文化互动路径

M 中学根据学校设定的多元文化互动目标，开展丰富多彩的多元文化活动，在多年的办学过程中总结经验，实践创新，目前已形成独具特色的多元文化互动路径。

（一）以课堂教学为主渠道，提高多元文化认知

课堂活动是学校实施多元文化互动的主渠道，对学生的行为养成及价值观形成产生了重要的影响。瑞丽市 M 中学秉承"特色兴校"的理念，坚持在课堂教学中渗透民族团结教育内容。

1. 以民族团结课程、教学为主，辅以专家讲座

2008 年教育部、国家民委印发《学校民族团结教育指导纲要（试行）》，对初中阶段学生关于民族团结的学习内容作了相关规定：要了解党和国家制定的关于民族团结的政策、法规；树立民族团结的意识。M 中学依据国家的政策法规及学校实际情况，将民族团结教育的读本引入课堂教学之中。其具体做法为：一是开设专门的课程。M 中学在七至九年级开设了"民族政策常识"课程，每学期 10 课时，由思想品德老师对学生进行专门的民族团结教育。二是在学科教学中渗透。M 中学教研组根据各学科的特点，组织专题研讨，深入发掘民族团结教育渗透点，分解任务落实内容，利用学科教学的契机渗透民族团结教育。例如，美术课中教授民族服饰、建筑的内容。三是聘请专家讲课。M 中学针对初中生的认知特点，特邀请云南民族大学蔡晓晃教授到校开设"傣文基础课"，市文化局干部勒堵到校开设景颇"载瓦文"（景颇族共有 5 个支系，载瓦支系的人使用载瓦文）基础课程。其内容包括傣文基础、景颇载瓦文基础、民族知识、民族歌曲等，有效促进了民族团结教育工作，取得了较为明显的效果。

2. 开设"三生教育"课程，举办相关活动

"三生教育"是学校德育范畴的概念，即学会生存、热爱生活、珍爱生命。在中小学进行"三生教育"，可以帮助受教育者树立正确的世界观、人生观和价值观，进而提高他们的生活、发展、创造等能力，从而进一步明确教育者应该培养什么样的人的问题。M 中学根据云南省教育厅全面推进素质教

育的要求，积极开展"三生教育"课程。其一，把"三生教育"作为学校必修课程。M中学以云南省教育科学研究院编印的《三生教育》教材为载体，每周安排一节课的时间，由班主任专门对学生进行"三生教育"。其二，用"三生教育"的理念指导实践活动。例如，2017年M中学开展了以"创造一个没有麻风的世界"为主题的教育活动，学生通过教师的讲解、对宣传资料的阅读以及多媒体视频的展示，掌握了更多关于麻风的知识，同时更全面地掌握了防治麻风的方法。通过对"三生教育"的理论学习与实践感受，学生们对生命、生存和生活有了更深一层的理解。

（二）加强教师培训，夯实多元文化互动的基础

教师素养不仅决定了自身教学水平的高低，更关乎每一位学生以及每一所学校的发展走向。M中学深刻认识到教师素养对学校发展的重要性，同时结合目前学校青年教师多，教师教学热情高但经验不足的现状，努力为每一位教师提供培训机会。其培训的形式主要有校内培训和校外培训两种。

1. 校内培训

校内培训主要是学校领导根据学校和教师发展的实际情况，在采纳教师意见的基础上，有针对性地开展的能够提高教师理论认识和教学能力的培训。其主要形式是聘请专家开设讲座，解决教育实践中的问题。学校教师普遍反映，他们对一些前沿的教育理论掌握还不够，急需有专家学者为他们充电，帮助他们解决教学中的疑难问题。例如，2013年M中学专门聘请云南师范大学心理学博士Y老师去学校做"我可以做什么样的教研暨中学教师教育科研选题和方法"的讲座，为处于科研困境中的教师指明了方向。2015年，恰逢云南师范大学W教授带领十余名硕、博研究生到M中学进行实地考察与走访，Z校长积极配合并邀请师生进课堂听课、评课。课后，授课教师虚心向W教授请教，并提出点评的要求，其他听课教师也纷纷提出教学中存在的困惑，W教授一一为其解答，帮助教师提高他们的教学能力。

2. 校外培训

M中学开展的校外培训主要有两种：其一，所有教师均有机会参加国家、省、州或瑞丽市组织的教师培训，以提高多元文化素养。例如，2016年云南省教育厅下发到各校参加民族文化互动展演的通知，并为各个学校的音乐、

体育老师提供了为期三天的培训机会。同年，瑞丽市教育局组织了一个关于高尔夫、武术进校园的校长、体育教师培训班。M 中学抓住这些机会，积极鼓励并安排教师参与学习、培训。培训后教师们纷纷表示，不仅自身的理论知识扎实了，教学能力提高了，还让他们感受到自身价值的提高，对教师职业有了更多的憧憬，由此也增强了对 M 中学的归属感。其二，M 中学注重校际间的交流与学习。学校积极与周边其他学校开展联谊，组织学校间教师的竞赛课，通过联谊和竞赛互相学习、交流，以实现资源共享，促进共同成长。此外，M 中学还积极认真地向先进示范类学校学习，如积极组织学习和推广"三自"课堂教学模式。

根据学校提供的教师培训资料，我们发现近些年教师培训的机会呈逐年增多的趋势，培训内容日益丰富、形式更加多样，尤其值得肯定的是，学校还注重培训教师、培训内容的学科交叉。无疑，上述措施的推行对教师综合素养的提高及多元文化互动实效性的提升具有积极而重要的作用。

（三）以主题活动为阵地，提升多元文化素养

M 中学的主题活动一般是指每年都会在规定的时间开展的具有某种意义或明确主题的活动，活动开展的目的是促进学生全面发展。M 中学的主题活动主要有校园艺术节、校园开放日等。

1. 校园艺术节

为了推动学校活动规模化、系统化，2013 年 M 中学举办了首届以"民族情·中国梦"为主题的为期一周的校园艺术节活动，并将之延续下来。活动内容丰富，形式多样，具体包括舞蹈表演、竞赛活动、文艺展示、颁奖、闭幕等。学生以班级为单位，凝聚在一起，为了班级的风采而战。在文艺展示类活动中，以民族舞蹈和音乐为特色，如傣族的孔雀舞、嘎秧舞，景颇族的目瑙纵歌等。每届校园艺术节，学生参与的积极性都很高，多种形式的活动将各民族之美都充分展示出来，尤其是在艺术节的尾声目瑙纵歌响起时，会场气氛达到了高潮，全体学生、老师、家长以及各方来宾一起上场，载歌载舞，其乐融融、情意切切。此外，M 中学还充分利用校园艺术节的良好契机，制作邀请函邀请家长共同参加活动观看孩子表演，在观演的过程中家长能够对孩子在校所学成果有一个很直观的了解，学校的一些活动也更能够得到家

长的认同与支持。校园艺术节活动是 M 中学的首创，为每一位学生提供了一个展示自己的平台，也为校园文化注入了新的活力。

2. 校园开放日

为了使学校的多元文化互动更好地得到社会及家长的广泛支持，M 中学于 2015 年向教育局申请并获得批准，开展了第一届校园开放日活动。校园开放日活动吸引了大量周边村寨的领导、学校教师和家长前来参观。活动分为参观和参与两个环节。在听过"三自"课堂教学后，一位学生家长说："现在的教学模式比较灵活，我赞同现在的教学模式。"一位教师也感叹道，通过"三自"课堂的教学模式，学生的积极性比原来高了很多，学习的动力和自信心更足了。M 中学借助校园开放日的契机，举办目瑙纵歌节活动，全员参与，无民族之分。在校所有人都加入长长的舞蹈队伍，将民族之情诠释得淋漓尽致。学生们在参与的过程中，体验着节日的欢乐，感悟着节日的意义，民族自豪感更加强烈。M 中学的这些做法得到了当地领导、教师和家长的一致好评。

（四）以社团活动为形式，拓展多元文化技能

近年来，很多学校纷纷成立各类学生社团，通过提高学生的参与度来促进学生的成长。边疆地区学校的社团除了具有以上共同作用外，还具有自身独特的功能：第一，继承和弘扬少数民族的优秀传统文化；第二，促进各民族的团结、和谐，为边境稳定夯实基础；第三，形成独特的校园文化。M 中学也深刻认识到社团对于学生以及学校发展的重要性，经过多年的积累，现已开设了 7 个社团。

1. 组建社团

M 中学在成立之初，老校长 L 就认识到民族语言的重要性，坚持将民族语言的学习作为学校教学工作的重要组成部分，但有限的师资与教材都影响了民族语言课程的开设。后来的历任校长也坚持将民族语言的学习作为学校重要的教学工作，但受客观条件的制约，学校决定将对少数民族语言的学习以社团组织的形式展开，从而开启了 M 中学社团建设的大门。随后，在生源增多及办学条件改善的情况下，M 中学根据学生的兴趣爱好以及学校的特征又增加了几个社团。但在社团组建之初，学校领导及教师对其并没有一个很

清晰的认识，只是用社团来称呼除国民课程之外的活动。当时，M 中学的社团表现出如下特征：活动内容的简单化、形式的单一化、开展的随意性以及管理的粗陋化等。但 M 中学的校领导一直坚持在摸索中前行，逐步丰富社团形式，增加社团数量。

2. 扩展社团

在历任校领导及全体师生的共同努力下，当前 M 中学的社团数量已发展到 7 个，包括墨瀚少数民族语言文字研习社、天籁民族器乐社、阳光少年合唱团等，内容涉及民族文化、中华民族经典文化等。天籁民族器乐社是目前 M 中学发展的较有影响力的一个社团，是在 M 老师的指导下由一名缅甸学生创建的，目前有三名骨干，分别是贝斯手、鼓手和吉他手。该生表现优异，在毕业典礼上将自创的一支乐曲献给了全校师生，也作为给自己的毕业礼物。少数民族舞蹈传承社是 M 中学最具特色的社团，参加人数也是最多的。学生在各大舞台上用优美的舞姿诠释着民族之美，这与 Z 校长的办学目标不谋而合。在此基础之上，M 中学于 2016 年和 2017 年分别以德昂族的水鼓舞和傣族的华尔兹为基础创编了两支舞曲，并送到省里参加比赛，获得了优异的成绩。

3. 完善社团管理制度

随着社团规模的扩大以及多年社团管理经验的积累，Z 校长在原有基础上进一步完善社团管理制度。首先，成立学校社团工作领导小组，以确保学生社团工作的顺利推进。其次，规定校团委作为学生社团工作的总负责人，对社团工作进行组织、管理与评价。再次，每个社团有 1—2 名负责教师，教师可根据自身特长及兴趣爱好自由选择社团，负责制定活动方案以及对活动的过程进行记录，并送团委存档。又次，每个社团设有 1 名社长，1—2 名副社长，由社员经民主推选产生，负责召集社员，举行活动。最后，M 中学还对新的社团成立流程进行了规定，具体包括社团申报、成员招收、社团启动、社团建设、成果展示五个步骤。如今，M 中学的社团在完善的规章制度管理以及全校师生的共同努力下，发展得越来越强大。

（五）以"三自"课堂为载体，提高师生综合能力

1. 远赴育才实验中学学习

2014 年，M 中学全校教师在 Z 校长的带领下，到湖北省黄梅县育才中学学

习"三自"课堂教学模式。"三自"是指自学、自展、自评，是一种"导学案、学习方式和评价"紧密结合的三位一体教学模式。全校 41 名教师在育才实验中学进行了为期 3 天的交流、学习，对"三自"教学有了非常直观的认识，每位教师都感受深刻，并将所感记录下来，回校后，供其他教师借鉴、学习。

2. 开展"三自"课的展示与交流活动

结束在育才中学的学习后，Z 校长立即在全校大面积推广"三自"教学模式，教师都饱含热情，认真学习、交流与探讨。例如，2014 年 9 月，M 中学开展了一次大型的"三自"课学习、交流活动，出席活动的有市教科中心主任、教科员和周边学校的校长、教师等人。整场活动中，M 中学的教师共展示了 8 节课，均衡到各个科目之中，受到了一致好评。在研讨环节，每位展示课的教师都针对授课内容对"三自"教学模式及课改发表了看法。此后，M 中学一直坚持每学期开展为期一周的教师"三自"课堂教学评比赛，教师课后撰写教学反思，以提高教师的教学能力。

3. 创造高效课堂

通过"三自"课堂教学活动的实施，学校的教学工作呈现出新的景象，主要体现在：教师教学方法与学生学习方式都取得了质的飞跃，教师成为学生学习的指导者，学生积极探究问题的本质成为课程教学中的常态，从而创造了一个更高效的课堂环境。在田野调查期间，我们也深入 M 中学的"三自"课堂当中，看到了一个精神面貌不一样的课堂，学生在课堂上成为"小小老师"，把自己的想法说给别人听，同时指出其他同学的不足，由此，他们收获了自信与能力。M 中学所实施的"三自"教学模式，无论是对学生综合能力的提高、教师教学能力的提高，还是对学校整体教学质量的提高，都产生了极大的促进作用。

（六）通过与佛学院合作，探索传承傣族经典文化的新途径

美国传播学派代表威斯勒曾说过："居住在边缘地区的人，甚至可能产生混合的文化，因为他们所接受的文化特质，可能来自若干不同的文化中心。"[1] 位于祖国西南边陲的瑞丽市就属于威斯勒口中的远离中心区的一个地

---

① 转引自童恩正：《人类与文化》，重庆出版社 2004 年版，第 19 页。

区，此外，瑞丽市因与缅甸仅"一水之隔"，且与缅甸掸族有共同的起源、民族心理以及相似的生活方式及生存环境，彼此浓厚的胞波情使瑞丽傣族更易于接受从缅甸传入的小乘佛教文化。[1] 小乘佛教传入瑞丽傣族社会后，使当地傣族的日常生活与教育都折射出宗教的影子。傣族形成了"男人一生非得过一段脱离家庭的宗教生活，成为受过教化的人，才有资格结婚娶妻，成为受人尊敬的人"的观念传统。此外，宗教人员还有着宗教事务管理者和教育者的双重身份。

然而，在经济浪潮的冲击下，近年来瑞丽傣族的佛寺教育传统受到影响，面临种种危机。年轻人对佛教的信奉减少，接受佛寺教育的人也在减少，导致其对傣族文化内涵知之甚少；接受佛寺教育的"和尚生"受外界影响，再加上佛寺学校遵循"随缘"的办学宗旨，不强迫学生学习，导致学生辍学率升高；因为佛寺教育的衰弱，普遍存在从国外聘请主持的现象，存在宗教教育过度依赖国外，易受境外影响和控制的隐患；佛寺教育在办学过程中，还存在资金、硬件设备、师资力量及教材的选择和使用等方面的问题。针对上述问题，2004 年，瑞丽市佛学院正式成立，并于 2008 年从大等喊搬迁到总佛寺。为了使佛教教育更贴近生活，使培养的佛教人才更好地与社会接轨，佛学院的大佛爷提出了与学校联合办学的想法。M 中学的 Z 校长受到在西双版纳培训时所看相关成功案例的启示，欣然接受了大佛爷的建议。2015 年，经瑞丽市教育局、民族宗教事务委员会等主管部门批准，M 中学与佛学院正式开始合作办学，开启了瑞丽市国民教育与佛教教育相结合的实践探索。

1. 明确与佛学院合作办学的思路

在与佛学院合作办学的过程中，Z 校长秉持一套自己的办学思想。Z 校长说道：

　　M 中学与佛学院合作办学的共同宗旨与目标是尽快培养我州及我省信仰南传佛教的爱国爱教的年轻"僧才"，引导宗教与社会主义社会相适应，为边疆少数民族地区的长治久安，为继承和发扬本民族传统文化，

---

[1]　沈乾芳：《小乘佛教教育与瑞丽傣族的民族认同》，《贵州民族研究》2012 年第 1 期。

为建设边疆作出应有的贡献。为了共同的办学目标，我校与佛学院开展了合作办学的模式。（F-Z-16/12/31）

但是在联合办学的过程中，学校一定要遵守基本的原则，其中首要的就是 M 中学对佛学院提供教学上的帮助，而佛学院对 M 中学的教育绝不干预。基于此，M 中学与佛学院开始了合作办学。

2. "双轨"课程设置

佛学院在办学过程中需要解决的重大问题之一就是课程设置。经讨论协商，最终形成的课程由两部分组成：一是佛学经典课程。主要学习《佛陀语录》《释迦牟尼佛传》《南传戒律》以及巴利文等佛教经典内容，教材均由西双版纳总佛寺编制。其中，巴利文是佛陀讲经说法的语言之一，是学习佛教经典读物的重要语言工具。二是国民教育课程。主要包括语文、数学、英语、生物、品德、历史、体育、计算机、化学、物理、地理等科目，完全按照国家课程标准，与普通中小学学生在校学习的内容一致。

3. 创新办学模式

M 中学与佛学院合作办学创新了当地的办学模式。截止到 2017 年 5 月，佛学院的在校生为 99 人，其中小学班 55 人，初中班 44 人；教师 27 人，其中 10 人是当地中小学教师。佛学院的和尚生上午学习经文、傣文，下午学习国民教育课程，所学经文皆由佛学院师傅或者其他佛寺法师进行教学，同时，还要按照佛学院要求参加佛事活动。国民教育课程由 M 中学派出专任教师到佛学院进行授课，课程内容与 M 中学完全一致。和尚生综合素质评价合格、学业水平考试合格的，颁发初中毕业证。与此同时，在校和尚生享有与 M 中学学生同等的待遇，也可以参加 M 中学的一些大型活动。

值得关注的是，佛学院学生出路多元、选择宽广，他们在各门课程考试合格后可同时得到 M 中学及佛学院颁发的毕业证书，在高中及中专毕业时还可选择参加成人高考，到云南佛学院的汉语言大专班学习，或是到上海、广东等国内佛学院和泰国、老挝等信仰南传佛教的国家继续深造。为了使佛学院学生的学习生活更加丰富多彩，M 中学的大型活动他们都可以参加。例如，2016 年 12 月 31 日 M 中学举行 30 周年校庆活动，二佛爷带领着和尚生参加了校庆活动，并表演了精彩的傣拳和傣语版的《小苹果》，受到了一致好评。

此外，佛学院与 M 中学的合作办学也得到了社会的广泛认可。从 2015 年开始合作办学到 2017 年，历经三年的时间，报名的和尚生人数呈逐年增长的趋势。

第三节　M 中学多元文化互动的特色、成效及存在的问题

瑞丽市 M 中学在多年发展多元文化互动的历程中，确立了多元文化互动的目标，形成了丰富的多元文化互动内容，探索出多元文化互动的有效路径，形成了学校的鲜明特色，取得了显著的成效。M 中学的多元文化互动能够快速发展并得到社会的广泛认同，其成功的经验是什么？取得了哪些成效？当前又面临怎样的问题和挑战？本节将从三个方面加以探讨。

一、M 中学多元文化互动的特色

（一）以人为本，打造学校多元文化互动品牌

学校品牌是在长期的历史发展中积淀下来的一种校园文化，是学校的办学理念、教育品质、历史文化等的集中体现。M 中学在多元文化互动过程中遵循"以人为本"的理念，紧紧围绕"文化"下功夫，致力于打造学校多元文化互动品牌。

一方面，M 中学极其关注学生的心理问题。M 中学是一所全寄宿制中学，学生父母大多是少数民族、生活在农村，学生中存在严重的"早婚"现象。此外，离异家庭、单亲家庭和留守儿童的数量较多，这些都在一定程度上对学生心理造成了负面影响。针对这一状况，学校成立了心理辅导小组，将学生的心理辅导落实到每一名教师的头上。教师深入学生家中了解家庭的现实情况，每周一对一地对学生进行心理辅导，并与学生约定，不将家庭情况告诉第三人。同时，学校针对学生心理问题成立了专门的咨询机构——青爱小屋，由专职的心理教师为学生解决成长中遇到的烦恼和痛苦。

另一方面，M 中学注重特长生的培养。M 中学的学生多数来自农村，家

庭辅导及课外辅导几乎为零，所以在文化课成绩评比上往往处于劣势。但是学校少数民族学生众多，从而丰富了学校的文化内涵，造就了学校的优势和特色。学校抓住这一特色大力培养特长生，开设了体育、舞蹈、音乐、美术、播音主持等项目，旨在使所有学生都能够发挥优势。目前 M 中学已有多名学生考上云南文化艺术学院和德宏职业学院，有些已从艺术学院毕业回到 M 中学任教。关于特长生培养，Z 校长说道：

> 我校的办学目标是从 M 中学毕业的所有学生都有自己的优点和特长，特长生培养就是实现办学目标的重要途径之一。事实证明，我们的做法是正确的。学校有一位学生，从小家境较优越，文化课成绩一直处于中下水平，无心求学，每天在校园里面晃荡，后来他参加了学校开设的一系列活动，在活动中寻找到了自己的兴趣点，培养了自信，慢慢地成绩也提高了。（F-Z-17/05/25）

在随后的调查和访谈中，我们得知了多个得益于学校"以人为本"的发展理念，从而改变自己的学习态度、生活方式甚至人生轨迹的典型案例。例如，一位傣族女生，学习成绩一直不好，每天追赶潮流，不遵守学校纪律。后来参加了学校为培养特长生开设的活动，她在认知及情感、态度上都发生了很大的变化。在老师的启发下，她意识到自己有艺术方面的特长，只要文化课达到基本要求就可以继续升学，走出家门，去领略外面更加丰富多彩的世界。2017 年 7 月，该同学以优异的成绩被云南艺术学院录取。

在整个发展过程中，正是由于学校秉持"以学生为本"的办学理念，为学生营造了良好的学习环境，使他们获得了平等竞争的机会，同时学校也树立了多元文化互动的品牌。

（二）多元一体，全方位促进多元文化互动

中华传统文化和各少数民族在长期历史发展中形成的特色文化共同构成了绚丽多彩的中华文化，对人的发展成长发挥着同样重要的作用。M 中学所开展的多元文化互动并没有一味地重视多元而忽视一体，它在坚持开展国民教育的基础上，遵循中华传统文化与少数民族优秀文化共同发展的原则，多方面促进学校多元文化互动。

1. 多元文化互动内容异彩纷呈

多元文化互动既包括中华民族传统文化，又包括傣族、景颇族等当地少数民族文化，还包括德昂族、傈僳族和阿昌族等少少民族的文化内容。多元文化的互动可以增加各民族间的了解，消除民族偏见与歧视，增强少数民族的自信心与交往的能力。例如，学校的爱国主义教育、经典诵读，以及每周一雷打不动的升国旗仪式都深化了学生的爱国情感；傣族经典的嘎秧舞、景颇族最具特色的目瑙纵歌，在泼水节当天必定是校园里最亮丽的一道风景线；德昂族的水鼓舞经过改编在参赛舞台上秀出了德昂族的独有魅力。还有在全校范围内实施的"三自"课堂模式，都从不同方面提高了学生的综合素质。

2. 多元文化互动路径灵活多样

艺术节、社团活动、重大节庆都是学校进行多元文化互动的重要载体，学校更是将各民族文化整合到一起，如学校编排的民族韵律操，将傣族的嘎秧舞（周一和周三跳）、景颇族的目瑙纵歌（周二和周四跳）以及每周一常规的升国旗仪式很好地组合在了一起，让学生感受到不同民族的文化之美。在艺术节时将各民族的音乐、舞蹈、美食等文化呈现出来；在泼水节时，M 中学会举行简单的节日仪式，吃泼水粑粑，所有学生一起跳目瑙纵歌，组织学生去村寨参加泼水活动，带领学生欣赏各民族之美，了解各民族的文化。

3. 坚持办学宗旨，初心不改

M 中学是为培养少数民族骨干、促进边疆地区发展而成立的一所具有民族性质的学校。成立之初，老校长将"培养少数民族人才"作为学校的办学宗旨。30 多年过去了，M 中学仍然坚持走民族特色的发展道路，学校要为民族教育发展服务、要为民族文化传承服务、要为固守边疆服务。因此，在 M 中学的整个发展过程中，除了弘扬社会主义核心价值观，对学生进行爱国主义教育之外，还时刻不忘学校的民族特性，不断丰富民族文化资源，从多方面为学生创造学习多元文化的条件和契机。在多元一体的指引下，全方位促进学校的多元文化互动。

（三）抓住机遇，有效利用资源创生多元文化互动

一所学校之所以能取得成功、获得发展，除了有国家政策、政府资金支持之外，还需要学校领导人有洞察先机的智慧，积极争取能够促进学校发展

的机会。M 中学各位领导在学校发展过程中，善于抓住机遇，以促进学校的多元文化互动。

1. 非物质文化进校园

2015 年瑞丽市文体广电旅游局、教育局决定在瑞丽市开展非物质文化遗产进校园试点活动，将瑞丽市傣族、景颇族、德昂族等少数民族具有特色的非物质文化遗产保护项目融入学校大课间活动和体育教学中，以激发全市师生学习优秀地方传统文化的热情，丰富和活跃校园文化生活。[①] 此次被纳入遗产保护项目的主要有德昂族水鼓舞、傣族果雕和傣族马鹿舞等非遗文化。德昂族在瑞丽市属于少少民族，民族文化在一定程度上被忽视了。为了将德昂族水鼓舞更好地传承下去和进一步丰富 M 中学的多元文化互动种类，M 中学积极争取，最终获得德昂族水鼓舞的挂牌，丰富了学校的多元文化互动内容。

2. 水鼓舞传承基地

M 中学挂牌为水鼓舞的传承基地后，积极创造各种条件发展水鼓舞，使之得到更好的传承。学校经费不足，就积极向财政局申请专项经费。2016 年，M 中学在云南省教育厅、民族宗教事务委员会颁布的《关于开展云南省第二届学校民族团结教育活动的通知》的要求下，将德昂族水鼓舞重新编排、创新，取名为《鼓之恋》，并刻成光盘送到省里参赛，最后荣获二等奖。基于此，M 中学还积极发展其他民族的舞蹈。例如，2017 年，M 中学将舞蹈的现代性与民族性结合，创编了一支傣族华尔兹，取得了意想不到的效果。现今，M 中学已被打造成为景颇族目瑙纵歌、傣族嘎秧舞、德昂族水鼓舞等少数民族舞蹈的传承基地，为民族文化的延续与发展、人才的培养作出了贡献。今后，学校还将继续挖掘更多其他民族的优秀文化，拓展基地的内涵与空间。

3. 果雕工艺进课堂

果雕是傣族的一门手工艺，傣族对其非常珍视，只有在祭祀、节庆时才将成型的果雕作为贡品献给佛，以期得到佛的庇佑。M 中学的 Z 校长认为，

---

① 李雪莲：《六所学校成非遗传承学校》，《德宏团结报》2015 年。

果雕是傣族优秀的手工艺，M 中学的学生应该去学习它，了解它的文化内涵。因此，Z 校长想尽办法为学生创造学习的机会。学校没有会雕刻的教师，他就聘请果雕文化传承人进校教学。后来得知芒市有一位年轻的傣族文化传承人 F 老师可以进校教学，M 中学便将之请进校园，为学生上傣族果雕文化课与实践课，以传承傣族的优秀文化。F 老师说道：

> 我自己是傣文化的爱好者，也有将傣文化传承下去的信念，所以我当时学的时候很快就上手了。在我教的学生中，也存在这种情况，用心去学的学生学起来其实很简单。我会经常把我们傣族文化介绍给学生，让他们了解更多，增强他们的民族自豪感和国家认同感。（F-F-17/05/25）

正因为 Z 校长坚持开展多元文化活动，为学生创造了多元文化互动的有利条件，M 中学的多元文化互动才能获得良性发展。其目标越发明确，内容更加丰富，成效日益显著，师生的多元文化素养也有了很明显的提高。

二、M 中学多元文化互动的成效

M 中学通过开展多元文化活动，使全校师生的多元文化素养和能力都得到了提升。教师树立了新的教育观，学会以一种理解、包容的心态去平等地对待每一位学生，与此同时，其实施多元文化互动的能力也获得了很大的提高；学生学到了更多的多元文化知识，提高了学习成绩，深化了国家与民族认同，增强了跨文化交往的能力；学校整体的多元文化氛围更加浓厚，多元文化互动的内容更加丰富，多元文化互动实施的路径更加多样，呈现出一派更加民主、团结、和谐的景象。

（一）教师：转变观念，学会理解，提升素养

多元文化互动对教师提出了更高的要求：教师应具备多元文化互动观，即平等、宽容、理解地去对待每一位学生，不以成绩作为评定"好生"与"差生"的唯一标准。

1. 在参与中转变观念

M 中学作为瑞丽市区成绩排名靠前的学校，一直存在升学考试的极大压力。长期以来，教师忙于教学抓学生成绩，无力顾及开展多元文化活动，对于学校开展的活动大多处于"应付"的状态，甚至有教师认为多元文化活动

会占用学生学习的时间，因而拒绝参加。尽管 M 中学有着悠久的多元文化互动历史，但在 2012 年 Z 校长上任之前学校的多元文化互动基本处于零散的状态，也没有取得显著的成效。后来，在 Z 校长的强力推动下，学校教师对活动的态度才有了改观，并开始积极学习、探索推进民族文化传承、促进学校教育发展的有效路径。M 老师说：

> 以前我们学校几乎所有老师都不赞同花很多时间去开展多元文化活动，主要是教学的压力以及对多元文化互动的不了解。后来，事实证明学生参加活动后并没有影响成绩，反而提高了他们学习的自信心和积极性。可以说，Z 校长是我们学校发展的领头羊，带领我们走在了改革的前列。现在学校老师的观念也改变了好多，阻力慢慢减小了，记得一次在推选"校三好生"的讨论会上，从两名同学中推选一名，最后大家一致同意推选文化课成绩第二但参加活动多、综合能力强的 Q 同学。（F-M-17/05/26）

正是因为有 Z 校长几年如一日的坚持，M 中学的全体教师才能在参与多元文化活动过程中深刻感受到多元文化互动的价值和意义。随着时间的推移，很多教师由开始的反对慢慢转变为支持学校开展多元文化活动，因为他们从学生身上明显看到了多元文化互动带来的成效和影响。

2. 在互动中学会理解

M 中学少数民族教师的数量仅占教师总数的 20% 左右，且少数民族教师中以傣族与景颇族居多，仅一名德昂族，加上瑞丽市的主体民族是傣族与景颇族，所以一些教师的潜意识里存在民族偏见。教师通过学生在学校开展的活动中的表现以及与学生的互动，认识到每个民族的学生个体都有自己的优点与长处。在访谈中很多教师都深有感触：学校开展多元文化活动后，我感觉自己更了解学生了，从心里认为每一位学生都各具特色，学习成绩不好的同学也能够在舞台上寻找到自信，我为他们感到骄傲和自豪，学校的多元文化互动为每一位学生打开了走向未来的大门。

通过对教师问卷中"在民族文化活动的组织与构建中您取得了哪些进步"一题的统计分析，我们发现 M 中学有 81.3% 的教师认为参加学校组织的多元文化活动后自己能"更加平等地去对待不同民族的学生"，说明绝大多数教师最大的改变是对待学生的态度。但仅有一半左右的教师表示会"更加积极组织学生开展民族文化活动"（如图 9-5 所示）。

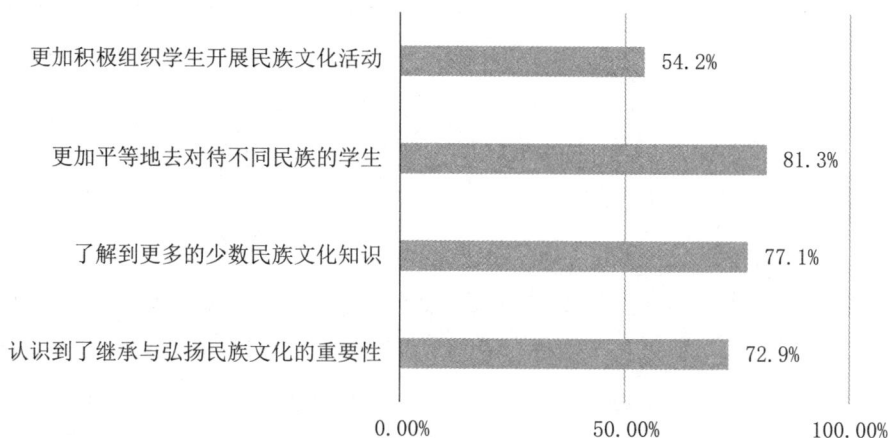

图9-5　M 中学教师参与多元文化活动后的进步

3. 在实践中提升素养

多元文化素养包括认知、情感态度和能力三个方面，认知是基础，情感态度是关键，能力是保障。多元文化互动在对教师提出要求的同时也为教师的发展创造了机会，使他们能够在活动组织和开展过程中提升多元文化素养。例如，M 中学定期召开的民族团结教育学习会和"民族团结学习月"使教师在学习中对少数民族的知识有了更深的了解。在此基础上，他们也更容易去理解、包容民族文化的特性，学会尊重不同民族学生的习惯，从而获得多元文化情感的提升。Y 老师介绍说：

> 傣族的学生很爱干净，每天都要洗澡，这已经成为他们民族的特性。因此，上晚自习时如果有学生因为洗澡耽误了点时间我们也会宽容以待，并且我们学校针对这种情况特意为学生建了洗澡间，也希望傣族学生的这种习惯能够带动周边其他同学一起爱干净、讲卫生。（F-Y-17/05/26）

与此同时，教师们的能力也得到了提升。例如，2014 年 M 中学组织 40 多位教师去湖北省黄梅县育才实验中学学习"三自"教学模式，教学能力得以提升；通过请专家做科研讲座，科研能力得到提高，2017 年 M 中学有两名教师被评为"瑞丽市教科研先进个人"；教师培训的机会使得教师的业务能力获得了提升。J 老师说道：

> 我每年都会出去参加培训，其实我们老师也是边教边学，多元文化活动不仅使学生受益，我们老师也是最大的受益者，为我们带来了很大的职业成就感。（F–J–17/05/23）

（二）学生：乐在参与，增强认同，提高能力

M 中学的学生在学校开展的多元文化活动中增长了知识，升华了情感，综合能力也获得了发展。

1. 在参与中收获快乐

M 中学自实施多元文化互动以来，受到了广大学生的欢迎。对于成绩好的学生来说是锦上添花，在完成文化课学习之余，发展自己的文艺才能，使自己更加优秀；对于成绩较差的学生无疑是雪中送炭。一些学生由于文化课勉强及格甚至不及格，丧失了学习的兴趣，但在参与学校开展的多元文化活动后，他们发现了自己的优点，重拾自信，又找到学习的动力，这样的例子在 M 中学并不少。据 M 老师介绍：

> G 同学原本是学校里的"困难生"，老师对他没辙，同学对他避而远之，后来在 M 老师的鼓励下参加了学校的国旗队，受到队员及国旗下庄严氛围的影响，学会了自我约束，成绩也慢慢提高，成为一名"好学生"。后来，他又努力寻找自己的兴趣点，参加了学校的体育类社团。（F–M–17/05/26）

Z 同学是 M 中学的一名舞蹈爱好者，景颇族男生，自小热爱舞蹈，父母均是教师，对他的兴趣爱好很支持。在进一步交流中我们还了解到，他本被安排到另一所学校读初中，但因为喜欢 M 中学开展的多元文化活动，与父母商量调来 M 中学就读。我们走进 M 中学时正值老师在给学生指导要参赛的傣族华尔兹舞蹈，吸引我们的正是这 30 多名学生中仅有的一名男生——Z 同学。Z 同学的舞蹈动作比一些女生还要到位、柔软。他告诉我们，他特别喜欢舞蹈，每次跳舞的时候他都觉得特别开心，特别自信。

2. 在了解中增强认同

在调研期间，我们问过许多学生一个同样的问题：你是什么民族？他们会大声并且响亮地回答："我是傣族"，"我是景颇族"，"我是汉族"……一位

少数民族语言文字研习社的傣族学生说，我觉得作为傣族的一员，如果不会自己的民族语言就不算合格的傣族人。几乎所有的学生都表示，在家里与父母交流都是用本民族语言，他们觉得本民族的文化应该传承下去。一位缅籍的傣族女学生说，自己会说傣语并且会写，从小父母就有意识地教她。通过参加学校举办的民族节庆，如目瑙纵歌节、泼水节等，不同民族的学生加深了对其他民族学生的了解，从而更加理解、包容其他民族的文化。尤为重要的是，虽然瑞丽市远在西南边疆，但是学校非常重视多元一体中华文化认同、国家认同的教育，通过国旗队、升国旗仪式、"中华民族一家亲"等活动深化了学生的中华民族认同感、国家认同感。

3. 在践行中提高能力

学生参与多元文化活动的过程就是其综合能力提高的过程。走进 M 中学，我们看到每位学生的脸上都洋溢着幸福的笑容，每周的多元文化互动时间是他们最开心也是最放松的时光。Q 同学是一名汉族女生，家庭情况复杂，自小比同龄孩子承受的就要多，内心很自卑。于是，她希望通过学习成绩来填补内心的自卑，然而即使她学习成绩一直在全校排名前三，但她依然感到自卑。自从加入 M 老师创建的国旗班后，看到自己穿上军装后的身姿，感受着走方阵、升国旗时的那份庄重感，她的心理慢慢发生了一些变化，开始尝试着去打开内心，寻找一些兴趣爱好。文艺方面不太擅长她就参加一些经典诵读比赛，重要的是她与人交往的能力得到了提高。现在她不仅是一位会考试的"好学生"，还是综合素质能力很强的优秀学生。F 同学自小受到父亲的影响，是一名书法爱好者，在 M 中学书法社团中成绩突出，不仅在德宏州参加过书法比赛，还参加过省级乃至全国的比赛，曾获得省级初中生书法比赛一等奖。

（三）学校：形成氛围，实现公平，得到认可

1. 在积淀中形成氛围

M 中学开展多元文化活动的历史久远，加之具有"民族"的优势，在发展的过程中积淀了较深厚的文化底蕴，造就了今天学校浓郁的多元文化氛围与环境。通过对教师问卷中"通过开展民族文化活动，学校出现了哪些变化"一题的分析，我们发现 70.8% 的教师认为通过开展多元文化活动可以"构建

具有民族文化特色的校园环境"；有 64.6% 的教师认为"形成了具有民族文化气息的氛围"和"形成了平等、友爱的校园风气"（如图 9-6 所示）。这说明，在教师眼中，学校开展多元文化活动后，变化最明显的是具有了文化多元的校园环境和平等友爱的氛围。

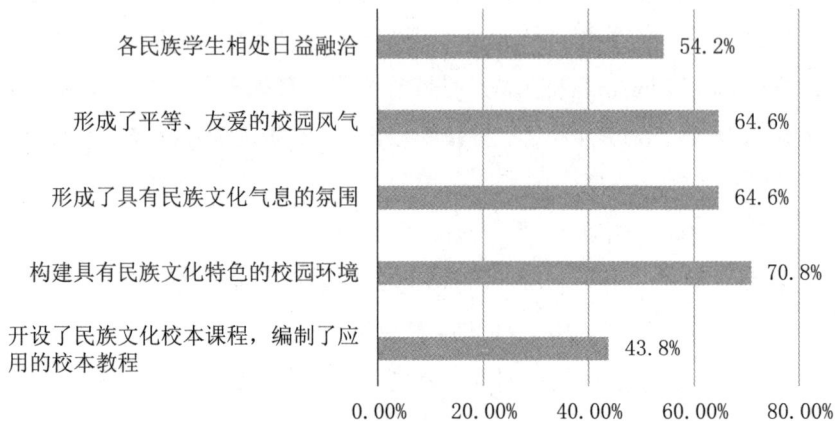

图表中各项数据如下：

项目	百分比
各民族学生相处日益融洽	54.2%
形成了平等、友爱的校园风气	64.6%
形成了具有民族文化气息的氛围	64.6%
构建具有民族文化特色的校园环境	70.8%
开设了民族文化校本课程，编制了应用的校本教程	43.8%

图 9-6　学校通过开展多元文化活动发生的变化

　　M 中学的多元文化环境与氛围主要体现在两个方面：一是学校营造了具有多元文化气息的校园环境。学校宣传栏、文化长廊、教室板报及展板上的内容都充分展示了民族团结一家亲的主题，每逢学校大型活动及重大节庆时，全校师生会穿上本民族的服饰，将这种多元文化诠释得更加清晰。二是校园中充满人文关怀。在 M 中学的教师眼中，所有学生一律平等，每一位学生都是校园中的重要一员，同学间要相亲相爱，互相帮助。此外，M 中学的学生在文明礼仪方面也做得很好，当我们走进校园，在任何地点、任何时间，遇到任何年级的学生，都会被他们亲切地称为"老师"，在之后相处的日子里，只要见到我们就会说"老师好！"，让我们有了份亲切感与归属感。

　　2. 在努力中实现教育公平

　　M 中学开展的多元文化活动，其内容包括中华传统文化、少数民族的文化以及缅籍学生的文化。这本身就体现了文化的公平、平等和包容。而通过多元文化互动的实施，进一步促进了教育在多方面的公平。一是让不同类型的学生享有共同的资源与生活补助。例如，缅籍学生享有与我国学生同等的教育资源和营养餐补助，佛学院学生同样享有 M 中学的学生补助金以及营养餐费补贴。二是让不同家庭背景的学生都享有同样的学习环境和发展空间。例如，为了弥补离异家庭、单亲家庭及留守儿童家庭中学生爱的缺失，M 中学成立领导班子辅导小组，定期进行家访，随时了解学生的心理动态，给予他们关心与帮助，使他们能够在快乐的环境中学习、成长。三是让城乡的学生都享有优质的教育、同等的发展机会。例如，为了缩小城乡教育差距，M 中学开展送课下乡活动，将学校好的教育理念、教学方法分享给其他学校的教师，使更多的学生能够享有优质的教育资源。M 中学在办学过程中，一直在努力实现发展，尽可能地促进教育公平。

3. 在行动中获得认可

M 中学所开展的多元文化活动目前已发展成为学校的品牌与特色，同时也获得了社会及家长的认可。这些不仅源于 M 中学持之以恒的努力，也得益于社会的认同。一是主动邀请相关人员到校参加活动，让外界身临其境地感受学校多元文化互动的魅力。例如，为了使学校的多元文化互动被更多的人所了解，M 中学在 2015 年开设了第一届校园开放日，在活动当天将学校的课堂教学与活动展示给上级教育部门领导及学生家长观看。二是学校与社区共庆民族节庆，展示学生多元文化互动成果。例如，在泼水节之际，学校与当地村民小组共同举办联欢晚会，学校教师、学生与周边村民同台表演，让家长、村民看到学生身上绽放的光彩与魅力，看到学生综合素质和能力的提高，看到学校多元文化互动及其整体发展的成效，从而也获得了外界对学校开展活动的认可与支持。

三、M 中学多元文化互动困境及其成因分析

生态系统理论是布朗芬布伦纳提出的关于个体发展的理论模型，该理论强调个体嵌套于相互影响的一系列环境系统之中，这些系统与个体间相互作用并影响个体发展。多元文化互动生态即是用生态学的原理和方法考察多元文化互动，将多元文化互动本身及其动态的过程看作一个生态系统。本书借助布朗芬布伦纳的理论构建 M 中学的多元文化互动生态圈，具体包括微系统、中系统、外系统和宏系统四个系统。学生发展作为系统的核心，微

系统直接对其产生影响，主要包括教师、家长、教学活动及学校硬件设施等要素；中系统是对微系统产生重要影响的相关组织、机构及其相互关系，主要包括家校合作、校社关系、社区组织和公共资源等方面；外系统通过间接的方式对学生发展产生影响，包括民族人口、社区文化氛围与活动开展、地方政府支持等方面；宏系统则包括国家政策、教育体制、文化氛围及社会风气等方面。本书尝试将 M 中学的多元文化互动在发展中存在的问题及原因放入微系统、中系统、外系统及宏系统中进行分析，以期获得更直观的结果。

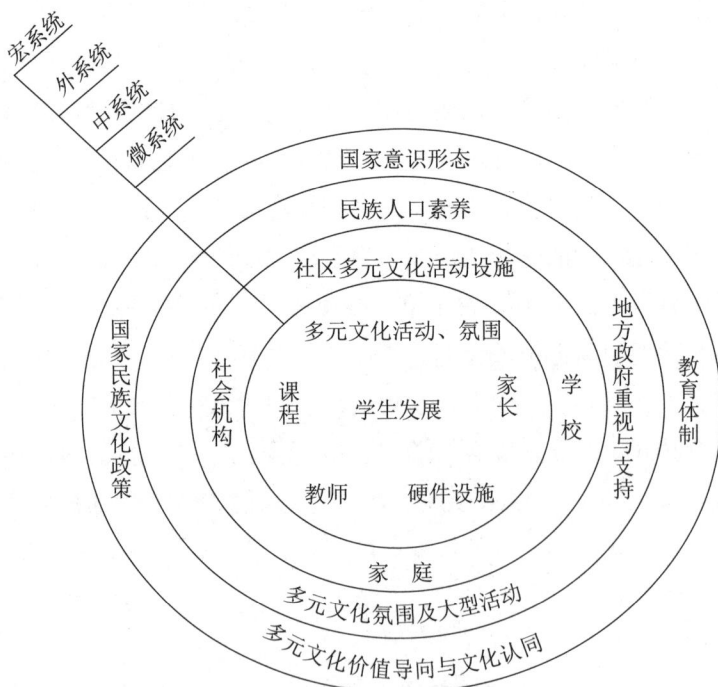

图 9-7　学生多元文化互动生态系统的理论模型

（一）微系统：多元文化互动主体的需求与供给失衡

教育生态理论认为对人类发展产生最直接影响的是微系统，对于 M 中学的学生来说，他们所接触到的微系统主要是教师、同伴群体、家长、学校教学、活动氛围及硬件设施等。当前仍存在多元文化互动主体"供""需"失衡的矛盾，限制了学生多元文化素养的提高。

1.教师对多元文化互动的认同有待提高

M 中学在开展多元文化活动过程中，仍然有一部分教师持观望的态度，认为多元文化互动是浪费学生的学习时间，而且会降低学习效率。在调研期间的一个下午，我们在学校操场上随机访谈了一位教师。谈到对学校开展多元文化活动的态度，他的回答令我们很惊讶。他说：

> 学校开展这些活动根本就是误人子弟，上级领导部门检验学校质量还是以学生成绩为标准，而初中阶段正是抓学生成绩的时候。我不是不赞同学校开展活动，而是不认同活动开展那么长时间，所以我将我的孩子送到了 Y 中学读书（Y 中学是瑞丽市考试成绩排名第一的一所中学）。（F-M-17/05/27）

从这位教师的言谈中我们了解到学校开展多元文化活动所面临的困难和阻力。这位教师只是不支持学校开展多元文化活动的教师中的一员，后来我们从学校多元文化互动骨干教师的访谈中又了解到一些情况：有少部分教师的多元文化意识还存在明显的不足，他们看不到学生参加活动后发生的改变。后来校长也证实了学校的确有一部分这样的教师。

究其原因，主要有四个方面。一是 M 中学面临很大的升学压力。Z 校长说：

> 我们学校成绩排名靠前，不可能像 S 中学那样放开手脚地去干，我们得在兼顾学生文化课成绩的同时开展好多元文化活动，所以老师会有一定的顾虑。（F-Z-17/05/25）

二是 M 中学的教师中，青年教师及汉族教师所占比例大。他们对当地的民族文化知之甚少，同时也缺乏一定的民族情感。正如我们前面的分析比较结果显示：不同民族教师的多元文化素养存在显著的差异，少数民族教师的得分显著高于汉族教师的得分。三是教师学习的主动性不足。有相当一部分教师存在"我只需要教好我的科目就行，其他的我不关心也不擅长"的想法，对学校开展的活动不参与，对学校提供的学习机会也以应付了之。四是学校对教师的引导不足。当前 M 中学的教学工作更多提倡的是如何提高学生成绩、促进学生发展。教师的专业成长方面，虽然开展了一些教师培训，但大多聚焦在学科教学方面，在引导教师主动学习多元文化知识、提升综合素养方面做得还不够。

2.学校硬件设施配备不全

M 中学在开展多元文化活动过程中面临的一个最实际的问题就是硬件设施配备不全。主要体现在三个方面：第一，学校没有与开展多元文化活动相应的校本教材。例如，傣语社团，学校没有统一的教材，教师基本凭借自己的知识储备和教学技能将所知传授给学生，能够独立组织开展活动的教师数量少。第二，学校场地的局限。一是操场等活动场地面积小、设施条件差。M 中学目前有 813 名学生，但是他们的体育活动场所只有一个小的操场，操场中间划分出一个篮球场区域，地面简单地铺上一层水泥，周边则作为其他运动项目场地。为解决运动场地不足问题，学校把教学楼前面的一块场地作为备用活动场地使用，一般课间操就在此地开展。学校每逢举办大型活动，便两个场地一起使用，但仍显拥挤。学校更是没有多余的空间作为室内运动场，所以，遇到雨天时活动便无法开展。二是学校没有社团活动专用教室。目前学校有 7 个社团，但没有一间专门的活动室。社团活动往往借用舞蹈室、美术室、音乐室、电子阅览室，或是采取一室多用的方法来解决。第三，学校教育资源不足。一是活动器材很少，如学校申请的德昂族水鼓舞，还有傣族孔雀舞以及景颇族目瑙纵歌的装备仍没着落，钢琴、古筝、架子鼓和贝斯等西洋乐器的数量屈指可数，很难满足学生的需求，大大降低了学生参与的积极性和活动开展的成效。

造成 M 中学硬件设备不全的原因主要有两个，一是专项经费不足。上级部门提供的专项资金有限，活动所需的器材没有足够的资金采购，申请的专项经费要历时很久才能获得审批甚至根本批不下来。因此，学校在开展活动时，需要的一些器材只能去外面租。二是学校扩招，学生人数增多。短短四年，M 中学的学生数从 2012 年的 458 人增加到 2016 年的 813 人，人数的大量增加导致学校的很多硬件供应不上，包括学校的学生宿舍也出现入住紧张的状况。值得高兴的是，目前这种状况已得到了一定的改善，2017 年下学期，学生已入住新的学生宿舍。

3.同伴群体的负面诱导及自身约束力不足

同伴群体具有平等性、开放性及强大的凝聚力等特征，在青少年中普遍存在，他们时常进行心灵沟通，互相产生着重要的影响。初中阶段，学生正

处于青春叛逆期，思想、行为等方面发展不成熟，学习意志力不坚定。在 M
中学调研的第二天，我们遇到七八个傣族女生一起过来找 J 老师说要退出民
族团结教育展演的比赛，理由是舞蹈动作太难了，学不会。后来在与 J 老师
的访谈中我们了解到，这几个女生是觉得每天排练太辛苦，不想坚持，但起
关键作用的是同伴影响。这几名学生都有固定的伙伴，有人提出不想参加或
不学了，其他人就会陆续地跟风退出。类似事件在 M 中学并不少。例如，参
加社团活动时，一般都是几个玩得好的学生一起报同一个社团，退出也是一
起。针对这种情况，老师们只能采取"这次没有正当理由而无故不参加的同
学，学校以后的活动就都不可以参加"的方法来应对。

导致同伴群体的负面引导和学生自身约束力不足的原因主要有三个：首
先是同伴群体因素。M 中学是一所全寄宿制中学，同伴上课、休息都在一起，
这就在无形中增加了同伴间的影响力。其次是经济因素。随着市场经济的发
展，新一轮"读书无用论"兴起，家长对孩子教育的重视程度在降低。在他
们看来，与其花钱让孩子读书最后在城里待不住又回村谋生，还不如早点出
去打工挣钱。家长的这种观念对孩子的负面影响极大，如果家长都不在意，
孩子更会随心所欲。再次是傣族的教育观念因素。瑞丽市傣族家庭的经济条
件普遍比较优越，但文化程度均不高。富裕的生活条件使得他们对孩子的管
束越发宽松，有求必应，使孩子养成了贪图享乐的习惯。这种思想被带到学
校中，也就形成了读书不认真不用功的现象。我们在访谈中了解到，有些家
长甚至知道孩子逃学在家也不勉强孩子一定要去学校上课。他们完全遵从孩
子自己内心的想法，这与他们信奉的小乘佛教主张"随缘"也有一定的关系。

综上所述，微系统中的教师素养、学校的硬件设施及同伴群体的影响力
都是学校多元文化互动的重要影响因素，对学生的发展产生了非常大的影响，
因此，学校要综合考虑各方面的影响因素，做到有的放矢，从而更好地促进
学生的发展。

（二）中系统：各自为政，缺乏统筹与互动

中系统各要素间的良性互动能够更好地促进学生的发展。M 中学影响学
生多元文化素养发展的中系统存在的主要问题，包括家校间的合作不充分、
教师供给与学生需求矛盾突出，以及对社区资源的开发与利用不足三个方面。

1. 家校尚未形成多元文化互动合力

众所周知，学校是教育的主阵地，如有家长的支持将会事半功倍。但在 M 中学开展的多元文化活动中，家长基本处于"口头上支持，行动上不管"的状态。首先是家长对教师角色的认知存在偏差。很多家长觉得孩子学习是学校的事情，学校开展的多元文化活动更是教师的教学工作，他们不了解也没有义务关心学校的多元文化互动工作。因此，学生在校学习的多元文化知识难以在家庭环境中得到强化。其次是家长的行动不足以支持学校开展活动。学校在举办多元文化活动时都会邀请家长前来参加，但往往只有少部分家长应邀前来，来参加的家长中也很少有人去深入了解学校组织的这些活动，仅流于形式走个过场。M 中学虽然每学期都召开家长会，有时也会请专家到学校给家长做教育讲座，但其效果不佳。

造成 M 中学家校间合作不足的原因主要有三个方面。首先，学生家长文化水平的限制。在我们的调查中，绝大部分家长是初中文化水平，部分家长甚至没读过书，还有少部分家长不会说汉语，与外界交流很困难，对学校的多元文化互动工作感到心无力。其次，M 中学的学生家庭情况复杂。M 中学在校生总数为 813 人，其中留守儿童有 20 人，单亲家庭的 72 人，有 8 名学生既是留守儿童又是单亲家庭，甚至有 5 名学生是孤儿。[①] 可想而知，这些学生的家庭教育是缺失的，家校间很难达成良好合作。最后，学校在与家庭交流时，更多的是学校方面对学生在校多元文化活动中表现的反馈，而学校对于学生在家表现的信息收集得较少。因此，家校间没有形成良性互动，两者的交流信息不对称。

2. "教"与"学"矛盾明显

《新课程标准》中对教师在教学中的角色作出了明确的规定，教师应是教学活动中的引导者、指导者、评价者等，教师应结合学生的实际情况教授知识，培养能力。然而，在现实中师生间的文化程度、生活环境、成长背景等方面都存在差异，使得"教"与"学"矛盾明显。很多教师没有实际地去了解学生所需，仅从自己的想法出发将所学知识教给学生，学生则碍于教师的

---

① 资料源于 2016 年 M 中学学生家庭情况的统计数据。

权威同时因自身缺少批判性精神而不得不去被动接受。M 中学师生间的"矛盾"主要体现在两个方面。一是缘于应试教育的压力，一些教师完全忽视学生的需求与兴趣。我们在调查中了解到，M 中学开展的多元文化活动是极受学生欢迎的，并且也的确能够促进学生发展，但部分教师仅将目光放在学生文化课成绩上，对学生的评价也是以考试成绩在全校的排名为标准。只要成绩稍有下滑，就认为是受活动影响，明令禁止学生再参加活动。二是教学方法违背学生自主学习的意愿。虽然 M 中学已在全校实施了"三自"课堂教学模式，但在实际教学中，仍然有一些老师没有真正理解"三自"课堂的内涵。我们在一次英语观摩课中发现，授课教师在使用"三自"模式时，为了提高所谓的教学效率，省略了学生讨论、发言的环节，直接将知识灌输给学生。这节课最大的问题在于没有引导学生自己去思考，"重形式，轻内涵"，背离了"三自"教学的初衷。

究其原因，主要有三个方面：一是教师的多元文化意识不高。很多教师在课堂教学中局限于把书本知识传授给学生，很少进一步引申出其他的知识来拓宽学生的知识面与思维。二是教师对学生的了解不够深入。虽然 M 中学成立了心理辅导小组且每学期都会安排教师家访，但是教师大多关心的还是学生的文化课成绩，毕竟学校对学生参加的活动缺乏量化的考评。三是 M 中学的学生人数多，但专业教师和资金有限，很难完全满足所有学生的要求。

3. 社区资源的开发与利用不足

社区与家庭是"三位一体"教育模式中的两翼，因而学校在教育过程中除了需要获得家庭的支持外，还应充分利用好社区资源。M 中学在发展多元文化互动过程中，存在对社区资源开发与利用不足的问题。主要表现在两方面：一是对当地少数民族的文化资源挖掘不多。通过对 M 中学多元文化互动内容的分析，我们发现 M 中学的多元文化互动大多是以傣族、景颇族的文化为主，德昂族、傈僳族、阿昌族等少少民族的文化很少涉及。只有德昂族水鼓舞作为非物质文化遗产而受到重视，而其他少少民族的文化几乎没有。长此以往，这些少少民族的文化可能会被侵蚀掉从而面临消失的困境。值得注意的是，现在已经出现这一趋势，如阿昌族和傈僳族的学生根本不会说本民族的语言，反倒是与傣族和景颇族的学生待久了，会说一点他们的语言。显然，这一现象是与多元文化互动的目的相违背的。二是学校对社区资源的利用不高。我们在调研中发现，学校虽聘请了民间艺人进校讲课，但聘请的都不是学校所在村寨或学生家长中的文化传承人或民间艺人，而是社会上知名的传承人。聘请名人固然好，但成本太高，路程较远，时间受限，很难保持讲学活动的持续开展。例如，M 中学之前聘请过芒市的一位果雕老师进校上课，后来由于该老师工作繁忙并且路程较远，且果雕的成本较高，现在果雕课程已取消。

造成以上问题的主要原因有三个方面。一是少少民族的文化受傣族、景颇族文化的影响在慢慢消失，从而导致学校可挖掘的少少民族文化资源越来越少。二是渠道窄，学校仅将眼光放在名人身上，而忽略了挖掘和利用广大家长和社区资源。学校不重视自主开发当地的民族文化资源，再加上学校领导及教师忙于学校日常管理和教学工作，没有更多的时间去挖掘身边隐藏的文化资源。三是受市场经济的影响，很多文化传承人在利益的驱使下，自己开班教学，无心应聘到学校进行义务教学。

综上所述，中系统中对 M 中学多元文化互动的发展产生负面影响的原因主要是学校与家庭、学校与社区之间尚未形成良性互动与合作关系，从而影响了多元文化互动的深入开展，降低了多元文化互动的效果。

（三）外系统及宏系统：政策导向与具体支持双重乏力

布朗芬布伦纳生态系统理论中的外系统是学生并未直接参与但对他们发展产生影响的系统，宏系统则是指存在于以上三个系统中的文化、亚文化和社会环境。[①] M 中学在发展多元文化互动过程中，对学生多元文化素养发展产生负面影响的外系统是不良的社区环境，宏系统则是教育评价机制单一和政府部门支持力度不足。

1. 社区不良文化给学生带来负面影响

不良的社区风气与社会文化会对学生的发展产生一定的负面影响。M 中学学生大多来自当地周边的少数民族聚居的农村地区、边境沿线地区。特殊

---

① ［美］D. R. Shaffer 等：《发展心理学——儿童与青少年》（第六版），邹泓等译，中国轻工业出版社 2005 年版，第 56 页。

的民族文化、地域文化对学生造成的负面影响主要表现在以下几个方面：一是不良的文化传统和习俗形成的不良社会风气。例如，家长对家庭教育重视不够。相对汉族家长而言，部分少数民族家长，对孩子的教育要求不高，甚至没要求，教育"随缘"的观念导致不少学生学习积极性不高，甚至中途辍学、休学等。又如，当地少数民族历来就有饮酒的习惯，无论男女老少皆能喝上几杯。这种风俗被正处于青春期的初中生认为是"耍酷"的表现，认为酒量大就是有本事。二是境外不良文化、不良生活方式带来的社会环境的恶化。M 中学的学生主要来源地是勐秀、勐卯和姐相三乡镇，这些地区直接与缅甸接壤，民间通道众多，而不少学生属于跨境民族。境外某些不良文化、社会影响、犯罪行为极易透过边境侵蚀到社区、村寨、家庭，毒化社会风气，败坏家风家教，影响孩子的成长。这些不良的社区文化无疑直接或间接对学生的发展造成了负面影响，一些学生甚至因此走上违法犯罪的不归路。三是金钱至上、享乐主义社会风气的影响。近年来，随着边境地区改革开放的深入开展，瑞丽市经济发展迅速，人民生活水平明显提高，但同时也带来了重经济建设轻人文发展、重眼前利益忽视长期发展、重物质享受弱化精神追求、重外来文化淡化传统文化等突出问题，其结果必然导致不良社会行为的出现、不良社会风气的蔓延，恶化了青少年成长的社会环境。

究其原因，一是一些传统习俗根深蒂固。例如，早婚现象普遍。尤其是在农村家庭中，男女双方早早完婚，后来发现不合适便分开的现象很多，受伤害最大的无疑是他们的孩子。缺少父母的管束和引导，很多学生极易走上邪路。二是外出务工人员逐年增多，带来的攀比现象严重。近年来，瑞丽市有很多外出务工人员，回到家乡后比周边人穿得更亮丽、时髦。受其影响，人们的教育观念出现了偏差，觉得读书不如打工挣钱实在。三是家长教育观念落后。很多农村家长闭关自守，只看重眼前的小利，早早地任由孩子出去打工赚钱。家长间相互影响，形成了社区文化，让孩子看不到读书的好处。在调研期间，酒店一位女服务员的谈话引起了笔者深深的思考。她说自己初中没毕业就外出打工，干了几年被父母催着回来结婚，然后随便找了份工作。如果再有一次机会，肯定不会放弃读书，现在很后悔，想着再去读个中专或者大专之类的学校。社区教育本应成为学校教育的辅助力量，但不良的社区文化不但没有将优秀传统文化的精髓传递给学生，反而使他们形成了不好的行为习惯，这与多元文化互动的目标是相违背的。

2. 教育评价机制单一导致多元文化互动地位不高

当前，我国中小学校普遍实行的考试制度，仅以学生考试成绩的好坏作为考核的唯一标准。在此评价制度导向下，不少教师逐步形成了错误观念，即认为教好学生的文化课才是一名教师最重要的任务。由此一来，学校教学中经常出现以语、数、外来代替课外活动课的现象，尤其是临近考试时，这种现象更为严重。同时家长也深受这一评价机制的影响，希望教师在学校能够教给学生"考高分"的知识和技巧。M 中学虽然开展多元文化活动取得了很多成效，但是在整个教学过程中还是以提高学生的文化课成绩为主要任务，多元文化互动的地位并不高。因为，无论是在"小升初"还是中、高考中，考核学生的标准还是考试成绩。此外，从考试内容看，大多为国民教育内容。虽然国家鼓励学校开发校本课程，但是校本课程也仅作为平时上课的教材，其中少数民族文化的知识内容并没有列入考试范围。这也是许多中学、教师、家长不重视多元文化互动的又一重要原因。

国家早已认识到应试教育存在的弊端，并从 2001 年颁布《国务院关于基础教育改革与发展的决定》开始，就大张旗鼓地倡导素质教育，但遗憾的是成效仍然不佳。究其主要原因，一是应试教育观念根深蒂固，一时之间难以改变。很多家长"望子成龙、望女成凤"的思想成为应试教育的推手，要想改变当前教育评价机制的现状，需要国家、政府及家长多方努力。二是地方政府将各级学校尤其是高考的升学率作为政绩标准，一些追求短期政绩的领导甚至直言不讳地向教育局要"北清率"，根本不关心大面积提高升学率。三是在评价体制、政府要求、家长（社会）呼声的多重效应下，拼升学率、拼分数俨然已经成为学校评估校长、评定教师的生命线。

3. 政府部门支持乏力使得多元文化互动举步维艰

当前，M 中学开展多元文化活动仍存在诸多的阻力和困难，重要原因之一是政府的支持不足。虽然政府现在也关注及重视多元文化互动，但往往宣传大于行动，形式大于内容，短期应付大于长期坚持。主要表现在：一是学校开展活动的经费很难获得审批。没有专项经费的支持，学校的活动就不能正常开展，如 M 中学之前一直开设的果雕课，很大程度上是因为聘请校外教师需花费的成本较高而停设。二是政府在政策扶持上力度不够。虽说各级政府在国家政策的响应下，大力支持学校开展多元文化活动，但并没有制定具体、可操作的相关政策来支持学校活动的开展，如将学校开展多元文化互动成效作为考核学校的内容之一。而且教育部门对各类学校的考评主要还是看考试成绩，很少对学校开展多元文化活动取得的成效加以考量。

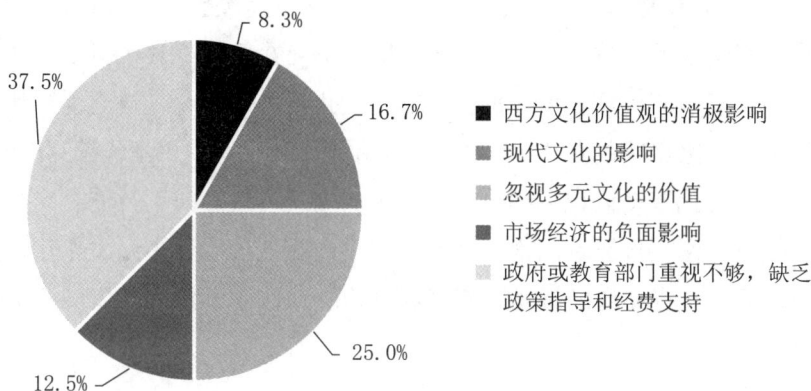

图 9-8　M 中学教师认为阻碍学校开展多元文化活动的主要因素

如图 9-8 所示，教师对阻碍学校开展多元文化活动的最主要因素的认识还是较为清晰的，有 37.5% 的教师认为主要因素是"政府或教育部门重视不够，缺乏政策指导和经费支持"，有 25.0% 的教师认为是"忽视多元文化的价值"，有 16.7% 的教师认为是"现代文化的影响"，有 12.5% 的教师认为是"市场经济的负面影响"，还有 8.3% 的教师认为是"西方文化价值观的消极影响"。从表面上看，教师最多的意见是直接指向政府及教育部门，但实际上后面几个因素也与政府部门对多元文化互动的认识、政策引导、具体支持有关。

外系统及宏系统虽然不对 M 中学多元文化互动的发展产生直接影响，却是多元文化互动获得长足发展的强有力的外部支持和重要保障。不良的文化环境、单一的评价机制以及政府部门支持的乏力等问题是学校单方面无法改变的，但在社会发展进步的过程中，外系统及宏系统中的这些因素会逐步好转起来。因而，我们要用发展的眼光去看待 M 中学多元文化互动未来的发展前景。

第四节　构建多元文化互动的生态系统

多元文化互动的实施和发展对边疆地区学生整体素质的提高、对帮助少数民族学生融入现代社会具有非常积极的作用。近年来，许多边疆地区中学，像 M 中学一样积极开展多元文化活动并不断地总结经验、改进思路和方法，已取得了很明显的成效。但在中学的实践中仍存在重应试教育轻多元文化互动；重形式轻内涵，重知识轻价值；多元文化活动碎片化，缺乏统筹和制度安排；多元文化互动方法单一，缺乏学校和地方特色，效果不佳等共性问题，以及对多元文化互动认识不到位、目标不清晰、政策导向不具体、支撑保障制度不健全等深层次影响因素。因此，解决边疆地区中学多元文化互动面临的问题，应从生态系统的视角，探索促进边疆地区中学深入开展多元文化活动的有效途径。

一、做好多元文化互动的顶层设计

多元文化互动的顶层设计是指综合把握影响其发展的各要素并抓住最根本的问题，从发展的战略高度出发，统筹规划，编制多元文化互动的总体目标、重点领域、关键突破口、主要实施方法途径和评估标准。政府要当好"总设计师"，从国家安全、民族团结、边疆稳定的高度，以全面的、联系的、发展的观点做好顶层设计。同时，各圈间有各自重要的要素，但各圈间也互相联系与作用，要素间往往会跨系统发挥功能。例如，家长属于微系统中的要素，但可以通过家校合作的平台，加入学校所在的中系统中并发挥作用。正因为要素会跨系统发挥作用，所以我们提取了整个生态圈中最为关键的几个要素进行分析，分别是政府、学校、家庭与社会。在政府做好顶层设计的前提下，构建出以学校为主体，由学校向家庭辐射、向社会延伸的多元文化互动的多圈联动机制。

（一）各级政府、教育主管部门做好顶层设计

为了确保决策的科学性，多元文化互动的开展要做好顶层设计，需要各

级政府及教育主管部门共同发力，在做好各自定位的同时，相互协调合作，共促多元文化互动的发展。首先，国家要给多元文化互动作一个明确的定位，包括它的目标、内容、实施的科学范式等。同时，国家应从发展战略需要、边疆安全稳定需要、城乡一体化发展需要等出发，为边疆多元文化互动提供政策支持和制度保障。其次，省区政府应根据国家政策导向、顶层设计要求，综合考虑不同边疆地区在国家发展战略、"一带一路"发展中的定位，边疆稳定、安全、民族团结等实际情况，以及边境经贸合作与交流的特色等多方面因素，规划制订省区域内边疆多元文化互动的发展规划、行动计划和实施方案，为各沿边州、市提供有针对性的指导、具体明确的要求和坚强有力的保障措施。再次，各地方政府要在国家顶层设计和省区实施方案等要求下，做好自身规划、实施计划并组织落实。各地应结合当地实际情况，因地制宜、有重点、有特色、有创新、有实效地采取措施，促进当地的多元文化互动发展。最后，具体实施的各级主管部门应发挥自身主观能动性，积极引导、鼓励学校、社区、家庭充分挖掘和利用民族文化资源，促进多元文化互动的发展，并为其提供指导与保障。总而言之，以国家的大政方针为导向、发展战略为依据、顶层设计为指南，多元文化互动的各责任主体、实施主体、行动主体各司其职、参与行动，才能形成多元文化互动多圈联动的主轴，构建多圈联动机制的基础。

（二）彰显学校在多元文化互动联动机制中的主导作用

学校是实施多元文化互动的主战场，在多元文化互动多圈联动机制中起主导作用。第一，要明确学校在多元文化互动中的主体地位和主导作用。学校自古以来就承担着培养人才的重任，边疆地区学校不仅如此，同时肩负着培养少数民族骨干、传承少数民族文化的责任。因此，学校在开展多元文化活动的过程中，理应明确定位，发挥好学校的主阵地作用。第二，边疆各级各类学校要明确多元文化互动的主要目标、内容和评价机制。多元文化互动在各级各类学校开展之初，学校就应该明确，开展多元文化活动符合学校实际，可以满足学生需求并促进人的发展；内容既包括中华民族传统文化，也包括各少数民族文化；而且应促进评价机制多元化。第三，各级各类学校要创新多元文化互动的内容、方法和途径。在对多元文化互动有了理论上的认识后，学校应在开展过程中不断摸索与前行，并结合学校自身的特色进一步发展多元文化互动。例如，M 中学结合学校是德昂族水鼓舞传承基地的特色，将现代舞与民族舞结合编创了傣族华尔兹舞蹈。第四，采取各种措施增强学校开展多元文化活动的内在动力和实力。例如，通过教师培训，提高教师多元文化素养；通过引进文化进校园，形成学校多元文化互动特色；挖掘家长资源，增强学校多元文化互动能力等。第五，发挥学校的沟通桥梁作用，与家庭、社区建立常态化的联动机制。例如，定期召开家长会，了解学生在家动态；引进家长资源进校教学；与社区合作开展多元文化活动，使学生尽可能多地参与到多元文化互动实践中。学校充分发挥领头羊作用，从多方面、多渠道开展多元文化互动。

（三）突出家庭在多元文化互动联动机制中的奠基作用

家庭是中系统中对人的发展影响最大的一个单位，对学生多元文化素养的形成具有重要的作用。因此，要突出家庭在多元文化互动联动机制中的奠基作用。

首先，边疆地区很多家庭中的成员属于不同民族，家庭中的和睦氛围是开展多元文化互动的重要基础。其次，鼓励并帮助家庭成员提高自身的多元文化素养。正如我们在调查中发现的，边疆地区家长文化水平普遍偏低，尤其是留守或单亲家庭问题突出。因此，应提高家长对家庭教育重要性的认识，努力提高其多元文化素养。例如，通过参加学校或社区举办的专家讲座，或通过大众媒体等途径了解多元文化互动知识。再次，激励家长以实际行动支持学校开展的多元文化活动。例如，发挥榜样和示范作用，在潜移默化中培养孩子的多元文化意识、良好行为和积极情感。又如，家长主动加强与学校的沟通和联系，以多种方式支持和参与学校的多元文化活动。最后，加强邻里和睦、家庭与社区的连接。建立团结和睦、融洽和谐的邻里关系；发挥家庭行动主体精神，积极参与社区多元文化互动；带领孩子参与社区举办的多元文化活动。正是这些日常的家庭活动、温馨和谐的家庭与邻里关系、耳濡目染的行为塑造、多元融合的文化氛围，为孩子多元文化观念的形成、多元文化知识的增长、多元文化情感的升华，以及跨文化交往能力的提高奠定了坚实的基础。

（四）发挥社会在多元文化互动联动机制中的重要作用

教育大系统由学校教育、家庭教育和社会教育三个子系统构成，在人的发展中分别扮演着不同的角色，发挥着不同的作用。三者良性合作，必能产生 1+1+1＞3 的效果。社会教育为家庭教育提供环境与条件，为学校教育提供支持与延伸。

首先，我国边疆地区是天然的宝藏区，蕴藏着丰厚的物质资源、人力资源和文化资源。图书馆、科技馆、少年宫等教育活动场所对外开放程度高，为家庭、学校开展多元文化活动提供了物质资源支持，进而丰富了多元文化互动的内容和场域。其次，社会上各种相关文化、教育机构、组织，为家长、学生提供了多元文化学习、培训的机会和途径，不仅有益于提高家长的多元文化素养，也有益于丰富学生的多元文化知识，提升学生的多元文化互动技能。再次，社会教育为学校开展多元文化活动提供了有效补充。民族文化传承人、民间艺人进校讲课，将民族优秀文化通过课堂教授的形式有效地传递给了学生，较好地弥补了学校教师资源的不足。民族文化传习所、民族手工艺作坊、民族历史文化博物馆等为学生提供了多元文化互动的实践机会。总之，边疆地区的社区、村寨蕴含着丰富多样的多元文化资源，民间能人、艺人、匠人藏龙卧虎。充分利用社会多元文化资源，能弥补多元文化互动的短板，充实家庭、学校多元文化互动的内容，拓展活动的方法和路径。

二、遵循多元文化互动生态系统的基本原则

（一）以人为本的原则

布朗芬布伦纳所构建的生态系统理论模型，目标是促进人的发展。因而，我们在运行多元文化互动生态系统时理应遵循以人为本的原则。"以人为本"作为一种教育理念，其根本就是以人为尊，以人为重，以人为先。当我们将"以人为本"作为多元文化互动的价值选择时，教育便具有了创造人的双重价值和意义，即在充分开发人的潜能的同时，打下了人的文化根基，促进了当地民族文化的传承与发展。

学校在开展多元文化互动时应遵循"以人为本"的基本原则。首先，教师应树立正确的学生观，建立一种新型的师生关系，尊重学生的个体差异，

将其文化背景考虑进去，根据学生特点进行有的放矢的指导。其次，学校要树立以人为本的教育理念，多元文化互动的最终目的是帮助弱势群体获得在现代社会生存与发展的能力，所以学校在对学生进行教育和评价时应将学生文化背景的特殊性考虑进去，而不应本末倒置地把对少数民族学生的"照顾"变成对他们的压力。最后，学校对教师要进行人文关怀，在工作与生活中给予关照，尤其是要尽可能多地为教师提供培训机会，帮助他们获得多元文化能力，从而使教师在多元文化互动中变得愿教、乐教、会教。

（二）综合集成、协同发展的原则

1990 年初，钱学森等首次把处理开放的复杂巨系统的方法定名为从定性到定量的综合集成法，这是一个从整体上考虑并解决问题的方法论。在边疆学校多元文化互动中强调综合集成、协同发展的原则，具体体现了钱老这一方法论的精神。综合集成即是用综合集成的理念和方法整合多元文化互动圈及圈中各要素的意愿、资源、形式、能力及多元文化互动的共同愿景，支持、参与多元文化互动。协同发展即是通过共同的努力，在参与的过程中实现多方面的共同进步。以学校为例，学校在构建多元文化互动生态体系时，应秉持综合集成、协同发展的原则，将各个系统看成是不可缺少的重要部分，共同构成一个大的整体，综合集成各系统的力量，协同合作促进学校多元文化互动的发展。

首先，学校多元文化互动的办学理念应遵循综合集成、协同发展的原则。多元文化互动不是学校单方面的事情，需要家庭、社区及教育部门等各方力量提供相应的支持与协助，才能实现效果的最优化。因此，边疆地区学校在开展多元文化活动过程中，应借助教育主管部门、家长（社会）等力量，促进学校多元文化互动。其次，学校在开展多元文化互动的过程中，要综合考量各个子系统对学生多元文化素养所产生的不同影响，有区别和有针对性地采取措施去发挥作用。例如，教师素养、多元文化活动及校园多元文化环境等均是影响学生的重要因素，学校在发展过程中不能忽视细微因素的影响，要用整体与系统的眼光去看待多元文化互动，做到动态地监测、微观地发现、宏观地把握。最后，对学校多元文化互动的成效进行评价时，除了对学生、教师等个体进行评价外，还应着眼于学校整体的多元文化互动状况，对其进行评价。总之，多元文化互动生态系统要求我们遵循综合集成、协同发展的原则。

（三）实践性原则

实践性原则是指多元文化互动生态系统构建是一个实践的过程，在实践中不断总结与提高，形成为人们所认可的生态系统，同时多元文化互动生态系统的运作过程也是实践的过程，所有的观点、路径、成效、决策等只有通过实践的检验，证明是正确的才能继续坚持。因此，边疆地区中学构建多元文化互动生态系统时，理应遵循实践性原则。

首先，边疆地区中学的多元文化互动是一个实践的过程。M 中学的探索已经证明，师生共同参与，在活动中认知、在行动中感悟、在反思中提升，是多元文化互动的最佳途径。例如，让学生身临其境去观摩甚至亲身体验制作傣陶，不仅能使学生对民族文化有一个更深刻的认识，还能激发他们强烈的民族自豪感。其次，理论知识本就源于实践，多元文化互动也是在实践中不断得以发展。多元文化互动理论的不断丰富和本土化，有待于实践的深入开展和不断创新。边疆地区中学多元文化互动实践，不仅为多元文化互动理论发展提供了鲜活的案例，而且丰富了理论研究的视角，拓展了理论研究的路径。最后，多元文化互动最终要培养的是有正确观念、丰富知识、积极情感和能力技能的人，评价的标准最终要落实到实践性上，看其实践活动、行为表征有没有体现多元文化的价值取向和目标要求。

（四）少数民族文化与中华传统文化相结合的原则

中国是一个统一的多民族国家，在历史的发展进程中形成了以汉族为主体、56 个民族共同发展的共同体。多元一体的中华民族，共同创造了绚烂多姿的中华文化，并不断传承、创新。多元文化是中华文化的实然状态，在边疆少数民族聚居地区更是如此。因此，学校在构建多元文化互动生态系统时，必须坚持少数民族文化与中华传统文化相结合的原则。

首先，边疆地区的中学对多元文化互动应有正确的认识。应从思想上认识到，多元文化互动既包括少数民族文化，也包括中华民族传统文化，两者共同构成中华民族文化的大花园。因此，学校既要加强学生对本民族文化的认同，也要加强对他文化的理解与包容。其次，要开发校本课程。在现代文化的冲击和外来文化泛化的情况下，边疆地区中学多元文化互动的内容不仅数量不足且脱离当地实际。因此，学校理应加大校本课程的开发力度，把当地少数民族文化资源转化为校本课程、资源，并融入学校日常的教学、活动之中。最后，学校应对多元文化互动资源进行筛选和整合。任何文化都有积极和消极的一方面，不能全盘接受。作为教育资源更需要进行筛选，即取其精华、去其糟粕，选择符合社会主义核心价值观的优秀文化进行传承。作为教学资源必须加以整合，既要实现"各美其美"的多元文化传承，又要实现"美美与共"的中华文化繁荣。

三、抓住每一生态圈的核心功能

依据布朗芬布伦纳的生态系统理论，我们构建了四层边疆多元文化互动生态圈。尽管每一圈都紧紧围绕多元文化互动的目标而运行，但每一圈的核心功能与关键作用不尽相同，因此，必须抓住每一圈的关键和侧重点才能发挥生态圈的最大作用，达到多元文化互动的目的。

（一）微系统的核心是育人，关键是发挥多元文化互动各主体的作用

1. 提升家长素质和主体精神，发挥家庭在多元文化互动中的奠基作用

家庭作为微系统中最为重要的一个因素，是一个人行为习惯和思想养成的第一场所和重要环境。[①] 所以，家长的多元文化素养和主体性意识会对孩子的发展产生直接的影响。因而，要培养具有多元文化观念、素养和能力的人，应努力提高家长的素质和主体精神，发挥家庭在多元文化互动中的奠基作用。

首先，家长要有清晰的家庭教育意识。家长要认识到教育孩子不单是学校教师的责任，家长更是孩子重要的引路人，因此要努力提高自身的多元文化素养。其次，家长要有主体精神，在孩子的多元文化互动过程中发挥主动性、能动性。最后，家长要主动改变对孩子的评价标准。不再单一地以文化课成绩来评价孩子，要善于发现孩子的长处，鼓励孩子发展特长。家长应支

---

① 樊建红：《对党校中青年后备干部培训班班主任工作的思考》，《南昌教育学院学报》2012 年第 2 期。

持孩子参与多种形式的多元文化活动，促进孩子全面、健康、特色发展。

2. 彰显师生的主体性，强化学校在多元文化互动中的主阵地作用

学校对学生的发展有着重大的影响，具有不可或缺、不可替代的作用。因此，应充分发挥学校在多元文化互动中的主阵地作用。首先，设置专门的多元文化互动课程。课堂教学是学校进行多元文化互动的重点和主要途径，学校应重视课堂教学的作用，帮助学生系统地学习多元文化知识。其次，提高教师素养。教师素养是影响多元文化互动成效的关键，因而学校要从多方面提高教师素养。第三，建立良性的同伴关系。良好的同伴关系往往具有教师所没有的影响力，可以有效促进学校的多元文化互动。因此，应引导和鼓励不同民族的学生建立良好的同伴关系，形成积极的同伴群体互动，提高多元文化互动实效性。第四，加快学生社团建设，创造条件支持社团开展活动。M 中学的实践证明，中学生社团活动是多元文化互动的有效途径，学生社团活动符合中学生身心发展特点，有益于彰显边疆地区民族文化的多元、丰富与璀璨，有利于发挥并培养各民族学生优势、特色和个性。然而，最重要的是通过参与社团活动，培养各民族学生的自尊心、自信心，培养自立、自强、自律和坚持、努力的精神，为学生的可持续发展奠定基础。第五，营造良好的多元文化互动氛围。让学校成为多元文化绽放的百花园、多元文化活动的竞赛场、多元文化融合与创新的主阵地。

（二）中系统的核心是综合集成，关键是搭建多元文化互动共同平台

1. 加强家庭与学校的合作

家校合作有助于全面提升学生的多元文化素质，使多元文化互动事半功倍，因此应加强家校的合作。首先，建立真诚、有效的家校合作关系。学校应真正意识到家长、家庭在多元文化互动中的重要价值和作用，不仅要引导家长提高认识，更要真诚地邀请家长参与活动，激发家长参与活动的内在动力和积极性。第二，优势互补，发挥家长的特长、优势。学校应善于发现和利用家长的各种优势、特长和文化资源，鼓励、支持家长成为"局内人"，在学校多元文化互动中发挥重要作用。第三，家校合作的制度化和常态化。家校合作应有制度保障，要成为学校工作的一种常态，因此学校应制定相关的制度，把家校合作作为学校的日常工作纳入其中，并加以检查和评估。

2.强化学校与社区的互动

学校与社区间的良性互动既是法律赋予的责任，也是国家政策提出的要求。一方面，学校要合理、充分地利用社区资源弥补学校多元文化互动的不足；另一方面，社区要充分发挥教育的功能，加强多元文化互动机构、设施建设，积极组织开展各种多元文化活动。与此同时，学校与社区要密切联系、加强合作。学校与社区应优势互补，主动联系，加强合作，共同促进多元文化互动的深入开展。

3.增强家庭与社区的联系

家庭本就是社区内的一个子系统，但当前边疆地区存在家庭与社区联系较少的现象，因而有必要增进家庭与社区的联系，形成多元文化互动的合力。首先，家庭要主动加强与社区的联系，遇到问题主动寻求社区的帮助。其次，社区要多方面地为家庭多元文化互动提供支持和帮助。例如，提高社区内的文化馆、图书馆等活动场所的对外开放程度；建立社区家长委员会，为家长提供相应的培训，等等。最后，改变社区工作冷漠、程序化、形式化的方式，增进社区的亲和力、凝聚力，让社区成员更愿意参与社区活动。

总之，边疆多元文化互动的中系统就是要整合分散在系统内的各种资源，形成合力，搭建多种活动平台，构建"三位一体"的社区多元文化互动网络，形成开展多元文化互动的共同体。

（三）大系统及宏系统的核心是政策引领，关键是构建文化和谐的社会

1.发挥政策的引领作用

我国政府肩负着传播社会主义核心价值观、传承与发展中华民族文化、推进民族团结与进步建设的基本职能，各级政府一系列相关方针、政策、规划纲要、行动计划、实施方案等的制订，是方向目标、内容框架、方法路径等方面的具体体现。有了相关政策的正确引导，学校的多元文化互动便能够取得事半功倍的成效。首先，政府要为学校的多元文化互动提供政策导向。例如，2016年云南省颁发的《云南省人民政府关于加快发展民族教育的实施意见》强调要充分发挥云南省丰富的民族教育资源优势，开展形式多样的校园文化和主题教育活动，促进各民族优秀文化交流交融。这些政策的出台有效促进了边疆学校多元文化活动的深入开展。其次，政府应导向建立多元化

的学校教育评估体系，把多元文化互动纳入其中。例如，评价主体多元化、评价标准多元化、评价过程多元化、评价内容多元化。最后，政策引导、支持学校借助外界力量促进多元文化互动。M 中学的实践表明，多方合作形成教育合力，才能实现多元文化互动效果的最大化。但在现实中，很多学校缺乏这方面的意识、能力和相关支持。因此，政府应通过政策规定、媒体宣传、经费支持等途径，引导学校与外界积极开展合作办学。同时，也要鼓励和支持社会各方面积极参与学校多元文化互动。

2. 弘扬多元文化的核心价值

自多元文化互动提出以来，人们对其价值取向有不同的认识，有些人坚持重一体而轻多元，有些人则强调多元而忽视一体。然而，无论是从多民族国家发展的历史出发，还是从促进民族团结，增强国家认同、民族认同的现实需要来看，都必须以正确的多元文化核心价值为导向。在政策引领下，通过宣传教育、榜样示范、情感培养、行为塑造等方式，积极培养正确的多元文化价值观念、形成正向的社会文化认知和浓郁的民族文化氛围。首先，承认文化的多样性。就中国而言，我国自古以来就是一个统一的多民族国家，由汉族和 55 个少数民族构成，每个民族都具有自身独特的文化。正是各个民族文化的长期交流、碰撞与融合，传承、创新与发展，形成了今天独具中国特色的多元一体的中华文化。因此，应通过国家的法律、政策、制度、机制来规定、规范、推进和保障中华文化的传承。多元文化互动是实现这一目标的最好途径，应给予明确的政策支持。其次，厘清多元与一体的关系。在我国，多元文化互动就是多元一体的中华文化互动，多元是指汉族和各少数民族各自具有的文化特性，一体是指各民族在长期的交往、交流及交融过程中形成的中华民族共同体。它们是平等共存的关系，你中有我，我中有你，共同形成了中华文化大花园。最后，尊重各民族文化的差异性。自古以来，每个民族在长期的发展过程中形成了自身独特的文化，共同组成了灿烂的中华文化，但在现实交往中，文化的差异会带来一些误解，甚至导致不必要的冲突。只有各民族尊重彼此的差异，用包容、理解的态度去面对异文化，才能够促进多元文化互动。

3. 构建崇尚多元文化的和谐社会

在政府的政策引领和多元文化价值引导的基础上，构建崇尚多元文化的和谐社会。一方面，要坚持中国特色社会主义文化的主导地位。当前，社会主义核心价值观是引领我国文化前行的指向标，因而，要坚定不移地以中国特色社会主义文化为方向，促进我国各民族文化的发展。另一方面，要坚持各民族文化共同发展的原则。各民族文化具有自身的特殊性和多样性，在相互学习、借鉴、吸收的过程中获得发展，共同构成文化"大花园"。同时，要对弱势群体文化发展采取倾斜和保护政策。文化是一个民族生存发展的根基与精神支柱，但当前我国一些少数民族文化正面临消失的危险。针对这种情况，国家出台了更多、更有效的保护少数民族文化的政策和抢救措施。崇尚多元文化的和谐社会是人们追求的共同目标，一旦形成，学校教育便不再是孤军作战，而是与家庭、社会形成了教育合力。因此，多元文化和谐社会也可以为学校多元文化互动奠定良好的基础，提供有益的氛围。

坚守与创新：助力多元文化和谐发展

瑞丽市 M 中学在发展多元文化互动的过程中，始终坚持"以人为本，多元融合，和谐发展"的理念，以中华传统文化、民族经典文化及国外优秀文化为内容，通过课堂教学、教师培训、主题活动、社团活动、"三自"课堂及与佛学院合作办学等途径实施多元文化互动，树立了学校的多元文化品牌。在此基础上，学校多元文化互动取得了显著的成效：其一，教师在活动开展过程中逐步转变了对多元文化的认知，学会了更多地理解学生间存在的文化差异，并提升了自身的多元文化素养；其二，学生在参与多元文化互动过程中收获了学习的快乐，增强了对民族和国家的认同，也提高了自身的综合能力；第三，学校在此过程中形成了多元文化的氛围，并通过努力实现教育公平，尝试将教育资源惠及所有学生，在行动上得到了家长及社会的广泛认可。M 中学的多元文化互动在多年的坚守与创新发展中，内涵越发丰富，学校特色越发明显。

　　将 M 中学的多元文化互动置于布朗芬布伦纳的生态系统中进行分析，发现 M 中学的多元文化互动仍存在一些问题：微系统中多元文化互动主体的需求与供给失衡，中系统中各要素各自为政，缺乏统筹与互动，外系统及宏系统中政策导向与具体支持双重乏力。这些问题在一定程度上阻碍了 M 中学多元文化互动的发展。但就整体而言，M 中学的多元文化互动具有很强的借鉴意义：首先，M 中学多元文化互动的内容选取的是贴近当地学生生活实际的民族经典文化，学生易于接受和学习，在某种程度上增强了学校多元文化互动实施的可能性和普及性。其次，M 中学进行多元文化互动的具体路径对其他学校而言，是值得参考和借鉴的。研究发现，M 中学多元文化互动途径和方法适合当地学校发展的教育模式，能够为学校教育带来活力。最后，纵观边疆地区多元文化互动的整体现状，幼儿园及小学普遍开展了多元文化互动，并取得较好的成效。但中学阶段因面临升学压力开展得较少，即使开展了也大多流于形式。因此，M 中学开展的多元文化互动能够为类似中学提供一定的参考和借鉴。

　　当今世界是一个多元文化共生、互动日益频繁的世界。我国是统一的多民族国家，对内我们要促进各民族间的相互交流与融合，对外我们还面临着世界交融过程中带来的文化碰撞，所以我们应更加重视多元文化互动。边疆地区因其特殊的地理位置、民族文化及经济发展状况，面临着更大的问题和挑战。学校作为教育的主阵地，理应担此重任。M 中学便是在此背景下，积极进行文化传承与创生的典型学校。边疆地区的各类中学，面对日益交融的文化背景，应主动结合学校实际情况和当地资源优势，积极开展多元文化活动，充分发掘当地民族文化资源的价值，弘扬中华优秀传统文化，汲取国外文化之精华，提高师生的多元文化素养，筑牢中华民族共同体意识，为实现民族和谐、社区发展作出应有的贡献。

第十章 开放与封闭：社会空间理论视域下边疆城乡社区多元文化互动的比较研究

2016年10月，课题组在前期实地调研的基础上，分别对河口县的B、C、N、Q、Y五所小学和H二中、H三中、H民中三所初中的部分教师和学生以及H幼儿园的教师，H镇和Y乡的部分学生家长和社区工作者进行了问卷调查。共计发放问卷2180份，其中，学生问卷1150份，回收有效问卷1063份，有效回收率为92.43%；教师问卷290份，回收有效问卷282份，有效回收率为97.24%；家长问卷670份，回收有效问卷454份，有效回收率为67.76%；社区工作者70份，回收有效问卷67份，有效回收率为95.71%。之后采用EpiData录入软件和SPSS 22.0统计软件对问卷数据进行录入和统计分析，以期更客观地把握河口县多元文化互动的状况。以此为基础，我们又于2016年10月31日—11月14日和2017年5月22日—29日，两次深入H镇和Y乡这两个典型社区深入调研，分别对社区的相关负责人、所辖社区内的学校领导、活动负责教师等进行了多次访谈；进入课堂、参与学生的活动，并对各民族学生进行访谈；利用重要节庆的契机对社区（或乡镇）或村落进行访谈。访谈总人数为57人，其中学校领导7人，社区负责人4人，教师13人，学生15人，学生家长13人，村民5人。通过这一系列的深度访谈，我们获得了大量生动、翔实的资料，为文本的撰写夯实了基础。

本书以多元文化互动为研究主题，以边疆河口县的 H 镇和 Y 乡两个社区为研究对象，采用文献研究法、问卷调查法、参与式观察法、结构与半结构访谈法和比较研究法，对该地的多元文化互动现状进行了客观的解释、分析和评价，旨在探讨不同社区多元文化互动的共性与差异，并进一步分析其存在的优势和不足。

第一节　研究的分析框架

一、核心概念界定

（一）社会空间

据美国人文地理学家巴特马（Anne Buttimer）考证，"社会空间"一词作为概念最早由法国社会学家涂尔干在 19 世纪末创造和使用。时至今日，主要形成了以下四种阐释：一是社会群体居住的一个地理空间，持这种观点的主要代表人物是涂尔干；二是个人在空间中形成的主观感受或社会关系，这种观点是法国地理学家索尔在涂尔干的基础上扩展得出的；三是个人在社会中的位置，持这种观点的学者重点讨论的是个人与他人或其他社会群体之间横向和纵向上的关系；四是人们通过实践活动所生产的生存区域，这一观点主要是一些马克思主义者在解读其著作的基础上提出的。①

综合以上四种解释，本书认为，社会空间首先是社会群体居住和生活的地理区域；其次是人类进行实践活动的场域，并且在实践过程中产生了相应的社会关系；但总体而言，社会空间是人类活动的产物。

（二）场域

"场域"一词由法国社会学家布迪厄提出，是布迪厄研究社会空间的重要概念之一。"场域"是指"在各种位置之间存在的客观关系的一个网络，或一个构型"②。从静态的角度来看，空间与场域本是同一个概念，"而这些场域本

---

①　王晓磊：《社会空间论》，中国社会科学出版社 2014 年版，第 72—77 页。

②　［法］皮埃尔·布迪厄、［美］华康德：《实践与反思：反思社会学导引》，李康、李猛译，中央编译出版社 1998 年版，第 134 页。

身也是一个空间，是具有相对独立性的社会空间"①。基于此，本书认为，场域就是空间，二者的区别在于层次不同，空间的范畴更宽泛，如边疆社区、城镇社区和乡村社区；场域则是一个具体的范畴，如家庭、学校或某一个具体的街道/村落。

二、基于社会空间理论的边疆城乡社区多元文化互动分析框架

"社会空间"最早出现在涂尔干1893年出版的博士论文《社会分工》中。涂尔干强调了社区空间的地理区位性及人在其中的社会行为。②20世纪20年代，美国社会学芝加哥学派的帕克和伯吉斯等人进一步发展了社会空间理论，他们不仅关注地理区域、社会生活和社区研究，还注意到了文化因素在社会空间中所发挥的作用。此外，法国社会学家布迪厄进一步丰富了社会空间的认识，指出"社会空间是一种'关系的系统'"。到20世纪70年代左右，社会空间理论又重新得到了丰富和充实。尤其是法国马克思主义哲学家列斐伏尔，在1974年出版的《空间的生产》一书中，创造性地提出了"空间是社会的产物"的理论观点。至此，社会空间理论逐步丰富、完善并形成体系，得到学界认同，被广泛运用于全球化、城市化发展中的社会学研究领域。

社会空间理论是一个宏观的理论体系，其研究的核心是社会空间。社会空间是社会群体居住的一个地理空间，是个人在空间中形成的主观感受或社会关系，是个人在社会中的位置，是人们通过实践活动所生产的生存区域。人类的实践活动和社会形态是社会空间的理论基础，实践性、二重性、多样性、重叠性、价值性是社会空间的基本特征。边疆社区是指一定地理空间内的人群及其社会性活动的总称，本书中的"一定地理空间"特指边疆乡村和城镇。因此，从社会空间与边疆社区的界定来看，从社会空间理论的视角来研究边疆社区是可行的、合理的，因为二者之间存在很大的相关性。在诸多的理论观点中，布迪厄的社会空间理论与我们的研究更贴近，因此，我们主要借助布迪厄的相关理论来构建研究的分析框架。

---

① 刘喆：《布迪厄的社会学思想研究》，武汉大学硕士学位论文，2005年。
② 王晓磊：《社会空间论》，中国社会科学出版社2014年版，第72页。

　　布迪厄认为，空间是"关系的系统"，是由关系建构起来的。也就是说，任何生活在空间中的个体或群体都不是孤立存在的，而是相互联系的，并且这种联系与其所处的位置紧密相关。人们以自己所在的位置为中心，逐渐扩大的交际圈和生活圈便是建构关系的体现，而关系的建构通常发生在不同的场所中，这些场所在布迪厄的社会空间理论中被称作"场域"。按照布迪厄对社会空间的理解及对场域的界定，本书将 Y 乡和 H 镇视为两个较大的、相对独立的社会空间，而将在这一社会空间中主要产生相互关系和作用的家庭、学校、社区看作三个不同的场域。

　　此外，资本和惯习也是布迪厄社会空间理论中的两个重要概念。在他看来，"资本是积累起来的劳动（以物化的形式或具体化的、肉身化的形式）。资本表现为三种根本的类型，即经济资本、文化资本和社会资本"①。Y 乡和 H 镇居住和生活着不同民族、不同地域的人群，人们在长期的劳动过程中，积累了一定的经济资本、文化资本、社会资本。其中，频繁的经贸交易、用于支撑各行各业运转的资金、种植的农作物以及养殖的畜牧产品等属于经济资本；各民族在实践中形成与保留下来的语言文字、宗教信仰、道德礼仪、饮食服饰等属于文化资本；而生活于不同社区中的家长、教师、学生、社区工作者以及在此基础上形成的关系网则是社会资本。

　　所谓"惯习"，在布迪厄看来其实就是一种实践活动的方法，一种在特定的空间场域中，在特定的关系网络之内，借助一定的资本开展实践活动的方法。在研究中，Y 乡和 H 镇进行的多元文化互动就属于在特定场域中开展的实践活动之一。这些特定场域主要包括家庭、学校、社区，它们是构成特定关系网络的载体，为多元文化互动的开展提供了资本，形成了具有差异性的实践活动方法（惯习），即学校场域中广泛采用的课堂教学、校园文化建设、兴趣小组活动及校内外合作等多元文化互动的方法。基于上述的理论分析，结合前期的实际调查，我们初步提出了研究的分析框架（如图 10−1 所示）。

---

① ［法］皮埃尔·布迪厄、［美］华康德：《实践与反思：反思社会学导引》，李康、李猛译，中央编译出版社 2004 年版，第 161 页。

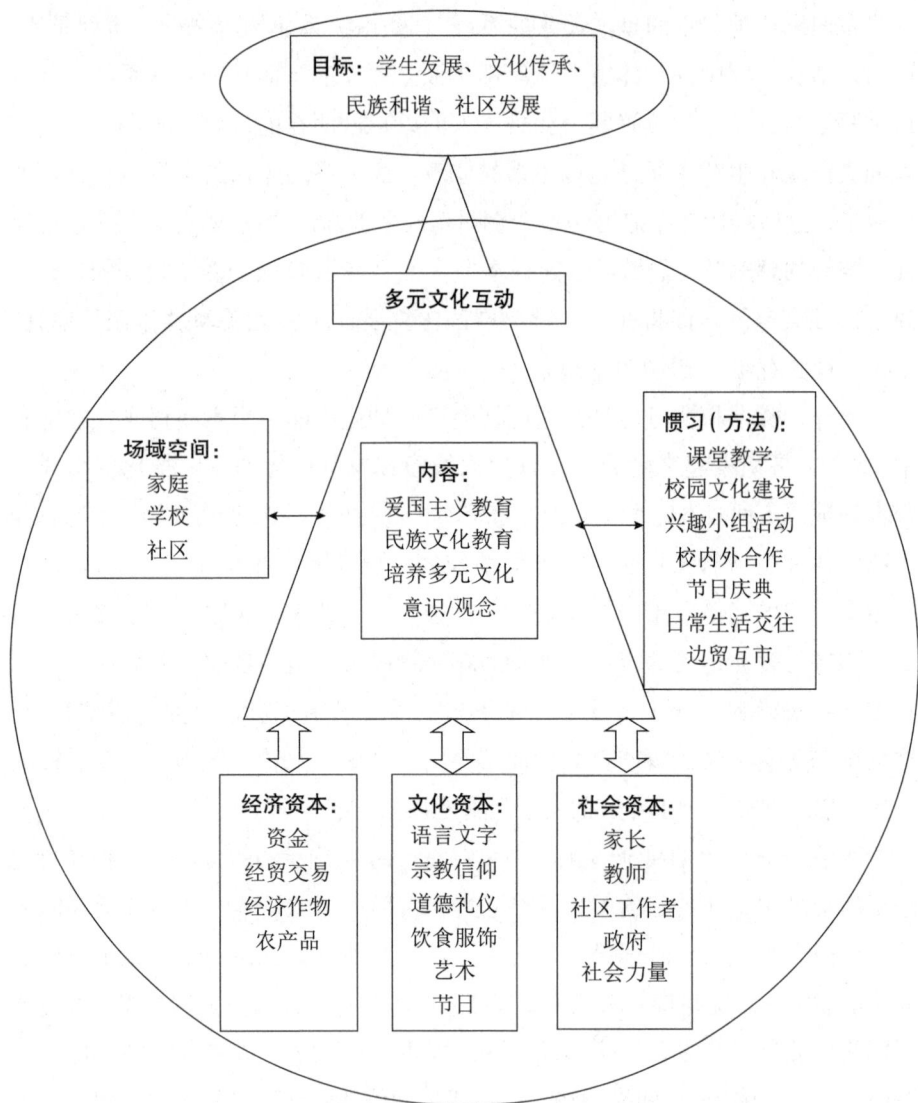

图 10-1　社会空间理论视域下的边疆城乡社区多元文化互动分析框架

如图 10-1 所示，我们把样本社区作为一个具体的社会空间，以多元文化互动为研究主题，从三个层面构建了边疆城乡社区多元文化互动的分析框架。第一层面是多元文化互动的目标，即学生发展、文化传承、民族和谐、社区发展。这是多元文化互动的基本追求和发展方向，它规定了整个多元文化互动的内容和方法。第二层面是边疆城乡社区开展多元文化互动的核心。

它由三个部分组成：首先是内容，这是体现目标价值取向的具体互动内容；其次是惯习（方法），重点是观测在边疆城乡社区开展多元文化互动的方法和路径；最后是场域，场域是进行多元文化互动的主要场地，即家庭、学校、社区。第三层面是开展多元文化互动的基础和条件，包括三个方面，一是经济资本，即资金、经贸交易、经济作物、农产品；二是文化资本，即语言文字、宗教信仰、道德礼仪、饮食服饰和节日艺术等；三是社会资本，即家长、教师、社区工作者、政府和社会力量。

边疆城乡社区开展多元文化互动的三个层面侧重点不同、内涵不同、组成要素不同，但都围绕着一个共同目标，即学生发展、文化传承、民族和谐、社区发展而组织起来、行动起来，从而形成了一个统一的共同体。在这个共同体中，目标是方向、内容是中心、场域是空间、惯习是方法、资本是保障，它们各有侧重点但又紧密相连，相互影响、相互制约、缺一不可。

三、边疆城乡社区多元文化互动分析框架的主要内涵

依据布迪厄的理论观点和调研状况，我们认为边疆城乡社区多元文化互动的分析框架应包括以下基本内涵。

第一，边疆城乡社区是一个社会空间。首先，边疆城乡社区是一个独立的社会空间，它由三个场域组成，即家庭、学校和城镇/村落，这三个场域既包括独立的自然地理空间，也包括存在于场域中的父子关系、师生关系、邻里关系等人际空间。其次，每个场域都有共同的要素，即地理空间，无论是城镇的家庭和学校场域还是乡村的家庭和学校场域，都占据着一定的地理空间，有着相对固定的活动范围；但也有不同要素，即空间中包含的社会关系，乡村社区中更多体现的是一种地缘、血缘、族缘关系，而城镇社区中更多体现的是邻里关系、经济贸易关系。最后，每个场域都是独立的社会空间，都有独特的运作机制，家庭场域有着维持自身运转的独特机制，学校场域以及城镇或村落亦如此。正如布迪厄所说，"每一个场域都具有自身的逻辑、规则和常规"[①]。由此可见，不

---

① ［法］皮埃尔·布迪厄、［美］华康德：《实践与反思：反思社会学导引》，李康、李猛译，中央编译出版社 2004 年版，第 142 页。

仅要关注边疆城乡社区的三个场域，还要关注不同场域的独立性，即不同场域在日常生活中的运行都具有自身的逻辑、规则和常规。

第二，边疆城乡社区空间是一个各场域关系密切、充满活力的运作系统。首先，社区空间内各个场域的关系是密切的并且是客观存在的，它是将不同场域连接在一起的纽带，即在城乡社区中，家庭、学校、城镇/村落本就是一个大的关系系统，家庭和学校的运作离不开城镇/村落的支持，城镇/村落的发展也需要家庭和学校充分发挥其作用，家庭与学校之间又存在着相辅相成、无法分割的联系。其次，社区空间还是一个充满活力的运作系统，这种活力主要体现为人们在互动交往中所隐含的斗争与博弈，正如布迪厄所说，"场域是一个充满争斗的空间"[1]。的确如此，边疆城乡社区居住着瑶、苗、壮、彝等不同民族的同胞和来自不同地域的人们，按照布迪厄对场域的解释，不同场域中的人群便是积极活动的各种力量，他们身上所代表的文化在日常生活中不断"博弈"，即不同民族、不同文化在互动与交往中的冲突与融合、传承与创新，使场域充满了活力。

第三，资本是边疆城乡社区开展多元文化互动的条件和基础。按照布迪厄的解读，首先，资本是通过劳动积累起来的，包括具体的物化形式和抽象的精神形式。Y乡和H镇至今保存着的传统民族文化是该地各民族在长期的劳动过程中积累下来的，这些资本有的以具体的形式存在，如生产工具、房屋建筑等，有的则以抽象的形式表现出来，如各民族同胞身上所蕴含的吃苦耐劳精神、敬畏自然精神等。其次，资本包括"经济资本、文化资本、社会资本"[2]。在我们的研究框架中主要涉及经济资本、文化资本和社会资本，其中经济资本包括资金、经贸交易、经济作物和农产品；文化资本包括语言文字、饮食服饰、节日节庆等；而社会资本主要包括家长、教师、社区工作者和政府工作人员等。这些都是边疆城乡社区开展多元文化互动的基础和条件，若没有文化资本作为媒介，多元文化互动就不能实至名归；若没有社会资本作为支撑，未被整合的、零散的多元文化资源就无法有序地传授给学生，也无

---

① 毕天云：《布迪厄的"场域-惯习"论》，《学术探索》2004年第1期。
② 包亚明：《文化资本与社会炼金术》，上海人民出版社1997年版，第192页。

法有力地传播给外界。

第四，惯习是边疆城乡社区空间开展多元文化互动的方法和路径。首先，惯习与人们生存的客观条件和社会经历等主观条件息息相关，也就是说，不同空间中的人们采用何种方法开展多元文化互动与其周围环境和自身经验相关。Y 乡仍旧以农耕经济为主，并且位于相对闭塞的山区，各族同胞们通常在日常的生产生活中和隆重的节日节庆中开展多元文化活动。而 H 镇则以商品贸易经济为主，并且位于国家一级口岸所在地，因此更加注重在边贸互市的过程中进行文化的交流与学习。其次，"惯习不是一种纯粹的主观性，而是与客观结构（场域）相联系的主观性。也就是说，没有孤立存在的惯习，只有与特定场域相关的惯习"[①]。换言之，不同场域的特性在很大程度上确定其进行多元文化互动的惯习。例如，学校场域以课堂教学、校园文化建设、兴趣小组活动等为主要方式，家庭以日常生活中的耳濡目染和父母的身教言传为基本方法，社区以节庆活动和邻里互动为主要路径。

总之，在整个分析框架中，场域、资本、惯习三者紧密相关，场域中包含资本和惯习，资本和惯习中又贯穿场域，同时资本和惯习又互为前提。但它们都以爱国主义教育、民族文化教育、培养多元文化意识／观念为中心，并以实现学生发展、文化传承、民族和谐、社区发展为目标。

第二节　河口县样本社区概况

河口县内共辖两镇四乡（河口镇、南溪镇、瑶山乡、桥头乡、莲花滩乡、老范寨乡），四个省属国营农场，一个国家级口岸，三个省级边疆通道和多条民间通道，居住着瑶、苗、壮、彝、傣、布依等 24 个民族。根据 2016 年《红河州年鉴》记载，河口县 2015 年的户籍总人口 9.1409 万人，其中少数民族人口 6.2840 万人，占户籍总人口的 68.75%。[②] 多个民族交错杂居，在长期

---

① 毕天云：《布迪厄的"场域-惯习"论》，《学术探索》2004 年第 1 期。

② 红河州地方志编纂委员会办公室编：《红河州年鉴》，云南人民出版社 2016 年版，第 566 页。

的相互交融中形成了独具特色的民族风情。近年来，随着我国改革开放的日益深入，外来人口逐年增多，外来文化更加多元，河口县成为集本地不同民族文化与外来文化于一体的"百花园"。

一、两个样本社区的概况

（一）H 镇

H 镇是河口瑶族自治县的政治、经济和文化中心，位于河口瑶族自治县南端，地处红河与南溪河汇合处，西北接瑶山乡，东北与南溪镇为邻，与越南老街市隔河相望，国境线长 56 千米。全镇面积 185 平方千米，辖槟榔、合群、北山三个社区，坝洒、城郊两个村委会，有六个村民小组，驻有河口、坝洒两个国营橡胶农场，总人口 12004 人，居住着瑶、苗、壮、汉、傣、彝、回等 20 多个民族。

H 镇最低海拔 76.4 米，是中国西南海拔最低的城镇，属热带季风雨林温热型气候，年平均气温 22.6℃，年降雨量 1700 毫米，相对湿度 80%，适宜种植香蕉、菠萝、龙眼等热带水果。H 镇有得天独厚的区位优势，有发达的交通运输网络——公路、铁路、水路三位一体，借助这样的优势，可充分利用中越两国的资源、产品、设备、技术管理等方面的互补性开展各种形式的原料加工贸易，从而既有利于开发境内外的资源，又有利于开拓国际、国内两个市场，是投资、经商、旅游观光的理想场所。

（二）Y 乡

Y 乡隶属河口瑶族自治县，位于河口县北部，距县城 67 千米。北依屏边苗族自治县，西接金平苗族瑶族傣族自治县，南隔红河与越南老街省相邻，国境线长 10 千米。全乡总面积 256.03 平方千米，辖 5 个村委会，49 个自然村，53 个村民小组，总人口 11321 人，居住着瑶、苗、壮、汉等 9 个民族，其中瑶族人口占 85% 以上。

Y 乡是云南省 100 个边疆民族贫困乡之一，属民族"直过区"，是河口县集边疆、山区、贫困、少数民族四位于一体的民族聚居乡。境内最高海拔 2354.1 米，最低海拔 120 米，相对高差 2234.1 米。立体气候明显，属热带湿润季风气候，最高气温 40.9℃，最低气温 1.5℃，年平均气温 22.5℃。年降雨量 1600—1800 毫米，相对湿度 85%。适宜种植香蕉、橡胶、柚木等热带经济作物，山区开发面积 5 万亩，是河口县香蕉主产区之一。全乡生物资源丰富，森林面积 165139.35 亩，其中大围山国家级自然保护区面积 87619.5 亩，森林覆盖率为 43%，被称为"北回归线上的绿色明珠"和"中国动植物的基因库"。

二、两个样本社区的教育情况

（一）H 镇学校教育概览

H 镇是国家一类开放口岸——河口口岸所在地，与越南老街市隔河相望，四通八达的交通运输网、热闹非凡的贸易往来给该地的经济发展带来了勃勃生机，也为教育事业增添了色彩。经济是一个地区教育、文化事业进步的助推器。与 Y 乡相比，H 镇有着更加优越的软硬件设施，一定程度上为教育事业的发展奠定了良好基础。该镇辖区内包括 2 所小学（城区小学、北山小学）和 1 所中学（河口县第一中学）；全镇共有 2966 名学生，69 个教学班，民族学生占学生总数的一半；共有教职工 237 人，其中专任教师 214 人，小学教师学历全部合格；且小学无辍学学生，中学辍学率控制在了 1% 以内。

H 镇北山小学位于河口的北山开发区，学校的前身是国营河口农场中学小学部，2006 年，在政府相关政策的支持下，该小学部正式并入规划建设中的河口瑶族自治县北山小学，2007 年开始建校并于 2011 年正式投入使用。学校占地面积 29800 平方米，其中建筑面积 13889 平方米，校园内设施齐全，环境优美，是良好的生活学习"净地"。学校招生范围主要是河口农场、北山社区以及外来务工人员子女，目前共有在校生 10014 人，24 个教学班，寄宿生 492 人，民族学生 553 人；此外，50% 的学生都是农民工子女。共有教职工 77 人，专任教师 69 人，并且大专学历教师占总数的 96%，小学高级教师 65 人。

（二）Y 乡学校教育概况

Y 乡是河口县瑶族聚居乡，瑶、苗、壮等多个民族在此繁衍生息，其地理位置比较偏僻，地处山区，距离县级行政中心路途较远，山路崎岖，交通不便，经济、教育等发展相对滞后。全乡共有 5 所学校，其中包括 4 所小学（中心小学、河口上海华安希望小学、牛塘小学、八角小学）和 1 所中学（河口县第三中学）；共有 1559 名学生，44 个教学班，其中民族学生占学生总数的 80%；教职工人数为 157 人，专任教师 143 人，学历不合格率达 4.5%；适龄学生入学率高达 99%。

Y 乡中心小学始建于 1985 年，占地面积 15176 平方米，建筑面积 5134 平方米。校内附设一所幼儿园，其在校生为 133 人，小学 1 至 6 年级学生 475 人，共有住校生 398 人。现有教职工 55 人，其中专任教师 45 人，17 个教学班。学生主要为瑶族、苗族，其中瑶族学生占 75.96%，苗族学生占 15.13%，其他学生占 8.91%。

三、两个样本社区的多元文化互动概况

（一）H 镇多元文化互动概况

H 镇位于河口县城，这里经济繁荣，交通运输网络四通八达。相比较而言，该地是一个多元、包容、开放的多民族（人员）集聚地。瑶、苗、壮、汉、彝、布依等民族和经商的外地人、外国人在此集聚，各民族的语言、服饰、饮食习惯、风俗礼仪、节日节庆等在无形中构成了一个多元的文化圈。此外，凭借行政中心、文化中心的优势，县图书馆、文化站、艺术团、民族协会、非物质文化传习馆、非物质文化传承人及边疆贸易交流会等都成为当地多元文化互动的丰富资源。为动员该镇辖区内民众参与文化建设的积极性，政府相关部门先后投入了一定资金，建立了图书室、文化室、文化长廊，以宣传党的方针政策和各族同胞的文化活动，同时组织建立了文艺队。当然，作为一个边疆口岸地区，加强和巩固与周边国家的友谊也成为多元文化互动的一个重要内容。近年来，随着与越南经贸往来的日益频繁，河口县与越南毗邻地区的文化互动，如联谊会、联欢晚会、图书交流会、教师交流、留学生互派等活动也日益增多。

边疆地区的主要教育载体——学校，不仅肩负着传达国家意志和传授现代文化的重任，还应担起传递各民族文化尤其是当地少数民族文化的责任。因此，无论是 H 镇还是 Y 乡，学校都是进行多元文化互动的重要场域和主要阵地。学校中朝夕相处的师生们来自四面八方，他们带着早已内化的民族文化或区域文化相聚到同一个校园环境中，共同的学习、生活使其无时无刻

不在经历着多元文化的洗礼，并在互动中进行着多元文化的交流、融合和创生。尽管 H 镇和 Y 乡的学校多元文化互动有一定差异，但其基本类型是一致的：多元文化互动可以是隐性的，在学校日常生活、生师交往、生生交往中产生潜移默化的影响；也可以是显性的，彰显在学校目标导向、教育教学活动、校园文化建设等方面。从另一个视角看，学校多元文化互动可以是间接的，渗透在学校组织的多种活动，学生兴趣小组，学校与家庭、社区合作开展的多种活动之中；也可以是直接的，即以学科课程、课堂教学为核心开展的，目标明确、内容明确、评估具体的多元文化教育。

（二）Y 乡多元文化互动概况

Y 乡是一个以蓝靛瑶为主体，苗、汉等多民族聚居的地区，有着丰富的多元文化互动资源，并在日常生活和庆典活动中以多种方式进行着多元文化互动。该乡水槽村的瑶族（蓝靛瑶）传统文化保护区，于 2006 年被批准成为云南省首批非物质文化遗产。瑶族传统的语言文字、宗教信仰、风俗礼仪、文学艺术及传统技艺等均被列为非物质文化遗产的重点保护对象，其中，列为省级非物质文化遗产名录的项目有 1 个，州级项目有 11 个，并且有州级文化传承人 3 人，民间文化传承人 4 人。此外，该乡还以文化站为依托组成了一支拥有 40 人的，以瑶族、苗族妇女为主的服饰刺绣队。为更好地保存当地民族的传统技艺，刺绣队不断吸收新学员，传承民族技艺、培养刺绣骨干。至 2016 年已培养 40 名妇女学会了刺绣技术，其中有 5 名已能独立完成 20 余种刺绣作品的设计、画图、加工等。

每年农历的十月十六日，是瑶族同胞祭祀祖先盘瓠的重大节日——盘王节。每年节日来临之际，Y 乡政府、文化站等相关部门都会积极组织瑶族民众参与节日活动。节日当天，瑶族男女老少及慕名而来的其他民族同胞都会穿上民族的盛装，大家欢聚一堂唱歌、跳舞，共享节日的欢乐。祭拜盘王是其中一项庄严而隆重的仪式，其中一个环节便是瑶族的童男童女向盘王献花，以表示对祖先的敬重。除此之外，瑶族男子的成人礼——度戒也是该地多元文化互动的重要内容之一，它不仅是一个简单的成人仪式，更承载着瑶族男性的善良、勇敢、担当。

这些生活化的、生动鲜活的文化互动，发挥着重要的教化作用，不仅让后代子孙了解了自己民族的历史和传统文化，更是潜移默化地影响着他们的思想观念和价值取向，让他们真正习得祖辈遗留下来的传统美德。也正是在这样一个互动交流的过程中，不同民族的人们增加了对其他民族历史、文化的认识，培养了文化平等、包容、共同发展的多元文化精神，加强了对"一体多元"中华民族文化的认同。

四、两个社区多元文化互动的共性与差异

H 镇和 Y 乡均隶属于云南省河口县，是瑶族、苗族、壮族等民族的聚居地。由于地处边疆且同宗同源的民族跨境而居，使得生活在这里的人们复杂多样，进而衍生出丰富多样的文化，为两个社区开展多元文化互动提供了资源，催生了适应不同社区需要的和而不同的多元文化互动目标、内容和方法。

（一）共同的多元文化互动目标、内容和场域

H 镇和 Y 乡在多元文化互动中最大的共性特征，体现在目标、内容和场域三个方面：一是共同的多元文化互动目标，即促进学生和社区发展，实现民族和谐、文化传承。目标是多元文互动的风向标，为多元文化互动指引着方向，因此，无论是 H 镇还是 Y 乡都高度重视明晰多元文化互动的目标：首先，促进学生多元文化认知、情感和能力的发展，培养学生文化平等、包容、共荣的观念，为其文化和谐发展奠定基础；其次，促进边疆地区各民族文化和谐，促进民族团结，实现边疆城乡社区安全与稳定，建立国家安全屏障；再次，促进多元文化的融合与发展，增强多元一体中华文化的凝聚力、向心力，促进边疆地区各族人民的民族认同和国家认同；最后，保护、传承和弘扬边疆地区各民族的优秀文化，丰富并夯实中华优秀传统，使中华民族璀璨文化得以源远流长、根深叶茂。

二是共同的多元文化互动内容，即爱国主义教育、民族文化传承以及培养多元文化意识/观念，这是多元文化互动的核心。在多元文化互动的过程中，城乡社区不同的场域虽各有侧重和特色，但在核心内容上却始终围绕上述主题展开。例如，家长在日常生活、生产过程中，以言传身教的方式传授本民族与他民族的传统文化知识；教师通过课堂教学、组织学生参加兴趣小

组活动等方式推进多元文化互动；社区工作者则重视当地各民族的传统节日，积极动员不同民族参与各种节日活动，进而促进不同民族之间的相互了解、互相包容，最终实现各民族间的和谐相处。

三是共同的多元文化互动场域。尽管 H 镇和 Y 乡属于城乡不同的两个社区，但家庭、学校、社区都是其进行多元文化互动的主要场域。在这些场域中，承载着不同民族的语言文字、宗教信仰、道德礼仪、饮食服饰和保留至今的艺术、节日等文化资本。尽管不同场域的经济、文化、社会资本不尽相同，开展多元文化互动的重点和惯习（方法）也不尽相同，但多元文化活动却贯穿各场域的各种活动，并通过日常交往活动、节日庆典、课堂教学、校园文化建设、兴趣小组活动以及家校合作和学校社区共建等多种路径，打通了各场域的边际，形成了边疆地区多元文化互动的网络与体系。

（二）不同的地理位置造就了不同的多元文化互动特色

H 镇是国家设立的一级开放口岸，是滇越铁路、昆河公路、红河航道与越南乃至东南亚地区铁路、公路、航道连接的交通枢纽，尽管在历史发展过程中，这里曾历尽沧桑，几经兴盛衰落，但在国家政策的大力扶持下，近年来该地的货物进出口量一直位居云南省第一位，一度成为云南贸易最繁忙的口岸。正是由于特殊的地理区位，使 H 镇不仅在经贸上开放、多元，而且在文化方面也包容、多样。这里既生活着世代栖息于此的各族同胞，又居住着来此谋生、经商的外地人，同时聚集了与之隔河相望的外国人（越南人），在日常的生活交往中，不同的文化在此不断交流、碰撞、融合，形成了多元文化圈。在多元文化互动中，既有中华民族传统文化、当地各少数民族文化，也有越南文化、西方文化等内容，更强调互动中的包容性、融合性和发展性。多元文化互动的方法，也更注重多样性、国际性和生成性。

与之不同的是，Y 乡处于一个相对封闭的状态，从地理位置来看，Y 乡位于山区，距离 H 镇 67 千米，且进入该地的盘山公路弯道多、急，通常要花费较长时间才能到达；从人员构成来看，该地无较多的外来人员，瑶、苗、壮、彝、哈尼等少数民族世代居住于此，他们大多还在使用自己的民族语言交流、穿戴自己的民族服饰，仍然沿袭着本民族的生活习惯，信奉自己民族的宗教信仰，独特的民族刺绣技艺和原始民居建筑得到较完整的保留。在多元文化互动中，不同民族的传统文化和中华民族的优秀文化是其活动的主要内容；重大民族节庆活动是其开展多元文化互动的重要契机；日常生活比比皆是的多元文化资源和行为习惯，孕育了浓厚的多元文化氛围，形成了多元文化互动的土壤；活跃的民族文化传承人和民族服饰制作团队，带动了乡村多元文化互动的深入。这些形成了 Y 乡多元文化互动的重要特征。

第三节　河口县城乡社区多元文化互动的现状

一、城乡社区不同场域中不同主体的多元文化认知

多元文化认知是开展多元文化互动的关键，不同场域中的不同多元文化主体对多元文化的认知水平，直接影响其参与多元文化互动的程度，也影响互动的成效。为了解边疆城乡社区不同主体多元文化互动的认知状况，我们对河口县 H 镇和 Y 乡家庭场域、学校场域和社区场域中的不同主体，即家长、学生、教师和社区工作者，开展了深入的调查和访谈。

（一）城镇社区不同场域多元文化互动主体的认知

1. 家庭场域中家长的多元文化认知

H 镇所在地是河口县的经济中心、行政中心和文化教育中心，那么，H 镇家长对多元文化的认知是否与县域中心的需求相匹配？我们的调查结果表明，大多数家长对多元文化的概念有正确的认识和理解。例如，分别有64.4% 和 63.8% 的家长认为"多元文化互动既要重视传承中华民族文化，又要重视各民族文化"，"这种文化不仅是一个国家的，还可以是多个国家中多个民族、多个地方的文化"。又如，在访谈中，有家长认为：

> 首先，我们处在边疆开放地区，对外国文化和外地文化要持有一种包容心态；其次，我们还是多个民族聚居的地区，关于民族文化，要客观地看待与对待，即善于学习和吸收精华部分，去除与时代发展不相符的部分；最后，对于积淀与发展了数千年的中华民族文化，我们更应该积极主

动学习，尤其是在当前国家大力提倡发挥文化软实力的时期。以上这些都是文化，没有优劣之分，都应该传授给下一代。（F-H-17/05/26）

家长的认识基本体现了多元文化的内涵，阐述了多元文化互动的教育意义。由此可见，城镇地区的家长已从概念上基本把握住了多元文化的精髓。

2. 学校场域中教师的多元文化认知

为客观地把握教师的多元文化认识状况，我们从对内容的认识、对概念的认识两个方面进行了调查（如表 10-1、表 10-2 所示）。

表 10-1 不同性别教师的多元文化互动认知比较

	男性（$n=93$）		女性（$n=189$）		t
	$\bar{x}$	s	$\bar{x}$	s	
对内容的认识	3.94	0.60	3.94	0.59	−0.073
对概念的认识	4.41	0.62	4.51	0.53	−1.344′
多元文化互动认知	4.12	0.48	4.16	0.45	−0.728

注：′表示方差不齐性时，采用 t 的校正检验，下同。

由表 10-1 可知，不同性别的教师在对内容的认识、对概念的认识和多元文化互动认知上的差异均不显著。

表 10-2 汉族与少数民族教师的多元文化互动认知比较

	汉族（$n=121$）		少数民族（$n=108$）		t
	$\bar{x}$	s	$\bar{x}$	s	
对内容的认识	3.90	0.59	4.04	0.61	−1.750
对概念的认识	4.59	0.52	4.38	0.59	2.971**
多元文化互动认知	4.17	0.45	4.17	0.48	−0.035

注：*表示 $p < 0.05$，**表示 $p < 0.01$，下同。

由表 10-2 可知，汉族与少数民族教师在对内容的认识和多元文化互动认知上的差异不显著，在对概念的认识上差异非常显著，且汉族教师的得分显著高于少数民族教师的得分。

问卷与访谈结果都表明，教师的认知与实际行为存在较大差异，尽管大部分教师对多元文化的内涵有正确的认识，但迫于升学压力，并未过多地关注多元文化互动，对于民族文化知识，往往仅局限于讲解正规教材上所涉及的内容；而在日常的学习生活中，78.7%的教师只是偶尔与学生或其他教师讨论与民族文化相关的话题，还有5%的教师表示从未涉及此话题。总之，城镇社区的教师们都对多元文化互动的内容、概念有了一定的认识，但在实际教学中并未有充分的体现。

3. 学校场域中学生的多元文化认知

表10-3　北山小学与城区小学学生的多元文化互动认知比较

	北山小学（$n=163$）		城区小学（$n=154$）		t
	$\bar{x}$	s	$\bar{x}$	s	
对概念的理解	4.03	0.70	4.09	0.65	−0.721
对内容的认识	3.12	0.88	3.06	0.92	0.608
多元文化互动认知	3.61	0.63	3.61	0.68	−0.017

由表10-3可知，两所学校的学生在对概念的理解、对内容的认识和多元文化互动认知上的差异均不显著。尽管城区小学的生源优于北山小学，但两所学校都位于城区，在师资、教育资源、教学方式等方面无更大差别，因为在多元文化互动认知上，二者的差异很小。在与学生的随机交流和观察中我们发现，学生的多元文化认知已经体现在日常行为的多个方面：大部分学生都比较喜欢中华民族的文化，只要课本中涉及相关知识都会认真地学习和了解；各个民族的学生都能够在日常生活中融洽相处、团结和睦；课后，各民族同学一起玩耍、一起参加课外活动。尤其是每到某个民族的节日活动时，学生之间会互相邀请参与自己的节庆，分享节日的喜悦等。由此可见，伴随着日益开放的氛围，各个民族之间的交流越来越频繁，学生对多元文化有了一些认知，对多元文化互动的认识也越来越深刻。

4. 社区场域中社区工作者的多元文化认知

调查结果表明，当前H镇社区工作者已基本具备正确的多元文化观：有55.3%的社区工作者认为多元文化是一个国家或多个国家的多个民族、多个地方的文化；87.9%的人认为，当地的多元文化教育，既要重视传承中华文化，又要重视各民族文化；90% 以上的社区工作者都比较赞同"每个民族都有勤劳、善良、团结等传统美德"的观点；90% 以上的社区工作者表示，在工作中会与社区内各民族群众友好相处，会尊重各民族的文化差异、给予相应的帮助，会耐心处理因文化差异带来的问题并经常鼓励人们"要互相欣赏彼此的文化"。

（二）乡村社区不同场域多元文化互动主体的认知

1. 家庭场域中家长的多元文化认知

与城镇社区不同，Y 乡家长的文化素质普遍偏低，并在很大程度上影响了其对一些基本概念的理解。例如，在填写"您认为多元文化是什么？""您认为多元文化互动是什么？"等问题时，家长们显得有些为难或困惑，给出的答案也不一定准确。然而，当问及一些具体问题和行为时，家长们的回答往往清晰而明确，例如，当问到"您觉得其他民族的服饰漂亮吗"时，有 81.9% 的家长选择了比较漂亮和非常漂亮。又如，有超过一半的家长不赞同"与其他民族相处非常困难"的观点；大多数的家长表示在和其他民族的村民相处时，会尊重与本民族文化有差异的他民族文化，愿意帮助处于困难中的其他民族邻居。

上述调查结果表明，尽管 Y 乡的家长对多元文化的抽象概念在理解上存在一定差异，但通过具体的行为表现可以看出，大多数家长对多元文化的内涵和多元文化互动的教育意义已经有了基本的认知。

2. 学校场域中教师的多元文化认知

与城镇社区不一样，乡村社区中有很大一部分教师都是有着短暂教龄的年轻特岗教师。针对这一状况，我们重点分析了乡村社区学校场域中不同年龄和不同教龄的教师的多元文化互动认知（如表 10-4、表 10-5 所示）。

表 10-4　不同年龄教师的多元文化互动认知比较

	(a) 30 岁以下 ($n=103$)		(b) 31—50 岁 ($n=164$)		(c) 51 岁以上 ($n=14$)		F	事后多重 比较
	$\bar{x}$	s	$\bar{x}$	s	$\bar{x}$	s		
对内容的认识	3.79	0.63	4.03	0.55	3.90	0.67	5.271**	b>a
对概念的认识	4.47	0.52	4.48	0.59	4.49	0.57	0.021	
多元文化互动认知	4.05	0.46	4.20	0.44	4.13	0.51	3.542*	b>a

由表 10-4 可知，不同年龄教师在对内容的认识和多元文化互动认知上的差异显著，在对概念的认识上差异不显著。事后多重比较发现，在对内容的认识和多元文化互动认知上，31—50 岁教师的得分显著高于 30 岁以下教师的得分。

表 10-5　不同教龄教师的多元文化互动认知比较

	(a)1—3 年 (n=72)		(b)4—10 年 (n=61)		(c)11—20 年 (n=71)		(d)21—30 年 (n=63)		(e)>30 年 (n=15)		F	事后多重比较
	$\bar{x}$	s	$\bar{x}$	s	$\bar{x}$	s	$\bar{x}$	s	$\bar{x}$	s		
对内容的认识	3.84	0.60	3.79	0.61	4.01	0.56	4.13	0.50	3.92	0.80	3.511**	d>a、b, c>b
对概念的认识	4.44	0.55	4.54	0.48	4.50	0.52	4.44	0.66	4.39	0.74	0.472	
多元文化互动认知	4.07	0.45	4.08	0.45	4.20	0.39	4.25	0.47	4.10	0.71	1.909	

由表 10-5 可知，不同教龄教师在对内容的认识上差异非常显著，在对概念的认识和多元文化互动认知上的差异均不显著。事后多重比较发现，21—30 年教龄教师在对内容的认识上的得分显著高于 1—3 年和 4—10 年教龄教师的得分，11—20 年教龄教师在对内容的认识上的得分显著高于 4—10 年教龄教师的得分。

总体来看，无论是年轻教师还是老教师，对多元文化的认知总体上差异不显著，对内容的认识存在显著差异，这与外地教师居多、不太了解当地民族文化和生活方式有关。正如 Y 小学的 G 老师所言：

我们是特岗考进来的，之前从未了解过该地的民族文化，更不懂使用当地语言教学，因此，我们只能坚持传统的提高学生分数的教学目标。（F-G-16/11/09）

3. 学校场域中学生的多元文化认知

为了更加客观地反映学生的相关认知，我们通过问卷着重考察了乡村社区中不同民族学生对多元文化概念、内容的认识以及他们的多元文化互动认知（如表 10-6 所示）。

表 10-6　不同民族学生的多元文化互动认知比较

	（a）汉族 （n=288）		（b）苗族 （n=200）		（c）瑶族 （n=273）		（d）壮族 （n=124）		F	事后多重比较
	$\bar{x}$	s	$\bar{x}$	s	$\bar{x}$	s	$\bar{x}$	s		
对概念的理解	4.05	0.68	4.05	0.55	4.06	0.62	4.13	0.64	0.503	
对内容的认识	3.23	0.91	3.46	0.69	3.35	0.70	3.46	0.69	4.504**	b、d>a
多元文化互动认知	3.67	0.67	3.78	0.51	3.73	0.53	3.82	0.54	2.457	

由表 10-6 可知，不同民族学生在对内容的认识上差异非常显著，在对概念的理解和多元文化互动认知上的差异不显著。事后多重比较发现，苗族和壮族学生在对内容的认识上的得分显著高于汉族学生的得分。

总体而言，学生们对多元文化都有了一定的认知，意识到多元文化互动在传承中华民族文化及各少数民族文化中发挥着不可替代的作用，认识到每个民族的文化都是独特的，要学会欣赏彼此的服饰、民居，要学会包容彼此的风俗习惯等。当然，对多元文化内容的认识，苗族和壮族的得分高于汉族也属正常。首先是因为他们的民族属性不同；其次在访谈中也明显地表现出了这种差异，一位汉族的男生说道：

> 生活中，我们也经常参加瑶族、苗族的节日庆典活动，可我们参加活动的目的是欣赏歌舞表演和做游戏，至于表演和游戏中蕴含的文化，我们从来不会主动了解。（F-Y-16/11/10）

然而，问卷调查数据与访谈和参与式观察的结果还是存在一定的差距，主要表现在以下四个方面：一是大多数瑶族学生并不欣赏自己的民族歌曲，认为其音调不好听，不愿意学习；二是一些苗族学生因为腼腆而不愿意在公共场合展现自己民族的文化；三是瑶族、苗族的学生课后几乎都是各自扎为一堆，不愿意与其他民族的同学玩耍、交流，这些现象在小学里面尤为突出；四是壮族与汉族学生属于当地的"少数民族"，其对本民族文化和与其他民族学生交流的状况较好。值得注意的是，无论是苗族学生、瑶族学生还是壮族学生都还会说自己民族的语言，都愿意穿自己民族的服饰，一定程度上还是比较认同本民族文化。

　　显然，Y 乡学生的多元文化认知水平及其行为表现与 H 镇学生的认知和实际行为存在较大的差别，Y 乡的学生较缺乏对自身文化的自信，更不善于与其他民族同学交流。

　　4. 社区场域中社区工作者的多元文化认知

　　为了客观反映社区工作者的多元文化认知，我们从概念、内容和方式上进行了问卷调查和访谈，结果表明，80.4% 的社区工作者理解了多元文化的概念和内涵；74.1% 的社区工作者熟悉社区内各民族的传统节日、特色美食、民族服饰等民族文化。此外，由于处理日常事务的需要，部分社区工作者还主动学习不同民族的语言，并且 70.2% 的人员都表示"社区内各个民族的文化都比较好理解"。而且，大多数社区工作者都能因地制宜以多种形式开展多元文化互动，如一位年轻的社区工作者就认为：

　　　　在解决不同民族之间的冲突时，我们会将各民族的文化知识运用其中，或将大家集中起来开会解决；每到不同民族的节日活动时，都会主持并组织各族群众一起参加，以增进不同民族间的情感交流。（F-Y-16/11/11）

　　总体而言，Y 乡的社区工作者不仅对多元文化互动有了较全面、正确的认识，而且能将其上升到民族团结、社区稳定、边疆安全的高度，并付诸实践。正如 Y 乡 M 书记所指出的：

　　　　在 Y 乡这片土地上，生活着多个民族，虽然瑶族人口较多，但也不能忽视其他民族，在组织民族文化活动时，既要有瑶族同胞的，同时也要考虑其他兄弟民族的，这样大家才会更加团结，不容易搞分裂，社区的管理工作和各项事务才能顺利进行。（F-M-16/11/11）

二、城乡社区的多元文化互动资源

　　多元文化资源是开展多元文化互动的基础和前提，主要包括各民族的语言文字、传统美德、风俗礼仪、艺术技艺、传统节日等。这些资源不仅是多元文化互动的载体、取之不竭的源泉，也承载着多元文化互动的价值和意义。

　　（一）城镇社区的多元文化互动资源

　　一是多样、包容的家庭多元文化互动资源。由于 H 镇独特的区位优势和近年来经济的快速发展，使得该镇人口结构复杂，家庭结构多姿多彩。这里有世代居住于此的瑶族、壮族、苗族等少数民族家庭，也有土生土长的汉族家庭，还有不同民族共同组成的多民族家庭。近年来，随着河口县经济的发展，尤其是对外开放的深化，来自全国各地及东南亚尤其是越南的不同民族的人把家安到了这里。这使得 H 镇的民族文化更加多姿多彩。在各种类型的家庭中，大多数的父母或长辈了解本民族的历史文化，熟识地方文化和乡土文化，认同民族国家的传统文化，具有丰富独特的社会生活经验和日常生活技能，这些都成为 H 镇家庭多元文化互动的重要资源。

二是丰富多彩的校园多元文化互动资源。在 H 镇各级各类学校校园中，不仅多元文化资源丰富，而且形式多样。国家统一编制的《中华优秀传统文化》读本是学生认识、开展多元文化互动的基石；语文教材中涉及的少数民族的优美文章，已成为多元文化学习的重要内容；思品课强调"同学之间要团结友爱，即使是不同民族、不同性别的同学们也要互相帮助，不能排挤任何一个伙伴"等观念，凸显了多元文化互动的精髓；校园内外、教学楼楼道、班级教室、寝室、餐厅，都成为展示多元民族文化、彰显学生习得文化成果的窗口，促成了"流淌"的多元文化；每周两次的兴趣小组活动，在实践中激活了多元文化知识，唤醒了师生的文化自觉；各种节庆活动时，学校精心组织，师生自编自演的各类节目，整合了多元文化资源，成为一本本"活"的多元文化教材。

三是独特、丰厚的社区多元文化互动资源。除了学校和家庭以外，H 镇社区也为多元文化互动提供了丰富的资源。其中，最鲜明且最具特色的当属越南城，那里不仅售卖各种各样的异国特产，还集聚着很多能在汉语和越语之间自由切换的外国人，将"多元文化"这四个字体现得淋漓尽致。此外，H 镇还有文化站、民族文化博物馆、民族文化传习馆、图书馆等一大批公共文化教育场所，以及一批优秀的民族文化传承人、民间艺人、文艺演出队等。这些藏于民间、遍布于社区的文化资源，已成为 H 镇持续开展多元文化互动的活水源泉。

（二）乡村社区的多元文化互动资源

在各民族文化保存较完整的 Y 社区，家庭多元文化资源极其丰富。在家庭中，既有不同民族祖祖辈辈流传下来的民族语言、文字、宗教信仰、歌舞、刺绣手艺、民风民俗及道德礼仪、生产生活方式等丰富的物质和精神文化资源，也有在不断民族融合、文化融通过程中，在传统与现代思想方式、价值观念和行为方式的碰撞中逐步形成的新的思想观念、价值取向和生活方式。这些都成为在 Y 乡家庭中进行多元文化互动的宝贵财富。

Y 乡学校多元文化资源丰富多样，成为多元文化的大熔炉。日常生活、学习中多样化的语言、不同的思维方式、多维思想观点，已成为各民族同学文化互动、交流的丰富而鲜活的资源；校园中随处可见的民族服饰，宛如流动的多元文化符号，渲染着多元文化的氛围。在学校课程、教学方面，既有国家统一的《中华优秀传统文化》课程，又有讲述地方民族特色的校本课程，以及结合地方实际开设的民族团结教育课程；教师不仅结合国家统编教材中的相关内容开展多元文化教育，而且能结合学科、课程特色融入当地的民族文化及反映边疆特征的地域文化；每逢节假日和学校组织大型活动时，师生们往往利用丰富的多元文化资源，编排体现现代元素的街舞和流行歌曲，包含民族元素的瑶族舞蹈、苗族舞蹈，以及多种形式的文艺活动。此外，学校还融合多民族的文化特征，编排了多套颇具特色的大课间操，并借助乡村少年宫的资源，在学生中广泛开展小组活动。

Y 乡社区民族传统文化资源丰富而鲜活。多民族杂居的现状和相对封闭的环境，使得各民族传统文化资源在 Y 乡得以充分的保留，并依然焕发着勃勃生机。Y 乡的文化站不仅是社区内重要的文化管理部门，更是一个保护、传承和弘扬民族文化的重要阵地。文化站收集、整理了大量以瑶族为主的民族民间文物，支持乡内各类非物质文化传承人开展活动；利用文化站资源和力量成立了瑶乡瑶秀园刺绣专业合作社，其成品融合了流行元素与民族特色，受到广泛的好评并远销外地。今天，合作社已成为巾帼创新创业示范基地、多元文化教育基地。日常生活中，社区内不同民族群众大多穿着本民族服饰，不同的民族服饰，同一民族不同年龄、不同性别的服饰，以及盛大节日时表演队集中展示的古老的民族服饰表演、舞蹈和迎宾曲，均成为多元文化互动的宝贵资源。

此外，Y 乡还具有两个得天独厚的优势：一是 2016 年 11 月，在红河州政府支持下，河口县在 Y 乡水槽村（乡政府以南 1 千米）建成了全省最大的、内容最丰富的盘王广场。盘王广场主要包括文化广场、盘王殿、瑶族陈列馆、瑶族文化传习馆、瑶族十二姓氏柱、文化浮雕墙，不仅集中展现了瑶族的历史、文化、宗教、习俗等文化精髓，也为 Y 乡多元文化互动增添了新的资源。二是在距离乡政府二十多千米处，还完好地保留着一个原始瑶族寨子。寨中既保持着反映瑶族日常生活的村落布局，又有具有瑶族典型特征的传统建筑。这些民族文化的承载物成为 Y 乡社区最好的、鲜活的多元文化互动资源。

三、城乡社区不同场域的多元文化互动内容

多元文化互动内容是城乡社区进行多元文化互动的价值体现，包括爱国主义教育，民族文化传承，多元文化观念、情感和行为培养，树立多元一体中华文化共识等。其中，爱国主义教育是多元文化互动的基础，其目的在于增进人们对祖国的认同感，培育人们的爱国情怀；民族文化传承是多元文化互动的根本，其目的在于让中华民族传统文化和各民族自身的文化能够得以传承并发扬光大；多元文化观念、情感和行为培养是多元文化互动的基石，只有帮助人们学会欣赏不同民族的文化，从心底接纳不同民族的文化，才能真正实现多元文化互动的目的。

（一）城镇社区不同场域的多元文化互动内容

1. 家庭场域中的多元文化互动内容

多元文化互动是家庭生活的常态，也是家庭教育的重要组成部分。我们的调查数据表明，在 H 镇参与问卷调查的家长中，有 65.6% 的家长认为，孩子不仅要学习本民族的文化知识，还要学习其他民族和中华民族的文化知识；有 75.3% 的家长认为，各民族文化之间是相辅相成、互不分离的，离开了其中的任何一个方面，民族文化互动都是不健全的，只有让孩子认识并了解各个民族的文化知识，才能够让其欣赏到各民族文化之美；大多数家长赞同应培养孩子的多元文化意识，树立各民族平等的观念，并转化为日常生活中的行动。也许正是由于 H 镇社区家长民族成分的多元、来源地域的宽广、职业类型的多样，才使得其家庭场域中的多元文化互动内容较全面，而且十分关

注文化互动的教育价值。

2.学校场域中的多元文化互动内容

依据我们的调查，学校场域中多元文化互动的内容主要包括以下几个方面：一是爱国主义教育。由于地处边疆地区，各级各类学校均高度重视爱国主义教育，并能结合当地的爱国主义教育基地、历史事件、英雄人物等资源开展教育活动。二是国家认同、中华文化认同教育。针对片面强调民族认同，强化地域文化、民族文化，以及外来文化的冲击，学校普遍重视培养国家意识，增强国家认同，开展中华民族传统文化教育，强化多元一体中华文化教育。三是传承和弘扬当地少数民族文化教育。学校发挥当地资源优势，积极开展以当地主体民族文化为重点的多元文化教育，不仅传递各民族的文化知识、生产生活技能，更注重培养平等尊重、包容和谐、彼此欣赏、共同繁荣的多元文化观，在各民族学生心中播下文化和谐的种子。四是国防教育和边疆安全教育。面对边疆地区的安全形势，许多学校把国防教育作为重要的内容。此外，结合边疆安全面对的突出问题，学校积极开展毒品预防、艾滋病防疫、防止走私等方面的教育。

3.社区场域中的多元文化互动内容

H镇是经济、行政中心，是中越贸易往来的主要集散地，由于其特殊的地理位置和独特的人文景观，使得爱国主义教育、民族文化教育和培养人们的多元文化意识成为该地多元文化互动的主要内容。爱国主义教育的重点是宣传党的政策方针，巩固并深化社会主义核心价值观的基石。文化是民族的血脉和人民的精神家园，同时是各民族团结的黏合剂。因此，H镇高度重视民族文化的传承，以多种方式挖掘并传扬各民族保存下来的优秀文化，在各族群众心中播下文化和谐的种子。此外，H镇还注重培养社区居民的多元文化意识，强调思想先行、观念引导；通过广泛宣传，让社区居民充分意识到民族文化和谐与繁荣的价值与作用，培育多元文化自觉，增强多元文化互动的主体意识。

（二）乡村社区不同场域的多元文化互动内容

1.家庭场域中的多元文化互动内容

Y乡家庭场域中多元文化互动的主要内容包括以下几个方面：一是本民

族的文化知识教育。主要有本民族语言、历史、文化传统、生活习俗、生产生活技能等。二是道德规范与行为举止陶冶。Y乡许多家庭往往通过宗教信仰、乡规乡约、祖训家训等内容的学习和实践，约束成人的行为，培养孩子的道德品性，塑造其行为举止。三是多元文化意识培养。由于Y乡许多家庭、家族都是由多民族成员构成的，因此培养多元文化意识成为家庭教育的一个重要内容。只有从心底认同并接纳其他民族的文化，才能够实现家庭的和睦与家族的兴旺。四是民族团结教育。Y乡的村寨不仅有多民族的杂居，而且许多家庭或家族中都有多个民族的成员，因而家庭往往重视民族团结教育，从小就培养孩子要和不同民族的孩子和谐相处，互相帮助，共同发展。

2.学校场域中的多元文化互动内容

Y乡的学校结合地域特征和少数民族学生占90%以上的基本校情，把以下几方面作为多元文化互动的主要内容：一是以瑶族文化为主的当地民族文化教育。学校发挥地方优势，积极挖掘、开发和利用民族文化资源，传承民族文化。二是培育学生正确的多元文化观念。每一个民族群体学生的身上都能体现该民族的精神、生活和经验，以此为基础，培养学生平等、尊重、包容、共荣的多元文化观念，增强多元一体的中华民族文化意识。三是培育学生的民族文化认知、情感、审美能力。学校通过校园环境建设，营造良好的多元文化氛围，通过课堂教学、学科渗透和课外活动，让学生在充满民族文化气息的环境中，学习民族文化知识、培养民族文化情感和审美的能力。四是爱国主义教育。爱国主义教育也是边疆学校多元文化教育中必不可少的一部分，因为国家的安全与统一是每一个学校开展正常教育活动的前提与保障。

3.社区场域中的多元文化互动内容

Y乡是以瑶族为主体，苗、壮等多民族聚居的山区。由于远离经济中心和行政中心，这里的民族文化还未被过多地"侵蚀"。各民族的语言、服饰等物质文化和宗教、礼仪等精神文化不仅依然得以保存，而且仍受到人们的重视，充满生机。Y乡社区世世代代传承下来的物质文化、精神文化和制度文化，让每一个社区成员在这常态化、生活化的环境中，耳濡目染、浸沉积淀，习得文化知识、养成文化习惯、塑造文化行为。由此形成了Y乡丰富的多元文化互动内容：一是社区内不同民族的优秀文化；二是多元一体中华民族传统文化；三是党和国家促进民族团结、边疆稳定的相关政策、精神；四是促进国家认同和边疆安全的爱国主义和国防教育内容。

四、城乡社区不同场域多元文化互动的路径

文化是各族人民在长期的生产劳动中积淀下来的，它是人类智慧的结晶；而方法是伴随着文化成果的出现而孕育的，它是各民族文化经久不衰的重要保证。边疆民族社区囊括了不同地域、不同民族的文化，而家庭场域、学校场域和社区场域作为社区活动的社会空间，不仅承载着各种各样的文化资源，还包含着复杂多样的人际关系，形成了各具特色的多元文化互动路径。根据布迪厄社会空间理论观点，产生于不同社会空间、不同文化背景和不同人际关系的多元文化互动路径，即是各具特色的多元文化活动的惯习或方式、方法。

（一）城镇社区不同场域多元文化互动的路径

1.家庭场域多元文化互动路径

在家庭中，言传身教和有意识进行的一对一传授是多元文化互动的主要路径。与学校不同，家庭的多元文化互动能使各民族文化在传承过程中具有其他形式所不具备的稳定性、自然性（潜移默化性）、连续性及持久性。良好的家庭多元文化熏陶，能使孩子对民族文化知识的掌握更加深入，并在日常生活中转化为生活习惯，进而得到较好的延续和传承。

在 H 镇社区的家庭中，父母主要是将自身习得的优秀传统文化和所了解到的各民族的风俗习惯传授给自己的孩子；在重大民族节日期间，带着孩子到庆祝节日的场域中，让他们身临其境地感受不同于自己民族的节日文化；当然，更多的父母是充分利用书店、特长班等媒介，让孩子了解到更多元的文化知识。除此之外，由于地处边疆口岸地区，部分异国的母亲会教授孩子自己的语言，将不同国度、不同民族的优秀品质传递给自己的孩子，一方面为孩子将来的发展打基础，另一方面也培养孩子多元、包容的文化认知。

2.学校场域多元文化互动路径

通过对 H 镇学校场域中多元文化互动路径的考察和参与式观察，我们发现其主要路径有以下几种。

一是以教材为媒介，注重课堂渗透。在学校场域中，课堂和教材是学校

传授科学文化知识的重要载体，同时也是其进行多元文化教育不可或缺的媒介，因此，注重课堂渗透和充分利用教材资源是学校进行多元文化互动的重要路径之一。

二是以兴趣小组活动为载体，让多元文化互动"活"起来。例如，B 小学创办了 30 多个兴趣活动小组，其中，经典文化诵读、象棋、腰鼓、越南语、民族舞蹈、瑶族刺绣、葫芦丝等兴趣小组均体现了不同文化的内容。

三是以校园文化建设为契机，营造多元文化氛围。例如，B 小学通过设置内容丰富的宣传栏、创设楼道空间主题文化教育走廊、打造创新创意班级文化以及组织全校性大型文化节庆活动等方式，营造浓郁的多元文化氛围，促进不同文化的互动与交流。

四是以"警校"合作平台，创新多元文化互动的新天地。为培养学生的国家意识、增强学生的民族认同感，学校与社区民警和边防武警合作，深入开展爱国主义、民族团结、国防安全等方面的教育。通过生动、鲜活的案例和实践活动，将国家意识、民族文化意识和安全意识的种子深深地埋进学生的心里。正如 C 小学的大队辅导员 Z 老师所说：

> 老师在课堂上讲十遍，不如让他们自己亲眼所见一次。所以我们每年都会组织六年级的学生到边防武警处学习，为的就是警醒学生无论何时都要远离危害。（F-Z-16/11/05）

3. 社区场域多元文化互动路径

相对于家庭和学校，社区多元文化互动的对象更加确定、内容更加广泛、形式更加多样，因此，社区是边疆民族地区多元文化互动的主要场域之一。

一是以丰富多彩的节庆活动为契机开展多元文化互动。节庆活动是多元文化互动必不可少的重要环节。优越的地理条件（河口镇与越南老街市隔河相望）和相关政策、资金的支持为 H 镇多元文化互动提供了条件。每到中国传统节日春节时，越南文化部门组织的多支文艺队都会精心排练独具特色的歌舞，并在中国的舞台上向观众们展示；而在越南的祭龙节来临之际，H 镇的有关部门也会积极排练中国的传统歌舞以及体现当地特色的瑶族、苗族、壮族歌舞，在节庆之时向越南邻邦展现多彩的中华民族文化；此外，每年全县同庆瑶族盘王节、苗族花山节等重大民族节庆活动时，H 镇更是充分发挥县政府所在地的区位优势，积极参与或举办各项民族文化活动。

二是以多种多样的公办、民办文化机构为载体推进多元文化互动。因为当地不同民族共同生活在同一片地域，H镇成立了瑶族协会、苗族协会、壮族协会以及布依族协会等，为同一民族和不同民族间的交流、沟通提供了平台。此外，随着边疆地区居民物质生活和精神生活水平的不断提高，H镇相继成立了文化站、民间艺人文化室、社区学习中心、社区图书阅览室等现代文化活动中心。这些机构和组织有力促进了各民族之间的文化互动，增强了民族情感，共同打造了独具特色的"河堤文化"（民族文化长廊），营造了良好的城镇多元文化互动氛围。

三是以边贸互市为窗口开展多元文化互动。人们的日常交往和当地每年都举行的中越边贸互市也是多元文化互动的重要路径。由于地处边疆口岸，除了世代生活在此的本地人外，该地还云集了大量到此做生意的外地人和外国人，随着人们的移动、交流，不同的文化也在不断地相互碰撞、吸收。每到中越边疆贸易会时，都会有大量的越南和中国商人在此展销各具文化特色的商品，同时也会吸引全县、全国乃至东南亚国家具有不同文化背景的消费者前往。于是，边贸互市不仅是销售者和消费者的集散地，更是不同文化互动、交融的重要场域。

（二）乡村社区不同场域多元文化互动的路径

1.家庭场域多元文化互动路径

一是以父母为榜样开展多元文化互动。由于Y乡传统文化保持完好、家庭结构较完整，良好家风家训得到传承，因而父母的言传身教成为家庭多元文化互动的主要途径。例如，在日常生活中，父母们都会教给孩子本民族的礼貌用语、禁忌等，并以身作则，做孩子学习的榜样。又如，父母将掌握的制作美食、刺绣、生产方式等授予孩子，既满足了自身生活需要，又传承了民族文化。再如，带领孩子参加节庆、婚丧嫁娶等活动，参与文化活动的全过程，从而习得民族文化的精髓。尤其是在盘王节等瑶族祭祀祖先盘王的重大节日，家长和孩子都会盛装打扮，早早地到达活动地点，观看整个祭拜仪式，并严格遵守相关规定和要求。通过参与活动，让孩子们熟知自己的祖先来源和十二姓氏的起源，了解民族发展的历史和文化内涵。

二是通过宗教仪式渗透多元文化互动。当然，文化的影响力只有渗透到每个民族成员的血液之中、骨髓里面，才能够真正地体现其价值。Y乡瑶族的度戒，既是男孩的成人礼，也是其成长中重要的文化互动过程。每当男孩长到10岁时，父母就要请师傅为孩子确定度戒的吉时，并提前一两年做准备。度戒期间，孩子要严格遵守"十条戒律"，如有违反，就不能成为一个真正的瑶族男子。整个仪式以教育青少年如何做人为内容，以培养青少年健康成长为目标，进一步规范人与人之间、人与物之间的相互关系，促进人们遵守社会公德，培养其尊老爱幼、互相帮助、和睦友善的传统美德。度戒准备期间的教诲与行为塑造，度戒过程的神圣和严谨，深刻地影响着孩子的习惯、态度、道德、价值观等的形成，是家庭多元文化互动主要路径之一。

2. 学校场域多元文化互动路径

一是挖掘教材资源，注重课堂渗透。课堂和教材是学校进行多元文化互动不可或缺的媒介，因此，Y乡各学校充分利用教材资源，注重在课堂教学中渗透多元文化知识。事实上，国家印发的语文、思品、音乐等教材中不乏多元文化的相关内容，例如，语文教材中的古诗词以及介绍其他民族节日风俗的课文，思品课教材中的中华民族气节、爱国主义精神以及优秀传统道德，音乐教材中的经典民族曲调等无不融合了多元文化。学校鼓励教师在课堂教学中，根据不同学科的特征，结合不同年龄学生的特点，挖掘教材中的多元文化内容，开展多元文化教育，促进多元文化互动。

二是关注校园文化建设，开展兴趣小组活动。推进校园文化建设、开展兴趣小组活动，是Y乡学校场域开展多元文化互动的重要路径。学校充分利用校内的宣传栏、板报、墙壁、走廊、过道等空间，传播多元文化知识，让每一面墙壁都会"说话"；通过阅读活动、班级多元文化活动等方式，学习和分享多元文化知识；组织校级的大型活动，如传统文化知识竞赛、民族艺术节等展现多元文化精神和多元文化教育的成果。此外，学校积极开展兴趣小组活动促进多元文化互动。例如，Y小学为培养学生的兴趣，丰富校园生活，开办了二十几个兴趣小组。其中，瑶族刺绣、苗族乐器、民族语言、民族舞蹈、经典诵读、传统绘画等兴趣小组成为多元文化互动的"沃土"。

三是校内外合作，利用节日开展多元文化互动。为了让学生更加深刻地认识本民族文化，学校通常会与社区合作，利用节庆活动和社区原汁原味的民族文化资源进行多元文化互动。例如，Y小学利用毗邻盘王广场的优势，每年农历的十月六日，在瑶族同胞举行盛大的祭祀祖先盘王仪式时，学校通过遴选给祖先献花的童男童女或其他方式，组织学生参与这一传统文化盛典。学生们通过亲身的参与和体悟，更进一步了解了整个仪式的过程，追本溯源，加深了对祖先的崇拜之情，也树立了文化自信。

3.社区场域多元文化互动路径

一是在日常的生产生活交往中开展多元文化互动。Y乡是一个典型的瑶、苗、壮、汉等不同民族杂居的地区，在日常生活中，每到农忙时节各民族不分你我，互相帮忙；遇到红白喜事时也本着"一家有事全村帮"的信条；在家庭结构上，部分家庭成员中既有瑶族又有苗族或者壮族。他们之间客观存在文化的差异，但长期共同的生产生活，促进了多元文化的互动，带来了民族、村落、家庭的文化和谐与融合，实现了民族团结与进步。

二是组织重大的节日庆祝活动。相对于城镇社区，Y乡社区更符合滕尼斯所提出的社区定义。在乡村社区中，人们之间的交往更加密切，联系更加频繁，因此，重大的节日庆祝活动也是乡村社区多元文化互动的重要路径。每当瑶族举行盘王节庆典时，苗族、壮族、汉族等同胞也会加入其中，共同欣赏瑶族文化，体会瑶族人民的精神；而苗族在庆祝花山节时，其他民族的人们也积极参与其中，分享节日的快乐，领会节日的意义。正是在不同文化的"对话"中，体现了文化的差异性，与此同时，各种文化也在积极互动。

第四节 河口县城乡社区多元文化互动面临的问题及原因分析

一、城乡社区不同场域多元文化互动面临的问题

社区是人们生产、栖息的场域，为人们的日常生活和交往提供了固定场所。人们以社区为载体进行生产与生活，社区也因为人们之间的互动而充满了活力与动力。边疆城乡社区亦是如此，不同地域、不同民族的人们在此生

活，构建了不同的社会空间，其中，家庭场域、学校场域和社区场域是社区多元文化互动的主要场所。伴随着不同地域、不同民族、不同国籍人员的不断涌入，伴随着人与人之间交往的不断深入、持续，体现不同意志的文化在此碰撞、冲突、融合，一方面促进了边疆地区文化的多元和繁荣，另一方面也带来了多种问题和困惑。

（一）家庭场域多元文化互动面临的问题

1. 家长多元文化互动观念淡薄

观念是主体对客观事物及其关系的认识，是文化的核心，属于文化的精神层面，是区别不同文化的主要标志。正确的多元文化互动观念是家庭进行多元文化互动的支撑，但是，我们的调查发现，河口县有相当一部分家长并不具备清晰的多元文化观念。当调查问及多元文化互动的目的时，仅有30.2%的家长认为是"帮助子女学习多元文化知识、态度和技能"，大多数家长关心的是孩子的学习成绩和升学。事实上，无论是城镇还是乡村，家长们更多关注的是孩子的智力。尤其是城镇社区的家长，他们的内心深处虽然也希望孩子得到全面发展，但在现实生活中却期盼孩子"进入更好的学校学习"。

在访谈中我们发现，几乎所有的家长都希望自己的孩子能够学好学校教授的科学文化知识，并能通过层层的考试选拔进入更加广阔的生活空间，而不是拘泥于当前的"小天地"。有一位家长说道：

> 到目前为止，我做得最成功的一件事便是把我女儿送到了英国读书，一方面丰富了她的人生阅历，另一方面我们也跟着长了不少见识，但最重要的是她将来的发展空间会比较大，我现在就经常跟我的同事和学生家长分享女儿的学习经历，鼓励他们也把孩子送出去。（F-H-17/05/23）

另外一位家长的回答更直接：

> 我的孩子学习成绩还不错，我们对她唯一的要求就是将这种优异的成绩保持到考上大学，争取能够留在大城市生活。（F-H-17/05/23）

不管是问卷调查中还是与家长的交流中都反映出这样的问题，长期被自身民族文化熏陶的家长依然摆脱不了对西方文化、城市文化的"崇拜"，在他们眼中，舒适的、有发展空间的大城市生活才是最终的追求。

2. 家长的多元文化知识不足

实施教育的前提是要掌握相应的文化知识，多元文化互动也不例外。就河口县来说，多元文化知识不仅包括传统的中华文化，还涵盖了当地瑶族、苗族、壮族等多个民族的物质与非物质文化。遗憾的是，在家庭互动中，由于家长缺失了相关的文化知识而使得多元文化互动并不全面，这一现象在乡村社区中尤为突出。Y乡家长的受教育程度普遍偏低，在被调查的454位家长中有17.8%的家长没有上过学，他们教授给孩子的更多是自己的生活经验，如生产生活技能；即便是涉及本民族的传统美德、礼仪规范等文化精髓，家长也很少能够讲明其中的道理，而仅是告诉孩子"能做什么，不能做什么"；部分家长甚至说不清楚自己的民族服饰中所承载和蕴含的文化价值和意义。对于系统的中华民族传统文化知识，家长们更是知之甚少。正如访谈中一位母亲所说：

> 日常生活中，我们只是会纠正一下孩子的不良行为习惯。本来自己的文化程度也低，很多知识还没有孩子知道得多，即便是我们瑶族的文化，我也不是很了解，只知道一些简单的，其他知识就更加不了解了。（F-Y-17/05/23）

的确如此，家长由于多方面的制约而无法掌握较完整的多元文化知识，难以找到正确的方法将自己熟知的民族文化教授给孩子，导致家庭中的多元文化互动遭受"阻力"。

3. 孩子的多元文化学习意愿不强

孩子学习多元文化意愿的强弱一定程度上关乎多元文化的传承与发展。我们的调查发现，在河口县，无论城镇还是乡村，孩子们学习多元文化的意愿均不强。许多孩子不愿意花费更多的时间和精力去学习传统的中华文化及当地各民族独特的历史文化。正如城区的一位家长所说：

> 我的孩子今年上四年级了，每天放学回家完成家庭作业以后就打开电脑玩各种小游戏，我们家长干涉多了还不高兴。孩子几乎不会要求家长给他辅导功课或者讲授一些其他方面的文化知识。在城镇里有比较好的图书资源，他也不会利用；有时候当地庆祝民族节日把他带出去也只是走马观花，不愿意听家长讲解，自己也不会主动询问。（F-B-17/05/24）

在信息技术迅速崛起的今天，孩子身边的媒体越来越多，不仅城镇的孩子能够"享受"其中，乡村的孩子也在其中"乐此不疲"。正如Y乡的一位母亲所说：

> 我上小学的孩子都离不开电视和手机了，每天放学回家的第一件事就是打开电视看偶像剧，周末更是如此。家长的手机只要被她"逮"到就看起来无休无止。我平时也想教她学习一些生活技能和我们瑶族的刺绣手艺，可是她总有各种理由搪塞我，就是不愿意学。（F-Y-16/11/13）

显然，一些孩子缺乏学习多元文化的意愿，已成为家庭中开展多元文化活动的主要阻力。

（二）学校场域多元文化互动面临的问题

1. 缺乏相应的硬件设施

目前，资金短缺、硬件设施落后成为河口县城乡学校进行多元文化互动的"瓶颈"。我们的问卷调查发现，有31.2%的城乡学校教师认为缺乏硬件设施，缺乏开展民族交流活动的条件和基础，是制约多元文化互动的主要"瓶颈"。这一状况在乡村学校更严重。在访谈中，Y乡小学兴趣小组活动负责人D老师认为：

> 我们的兴趣小组活动受场地等各方面条件的限制，开展得不是很好，像今天下雨就完全进行不了。进入11月份，Y乡这个地方雨水特别多，学校已经连续两个星期没有搞活动了。（F-D-16/11/09）

L校长也从学校层面讲述了面临的困难：

> 我们Y乡的民族文化资源是很丰富的，但迫于资金压力，我们没办法开展。学校现在缺乏功能室、学习道具，还缺乏教授的艺人，完善这些设备是需要大笔资金的，可这些没有单独的拨款，学校自身是无力承担的。（F-L-16/11/10）

的确如此，没有资金的投入，学校在开展多元文化活动方面显得心有余而力不足。

2. 缺乏专业的师资

在民族地区，从小培养学生的民族意识是学校教育的重要内容，而这种意识的培养又与教师息息相关，因此，多元的教师队伍和多元的课程设置是学校多元文化互动的重要元素。然而，我们的调查发现，河口县城乡学校均缺乏多元化的教师队伍：一是教师队伍的构成单一，汉族教师居多，少数民族教师不足；二是掌握当地主体民族语言、熟识民族文化的教师较少；三是外来教师逐年增加，他们对当地的民族文化知之甚少，又因语言沟通障碍进一步降低了学生学习多元文化的积极性；四是学校缺乏对教师开展多元文化活动的引导和要求，导致教师提升多元文化互动知识和能力的方向不明、动力不强。

3. 部分课程形同虚设

课程作为一种媒介，在多元文化互动中具有举足轻重的作用。但在实地调研中发现，教师们在相关课程（语文、思品）中渗透、拓展和延伸多元文化知识并不多，只是一味地向学生灌输，并要求学生记住包括标点符号在内的每一个细节，以便应付各种考试。一些直接讲授多元文化的课程，诸如民族团结教育、地方课程、劳动教育等，早已名存实亡，课时被语文、数学等主科课程"占领"。在与学生的交流中我们了解到，不仅劳动教育等课程被虚设，高年级的思品课、科学课也经常被语数外等考试科目取代。对于这样的安排，Y 小学的 G 老师和 Z 老师认为：

> 有一部分课程的确不上，只是贴在课程表上，我们也知道这样不利于学生的全面发展，但是没有其他更好的办法来提高学生们的成绩。我们这里虽然有丰富的民族文化资源供学生了解和学习，但只是学习民族文化不能提高考试分数。这里的学生基础也比较差，不增加学习的课时是无法提高成绩的，所以不涉及考试的科目，我们都会适当减少，以增加其他课程内容。（F-G/Z-16/11/10）

4. 学生对民族文化的认同度不高

B 小学和 Y 小学分别位于河口县的城区和乡村，B 小学共有学生 1010 人，其中少数民族学生占 54.8%；Y 小学共有学生 608 人，少数民族学生占 91.09%。这样一个民族学生居多、不同民族学生朝夕相处的环境，为学校进行多元文化互动提供了优越的条件。然而，我们的实地调研发现，两所学校多元文化互动的情况不容乐观，其中一个主要问题便是学生的民族文化认同度不高。在兴趣小组活动中，体现多元文化的经典诵读、瑶族绣艺和傣族葫芦丝并没有引起太多学生尤其是高年级学生的兴趣，学生们更多"青睐"的是计算机、体育等兴趣小组。当被问及"你是否经常和同学讨论关于其他民族文化的话题"时，63.1%的学生表示只是偶尔讨论，还有16.4%的学生从不讨论。

即使在民族文化氛围相对浓郁的Y小学，这样的问题依然存在。从"当别人提到你的民族时，你会产生自豪感吗"这一题项的统计数据中可以看出，36.8%的学生只是有时会感到自豪，还有33.9%的学生认为无所谓和从不感到自豪。一个五年级女生的观点很有代表性：

> 我觉得街舞比较酷，六一儿童节的时候，我们班的男生会表演，我们很喜欢看。而我们的民族舞蹈有的节奏太慢，有的要扭屁股，我们不喜欢跳，学校有活动时只是低年级的学生会表演。（F-Y-16/11/09）

对于民族刺绣手艺学生是否喜欢学，一位女孩说道：

> 不喜欢，学习那个太麻烦，并且爸妈也不要求我们学，平时闲在家就看电视。（F-Y-16/11/09）

从这些数据和访谈可以看出，随着大众媒体的普及化，学生们不再被"封闭"于本民族的文化里，而是进一步开阔了视野，但随之而来的是无形之中抛弃了对民族文化的认同。

（三）社区场域多元文化互动面临的问题

1. 社区居民忙于生计忽视多元文化互动

经济的发展往往会使人重物质轻精神，重生产生活忽视文化互动。这一现象在河口县城乡社区也有一些表现：在城镇社区，人们大多忙于做生意、上班或打工赚钱，较少将注意力集中在多元文化互动方面，即使部分人主动地、自发地到越南语培训班学习，也是为了能够顺利地进行经济交易。就如一位当地人说的：

> 在城镇地区，首先是人口结构上以汉族居多，虽然也有少数民族同胞，但是他们有的已经将自己本民族的文化遗忘了；其次是人员组成上也比较复杂，很多都是从外地来的商人，他们到此的目的是赚钱，对当地各民族文化比较尊重，可是不会主动去学习或了解；最后是各民族之间的交流不多，包括各种民族协会，表现在壮族、苗族、瑶族各自参加自己协会的活动。（F-H-17/05/27）

在乡村社区，村民们对本民族和其他民族文化的学习热情不够，主要表现为文化交流活动参与度不够，参与的积极性不高。其原因之一就是居民们忙于提高经济收入，忽视多元文化互动。我们访谈的一位农妇说：

> 我们乡目前正在打造旅游小镇，于是政府作了集中规划。我们村在种植香蕉的同时还种植大量的柠檬和红心柚等经济作物，前段时间才将幼苗种到地里面，为了保证成活率，每天都要花费大量时间管理，大家根本就没有太多闲散时间聚集在一起唱歌跳舞。平时的交流也少了很多，都是自家忙活自家的。（F—Y—16/11/13）

当然，生存和发展是一个客观、现实的问题，但隐藏其后的却是村民们思想观念的问题，他们并未真正了解并认识到多元文化互动对自身发展及村落建设的重要价值和意义。

2. 多种因素制约多元文化互动的深入开展

多元文化互动是促进边疆城乡社区发展必不可少的动力之一，然而在实地调查中我们发现，社区多元文化互动的开展受到多种因素的制约。首先，外来人员和文化的影响。有 32.9% 的社区工作者认为"社区居民中既有当地少数民族，又有外地人，还有外国人，使文化和宗教更加多元，增加了多元文化互动的难度"。其次，社区开展民族文化活动次数有限，活动内容不够深入。有 50.7% 的社区工作者认为，自己所在的社区每年组织民族文化交流活动的次数只有 1—2 次；80% 的社区工作者认为，社区内开展的民族文化活动大多局限于品尝传统美食、欣赏民族服饰、互庆节日等活动。再次，社区工作者对多元文化互动的重视程度还不够。有 70.1% 的社区工作者对国家的民族文化活动政策只是了解一些，还有 23.9% 的社区工作者不太了解，也就是说，94% 的社区工作者对相关政策都缺乏深入的了解。最后，传统民族文化后继无人，面临着消亡的危险。这一状况在城镇社区更加突出，正如 H 镇文化站负责人所说：

> 当地的民族文化和技艺，由于老艺人的去世、生病，再加上学习民族文化大多是义务的，没有太高的报酬，现在的年轻人也不愿意学了，我们也没有更好的办法。（F—H—17/05/26）

多元文化互动离不开多样的文化土壤，更离不开人的传承与弘扬，当前河口县城乡社区存在的老艺人不愿意传授、年轻人不愿意学习的状况，折射出多元文化互动能否持续发展的问题。

二、城乡社区不同场域多元文化互动面临问题的原因分析

河口县不同的民族构成衍生了多样的文化，组成了多元的文化圈，为开展多元文化互动提供了有利条件。然而，在多元文化互动的过程中，由于经济社会的快速发展，城乡社区家庭场域中的文化互动功能减弱；价值取向的偏差，使学校场域多元文化互动主阵地作用难以发挥；政策、措施的不到位，使社区场域多元文化互动乏力。

（一）家庭场域文化互动功能减弱

1. 家长认识不到位降低家庭多元文化互动的内在动力

当前，家长认识不到位是制约边疆地区多元文化互动的"瓶颈"。总体而言，河口县城乡社区的家长们并未真正意识到多元文化互动的重要价值，没有意识到中华传统文化和各民族优秀文化对孩子成长的长远意义。在当下急功近利的社会环境中，家长们并不"欣赏"太慢的文化形式，他们更多追求的是有助于孩子继续升学的现代科学文化知识，正如我们的调查结果所显示的，近40%的家长认为"生活在多民族地区的儿童应该学习现代科学文化知识和西方先进文化知识"；有近50%的家长认为"少数民族地区的孩子更应该学习中华民族传统文化和本民族文化知识"。尽管有一半的家长支持孩子学习不同民族的传统文化知识，但总体而言，家长们的多元文化互动意识并不强烈，这在一定程度上降低了家长身体力行开展家庭多元文化活动的内在动力，也影响了孩子学习多元文化的积极性。

2. 家长重视经济利益影响家庭多元文化互动的开展

近年来，国家对边疆地区的重视和扶持力度不断加大，并在财政投入和政策支持上予以倾斜，作为国家一类开放口岸的河口县抓住了机遇，无论是经济还是旅游都处于蓬勃发展之中。截至"十二五"末，河口县城镇居民可支配收入高达25707元，农村居民可支配收入为9473元，并且登记在册的城镇失业率控制在了4%以内。由此可以看出，人们的经济收入正在逐年上升，在经济利益的驱动下，家长们纷纷将重心转移到生意上。正如B社区Y书记所说：

> H 镇是口岸城市，加之与越南老街相邻，近些年来外来人口越来越多，旅游发展也越来越好，社区居民们不愿意再守着几亩地过日子了，而是纷纷外出摆摊做生意，一年下来的收入比种地要多，目前，社区辖内已经没有特别贫困的家庭了，大家的生活水平都逐渐提高了。（F-Y-17/05/26）

但与此同时，不少家长却忽视了教育责任，尤其是民族文化教育的责任。正如 Y 书记所说：

> 有老人的家庭，孩子的一切就由老人照顾，没有老人的家庭（外来打工），孩子就跟随父母，与父母的作息一致。至于教授民族文化知识是不现实的，第一，有的家长文化程度较低；第二，在家长的观念里，挣钱是最重要的。（F-Y-17/05/26）

在经济社会快速发展的今天，生活在边疆地区的人们，也不再满足于传统的农耕生活了，许多家长放弃了本民族的手工技艺，进入城市打工挣钱，以更快、更多地获取经济利益。正如一位妇女所言：

> 还是到城里打工比较划算，在家种地又辛苦又操心。在城里只用做好分内工作，每个月老板都给你发工资。我们虽然会瑶族刺绣，但是现在需要这些东西的消费者已经不多了，并且有机器大批量生产，无论是样式还是做工都比较精致美观，我们自己做的无法与之相比。（F-H-17/05/27）

经济社会的快速发展一方面改变了人们的生活方式，提高了人们的生活水平，但另一方面也在无声无息地改变着传统的家庭生活方式，制约着多元文化互动。

3. 文化环境变化导致城乡家庭多元文化互动成效不佳

在全球化的背景下，整个中国的文化环境不再仅由单一的传统中华民族文化占有，而是融合了更多的西方元素，尤其是在影视、书籍、服饰等人们更容易接触到的事物中体现得更加明显。这一状况也影响了边疆地区的家庭生活、家庭文化环境和家庭教育，具体表现为：部分家长盲目购买介绍西方家庭教育方式的"宝典"，并不顾一切地将其运用到自己孩子身上；强调学习外语的重要性，而忽视对本国语言文字的学习；忽视对本民族语言的学习，尤其是城镇的家长；弱化或淡化地方民族文化传承教育，重视对外来文化、西方文化的学习。

除此之外，一些边疆地区的家长为了让孩子获得更大发展，往往更加注重提高孩子的汉语水平，对本民族的语言、文化则遵循孩子的意愿，愿学就学，学多少算多少。调研中一位布依族家长就表示：

> 我的三个孩子都比较优秀，大女儿在×中医学院上学，二女儿和小儿子分别上高中和初中，学习成绩一直都很好，将来肯定能考上大学，我认为他们有这样的成就主要得益于对汉语的掌握。家里面的父母、老婆和嫂嫂们都会说布依话，也自己制作一些民族服饰穿戴，但他们平时都是使用汉语和孩子交流，不要求孩子穿戴布依族服饰，更不会强迫他们学习制作民族服饰的方法，大家都认为孩子学习好了就什么都好了。（F-H-16/11/01）

面对变化了的文化环境和家长对多元文化互动目标的追求，我们难以期待家庭多元文化互动能够产生积极的影响、家庭教育能够为孩子打下坚实的多元文化基石。

（二）学校场域多元文化互动主阵地作用难以发挥

1. 学校忽视多元文化互动

长期以来，我国的学校教育存在着重应试轻能力、重学科学习轻综合素质发展的顽疾。边疆地区的学校也深受影响，将考试分数、升学率、考试排名作为评价学生、学校、校长、老师业绩的标准，致使多元文化互动受阻。城乡学校大多数的教师都认为，学校存在多种制约多元文化互动的因素，其中有24.5%的教师明确指出，"学校过分强调升学率，忽视民族文化教育"。面对这一状况，Y乡L校长则既无奈又焦心：

> 上面给我们的文件是要按照国家标准课程设置培养学生，内容又多又难，我们只能天天赶课，每次考试成绩都不达标，我不得不把重心放在教学上。但作为民族文化资源丰富的瑶山，我们再不传承自己的文化，或许再过二十年，我们的文化就消失了，或者全部被汉化了。（F-L-16/11/10）

由此可见，学校教师和领导虽然有心传承各民族的传统文化，但迫于教学要求和考试分数的压力，不得不将其放到次要的位置。

2.学校多元文化教育资源匮乏

多元文化互动需要多样的教育形式做支撑，更重要的是需要丰富的教育内容和教育资源。然而，在实际调查中我们发现，当前学校中的教育内容比较单一，主要还是以与升学考试密切相关的语数等现代科学知识教学为主，课堂渗透也比较少，民族团结教育读本、思想品德教材以及社会常识教材几乎都是崭新的，尤其是在 Y 小学，这种现象比较突出。在访谈中，学生也说：

> 各种教育读本很少专门设置一堂课让我们学习，老师大多交代我们在课后时间多看，思品课、民族团结教育课甚至班会课多数被安排了上语文和数学。

在城区的 B 小学，语文、数学课占据其他课程的现象也屡见不鲜，因为在教师们看来，只要能提高学生的考试分数，"牺牲"一些不作为考试重点的科目是值得的，也是正确的。

就 Y 小学和 B 小学而言，缺乏多元文化教师是其多元文化教育裹足不前的重要原因。首先，由于少数教师长期在外求学和生活，自己的民族语言和一些重要的民族文化早已遗忘，即使是本地的老教师也因为自身掌握知识的局限性而无法在现代教学和传统文化中自由切换；其次，为补充边疆地区的师资力量，大量的特岗教师注入，他们以陌生人的身份走入边疆地区，对当地文化不熟悉也是情理之中的事。最后，缺乏专业的教师指导，大多数兴趣小组活动只能由任课教师负责，其作用仅限于维持正常的秩序。正如 Y 小学一位年轻老师所说：

> 我是曲靖那边考过来的特岗教师，每到周三下午第三节兴趣小组活动课时，我就负责羽毛球组，教学生一些简单的发球、接球技巧，维持好学生打球的秩序，像瑶族刺绣就由当地的教师负责。（F-Y-16/11/08）

而在观察中我们发现，刺绣组的教师也并未真正带领学生学习，仅做一些诸如整理刺绣需要的五彩线等辅助性工作。

（三）社区场域多元文化互动乏力

1.社区工作者对多元文化互动认识不足

尽管社区从多方面努力，积极推进多元文化互动，但依然存在一些问题。究其原因主要有三：一是重经济发展，对民族文化传承重视不够。问卷调查结果表明，有接近 30% 的社区工作者认为"政府更关注经济发展，对组织民族文化活动的重视不够"。在实地访谈中，Y 乡 M 书记也认为：

> 当前，带领老百姓脱贫致富才是我们政府工作的重点，Y 乡属于国家级贫困乡，很多百姓还居住在简陋的房屋内，处于温饱的边缘，我们只有先解决生存问题，才能考虑更高层次的文化保护与传承问题。当然，比较重大的节庆活动我们会全力以赴参与，例如这次的盘王广场落成仪式，其余的就没有过多参与了，主要还是村民们自发组织。（F—M—16/11/12）

二是实施过程在一定程度上存在着重形式、轻内涵，忽视民族节日的文化意义和教育价值的现象。以盘王节为例，每当节日来临时，文化站等相关部门都会精心装饰开展活动的场地，营造节日氛围，各族同胞也会盛装参加。但是在节日当天，除了安排少许的民族歌舞表演外，其余大部分节目都是与体育运动相关的，且与瑶族传统体育、瑶族文化相关的甚少，难以表现盘王节的文化内涵及其蕴含的民族精神。

三是对多元文化和多元文化互动价值的认识还不够充分。上述现象折射出一个深层的原因，即地方政府及其社区工作人员对文化的奠基作用，对多元文化互动在经济社会发展及其民族团结、社会稳定中的深远影响和潜在意义的重视还有待加强。

2. 社区缺乏多元文化互动的人才和资金

社区深化多元文化互动必须有相关专业人员、一定的物质和经费支持，但在实地调研中我们看到，无论是 H 镇还是 Y 乡都捉襟见肘。究其原因，一是人的问题，有 22.5% 的受访者认为"相关工作人员文化素质不高，不能给予实质性的支持"；22.4% 的人认为"没有相关专家学者指导，无所适从"；21.1% 的人认为"社区工作者缺少开展多元文化交流活动的培训机会"等。[①] 二是资金问题，有 26.8% 的人认为"资源缺乏、经费不足"是制约社区多元文化互动的重要原因。这在我们的访谈中也得到了证实，如 Y 乡文化站书记就认为：

> 尽管国家已经投入很大一笔资金建成盘王广场和居民住宅区，乡里

----

① 数据来源：课题组问卷调查分析报告。

也申报了州、省级的非物质文化遗产，但旅游小镇还未全部建成，还不能产生经济效益。可是文化载体的维护需要费用，文化传承人也需要一部分费用，我们现在可谓入不敷出，瑶族刺绣园获得的经济收入也只够购买原材料和维修器械。总之，在社区内开展多元文化活动还是需要资金。（F-Y-16/11/08）

三是政策问题，有 64.2% 的人认为"政府资金支持力度不够，政策、方法等创新不够"，[①] 影响了社区多元文化互动的有效开展。上述问题的存在，往往使得社区工作者在深化多元文化互动时显得力不从心，即便有美好的愿望和设计，但受制于客观条件也难以实现。

（四）民族文化和乡土文化逐渐走弱

传统文化主要有四个组成部分：价值体系、知识经验、思维方式和语言符号，这四个方面相依不离。[②] 然而，传统文化中的价值体系、知识经验、思维方式和语言符号在 H 镇和 Y 乡的人们身上已不再显现，在各个场域的多元文化互动中也没有更多地融会贯通。究其原因，主要是外来文化的冲击使民族文化和乡土文化逐渐淡出人们的视野。

河口县有着长达 193 千米的国境线，与邻国越南隔河相望，随着全球化趋势的不断加强和信息技术的普及应用，该县的文化更加多元了，可是中国的优秀传统文化和当地各少数民族的文化却在无形之中被冲淡了。在城镇社区，大街小巷中已听不到人们用民族语言交流，看不到穿戴少数民族服饰的人们在街道上穿行。受经济利益的驱使，部分人违背传统道德规范、乡规民约，参与走私、贩毒等违法犯罪活动。在乡村社区，增进感情、聚集民心、敬畏天地、促进人与自然和谐的"对歌、打跳"等传统娱乐方式不再受到重视，承载民族历史、文化、精神和特色的民族服饰不再受到推崇，人们尤其是青少年更喜欢看电视、玩手机、打游戏，热衷于追求"时尚"和"新潮"。在各种现代文化的熏陶下，边疆地区的民族文化已开始淡出人们的视野，多元文化互动也逐渐式微。

---

① 数据来源：课题组问卷调查分析报告。
② 郑金洲：《文化与教育：两者关系的探讨》，《上饶师专学报》1996 年第 1 期。

────○ **和谐与共荣：边疆城乡社区多元文化互动的特色与思考** ○────

本章基于社会空间理论，阐述了河口县 H 镇和 Y 乡多元文化互动具备的条件，比较了城乡社区多元文化互动的现状，揭示了两个社区多元文化互动存在的问题，剖析了影响其多元文化互动的因素。在此，我们总结 H 镇和 Y 乡两个社区多元文化互动的特色，并对边疆城乡社区多元文化互动的若干问题进行思考。

河口县城乡社区多元文化互动呈现出以下特色：

第一，不同的多元文化互动资本，凸显城乡各自的优势。H 镇位于中越边疆口岸，形成了开放、包容的环境，多姿多彩的民族语言、风俗习惯、宗教信仰、服饰和饮食，构成了丰富多元的文化资本。H 镇借助文化资本优势，成立瑶族协会、苗族协会、壮族协会等多个民间文化机构，设立了博物馆、图书馆等多个公共文化场所，依托中越边疆贸易和联谊等大型活动，不仅将各民族的优秀传统文化知识传授给人们，而且具有教化的作用，让人们从心底认识到多元文化的魅力所在，最终实现"文化固边、文化兴边"的目的。Y 乡没有喧嚣的越南城，没有操持着浓郁口音的外来人，有的只是宁静的田野，世代居住于此的瑶族、苗族、壮族同胞。该乡形成了以经济作物和农产品为核心的经济资本，以少数民族传承至今的语言文字、宗教信仰、风俗习惯、隆重的节日庆典以及独有的饮食服饰为标志的文化资本，以州、省级民族文化传承人为骨干的社会资本。与 H 镇相比，Y 乡的多元文化互动资本因没有融入更多的外来文化而显得更加纯粹，形成了自己的优势。在日常生活中，无论是长辈还是晚辈，大家都用本民族的语言进行交流；瑶族和苗族同胞之间能够互相听懂对方的语言，甚至有部分人能够熟练掌握彼此的语言；各民族同胞共同庆祝彼此的节日，分享节日的快乐，欣赏和交流不同的文化。文化互动在常态中进行，文化传统、文化精神在互动中碰撞、在融合中延续和传承。

第二，不同的多元文化互动惯习，形成城乡各自的特色。边贸互市是河口县城镇社区多元文化互动的最大特色。H 镇借助大型的国际交流活动，如中越边交贸易会、中越跨国春节联欢晚会等开展多元文化活动；注重在日常商贸往来和生活中的文化互动与交流，实现多元文化互动的教育价值；积极探讨课堂内外、学校内外相结合进行多元文化教育的方法和路径，形成学校与社区、学校与边防武警等跨行业、跨部门的紧密合作。在乡村社区，大型的节庆活动和社区与学校合作是其多元文化互动最具特色的路径。首先是社区组织、全员参与的民族节庆活动，主要包括瑶族的盘王节和苗族的花山节；其次社区组织、学校参与的重大节庆活动，主要表现在对瑶族祭拜祖先盘王的仪式全过程的参与；最后是学校与社区合作，组织学生进入社区多种民族文化场域，让学生在现场观察和具体操作的过程中学习和体悟传统文化的知识与内涵。

第三，不同的多元文化互动资源，打造城乡各具特色的场域。丰富多样的多元文化互动资源形成了城镇社区独具特色的场域。首先，越南城是 H 镇多元文化互动的特色场域之一。这里不仅集聚着能在汉语和越语之间自如切换的越南人，还有琳琅满目的本地小吃、异国特产，以及慕名来体验"国内的异国风情"的各方游客。其次，沿红河而建的河堤文化长廊是又一特色的文化互动场域。这里为生活于 H 镇的人们提供了休闲、娱乐的场地，每到傍晚都有三五支不同民族特色的舞蹈队和乐器组在此表演。再次，学校中丰富多样的文化活动成为多元文化教育的核心场域。学校通过兴趣小组，把多元文化活动引入课堂、融入校园生活，让学生成为多元文化互动的主体，让学校活动焕发出勃勃生机。学校还充分利用校园空间，展示中华传统文化、各民族文化，以及学生学习多元文化的成果。最后，学校还积极将学生"带出校园，带入实地"去体验并运用在课堂和活动中学习到的知识，让学生真正掌握多样的文化。传统的民族文化资源造就了乡村社区独具特色的多元文化互动场域。首先，多民族聚居的区域就是一个天然的文化互动特色场域。Y 乡生活着瑶、苗、壮、彝、汉等不同民族的同胞，日常生活的方方面面都有文化的交流和融合；传统节日更为多元文化互动提供了契机和平台，在节日期间，各族同胞穿戴着自己的民族服饰，展示着本民族的舞蹈和歌曲。其次，承载着传统民族文化的盘王广场，已成为 Y 乡最具特色的多元文化互动场域。最后，原汁原味的瑶族古村落和新建成的充满瑶族历史、文化和建筑特色的异地搬迁村落，已成为多元文化互动场域的又一重要组成部分。

第四，多方重视与支持，共促城乡社区多元文化互动。一是领导重视，积极支持。例如，H 镇为加强和规范民族团结教育，成立了镇政府、教育主管部门和学校共同组成的领导小组，规划和制定相关的制度和实施方案。Y 乡负责人多次与学校商定社区与学校合作加强多元文化互动。二是建立社区、学校、村落多方合作机制，搭建乡镇多元文化互动、交流的共同平台，整合资源，创新多元文化互动方式。三是发挥乡镇社区，尤其是文化站工作人员的重要作用，拯救濒临失传的民族工艺、技术，传播民族文化知识，培养文化传承人。四是充分调动乡镇、村落非物质文化传承人和民族文化带头人的骨干作用，营造重视民族文化的氛围和多样的文化互动场域。五是借助县、州、省的专家、学者和专业人员的智慧和资源，开展专业培训，提高教师、社区工作者的多元文化素养和进行多元文化互动的能力，促进城乡社区多元文化互动的深入、持续开展。

基于河口县城乡社区多元文化互动的现状、问题及原因分析，我们认为，边疆城乡社区多元文化互动应重点关注以下问题。

第一，重新认识多元文化互动在边疆城乡社区发展中的重要地位。边缘性、前沿性、民族性和宗教性是边疆地区的主要特征。这些特征既体现着和平、包容的大国情怀，又丰富着我国文化的多样性。但由于所处位置的特殊性，其中也潜藏着不安全因素，威胁着国家的统一与稳定、民族的团结与和谐。因此，为保证边疆地区的稳定与团结，应该重新认识多元文化互动在边疆城乡社区发展中的重要地位。良性的多元文化互动有助于培养文化平等、包容、共荣的互惠观念，促进文化传承，形成中华民族多元一体的观念，增进文化认同和国家认同。

第二，明晰与发挥边疆城乡社区不同场域的关键作用。首先，要提高家长的多元文化素质。家长是家庭中最重要的组成人员之一，他们是加强多元文化互动、传承各民族文化的基本载体。因此，在日常生活中，家长应该意识到言传身教的重要性，将传统的民族文化与民俗宗教文化传授给自己的孩子；在教育过程中，要认识到家校合作的关键性以及孩子全面发展的重要性，转变"教育是学校老师的事"和"以分数论英雄"的观念，真正做到让孩子全面发展。其次，要培养多元文化素质的教师。在学校中，学生是参与多元文化互动的主体，教师是引导多元文化互动的主要力量，因此，学校应多组织多元文化方面的培训，以丰富教师的多元文化知识；当然，教师作为教育领域的专业人士也不可忽视与校外"专业人士"的合作，这样才能够真正树立起多元文化价值观念。最后，要重视社区场域在多元文化互动中的补充性和延伸性，例如，充分利用现有的文化宣传队，结合实际情况，启动多体制、多层次、多形式的文化设施和文化宣传互动平台建设。

第三，构建边疆城乡社区空间内外多元文化互动的合作平台与机制。边疆城乡社区是各群体居住和生活的地理区域，是人们进行实践活动的场域，并且在实践过程中产生了亲情关系、邻里关系以及贸易关系等社会关系，为了让这些错综复杂的社会关系有序地维系边疆地区的和谐与稳定，需要搭建多元文化互动合作平台。当然，搭建合作平台只是促进多元文化互动的一方面，更重要的一方面是构建合作机制。多元文化互动要按照一定的规范、一定的要求去运作，并且在运作过程中要明确一定的目标、一定的标准，具有一定的合作方式和评价体系。有了一定的平台与机制后，还应注意家庭之间、学校之间以及社区之间的交流与互动，抓住家庭与学校之间、家庭与社区之间以及学校与社区之间的合作机遇。当然，除了内部动力支持外，还需外部动力做支撑，即加大硬件设施的扶持力度，更好地促进多元文化互动。

结　语

一、综合分析：西南边疆多元文化互动的态势

（一）"五层空间"关系从断裂走向弥合

第五章至第十章的多元文化互动实践状况表明，国家、区域、社区（或乡镇）、村落和学校这五个空间层面的关系，呈现出从断裂走向弥合的发展态势。

首先，"五层空间"联动关系初步理顺。一是"五层空间"的联系日趋紧密。一方面，上级文化空间影响下级文化空间、下级文化空间反映上级文化空间的状况逐渐改善。从上级文化空间影响下级文化空间的视角看，国家文化影响区域文化、社区（或乡镇）文化、村落文化和学校文化，区域文化影响社区（或乡镇）文化、村落文化和学校文化，社区（或乡镇）文化影响村落文化和学校文化，村落文化影响学校文化的状况有所增强；从下级文化空间反映上级文化空间的视角看，区域文化反映国家文化，社区（或乡镇）文化反映区域文化和国家文化，村落文化反映社区（或乡镇）文化、区域文化和国家文化，学校文化反映村落文化、社区（或乡镇）文化、区域文化和国家文化的状况有所改善。另一方面，"五层空间"的多元文化交流与融合日益加强。在良好的政治环境、民族政策、文化导向和经济发展的背景下，家庭内部的文化互动促进了村落、学校的多元文化互动；村落、学校中不同民族的文化互动又加速了家庭、社区（或乡镇）多元文化的交融与共生；社区（或乡镇）空间的文化互动对区域、村落、学校空间的多元文化互动也有积极的作用；区域中不同民族的文化互动促进了国家、社区（或乡镇）、村落、学校和家庭的文化融合；我国多元一体的文化政策促进了56个民族文化之间

的互相交流，加速了不同区域、社区（或乡镇）、村落和学校的文化交融。总之，上述五个相对独立空间多元文化的良性互动，加速了国家、区域、社区（或乡镇）、村落和学校的文化交融，缩小了"五层空间"的多元文化差异。

二是"一体两翼"的格局逐步形成。研究表明，以学校为主体、社区（或乡镇）和村落为两翼的多元文化互动格局逐渐形成。一方面，学校日益认识到地方文化的重要性，在教育教学中适当地融合了社区（或乡镇）、村落的多元文化。尽管许多学校仍然注重学科教学，但在活动课、课外活动和社团活动中都或多或少地融入了社区（或乡镇）、村落的文化。近年来，一些民族中小学和薄弱学校把多元文化活动作为增加学校活力、彰显学校特色、促进不同民族学生交流、提高学生学习兴趣的抓手，较好地展现了社区（或乡镇）、村落的多元文化，促进了多元文化的交流与融合。另一方面，社区（或乡镇）、村落开始注重以当地的多元文化影响学校文化。许多社区或乡镇、村落的多元文化场所向学生敞开大门，为其提供多元文化教育；社区（或乡镇）、村落的非物质文化传承人、民间艺人和各种能人进入学校传承多民族文化，帮助学生了解并掌握多元文化，促进多元文化的共融和共生；社区（或乡镇）、村落搭建平台，通过节庆活动向包括学生在内的社区居民传播多元文化。此外，在"一体两翼"多元文化互动过程中，无论是社区（或乡镇）文化，还是村落或学校文化都在一定程度上反映了区域和国家文化，促进了不同场域空间的多元文化互动。

其次，"五层空间"运作机制尚未形成。一是"五层空间"的关系协调不足。"五层空间"关系包括自上而下和自下而上两个方面。自上而下的"五层空间"关系是指从国家、区域、社区（或乡镇）到村落、学校的空间关系和文化互动关系；自下而上的"五层空间"关系是指从学校、村落、社区（或乡镇）到区域、国家的空间关系和文化互动关系。研究表明，自上而下的"五层空间"关系基本协调，但仍然存在少数社区（或乡镇）、村落和学校不够重视多元文化互动，对上级空间的相关政策贯彻不力的情况；一些社区（或乡镇）、村落和学校不能完全把握国家、区域文化政策的实质，在一定程度上影响了多元文化互动的落实。自下而上的"五层空间"关系不够协调，主要表现为：一方面，下级部门不主动、不及时反映其多元文化互动状况；

另一方面，上级部门对下级部门的监管不力，评价不足。上述两方面致使下级空间的多元文化互动状况难以及时、准确地反映到上级空间，上级空间难以制定出反映下级空间特点的文化互动政策，对多元文化互动产生了不良的影响。

二是"一体两翼"的关系有待协调。尽管以学校为主体、社区（或乡镇）和村落为两翼的多元文化互动格局基本形成，但"一体两翼"的关系仍不够协调。一方面，以学校为代表的现代文化与社区（或乡镇）、村落所代表的地方文化之间的互动不足，现代文化与地方文化没有实现良性的交流与融合。这主要是因为以学校为代表的现代文化对社区（或乡镇）、村落所代表的地方文化观照和重视不够，在传播现代文化时没有充分考虑和地方文化的协调问题；许多中小学仍然以升学为导向，以考试成绩为评价标准，在教学活动中忽视地方文化；把与社区（或乡镇）、村落的文化互动变成教学活动之外的"娱乐"和"点缀"。当然，地方文化对现代文化的主动影响不够，也是其中的原因之一。在四县市中，应学校邀请进入学校传承多元文化的人才多，主动要求到学校传承多元文化的人才少；社区（或乡镇）、村落主动提出与学校合作、开展文化互动活动的情况也不多。另一方面，学校、社区（或乡镇）和村落的文化互动缺少制度的保障。尽管学校、社区（或乡镇）和村落在一定程度上认可文化的多样性和文化互动的重要性，社区（或乡镇）、村落的民众或应邀或主动参与了学校的多元文化活动，学生在各种节假日也有组织或自发地参与了社区（或乡镇）、村落的多元文化活动，但实际上并没有相关的政策和制度来保障三者的多元文化互动，学校、社区（或乡镇）和村落的多元文化互动往往较随意、松散，缺乏统筹、长远规划和实施要求。这主要是因为上级部门对学校的评估缺乏多元文化互动方面的要求，学校还不够重视与社区（或乡镇）和村落的合作；相当一部分社区（或乡镇）、村落还没有建立规章制度和要求，难以保证合作的规范性和常态化。

综上所述，当前云南边疆地区"五层空间"的联系日趋紧密，"一体两翼"的关系已初步形成，"五层空间"关系已从断裂走向弥合。然而，由于"五层空间"运作机制还未形成，"五层空间"多元文化互动还不够充分、协调。为此，社区（或乡镇）和村落应把握国家和区域有关多元文化互动政策的实质，认真贯彻相关政策，以保障自上而下的"五层空间"关系的协调；上下级部门应加强沟通和交流，以保证自下而上的"五层空间"关系的协调；以学校为代表的现代文化与社区（或乡镇）、村落所代表的地方文化应加强交流融合，学校、社区（或乡镇）与村落的文化互动应有相关的制度保障，以协调"一体两翼"的关系，促进学校、社区（或乡镇）和村落三者的多元文化互动。

（二）"六维互动"从局部走向整体

"六维互动"是指"五层空间"中的每一个层面存在的意愿、目标、内容、形态、路径和效果六方面的多元文化互动。它是"五层空间"多元文化互动的具体内容，在一定程度上决定了"五层空间"多元文化互动的基本状况。

首先，"六维互动"局部成效彰显。一是四维度的局部效果明显。研究表明，在"六维互动"中，意愿、目标、形态和效果四维度的局部成效显著。在意愿方面，国家和区域层面表现得较为突出，激发了社区（或乡镇）、村落和学校多元文化互动的意愿。新世纪以来，国家发布一系列大政方针，表达了促进多元文化互动的意愿。在党中央、国务院一系列方针政策的指导下，云南省认真贯彻落实国家的相关政策，并出台了相应的实施措施。国家和区域的政策举措，对云南边疆地区的经济发展、民族和谐、文化互动起着重要的引领作用，在宏观上保障了"五层空间"多元文化的交流和发展。

从目标维度来看，国家和区域均提出了促进多元文化互动的总目标和具体目标，为社区（或乡镇）、村落和学校制定适合各地特点的具体目标指明了方向。例如，在国家层面上，2017年，国务院办公厅印发《兴边富民行动"十三五"规划》，提出"促进团结，固边睦邻"的基本原则和"深入推进民族团结进步和爱民固边系列创建活动"的发展目标。在区域层面上，2017年，中共云南省委、云南省人民政府颁布《云南省建设我国民族团结进步示范区规划（2016—2020年）》，从总体思路、主要任务和保障措施等方面提出了云南省贯彻落实国家有关建设民族团结示范区的近期规划。在此基础上，一些社区（或乡镇）、村落和学校制定了具体的目标，以推进多元文化的互动。

在形态方面，区域、社区（或乡镇）、村落和学校多元文化互动的成效较为显著。一方面，区域、社区（或乡镇）、村落和学校开展多种形式的活动；

另一方面，区域、社区（或乡镇）、村落和学校创造了多元文化互动的氛围，使多元文化互动群体和个体从中感受到快乐、理解、包容、和谐和开放，乐于参加多元文化互动。

从效果维度来看，村落和学校的多元文化互动效果最为明显。这是因为，村落和学校是"五层空间"中最微观的层面，是贯彻落实国家和区域有关多元文化互动方针政策的最小单位，最易展现出多元文化互动的多姿多彩，最能反映多元文化互动的效果。研究表明，村落和学校的多元文化互动最为直观，成效也最为卓著。

二是内容和路径的成效显著。一方面，在国家和区域有关多元文化互动政策的指导下，社区（或乡镇）、村落和学校多元文化互动的内容日渐丰富。其多元文化互动的内容主要涉及以下三个方面：（1）知识，包括生态环境、生产生活、民风民俗、社会历史、传统科学、民族艺术和语言文学等。（2）情感、态度和价值观，包括热爱生命，自尊自信，乐观向上，意志坚强；亲近大自然，爱护周围环境，珍惜民族文化资源；热爱家乡和本民族文化，勇于创新；热爱祖国，尊重其他民族文化，具有世界眼光等。（3）能力，包括爱护、鉴赏和保护家乡的生态环境、民风民俗、民族艺术、语言文学的能力；观察、感受、体验、参与本民族和其他民族的活动，具有多元文化中社会交往所必需的能力；理解不同民族文化的多元选择，对本民族文化具有一定的思考能力等。

另一方面，社区（或乡镇）、村落和学校多元文化互动的路径日渐多样化。其多元文化互动的路径主要有以下两个方面：（1）"做中学"和"向书本学"的结合。"做中学"是指学生和社区居民直接从各种活动中学习多元文化互动知识和技能，形成对多元文化的情感、态度和价值观。这里的"做"是指参与学校的多元文化互动（大型活动、常规活动等）、社区的多元文化互动（依托政府设立文化活动中心或依托学校设立社区学习中心开展活动）和家庭的多元文化互动（无意识或有意识的活动）。"向书本学"是指学生和社区居民通过教材等媒介和成人的讲解，学习多元文化知识和技能，形成多元文化的情感、态度和价值观。"书本"主要是指教材、多元文化典籍、声像资料、大众媒体、大众文艺等。（2）家庭教育、学校教育和社区教育的结合。家庭教育的途径主要是一对一的方式；学校教育主要通过校本课程（校本教材、特色课程、活动课、选修课和兴趣小组等）、校本的课程（在课程中渗透多元文化，在教学组织中利用多媒体、道具、舞蹈等渲染多元文化气息等）和一对多的方式；社区教育则通过古老的文化传承场（寺庙、市场和仪式等）、现代的文化传承场（文化站、民间艺人文化室和社区学习中心）和一对多、多对多的方式。

其次，"六维互动"整体关联不强。一是"六维度"的整合趋向初显。从国家、区域、社区（或乡镇）到村落、学校，"六维互动"初步显示出相互联系和相互制约的状态。无论是"五层空间"的哪一个层面，大都遵循着意愿、目标、内容、形态、路径、效果这一过程，形成一个循环往复的六边形，相互作用和影响。然而，"六维互动"的整合趋向不明显。研究表明，"五层空间"的每一个层面的"六维互动"还不够充分，还没有形成互为条件、相互转化和良性互动的关系，还不能有效促进"五层空间"的多元文化互动，其显著成效也仅限于某几个维度或局部上。

二是"六维度"的关系协调不足。一方面，国家政策和地方特色的协调性不足。"六维度"的关系要实现良性互动，需要区域、社区（或乡镇）、村落和学校把国家政策和地方特色结合起来。国家政策是普适性的，地方要发挥自己的主体性，结合自己的优势、需要和现状通盘考虑，把国家政策具体化，并在此基础上有所创新和发展。研究表明，区域、社区（或乡镇）、村落和学校在因地制宜地贯彻落实国家政策方面有所欠缺，多为忠实执行国家有关多元文化互动的相关政策。此外，社区（或乡镇）在贯彻区域相关政策、村落和学校在贯彻落实社区（或乡镇）相关政策方面，也存在生搬硬套、不能灵活运用等问题。另一方面，"六维度"各要素之间的协调性不够。意愿、目标、内容、形态、路径、效果"六维度"是一体化的，是相互联系、相互影响的。合乎事实与价值的意愿、正确的目标、特色的内容、积极的形态和有效的路径综合起来，才能取得显著的效果。如果只强调其中某个或某几个方面，就难以取得良好的效果。研究表明，多数社区（或乡镇）、村落和学校目前还不能将意愿、目标、内容、形态和路径协调起来，还没有获得良好的成效。

总体而言，目前西南边疆地区"六维度"的局部成效显著，"六维互动"已从局部逐渐走向整体。但由于"六维度"的整体关联不强，多元文化互动的总体成效还不突出。因此，国家、区域、社区（或乡镇）、村落和学校应促进"六维度"互为条件、相互转化和良性互动，以彰显"六维互动"的整合趋势；社区（或乡镇）、村落和学校应因地制宜地贯彻落实国家和区域有关多元文化互动的政策，以促进国家政策和地方特色的协调；国家、区域、社区（或乡镇）、村落和学校应将意愿、目标、内容、形态、路径和效果协调起来，以促使多元文化互动变成边疆地区人们的共识，成为整个社区的氛围，变成人们的一种生活方式，从而真正实现"五层空间"六维多元文化的良性互动。

（三）多元文化互动主体责任意识从自发走向自觉

多元文化互动是参与多元文化活动的各行为主体之间的互动，参与多元文化活动的各行为主体即多元文化互动主体。多元文化互动主体包括多元文化互动群体——政府、社区、学校、民间组织、宗教团体和多元文化互动个体——政府相关负责人、校长、教师、家长和学生等。多元文化互动群体的主要责任有相关政策目标的制订、实施方案的设计、相关活动的宣传动员、具体活动的组织实施等；多元文化互动个体的主要责任是认同、组织并积极参与多元文化互动，影响并带动他人参与多元文化活动等。

首先，多元文化互动主体责任意识增强。一是多元文化互动群体的责任意识增强。进入 21 世纪，党和国家责任意识凸显，不断强化责任担当，颁布了一系列相关的政策法规。例如，教育部办公厅、国家民委办公厅于 2008 年颁布了《学校民族团结教育指导纲要（试行）》，国务院于 2011 年发布了《关于支持云南省加快建设面向西南开放重要桥头堡的意见》、于 2016 年颁布《"十三五"促进民族地区和人口较少民族发展规划》等。云南省和四县市责任意识明显增强，自觉履行主体责任，认真贯彻落实国家的相关政策，出台相应的配套措施和实施办法。例如，2010 年，云南省出台了《云南省人民政府贯彻落实〈国务院关于进一步繁荣发展少数民族文化事业的若干意见〉的实施意见》；2012 年，中共云南省委、云南省人民政府发布了《关于建设民族团结进步边疆繁荣稳定示范区的意见》。在国家和区域政策指导下，学校的责任意识日益彰显，充分发挥多元文化互动主阵地的作用，大力开展多种形式的多元文化活动，在内容和路径方面颇具成效。社区（或乡镇）和村落积极宣传和落实国家和地方的相关政策，通过节庆活动、饮食文化和服饰文化交流等方式促进多元文化互动。此外，多元文化互动也得到各种民间组织和宗教团体的认同、支持和参与。例如，在瑞丽市民族宗教局的指导下，瑞丽市佛教学院和该市民族中学通力协作，把多元文化互动带到佛堂与讲坛中，并渗透到村落和家庭之中。

二是多元文化互动个体的责任意识提升。近年来，在国家政策的引导和"非物质文化遗产的保护与开发利用""面向西南开放重要桥头堡建设""民族团结进步示范区建设"等众多专项活动的影响下，边疆地区多元文化互动个体——政府相关负责人、校长、教师、家长和学生等的责任意识有所增强。区域、社区（或乡镇）、村落的负责人不断强化履职意识，重视多元文化互动在社区发展、民族团结中的作用。他们不仅利用各种节庆开展丰富多彩的多元文化活动，而且在传承当地不同民族文化的同时重视吸收外来文化，促进不同文化的交流与融合。校长、教师日益提升担当意识，重视多元文化教育对学生中华民族文化认同的奠基作用。他们不仅采取多种途径开展多元文化活动，而且尝试把多元文化教育融入课堂教学之中，以提高多元文化活动的实效性。学生逐渐提高责任意识，促进多元文化交往与交流。学生既是学校的一员，也是家庭、社区的一员。不同民族的学生在家庭、学校、村落和社区（或乡镇）的多元文化活动中受到多元文化的熏陶，在提升自身多元文化互动素养的同时，也将他们在不同场域中接受到的多元文化教育传递到其他场域，成为多元文化的传播者和交流者。

其次，多元文化互动主体责任仍需明确。一是多元文化互动群体的责任不明晰。一方面，国家、区域、社区（或乡镇）、村落和学校对各自所应承担的具体责任仍然不明确。例如，国家是否只是制定方针政策，是否需要制定具体的实施方案，提出评估多元文化互动状况的标准？区域是否只需贯彻落实国家有关方针政策，是否需要制定翔实的推进措施和评估体系？社区（或乡镇）、村落如何更好地贯彻落实国家、区域的有关政策，是否应该制定适合当地的具体目标、内容、方法和措施，如何对多元文化互动状况进行具体的考评？学校应如何落实国家、区域和社区（或乡镇）等的政策举措，是否应该制定相关的目标，明确具体的内容和途径，以保证在学科教学的基础上与社区（或乡镇）、村落、家庭合作，大力开展多元文化活动？对上述问题，各多元文化互动群体仍然认识不清，导致多元文化互动的方针政策不具体，政策的实施方案、推进措施和多元文化互动的评估体系欠缺，在一定程度上影响了多元文化互动的开展及效果。

另一方面，国家、区域、社区（或乡镇）、村落和学校没有明确针对不同人群的多元文化互动应尽的责任。多元文化互动的不同人群包括不同国籍、不同民族、不同年龄段的人，具体而言，包括中国人和外国人，汉族和各少数民族，儿童、青年、中年人和老人。国家、区域、社区（或乡镇）、村落和学校尽管认识到多元文化互动的重要性，知道多元文化互动的总目标是促进文化交流和融合，促进民族和谐、社区发展和国家繁荣、富强，却不明晰针对不同人群多元文化互动应达到的具体目标、内容、方法和途径，不清楚面向不同人群多元文化互动应尽的责任。例如，区域和社区（或乡镇）不清楚促进不同人群多元文化互动的具体目标、内容、方法和路径，因而也没能承担起制定相关政策的责任；村落不清楚针对不同国籍、不同民族、不同年龄段的村民多元文化互动目标有何不同，具体内容是什么，应通过什么手段和途径来实施，由此也难以有具体的目标和规划以组织有针对性的多元文化活动；学校不确定指向不同年龄段儿童多元文化的具体目标是什么，具体内容有何差异，途径和方法有何不同，难免造成多元文化活动不符合儿童身心发展特点等现象，在一定程度上影响了多元文化互动的实效。

二是多元文化互动个体的责任不明确。多元文化互动的个体责任主要包括学习、了解、掌握多元文化互动的知识和技能，培养自己的多元文化情感，运用多元文化知识、能力，积极、主动地参与多元文化互动，鼓励、帮助或组织他人参与或开展多元文化互动等。以上几方面的个体责任层层递进，其中，第一方面责任是基础，第二方面责任是核心，第三方面责任是在前两个责任基础上的提升。研究表明，尽管近年来边疆地区多元文化互动个体多元文化互动的主体意识有所增强，但仍然存在不明确各自应承担责任的状况。相当一部分人并没有把学习多元文化互动知识与提高多元文化互动能力、培养多元文化情感作为自己应尽的责任。例如，一些区域、社区（或乡镇）、村落的负责人只是按部就班地在节庆活动之际组织和开展多元文化活动，不注重提升自己多元文化互动的知识和能力。不少个体没有认识到参与多元文化活动是自己应尽的责任。部分社区群众、村民、校长、教师和学生缺乏参与多元文化互动的主体意识，只是机械、被动地参与多元文化活动，并没有把参与多元文化活动作为自己应尽的义务和责任，不能运用多元文化知识、能力积极、主动地参与多元文化活动。此外，多数人普遍认为参与多元文化活动是个人的事情，缺乏主动影响和带动他人参与多元文化活动的意识，很少鼓励、帮助或组织他人参与或开展多元文化互动。

综上所述，当前西南边疆多元文化互动群体责任意识增强，多元文化互动个体主体意识提升，但还存在着多元文化互动主体责任不明确的问题。为此，国家、区域、社区（或乡镇）、村落和学校既应明确在多元文化互动中各自应承担的具体责任，也需清楚针对不同人群多元文化活动应尽的责任，从而制定更有针对性的政策，确定更明确的目标、方案，组织更具体的活动；政府相关负责人、家长、校长、教师和学生应在学习和掌握多元文化互动知识和技能的基础上，积极、主动地参与多元文化互动，并影响、带动、组织他人参与多元文化活动，以保障"五层空间""六维互动"实现良性互动。

二、理性升华：走向民族和谐、社区发展的多元文化互动之路

（一）哲学反思："五层空间"多元文化互动理论与实践的思考

首先，"五层空间"多元文化互动理论的价值。一是价值的根基：历史与现实基础。在本书的第二章，我们提出了"五层空间"多元文化互动理论，回答了它"是什么"和"怎么样"的问题，即多元文化互动"玲珑塔"模型构成及运行模式；但对于"为什么"的问题，我们尚未分析。"为什么"就是基于什么的问题，就是事实与价值的关系问题。事实是科学要回答的问题，而价值则是哲学要回答的问题。在事实的世界里，人们遵循规律而活动；在价值的世界里，人们遵循需要、情感而活动。价值是与主体密切相关的哲学范畴。但世界作为一个整体的运作，绝不是一分为二的冰冷的事实世界和理性的价值世界。事实与价值从来都是相生相对的概念，我们认为这是考察"五层空间"多元文化互动理论价值的前提。价值必须基于事实、符合事实。

事实是价值的参照，不谈事实就无法谈价值。因此，讨论"五层空间"多元文化互动理论的价值，必须回答这样一个问题：该理论是基于什么样的事实判断而建构起来的？我们认为，一方面基于对我国多元文化历史与现状的考察，另一方面基于中华民族对"文化自觉"的追求。

关于对我国多元文化历史与现状的考察，费孝通先生早在1988年的《中华民族的多元一体格局》一文中就作了透彻的分析和总结。基于多元一体的文化格局这一事实基础，我们提出多元文化互动理论"五层空间"概念，从国家、区域、社区（或乡镇）、村落和学校五个空间层面囊括中华民族的文化共同体。多元一体是尊重差异下的整体观，"玲珑塔"模型的建构也是基于一种系统论思想上的整体观展现。"五层空间""六维度""一体两翼"内外部整体协作、运动，共同推动着民族和谐与社区发展。此外，我国作为统一的多民族国家，自上而下的整体运作和自下而上的整体运作是相通的，"五层空间"多元文化互动理论也符合这样的国家管理模式。我们在西南边疆的多元文化互动调查中也看到，我国多民族文化基本实现了和谐共荣。在四县市调研中，我们不仅看到了各民族文化的复兴、繁荣和发展，看到了各民族传统文化的元素体现在经济、文化、教育、民俗、旅游、建筑和服饰等各个方面，也看到了各民族相互了解、相互欣赏、相互尊重、相互学习、相互包容、相互帮助、和谐相处的景象，各民族对中华文化和中国共产党的领导有高度的认同感，对多元文化的良性互动有正确认识和迫切需求。这既是我国民族工作的成就，也是数千年来多民族文化融合与沉淀的结果。因此，"五层空间"多元文化互动理论是符合我国历史与现实的。

此外，从中华民族多元文化互动的历史与现实中我们也看到，中华民族的"文化自觉"意识正在觉醒。费孝通先生曾指出："文化自觉是指生活在一定文化中的人对其文化有'自知之明'，明白它的来历、形成过程、所具有的特色和它发展的趋势。"后来，费孝通先生将"文化自觉"概括为更加精辟的十六个字："各美其美、美人之美、美美与共、天下大同"[1]。费先生这种多元文化互动理想既符合我国的历史与现实，也符合我国文化政策、民族政策的

---

[1]　费孝通著，刘豪兴编：《文化的生与死》，上海人民出版社2013年版，第539页。

导向。自党的十八大以来，我国大力倡导文化自信，民族文化复兴事业大步向前。党的十九大以来，党中央提出"民族共同体"和"人类命运共同体"概念，把多元文化互动的理想从国家推及全球，从国家视野推及全球视野。"五层空间"多元文化互动理论体现了多元一体的文化互动思想，其对整体与局部的观照，从宏观到微观的阐释，以及以民族和谐、社区发展为轴心的思想都充分体现了该理论是符合我国多元文化互动历史与现实的，也是符合多元文化互动总体历史趋势的。

二是价值的体现：理论与实践价值。一种理论的提出，首先必须具有自身的学理价值。"五层空间"多元文化互动理论的理论价值如下：（1）"玲珑塔"模型作为多元文化互动的整体模型，从整体论思想出发，涵盖国家、区域、社区（或乡镇）、村落和学校五个空间层面的多元文化互动体系和机制。这一理论考虑突破了单一空间的、片面或绝对化的多元文化互动，将多元文化互动纳入更广阔的理论视野。（2）"五层空间"多元文化互动理论将时空概念纳入理论体系，既考虑了多元文化互动的静态层面，更考虑了多元文化互动随时空变化而变化的动态层面。"五层空间"多元文化互动理论将多元文化互动置于动态的时空视野中，既关注历史空间，也关注现实空间。（3）"五层空间"多元文化互动理论提出以学校为中心，以村落和社区（或乡镇）为两翼的多元文化互动模式。该模式赋予学校在多元文化互动中的核心地位，并提出以"六维互动"为实践模式，在理论上强化了学校多元文化互动在实现民族团结、社区发展这一多元文化互动目标中的重要意义，突出了学校在多元文化互动中的中心地位。总之，"五层空间"多元文化互动理论从理论上充实了我国多元文化互动理论研究，其相对完整的理论体系是对我国多元文化互动理论与实践的理论总结和提炼，为进一步的理论研究奠定了基础。

理论若无实践价值，便是空洞的和无用的理论。"五层空间"多元文化互动理论的实践价值如下：（1）"五层空间"多元文化互动理论，是在我国历史与现实的基础上提出的，其本身就蕴含着实践基础。从这个意义上看，该理论具有潜在的实践价值。（2）"五层空间"多元文化互动理论的"六维解析"，从理论的实际运作入手，通过多元文化互动意愿、目标、内容、形态、路径和效果这个多元文化"互动链条"，将"五层空间"多元文化互动理论落到实处，体现该理论对理论的实践价值的观照。（3）"五层空间"多元文化互动理论对运行机制和保障机制的探讨，充分考虑了政治、经济、文化、制度等现实因素，使其不仅具有理论意义，而且具有实践意义。（4）本书第五至十章，利用该理论对西南边疆多元文化互动的调查和田野考察结果进行分析，说明该理论具有较好的理论解释力。从该理论出发，根据多元文化互动的现实状况而提出的对策和建议具有现实性和可操作性。这有力地彰显了"五层空间"多元文化互动理论的实践价值。

其次，"五层空间"多元文化互动理论的价值取向。历史与现实是理论建构的土壤，而价值取向则是理论大厦的设计理念，代表理论建构者的思想偏好和价值坚守，而理论建构者的思想偏好和价值坚守又源于特定的文化背景，因此，理论的价值取向就是理论所坚持的思想基础，以及理论对事实进行解释时所秉持的立场和观点。"五层空间"多元文化互动理论主要有以下几个价值取向。

一是立足多元一体文化格局。一方面，紧扣"中华民族多元一体格局"。"中华民族多元一体格局"是我国多元文化互动的现实格局，也是我国56个民族共同繁荣发展的理论指导。多元一体不仅关注多元，更看重一体。多元是多元文化互动的过程体现，一体是多元文化互动的结果反映。多元与一体是互为因果、相互作用、相辅相成的。多元中蕴含一体的因素，所以中华文化能从多元走向一体。一体中包含多元的因素，因此中华文化能在一体中保持生机和活力。多元并非多种文化杂乱无章的混合，一体并非消灭文化的多元性而走向单一文化，而是多元中有一体，一体中有多元。多元主要是指我国56个民族的文化传统，同时包括在我国历史发展进程中，吸收借鉴并为我所用的国外优秀文化，如源于印度的佛教文化融合了我国儒家文化精神，在我国发展为"禅宗"并继续发扬光大，儒释道合而为一。这里的"一"，并非指单一。一体主要是指56个民族文化融合而成的精神内核，即以儒家文化为思想内核的中华文化。一体是共同体，而非单一体。"五层空间"多元文化互动理论，以民族和谐、社区发展为理论诉求，从整体观出发，力图统合国家、区域、社区（或乡镇）、村落、学校五个空间层面的多元文化互动，同时重视特定空间如学校空间、村落空间中各具特色的多元文化互动，但最终以"玲珑塔"模型将多元文化互动统一于一体之中，形成多元文化互动共同体。

另一方面，遵循多元与一体相统一的思想。"五层空间"中多元与一体是不可分割的，如同一个硬币的两个方面：没有多元就没有一体，没有一体就没有多元，多元和一体互为相对面，二者共同构成中华民族共同体的两个基本特征——一体、多元。"五层空间"多元文化互动理论，以"五层空间"的"玲珑塔"模型为整体，体现了多元与一体统一的思想：（1）从纵向上看，"五层空间"体现了多元与一体统一的思想。"五层空间"不是相互割裂的，而是相互联系、相互制约、相辅相成的五个层面。（2）从横向上看，每个空间层面都观照了多元文化的"六维互动"，即国家、区域、社区（或乡镇）、村落和学校每一个空间层面，都存在多元文化在意愿、目标、内容、路径、形态和效果的"六维互动"。（3）"玲珑塔"模型作为多元文化互动模型，本身具有一个统一的中心主轴，即民族和谐、社区发展，把多元文化互动的最终目的定位于一个统一。这体现了多元与一体的统一。（4）每一空间层面的"六维互动"也并非孤立的，它依然统一于上一层面的"六维互动"，如学校层面的"六维互动"统一于村落层面的"六维互动"，村落层面的"六维互动"统一于社区（或乡镇）层面的"六维互动"，社区（或乡镇）层面的"六维互动"统一于区域层面的"六维互动"，区域层面的"六维互动"统一于国家层面的"六维互动"。这就将"六维互动"统一于五个空间层面。因此，"五层空间"多元文化互动，体现了多元与一体统一的思想。

此外，强调多元与轴心相融合的思想。在党的十九大上，习近平总书记提出了建设"民族共同体"的民族工作目标和方向。中国56个民族虽然各有文化传统和文化特色，但在数千年的民族融合过程中，文化相互融合，形成了你中有我、我中有你、谁也离不开谁的特点。我国新的民族政策强调"五个维护""五个认同"和"六个相互"的民族团结教育目标。"五层空间"多元文化互动理论同样强调多元与轴心相融合的思想。该理论从"五层空间""一体两翼""六维互动"等理论层面肯定文化的多元性、复杂性，同时强调学校作为多元文化互动之一体的核心地位，强调多元文化互动以"民族和谐、社区发展"为轴心，即无论多元文化互动怎样复杂，在多元文化互动中怎样尊重多元，都应始终坚持以一体为大局，以学校多元文化互动为核心，以促进

"民族和谐、社区发展"为轴心，确保多元文化互动中多元与一体并存，以一体为向心力，以多元为张力。它既尊重我国西南边疆民族多元、文化多元的特点，也重视民族团结、民族和谐，建设多元一体的民族共同体的目标诉求。"五层空间"多元文化互动理论兼顾了多元与一体，致力于将多元与一体统一起来形成一个更高意义、更宏观层面的整体，从而抽象成为一种指导我国多元文化互动，促进民族和谐、社区发展的理论武器。

二是服务国家文化安全体系构建。一方面，服务国家边疆文化安全战略。西南边疆是我国国家安全战略的重点区域。西南边疆文化安全战略必须首先从宏观上把握我国文化安全的大格局和大战略，同时要根据西南边疆的政治、经济、文化特点，特别是多民族、多文化交融的复杂特点和地缘政治特点进行国家安全战略布局，其中文化安全是国家安全的重中之重。相对于传统的军事安全来说，非传统安全中的文化安全更加复杂，具有更多不可知和隐蔽的特点。文化安全战场是一个没有硝烟的战场。"五层空间"多元文化互动理论关注从宏观到微观的文化互动，以学校的文化互动和文化传播为核心阵地，以民族和谐、社区发展为多元文化互动轴心，重视国家利益和群体利益在多元文化互动中的协调，从根本上重视多元文化互动中的文化安全。

另一方面，秉承多元与稳定兼顾的思想。"五层空间"多元文化互动理论的动力机制包括内部动力和外部动力。内部动力是文化的接触与交互，是文化本身所具有的源生动力；外部动力包括国家利益、群体利益、个人权力意志等方面。因此，多元文化互动是文化发展的动因，但文化的交互结果往往像散射一样，其方向是复杂而不明确的，其中蕴含着多元文化互动的不稳定因素，因此多元文化互动的良性发展需要外部因素加以干预。外部因素在多元文化互动中发挥着调节器和稳压器的作用，但其作用的发挥取决于调节器和稳压器与多元文化互动根本目标的匹配程度，否则不但不能促进多元文化互动的发展，反而会阻碍多元文化互动发展，甚至导致文化冲突、民族分裂。"五层空间"多元文化互动理论充分考虑了多元文化互动在空间中的状态，同时考虑了多元中走向稳定的因素，即多元文化互动的核心思想，文化无论怎样多元，文化互动无论怎样多样，互动方式无论怎样变化，都是一种途径，应该归至一个根本目的——促进民族和谐、社区发展。而统摄多元文化互动的稳定因素是什么呢？怎样才能在多元文化互动中促进民族和谐、社区发展呢？文化认同教育是核心，文化认同包括中华文化认同和本民族的文化认同，最根本的是中华文化认同。"五层空间"多元文化互动理论为文化互动的安全和稳定预留了成长的空间，并且将此空间置于整个理论架构中最轴心的位置。

三是完善"五层空间"多元文化互动理论。一方面，回应多元文化互动实践的诉求。"五层空间"多元文化互动理论并非凭空而生。它不仅基于对我国多元文化互动的历史与现实的总结、提炼和抽象，而且以西南边疆多元文化互动的现实研究作为理论诠释的依据，并完善理论本身，符合我国多元文化互动的历史与现实特点。"五层空间"多元文化互动理论源于我国多民族、多元文化互动的国情，同时回到现实场域——西南边疆多元文化互动场域中接受现实考验，检验其理论解释力。

另一方面，拓展多元文化互动理论的内涵与外延。理论的生命力在于理论是否能够解释现实和预测未来，这两个方面是衡量理论生命力的重要标准。"五层空间"多元文化互动理论能够较好地研究和解释我国西南边疆多元文化互动的现实状况。它充分考虑了我国的政体和国体，考虑了多元文化互动的终极目的是走向民族和谐、社区发展，走向文化多元一体，考虑了从中央到地方、从国家到学校的自上而下及自下而上的"五层空间"互动，同时考虑了多元文化互动的"一体两翼"和"六维互动"，以及影响多元文化互动的机制和因素。"五层空间"多元文化互动理论所提出的"玲珑塔"模型是符合我国多元文化互动未来发展趋势的较理想的模型，如果将西南边疆多元文化互动的现实因素和历史因素放入此模型中进行解释，在一定程度上能够预测我国西南边疆多元文化互动的未来走向。

最后，"五层空间"多元文化互动理论的走向。一是理论与实践的结合。理论基于实践而构建，理论是对实践的归纳、提炼和升华，但理论不是实践，因此当理论运用于实践时，首要面对的问题就是理论与实践的结合度问题。这是任何理论都不可避免的问题。理论具有一般性和概括性的特点，但现实具有具体性和特殊性的特点。理论与实践难以在大范围内完全融合，不可能具有完全的普适性。因此，理论需要在实践中不断地修正和完善。"五层空间"多元文化互动理论结合我国多元文化互动的历史与现实，同时具有坚实的理论基础，已经形成相对完整的理论框架、理论运行机制，有"五层空间""一体两翼"和"六维互动"等核心概念统摄，对于西南边疆多元文化互动的现状也具有较好的理论解释力，能够分析和解释我国西南边疆多元文化互动存在的问题，基于"五层空间"多元文化互动理论而提出的问题解决策略也具有较好的现实指导意义。这说明"五层空间"多元文化互动理论在理论统摄力和现实指导力上具有一定的价值。然而，由于我国多元文化互动的复杂性，特别是西南边疆多元文化互动的复杂性，使该理论在面对更多微观的空间、具体的问题和特殊的文化场域时，其理论解释力和现实指导力受到一定的挑战。因此，"五层空间"多元文化互动理论还需要在研究更多的微观空间、特殊文化场域，分析和解决更多多元文化互动具体问题的基础上不断完善、不断充实、不断丰富，使理论与现实结合得更紧密。

二是理想与现实的符合。理论是一种理想构建，尽管基于现实，但是无法观照全部具体的现实。在现实中，具体问题还得具体分析。"五层空间"多元文化互动理论与我国多元文化互动现实的符合度有多高，理论解释力和指导力有多强，有待时间的检验。"五层空间"多元文化互动理论可以认为是我国多元文化互动未来走向的"理论构想"，因此具有理论的理想色彩。理论的意义在于，一方面基于历史、源于现实，另一方面引导现实走向理想。从这个意义上讲，"五层空间"多元文化互动理论的最大价值正在于其超越当下、超越现实，从宏观上着眼，意图把我国多元文化互动引向一个更加理想的未来。"五层空间"多元文化互动理论与现实的符合，并不是让理论依附于现实，而是在理论与实践结合的基础上，超越现实，改造多元文化互动现实，使多元文化互动趋于理想。因此，"五层空间"多元文化互动理论的理想与我国多元文化互动的现实相互成就，但总体来讲，理论应该引领现实。

三是整体与局部的统合。"五层空间"多元文化互动理论的确立和完善基于两个现实基础：历史的现实——中华五千年来民族大融合、文化互动的历史现实，这个现实现在还在持续；实践的现实，即我们在西南边疆所进行的多元文化互动调查研究结果，这是完善该理论的有力支撑。中华民族多元一体的文化格局是得到学术界公认的。这个总体的局势和未来发展的趋势基本上是确定的，因此"五层空间"多元文化互动理论对我国多元文化互动的解释力和指导力总体上是站得住脚的。但历史属于过去，不能够检验当下和未来，而现实只关注局部——西南边疆——该理论是否真正符合我国多元文化互动未来趋势有待检验，是否符合全国大范围，如东部地区、中部地区，发达地区、落后地区，沿海地区、内陆地区等的现实需要和未来发展趋势，还有待检验。但东中部地区、沿海发达地区的多元文化互动与西南边疆多元文化互动有天壤之别。"五层空间"多元文化互动理论所确立的理论分析框架，在整体上具有分析、解释和指导我国多元文化互动发展的价值，基于我国的政体和我国当前的教育制度，"五层空间""一体两翼"和"六维互动"这三方面的理论架构，不分时空，具有相对稳定性，因而具有普适的理论意义。但面对局部地区多元文化互动具体问题时，"五层空间"多元文化互动理论只能在整体和方向上给予把握，还需要通过考察、研究局部地区、具体文化场域的多元文化互动状况，加强理论总结和概括，不断丰富和充实"五层空间"多元文化互动理论体系，使该理论不断完善，既具有整体观照力，又具有局部生命力，最终走向整体与局部的统合。这也是"五层空间"多元文化互动理论自身发展的理想。

（二）战略思考：走向民族和谐、社区发展的多元文化互动

"五层空间"多元文化互动理论的生命力源于文化的互动，文化互动的终极走向是民族和谐、社区发展。因此，基于"五层空间"多元文化互动理论，对我国走向民族和谐、社区发展的多元文化互动之路进行战略思考是本书需要讨论的重要问题，也是检验"五层空间"多元文化互动理论生命力的重要组成部分。我们认为，可从以下三方面探讨走向民族和谐、社区发展多元文化互动的战略。

首先，整体和谐："五层空间"、多元一体。西南边疆多元文化互动的战略考量，要从整体上考虑，遵循从整体到局部，再从局部到整体的逻辑，把握多元文化互动的大势、大局。西南边疆多元文化互动的大局和大势就是民族和谐，具体而言就是"五层空间"多元文化互动和文化多元一体的整体和谐。

一是坚持多元一体大局。多元一体是我国多元文化互动历史与现实的写照，也是我国多元文化互动未来发展必须坚持和把握的大局。多元一体是多元与一体的辩证统一。西南边疆的多民族融合是我国多民族大融合的缩影。

西南边疆多元文化互动必须坚持和把握多元一体这一大局，把握好多元文化互动中多元和一体的关系。西南边疆多元文化互动的多元一体格局，主要表现为以下两方面。

一方面，空间格局上的多元一体。受自然环境的影响，西南边疆交通不便，各民族、各地区相互阻隔明显。随着西部大开发战略的推进和我国经济的整体发展，各民族间政治、经济、文化等方面的交融越来越频繁，空间对多元文化互动的阻隔和影响在缩小，但是空间的多元依然是西南边疆多元文化互动的重要特点。所谓空间多元，并不仅仅是自然地理空间的多元，也包括因受空间阻隔而产生的文化的多元。少数民族文化的多样性和外来文化的渗入共同造就了西南边疆多元文化互动的格局。但多元只是西南边疆空间格局的现象，一体才是本质。西南边疆是我国领土的一部分，各民族共同生活在这一空间之中，都是中华民族不可分割的重要组成部分，各民族虽然都有自己传统的生活空间和文化空间，但这一空间统摄于"五层空间"的整体之中，是"五层空间"的一部分，此为空间之一体。空间的多元一体是多元文化互动的物质前提和保障，空间的割裂势必影响文化的一体，因此，历来祖国统一、领土完整都是文化交流、融合、繁荣的前提和基础。

另一方面，文化的多元一体。如果说空间的多元一体是我国西南边疆多元文化互动的现实写照和物质基础，那么，文化的多元一体就是我国西南边疆多元文化互动的根本。空间多元是文化多元的影响因素，因此空间一体是文化一体的前提和基础。"五层空间"多元文化理论，从宏观到微观都体现了空间的多元和文化的多元，但"五层空间"又通过民族和谐、社区发展的中心主轴，统一为一个整体，空间的一体保证了多元文化纵向和横向联动的一体。如果说空间的多元一体是形式，那么文化的多元一体则是内容，文化的多元一体才是空间多元一体的最好诠释。因此，西南边疆多元文化互动的根本是保障文化的多元一体，空间的多元一体是前提和保障之一。也就是说，空间与文化的多元一体是相互共存而为一个整体的，没有空间，文化就会失去土壤，没有文化，空间就是空壳而已。西南边疆多元文化互动，需要重点考虑怎样将多元空间和多元文化统摄为文化空间的多元一体，尊重多元，丰富和发展一体的内涵是关键。

二是坚定"文化自信"之路。文化自信就是对中华文化的自信，对我国源远流长数千年文明的自信。主要表现在两个层面——中华传统文化自信和各民族传统文化自信。我国多元文化互动的战略考量之一就是必须坚定"文化自信"。中华传统文化以儒家文化为核心，也包括少数民族优秀传统文化。中华优秀传统文化教育要高度重视学生的民族自信心和自豪感的培养。在多元文化互动过程中，要重拾中华传统文化自信，将传统文化发扬光大，抓住我国文化的根本，实现中华传统文化的复兴。如果我们在多元文化互动中不能坚定文化自信，多元文化互动就会失去多元一体的统摄力，要么在多元文化互动中陷入文化的混乱、冲突，要么被外来文化渗透、侵蚀，使我国的多元文化互动失去根基。

文化自信不仅包括中华文化自信，也包括各民族对自身传统文化的自信。中华传统文化是我国各民族优秀文化的综合体现，是以儒家文化为核心，兼收并蓄各民族优秀文化成果而形成的文化共同体，因此，坚定各民族自身优秀传统文化自信与坚定中华文化自信并不矛盾。就如同整体与部分的关系一样，完善各部分的功能只会加强整体的功能，而加强整体的统摄力也能促进各部分的发展。因此，在多元文化互动过程中，既要坚定中华文化自信，也要加强各民族优秀传统文化自信，加强各民族优秀传统文化之间的良性互动，充实和完善中华传统文化。以中华传统文化为统领，推动各民族优秀传统文化多元互动，促进文化互动多元与一体的统一。

三是推进"五层空间"协调。"五层空间"协调是"五层空间"多元文化互动的关键。"五层空间"多元文化互动是"五层空间"多元文化互动理论整体思想的体现。推进"五层空间"多元文化互动的协调是促进多元文化良性互动的保障，局部或单一空间的多元文化良性互动并不能代表多元文化互动的整体状况，只有"五层空间"多元文化互动协调推进，才能真正使多元文化互动实现民族和谐、社区发展的根本目的。而"五层空间"的协调，体现在自上而下的空间协调和自下而上的空间协调两个方面。

自上而下的空间协调遵循的是从国家到区域、从区域到社区（或乡镇）、从社区（或乡镇）到村落、从村落到学校的从宏观而中观进而微观的路径。国家意志、民族利益、政策落实将遵循这样的路径。多元文化政策的颁布实施在这条路径中能否保持一致性、稳定性是前提。这是从"五层空间"的整体性而言的，但前已述及，"五层空间"是多元一体的存在，不仅应该重视"五层空间"的一体性，也应重视"五层空间"的多元性，即从中央到地方，不同的空间层面存在复杂的差异性，事实上，正是这种空间的差异性成为"五层空间"协调的最大障碍。因此，"五层空间"的协调最重要的是要观照空间中文化的差异性，在空间文化的差异中推进"五层空间"的协调。"五层空间"的协调最重要的是空间关系的协调，保障多元文化互动政策在自上而下的"五层空间"关系中不走样、不变质是"五层空间"协调的关键。自上而下"五层空间"关系的协调必须从整体入手、尊重差异、落到实处，加强"五层空间"多元文化互动的追踪、评估。既不能割裂地看待"五层空间"多元文化互动，也不能忽视空间差异搞"一刀切"。

自下而上的空间协调就是要建立多元文化互动的反馈机制。相较于信息的下达，信息的上传渠道是否通畅更加重要。"五层空间"多元文化互动成效、问题完全有赖于自下而上的反馈，多元文化互动政策的落实情况和调整方向有赖于自下而上的反馈。因此，保障空间渠道的通畅，协调每层空间、各职能部门以及上级部门和下级部门之间的关系尤为重要。当前，在我国多元文化互动中，自下而上的空间协调度并不高，欺上瞒下、应付了事、形式主义、各自为政的情况并不鲜见。自下而上"五层空间"关系的不协调极大地影响了我国多元文化互动的成效。

其次，目标坚定：民族和谐、社区发展。多元文化互动的目标是走向民族和谐、社区发展。如果说多元一体是多元文化互动的第一大局，那么"民族和谐与社区发展"就是多元文化互动的第二大局。"五层空间"的协调、多元文化互动的推进，都以这两个大局为基础和目标。

一是促进民族和谐发展。一方面，以民族和谐为文化互动目标。促进民族和谐是我国多元文化互动的根本目标。党的十九大报告指出，民族团结进步教育的根本目的就是要建立中华民族共同体，而民族共同体最核心和稳定的要素就是各民族之间的团结、和谐。怎样在多元文化互动中促进各民族的和谐发展正是"五层空间"多元文化互动理论要解释和解决的问题，"玲珑塔"多元文化互动模型很好地诠释了这个问题。另一方面，以文化繁荣为文化互动推手。文化繁荣是多元文化良性互动的表现，也是各民族和谐、社区发展的表现。文化的繁荣又反过来促进多元文化良性互动，进一步维护和促进民族和谐、社区发展。因此，民族和谐与文化繁荣是多元文化良性互动的衡量标准。"五层空间"多元文化互动应以促进中华文化和各民族优秀传统文化的繁荣发展为重要推手，以实现多元文化的良性互动，以及民族和谐和社区发展的目的。

二是推进社区文化繁荣。一方面，利用家庭空间载体促进多元文化互动。家庭作为多元文化互动的空间主体并不是孤立存在的，也不能孤立地发挥作用，因为家庭是社区中的家庭，是村落中的家庭，所以以家庭为多元文化互动的空间主体，实际上还是要回到社区和村落这两大场域中进行考量。从空间的层面上看，社区和村落是多元文化互动最真实的场域，但从多元文化互动主体层面看，家庭是社会最小的细胞，因而也是多元文化互动最小的细胞。家庭成员少则 3 人，多则数世同堂，在社区和村落的多元文化互动中，家庭的多元文化互动也是衡量多元文化良性互动的重要指标。例如，我们在调研中发现，一个家庭中几个民族的家庭成员和谐共处、相互尊重，生活其乐融融而无半点冲突和不适，这是多元文化融合的表现，而文化的融合首先是主体对文化的认同、尊重、理解和接纳。在不同的文化场域中，个体或群体既能开放地接纳他文化，又能坚持自我，保持对自身文化的自信。这应该是多元文化互动最终极的目标——促进人与人之间、不同文化群体之间的和谐相处。

另一方面，利用社区空间载体促进多元文化互动。社区的繁荣发展、社区文化的兴盛、社区多元文化互动的活跃程度是衡量多元文化互动成效最直接、最明显的指标。社区空间层面是多元文化互动最复杂、最活跃、最有生命力的场域，其多元文化互动与人们的生活息息相关。社区是文化生长的土壤，社区多元文化互动状况最真实地反映了多元文化互动的状况。"五层空间"多元文化互动的整体状况，几乎可以通过社区多元文化互动进行评价和衡量。因此，良性多元文化互动应重点抓好社区多元文化互动实效，利用社区、社会组织和社会工作者之间所建立的高效联动机制参与社区多元文化互动。在"三社联动"过程中，政府引导社会组织和社会工作者投入社区多元文化互动，社区在内外部支持下开展多元文化活动，吸引和组织社区内家庭的参与，活跃多元文化互动氛围，影响周边空间，如学校空间内的多元文化互动。

三是提升学校在多元文化互动中的作用。一方面，以学校为文化互动核心阵地。学校作为多元文化传播的阵地，特殊性非常明显。（1）多元文化互动主体有特殊性，学校中既有成年人，也有未成年人，而且以未成年人为主；（2）虽然学校中以未成年人为主，但是成年人却对未成年人具有绝对的影响力，包括多元文化影响力；（3）学校场域是一个多功能场域，兼具多元文化互动、文化传承、知识传播、人才培养等多重功能。多元文化互动以教育活动的方式进行；（4）学校教育受到很强的意识形态影响和明确的价值导向；（5）学校是联动社区和家庭的核心机构。学校具有促进民族和谐、社区发展的纽带作用。因此，其多元文化互动效果——包括积极的效果和消极的效果，一般表现为积极的效果——往往非常显著。因为学校必须代表国家意志，秉持多元文化互动的正确价值导向，承担积极的多元文化互动责任。基于以上几点，学校成为名副其实的多元文化互动的核心阵地，在"五层空间"多元文化互动理论中，学校空间也被作为最核心的多元文化互动主体空间来看待。

另一方面，以多元文化教育质量为文化互动助力。由于学校受到很强的意识形态和明确的价值导向制约，学校能否承担起多元文化互动的主体空间责任，能否促进多元文化良性互动还取决于代表国家意志的多元文化互动价值取向。学校受国家利益和群体利益、权力意志的影响非常明显。在"五层空间"多元文化互动理论中，学校空间被视为微观层面的多元文化互动空间，从物理空间来看，离大尺度的国家空间最远，但从文化空间来看，学校文化空间却离国家文化空间最近，关系最为密切。在某种意义上，学校文化空间就是国家文化空间的代表或缩影，国家层面的多元文化互动政策及价值导向可以在学校教育中直接反映出来，因此，如果说社区和村落是最真实的多元文化互动场域，那么学校则是最纯粹的多元文化互动场域。通过多元文化教育质量的提升能够最直接、有效地促进多元文化良性互动。学校多元文化教育既培养了学生的多元文化素养，同时也为未来多元文化互动走向积极、健康的道路奠定了基础。因此，应重视学校多元文化教育质量，建立学校多元文化教育保障机制，在提升学生知识、智能素养的同时，兼顾培养学生的多元文化素养。在我国，要二者兼顾，不但要改变唯智、唯升学至上的教育理念，为学校多元文化教育创造更大的空间，建立完善的学校多元文化教育体系，而且要建立学校多元文化教育保障体系，包括建立和完善社区、家庭和学校联动的多元文化互动保障体系。学校虽然是联动社区、家庭多元文化互动的核心和纽带，但现实表明，单靠学校之力，很难推进家庭、村落、社区乃至更大区域的多元文化互动。仅靠学校之力，多元文化互动甚至走不出学校空间，其影响力也会大打折扣。

最后，保障有力：文化整合、政策引领。一是强化文化整合。文化整合不仅为多元文化互动奠定了文化基础，也为文化安全提供了重要保障。多元文化互动是多种文化冲突、融合的过程，其中包括文化的整合。良性的多元文化互动过程本身就是一个文化整合的过程。因此，文化整合是多元文化互动的一个面。中华文化数千年来历经各种外来文化冲击，依然能够保持其连续性和完整性，得益于其本身强大的文化整合能力。从这个意义上可以说，文化整合是文化安全的保障。文化整合主要从以下两方面进行。

一方面，各民族传统文化的多元整合。在我国，文化多元不仅源于民族的多元、历史的差异，也源于同一个民族内部的多元文化的差异。抛开文化的糟粕不言，各民族都有自身灿烂的传统文化，它们就像散落的珍珠光彩夺目。然而不同民族的多元文化互动却迫切地需要进行文化的整合，因为各民族的文化都是中华文化的重要组成部分。文化的整合并不是简单的归纳总结、归并或归类，并不是把散落的珍珠拾入盒子这么简单，这种简单的归并本质上依然是散乱的。所谓传统文化的多元整合是一种高水平的加工、融合，通过文化整合，既保持文化的多元性，又使多元文化更具整体性优势，甚至派生出新的文化生命。如果将文化的多样性比作散落的珍珠，那么文化的整合就是把散落的珍珠串联起来，制成一条精美的项链，这条项链的每一粒珍珠都还是原来独具特点的珍珠，它们的个性依然，这条项链就代表着多元文化整合后的结构，它是一种具有新的生命力的东西，既不是单颗的珍珠，也不是简单的合并，而是成为一件新物件，而这其中最关键的就是那根串联珍珠的线。各民族传统文化就是要整合进中华文化这根线，这根线是多元文化整合的魂。例如，各民族的饮食文化，可以通过美食一条街串联，也可以通过课程体系构建串联。

另一方面，传统文化与现代文化的多元整合。传统文化与现代文化的冲突和矛盾是我国多元文化整合中最突出、最尖锐的问题。我国作为统一的多民族国家，传统文化不仅表现为中华传统文化，也表现为各民族的传统文化，它们共同构成国家的文化根基。而现代文化，一般而言是指近代以来由西方工业文明肇始至今的文明成果，代表民族和国家的发展方向。对一个民族国家的发展来说，传统文化是根基，现代文化是方向，两者不可偏废。传统文化具有民族性，而现代文化深具世界性，致使传统文化和现代文化的传承与发展不可避免地存在冲突和矛盾。从区域而言，表现为中华文化与西方文化之间的矛盾，边疆地区文化与东部发达地区文化之间的矛盾。即使就西南地区而言，也存在各民族文化，传统文化与现代文化的冲突和发展不均衡的矛盾。如何兼顾文化发展的民族性和世界性，实现传统文化与现代文化的多元整合，值得深入探究。我们认为，在传统文化与现代文化的多元整合中，最核心也是最困难之处在于传统文化的现代转化路径探索。例如，在学校课程体系的构建中，以培养学生的核心素养——当然包括多元文化素养——为"主线"，将传统文化的"珍珠"串联，融入现代教育课程体系。但这种传统文化与现代文化整合路径的缺陷在于传统多元文化的体系被打散了，无法窥见传统文化的全貌。因此，传统文化与现代文化的多元整合光靠教育空间的整合还远远不够，必须实现国家、区域、社区（或乡镇）、村落等多空间、多主体、多路径、多形式、多内容的整合。

二是彰显政策引领。多元文化互动政策引领作用的发挥体现在两个层面——自上而下的价值引领和自下而上的落实反馈。前者是宏观层面的、理论层面的，后者是微观层面的、操作层面的。

一方面，以国家文教政策的价值导向为基准。国家文教政策首先从宏观上对我国的多元文化互动进行定性和定向。多元一体是中华文化的格局，我国的民族政策明确指出，各民族都是中华民族大家庭中的一员，汉族离不开少数民族，少数民族离不开汉族，各少数民族之间也相互离不开，因此，我国的多元文化互动是平等互动：主体平等、文化平等（不分优劣）。我国多元文化互动的目标是建设中华民族共同体，中华民族共同体的本质就是各民族一家亲，共同繁荣、共同发展、民族和谐。由于西南边疆特殊的地理位置，多元的文化不仅体现为我国各民族的文化，还体现在外来文化的渗入，所以国家文教政策的价值导向中必然涉及国家安全、边疆安全、文化安全的考虑，因此在多元中保持一体，在发展中维护稳定，在交互中加强监控是西南边疆多元文化互动的必然诉求。西南边疆多元文化互动不仅要促成民族和谐、社区发展，还需要在互动中强化边疆文化安全，在强化边疆文化安全中推进多元文化互动。边疆多元文化互动中需要强化国家意志，以保障国家安全，这也是边疆多元文化互动的特点。

另一方面，以地方文教政策的具体落实为指标。无论是多元文化互动的实效还是边疆文化安全的保障都依赖于国家文教政策在地方的转化和落实。从空间层面来讲，国家、区域、社区（或乡镇）、村落和学校"五层空间"既协调一致，又存在明显的差异性，因此，在把握国家文教政策原则指引、价值导向的前提下，地方文教政策的制定和落实成为衡量多元文化互动实效的标尺，也成为国家多元文化政策调整的参照。地方多元文化背景差异显著，多元文化互动政策必须体现地方、边疆的特征，并且要兼具可操作性。从"五层空间"多元文化互动理论出发，多元文化互动政策在国家、区域、社区（或乡镇）、村落和学校"五层空间"既要保持整体的连贯性、稳定性和一致性，还要兼顾差异性、灵活性和特殊性。"五层空间"的多元文化互动是一种整体互动与局部互动、横向互动与纵向互动的辩证统一。多元文化互动的有效性应体现为多元一体文化中的民族和谐、社区发展、国家安全、边疆稳定和文化安全。

三、本土展望：拓展多元文化互动新视野

（一）立足国情，紧跟全球多元文化互动趋势

目前，我国仍然处于社会主义初级阶段。这个阶段的特点是经济还不够发达。党的十九大报告指出，我国现阶段的主要矛盾是人民日益增长的美好生活需求和不平衡不充分的发展之间的矛盾。就我国的文化发展及多元文化互动情况而言，这种需求与发展的不平衡之间的矛盾也是存在的，即人民日益增长的文化生活需求与文化的继承、挖掘和发扬之间的矛盾比较突出，特别是我国历史文化的保护、优秀传统文化的继承和发展等方面还存在诸多问

题。我国多元文化互动的目标——民族和谐、社区发展——是在各民族文化的繁荣发展和中华优秀传统文化的复兴中实现的。促进中华文化的极大繁荣，包括各民族优秀传统文化的繁荣发展，以满足我国人民对文化生活的需求，继承和发扬优秀传统文化，增强文化自信，实现文化自觉，应该成为我国多元文化互动理论与实践追求的目标。

然而，全球化已经成为不可阻挡的历史潮流。立足国情，推动西南边疆多元文化互动，乃至实现中华民族的伟大复兴，其道路是坎坷的。在传统与现代的碰撞和冲突中既要保持民族文化的独特、多样、交互，又要应对全球化浪潮，特别是域外文化的侵入，正确处理传统与现代、内部与外部、西学与国学之间的关系成为当代我国多元文化互动面临的挑战。当前，我国的多元文化互动受到西方强势文化的猛烈冲击和自身发展动力不足、条件受限等方面的羁绊。此外，面对全球化趋势，特别是西方文化的侵入，社区（或乡镇）、村落的多元文化互动也呈现弱势，表现为民族传统文化在西方文化冲击下的衰落现象。

中华文化的大格局历来是而且将来也是多元一体。在全球多元文化和优秀传统文化复兴的背景下，把握我国多元文化互动未来的方向就显得十分重要。因此，如何立足国情，又紧跟时代步伐，迎接全球化的挑战是未来的学校教育必须权衡的问题。只崇尚现代化、全球化，传统就会散失。反之，固守传统，逆全球化趋势而动，就会落后，最终传统也难以固守。

在坚持我国新的民族政策，特别是民族教育政策、民族团结进步教育政策的背景下，"五层空间"多元文化互动理论基于我国多元文化互动的历史与现实，基于国家民族团结大政方针政策，基于全球化大背景，以"一体两翼"为重点，以学校教育为核心，兼顾国家、区域、社区（或乡镇）、村落、学校五个空间层面、内外部多元文化互动，以开放和关联的思想架构其多元文化互动体系，为我国多元文化互动的政策制定、机制建立提供了有意义的理论参考。

（二）关怀边疆，扎根西南边疆多元文化互动土壤

我国幅员辽阔，边境线绵延数千千米。西南边疆与缅甸、老挝、越南等国直接接壤，云南边疆地区不仅各个民族之间多元文化互动频繁，而且境内

外民族之间的多元文化互动也频繁而复杂，如世居西双版纳的傣族与泰国的泰族之间、与老挝的傣族之间就有着极其密切的交融、互动关系。可以说，西南边疆的多元文化互动是复杂多样的，大西南又是我国西南安全的极其重要的门户，是我国桥头堡战略的重要部署之地。西南边疆多元文化良性互动，不仅关系当地的文化繁荣，更关系民族和谐、国家安全等重大战略问题，因此必须予以高度重视。"五层空间"多元文化互动理论从纵横两个角度提出了多元文化良性互动的机制，可为西南边疆多元文化互动提供理论指导和实践指引。

此外，从多元文化互动的场域来看，我国西南边疆无疑是一个多元文化互动活跃的场域。西南边疆不仅自然地理风貌特别，而且民族杂居之多、之复杂，文化之多样、文化交融之频繁都是少见的，这里不仅是多元文化互动的"生命场"，也是研究多元文化互动的"文化场"。在这个场域中，加强多元文化互动的研究与实践，对促进我国多元文化互动的发展，总结适合多元文化互动的经验，凝练多元文化互动理论和践行多元文化互动的理论与实践都极具价值和意义。本研究涉及的四县市处于云南省南部和西南边境，都是多民族杂居的地域、具有浓郁的民族文化特色，同时与境外文化有密切的交流、碰撞和融合。对四县市多元文化互动现状的研究既能揭示我国多民族地区多元文化互动的特点，同时能观照传统民族文化与境外文化之间的互动。研究发现，我国西南边疆多元文化互动总体是和谐稳定的，并且各民族的传统文化能够得到较好的保存和发扬，但也存在如下几个问题。

第一，学校多元文化互动的主体作用发挥得还不够充分。学校作为多元文化互动的中心场域，因为受到现代文化的冲击，没能很好地发挥民族文化传承的作用，并且在现代文化传播与传统文化继承关系协调方面面临重重困难。第二，在全球化浪潮的影响下，少数民族传统文化式微，青少年对本民族文化的学习、继承、发扬缺乏足够的动力和期待，甚至对自身民族文化缺少信心。第三，在多元文化互动中，缺乏具备较高多元文化互动素养的教师，缺乏能够组织开展多元文化活动的教师。第四，学校的多元文化互动与社区（乡镇）、村落之间的关联不够。从"五层空间"多元文化互动理论的视角分析，"一体两翼"多元文化互动主体之间的联系松散，"一体"（学校）并不能为两翼作用的发挥提供更好的理论支持，而"两翼"［社区（或乡镇）和村落〕也没能给予"一体"以更密切有效的实践支持。这四大问题是当前我国西南边疆多元文化互动中存在的突出问题，需要扎根西南边疆的现实土壤才能找到解决路径。因此，必须加强我国边疆，特别是西南边疆多元文化互动的理论与实践研究，不仅把西南边疆视为一个相对独立的多元文化互动场域，更应该把西南边疆这一文化生态空间置于我国的自然、历史和现实的国情之下，从全局上进行研究和把握，推动我国多元文化互动的研究和发展。

（三）放眼全球，整合多元文化互动诸关系

当今世界，全球多元文化互动是大势所趋、人心所向。多元文化主义、文化多元主义、多元文化教育、多元文化互动等理念传播、理论研究和实践推进正在文化开放、包容、理解、多元的背景下不断演进。我国不仅面临国际多元文化的冲击，同时也面临国内多元文化互动将何去何从等核心问题。亨廷顿在《文明的冲突》一书中指出，未来地区冲突的根源来自文化的冲突。地区冲突的历史与现实告诉我们，亨廷顿的预言不是危言耸听，确实应该引起各国对多元文化互动的高度重视。但多元文化互动不是全球化，不是西方化，更不是自我封闭，而是要立足国情又放眼全球。

基于独特的自然、人文景观和多民族多元文化环境，我国西南边疆形成了独特的多元文化互动生态。其多元文化互动必须放在两个"大背景"之下来考察。第一，将西南边疆放在中华民族历史与现实大背景中考察；第二，将西南边疆放在全球多元文化互动的历史与现实大背景中进行考察。第一个大背景是我国的国情和实现现代化、实现中华民族伟大复兴的大背景，西南边疆的多元文化互动不仅不能脱离而且应该服从这个大背景。第二个大背景是全球大背景，西南边疆的多元文化互动同样需要融入全球化发展之中，而不能故步自封。

基于西南边疆多元文化互动的独特性和两大背景的制约，可以发现西南边疆的多元文化互动处于极其复杂的关系之中：第一，西南边疆多元文化互动与中华民族伟大复兴之间的关系；第二，西南边疆多元文化互动与全球化的关系；第三，西南边疆内部多民族、多元文化的复杂互动关系；第四，西南边疆与境外民族之间的多元文化互动关系。西南边疆面对的"四对"多元文化互动关系囊括了我国多元文化互动涉及的全部关系。在全球化的推动下，如何整合这四对关系是西南边疆多元文化互动走向未来的关键，也是西南边疆多元文化互动能否走得顺、走得远、走得有特色的关键。在西南边疆多元文化互动中，四对关系的整合研究应该成为今后研究的核心和关键问题。"五层空间"多元文化互动理论的时空视角、整合视角，从宏观到微观、从内部到外部都为四对关系的处理提供了理论支持。"五层空间"多元文化互动理论的发展和完善也需要西南边疆这样独特的多元文化互动环境给予更多实践支撑。因此，放眼全球，整合多元文化互动，在理论和实践的结合中推动西南边疆多元文化互动突破四对关系，朝健康、稳定、和谐的方向发展，让西南边疆的多元文化互动融入中华民族伟大复兴大背景中、融入全球化大背景中，同时能"特立西南"，是未来西南边疆多元文化互动研究的重点。从我们对云南四个边境县市的研究和考察来看，此四对关系问题依然非常突出。总体而言，民族和谐、社区发展是大局，但在和谐与发展中，各民族文化的平等交流，自身民族文化的继承、发扬存在诸多问题，表现为民族文化式微现象比较突出，少数民族文化与现代文化之间的冲突比较明显，外来文化特别是西方文化对民族文化的冲击比较严重等。

综上所述，全球化特别是经济全球化的发展，文明传播速度的加剧，国与国之间、民族与民族之间、种族与种族之间的政治、经济、文化等各方面交流的日益频繁，都使得多元文化的互动成为不可阻挡的历史潮流。文化的交流必然会产生文化的碰撞、冲突和融合。如何在全球化背景中，既保持开放、包容、吸收不同文化的心态，又能在多元文化互动过程中求同存异，保持自身文化的独立性，不断地继承、完善和发展自身传统文化，促进各民族之间文化的交流、发展，推进民族团结、社会发展和文化共同繁荣，是我国乃至全世界都必须正视的问题。

我国的多元文化互动理论与实践，不仅应重视区域特点，总结历史经验，推进区域多元文化互动，为我国多元文化互动政策的制定和中华文化多元一体格局的稳定发展提供丰富的理论和实践支撑，更应该将我国置于全球多元文化互动的大背景之下，这样才能既在全球多元文化互动的浪潮中保持清醒的头脑，同时能兼顾我国的国情和多元文化互动大局，不跟随、不盲从，走独立、自主、自信、符合我国多元文化互动实际的多元文化互动之路。

主要参考文献

一、著作

1. 包亚明:《文化资本与社会炼金术》,上海人民出版社 1997 年版。

2. 蔡禾编:《社区概论》,高等教育出版社 2005 年版。

3. 陈时见:《多元共生与多样化发展:西南民族学校教育发展研究》,商务印书馆 2012 年版。

4. 戴海崎、张峰、陈雪枫:《心理与教育测量》,暨南大学出版社 2011 年版。

5. 方国瑜:《中国西南历史地理考释(上)》,中华书局 1987 年版。

6. 方明:《莽人的社会文化变迁——基于仪式的人类学研究》,中国社会科学出版社 2017 年版。

7. 费孝通主编:《中华民族多元一体格局(修订本)》,中央民族大学出版社 1999 年版。

8. 费孝通:《文化的生与死》,上海人民出版社 2013 年版。

9. 傅思道:《社区工作基础知识 100 答》,中国青年出版社 2001 年版。

10. 靳玉乐:《多元文化课程的理论与实践》,重庆出版社 2006 年版。

11. 哈经雄、滕星主编:《民族教育学通论》,教育科学出版社 2001 年版。

12. 李鹏程主编:《当代西方文化新词典(文化条目)》,吉林人民出版社 2003 年版。

13. 李官、王凌:《中国边境教育安全研究——以云南省为例》,人民出版社 2018 年版。

14. 李红婷:《无根的社区,悬置的学校:湖南大金村教育人类学考察》,民族出版社 2011 年版。

15. 李路曲:《新加坡现代化之路:进程、模式与文化选择》,新华出版社 1996 年版。

16. 李云芳、徐忠祥:《云南民族教育改革与发展研究》,云南民族出版社 2005 年版。

17. 鲁洁主编、吴康宁副主编：《教育社会学》，人民教育出版社 1990 年版。

18. 罗贤佑：《历史与民族——中国边疆的政治、社会和文化》，社会科学文献出版社 2005 年版。

19. 马啸原主编：《边疆少数民族地区政治发展与政治稳定》，云南大学出版社 2000 年版。

20. 彭聃龄：《普通心理学（修订版）》，北京师范大学出版社 2004 年版。

21. 钱民辉：《多元文化与现代性教育之关系研究——教育人类学的视野与田野工作》，民族出版社 2008 年版。

22. 邱皓政：《量化研究与统计分析：SPSS（PASW）数据分析范例解析》，重庆大学出版社 2013 年版。

23. 切排：《河西走廊多民族和平杂居与发展态势研究》，民族出版社 2009 年版。

24. 全增嘏主编：《西方哲学史：下册》，上海人民出版社 1985 年版。

25. 申旭、刘稚：《中国西南与东南亚的跨境民族》，云南民族出版社 1988 年版。

26. 施正一主编：《民族经济学教程（修订本）》，中央民族大学出版社 2001 年版。

27. 石中英：《教育学的文化性格》，山西教育出版社 2005 年版。

28. 司马迁：《史记·西南夷列传》，中华书局 1959 年版。

29. 司马云杰：《文化社会学》，中国社会科学出版社 2001 年版。

30. 滕星：《族群、文化与教育》，民族出版社 2002 年版。

31. 滕星、张俊豪主编：《多民族文化背景下的教育研究》，民族出版社 2009 年版。

32. 滕星主编：《多元文化教育：全球多元文化社会的政策与实践》，民族出版社 2010 年版。

33. 童恩正：《人类与文化》，重庆出版社 2004 年版。

34. 万明钢：《文化视野中的人类行为》，甘肃文化出版社 1996 年版。

35. 王鉴、万明钢：《多元文化教育比较研究》，民族出版社 2006 年版。

36. 王坤庆：《精神与教育》，上海教育出版社 2002 年版。

37. 王乃正、王冬兰、张小永：《学前儿童家庭教育》，北京师范大学出版社 2013 年版。

38. 王晓磊：《社会空间论》，中国社会科学出版社 2014 年版。

39. 王艳玲、苟顺明：《多元文化背景下的教师能力——以中国西南少数民族地区为例》，人民出版社 2013 年版。

40. 徐震：《社区与社区发展》，台北：正中书局 1980 年版。

41. 杨庭硕、罗康隆：《西南与中原》，云南教育出版社 1992 年版。

42. 于显洋主编：《社区概论》，中国人民大学出版社 2006 年版。

43. 于显洋：《社区管理与矛盾化解机制——创新社会管理　维护和谐稳定》，北京交通大学出版社 2014 年版。

44. 张慧真：《教育与族群认同——贵州石门坎苗族的个案研究（1900—1949）》，民族出版社 2009 年版。

45. 张诗亚：《和谐共生：2007 年全国博士生（教育类）学术论坛论文集》，广西师范大学出版社 2008 年版。

46. 高发元主编：《跨世纪的思考——民族调查专题研究》，云南大学出版社 2001 年版。

47. 赵忠心：《家庭教育学》，人民教育出版社 1994 年版。

48. 郑金洲：《教育文化学》，人民教育出版社 2000 年版。

49. 朱俊杰、杨昌江：《民族教育与民族文化发展研究》，湖南教育出版社 2006 年版。

50. ［法］皮埃尔·布迪厄、［美］华康德：《实践与反思：反思社会学导引》，李康、李猛译，中央编译出版社 1998 年版。

51. ［美］乔纳森·特纳：《社会学理论的结构》，邱泽奇等译，华夏出版社 2001 年版。

52. ［美］塞缪尔·亨廷顿：《文明的冲突与世界秩序的重建》，周琪译，新华出版社 2002 年版。

53. ［美］希尔斯：《论传统》，傅铿、吕乐译，上海人民出版社 2014 年版。

54. ［美］丹·兰迪斯、珍妮特·M.贝内特、米尔顿·J.贝内特：《跨文化培训指南》，关世杰、何明智、陈征译，北京大学出版社 2009 年版。

55. ［美］D.R.Shaffer 等：《发展心理学——儿童与青少年（第六版）》，邹泓等译，中国轻工业出版社 2005 年版。

56. ［英］马林诺夫斯基：《文化论》，费孝通等译，中国民间文艺出版社 1987 年版。

二、期刊

1. 阿拉塔：《民族文化在民族学校的传承研究——以内蒙古阿拉善地区小学为例》，《赤峰学院学报》（汉文哲学社会科学版）2016 年第 8 期。

2. 毕天云：《布迪厄的"场域—惯习"论》，《学术探索》2004 年第 1 期。

3. 蔡恒松：《论民族和谐的内在要求》，《黑龙江民族丛刊》2008 年第 4 期。

4. 曹能秀、陈思：《多元文化背景下景颇族教育的困境及出路探析——以云南省瑞丽市 D 村为例》，《当代教育与文化》2017 年第 1 期。

5. 曹能秀、王凌：《少数民族地区的学校教育和民族文化传承》，《云南师范大学学报》（哲学社会科学版）2007 年第 2 期。

6. 陈丛耘、孙汝建：《中国优秀传统文化教育的缺失与重建》，《南通大学学报》（教育科学版）2006 年第 4 期。

7. 陈建、岳福新：《基于 Berry 文化适应理论的"一带一路"战略构想启示》，《现代交际》2016 年第 20 期。

8. 陈平：《多元文化的冲突与融合》，《东北师大学报》（哲学社会科学版）2004 年第 1 期。

9. 车广吉、丁艳辉、徐明：《论构建学校、家庭、社会教育一体化的德育体系——尤·布朗芬布伦纳发展生态学理论的启示》，《东北师大学报》（哲学社会科学版）2007 年第 4 期。

10. 邓启耀：《大理——亚洲文化十字路口的古都》，《山茶·人文地理》1999 年第 1 期。

11. 段超：《再论民族文化生态的保护和建设》，《中南民族大学学报》（人文社会科学版）2005 年第 4 期。

12. 范周：《"一带一路"的文化遗产价值体现与保护利用》，《遗产与保护研究》2016 年第 1 期。

13. 方铁：《云南跨境民族的分布、来源及其特点》，《广西民族大学学报》（哲学社会科学版）2007 年第 5 期。

14. 费孝通：《简述我的民族研究经历和思考》，《北京大学学报》（哲学社会科学版）1997 年第 2 期。

15. 费孝通：《中华民族的多元一体格局》，《北京大学学报》（哲学社会科学版）1989 年第 4 期。

16. 高建明：《论生态文化与文化生态》，《系统辩证学学报》2005 年第 3 期。

17. 樊建红：《对党校中青年后备干部培训班班主任工作的思考》，《南昌教育学院学报》2012 年第 2 期。

18. 高连克：《论科尔曼的理性选择理论》，《集美大学学报》（哲学社会科学版）2005 年第 3 期。

19. 顾霁昀：《从"文化孤岛"走向"文化共同体"——学校与社区"教育一体化"的

校本探索》,《上海教育科研》2018 年第 4 期。

20. 郭家骥:《云南周边跨境民族文化交流互动与边疆繁荣稳定》,《云南社会科学》2015 年第 6 期。

21. 郭艳君:《文化进化论与文化相对论:批判与反思》,《哈尔滨学院学报》(社会科学) 2002 年第 5 期。

22. 韩军学、刘军:《云南多民族和谐共处模式的特点及主要成因》,《云南民族大学学报》(哲学社会科学版) 2014 年第 3 期。

23. 何喜刚、王鉴:《如何理解中华民族多元一体教育》,《民族教育研究》1999 年第 3 期。

24. 黄桂华:《论中华民族多元一体格局中的民族关系:和谐共处》,《理论界》2014 年第 7 期。

25. 黄浩森:《乡土课程资源的界定及其开发原则》,《中国教育学刊》2009 年第 1 期。

26. 黄红霞、王建梁:《多元文化教育:加拿大的经验及启示》,《民族教育研究》2004 年第 5 期。

27. 黄骏:《文化社会学视野中的文化与多元文化互动》,《中南民族大学学报》(人文社会科学版) 2008 年第 1 期。

28. 胡弼成:《教育:文化生态的龙头》,《湖南农业大学学报》(社会科学版) 2015 年第 5 期。

29. 李佳芸瑞:《泼水节传统文化在傣族民族文化建设中的传承与发展》,《云南社会主义学院学报》2014 年第 4 期。

30. 李瑾瑜、央平清编译:《对多元文化教育的四种误解及其分析》,《民族教育研究》1999 第 3 期。

31. 李生兰:《多元文化教育的途径》,《早期教育》2003 第 10 期。

32. 李晓:《Berry 文化适应理论及其启示》,《湖北函授大学学报》2014 年第 18 期。

33. 刘世文:《非物质文化遗产研究的文化生态学方法论及其意义》,《商业文化(上半月)》2011 年第 9 期。

34. 刘丽江:《加拿大的多元文化教育》,《中国民族教育》1997 年第 6 期。

35. 罗中枢:《中国西部边疆研究若干重大问题思考》,《四川大学学报》(哲学社会科学版) 2015 年第 1 期。

36. 马富英:《全球化背景下跨界民族的国家认同建构》,《贵州民族研究》2014 年第 6 期。

37. 麻国庆:《民族研究的新时代与铸牢中华民族共同体意识》,《中央民族大学学报》(哲学社会科学版)2017 年第 6 期。

38. 麻艳香、蔡中宏:《人的全面发展:人类社会发展的价值追求》,《甘肃社会科学》2009 年第 4 期。

39. 马佳宏、黎天业:《传统节庆文化:多元文化教育的重要资源》,《广西师范大学学报》(哲学社会科学版)2010 年第 3 期。

40. 庞金友:《族群身份与国家认同:多元文化主义与自由主义的当代论争》,《浙江社会科学》2007 年第 4 期。

41. 彭高成:《民族和谐与民族工作》,《上海市社会主义学院学报》2006 年第 6 期。

42. 靳淑梅:《多元文化教育理念下教师的培养目标及其启示》,《外国教育研究》2009 年第 3 期。

43. 钱民辉:《意识三态观:民族教育研究的新视野》,《广西民族大学学报》(哲学社会科学版)2013 年第 3 期。

44. 切排、李元元:《民族地区多元文化互动动因的微观解读——以甘肃天祝天堂村汉族成员"煨桑"行为为例》,《西北民族大学学报》(哲学社会科学版)2009 年第 3 期。

45. 沈乾芳:《小乘佛教教育与瑞丽傣族的民族认同》,《贵州民族研究》2012 年第 1 期。

46. 石中英:《教育公平的主要内涵与社会意义》,《中国教育学刊》2008 年第 3 期。

47. 宋爽:《英国多元文化教育政策的历史流变与动因》,《现代教育管理》2015 年第 8 期。

48. 苏德:《少数民族多元文化教育的内容及其课程构建》,《中央民族大学学报》2008 年第 1 期。

49. 孙亚娟:《少数民族地区学校教育传承民族文化的问题与思考——以六哨乡中小学为例》,《思茅师范高等专科学校学报》2011 年第 1 期。

50. 孙正林:《论高校传统文化教育自觉》,《国家教育行政学院学报》2014 年第 8 期。

51. 覃敏健、黄骏:《多元文化互动与新加坡的"和谐社会"建设》,《世界民族》2009 年第 6 期。

52. 汤一介:《"文明的冲突"与"文明的共存"》,《北京大学学报》(哲学社会科学版)2004 年第 6 期。

53. 滕星、苏红:《多元文化社会与多元一体化教育》,《民族教育研究》1997 年第 1 期。

54. 滕星:《民族教育概念新析》,《民族研究》1998 年第 2 期。

55. 万明钢：《从"差异"走向"承认"的多元文化教育》，《教育研究》2008 年第 11 期。

56. 王鉴、万明钢：《多元文化与民族认同》，《广西民族研究》2004 年第 2 期。

57. 王鉴：《论中华民族多元文化教育》，《青海民族研究》2002 年第 4 期。

58. 王鉴：《试论中华民族多元文化与一体教育观的形成与发展》，《广西民族研究》2002 年第 4 期。

59. 王鉴：《我国少数民族教育课程本土化研究》，《广西民族研究》1999 年第 3 期。

60. 王军、平山求：《日本的"异文化间教育"研究》，《民族教育研究》1995 年第 2 期。

61. 王坤庆：《论价值、教育价值与价值教育》，《华中师范大学学报》（人文社会科学版）2003 年第 4 期。

62. 王铁志、吴金光：《澳大利亚的多元文化政策》，《民族研究》1996 年第 1 期。

63. 王文光、翟国强：《西南民族的历史发展与中华民族多元一体格局关系述论》，《思想战线》2005 年第 2 期。

64. 王文光、翟国强：《中国西南旧石器文化在中华文化形成中的地位》，《云南民族大学学报》（哲学社会科学版）2004 年第 6 期。

65. 王锡宏：《论少数民族教育双重性》，《民族研究》1999 年第 3 期。

66. 王锡宏：《云南边境民族教育调查综述》，《民族教育研究》1989 年第 1 期。

67. 王月娥、漆晓慧：《西部城市化建设与民族文化互动研究》，《民族论坛》2004 年第 12 期。

68. 王智平、安萍：《村落生态系统的概念及特征》，《生态学杂志》1995 年第 1 期。

69. 万红：《论西南民族地区集贸市场的历史形成》，《贵州民族研究》2004 年第 3 期。

70. 吴光芸：《培育社会资本，促进民族和谐》，《贵州民族研究》2007 年第 1 期。

71. 吴金光：《澳大利亚多元文化主义的启示》，《广西民族学院学报》（哲学社会科学版）2001 年第 6 期。

72. 吴明海：《一核多元、中和位育——中国特色多元文化主义及其教育道路初探》，《民族教育研究》2014 年第 3 期。

73. 吴小贻：《完整地理解教师专业自主权》，《当代教育科学》2006 第 13 期。

74. 谢延龙：《超越"外铄"与"内生"：教师专业发展的路径选择》，《教学与管理》2013 年第 13 期。

75. 许可峰：《中国民族教育政策体系的类型学研究》，《贵州民族研究》2012 年第 2 期。

76. 荀利波：《滇黔桂多民族"杂居"对和谐文化建设的影响》，《广西民族研究》2013年第4期。

77. 杨帆、李朝阳、许庆豫：《高校学生社团的学生评价与影响因素》，《教育研究》2015年第12期。

78. 杨福泉：《论我国现代化进程中的少数民族文化保护》，《思想战线》1998年第5期。

79. 杨建新：《论我国少数民族的文化》，《甘肃理论学刊》2006年第2期。

80. 杨丽萍：《"民族文化进校园"的多维阐释与民族文化传承研究》，《广西师范大学学报》（哲学社会科学版）2011年第2期。

81. 杨文顺、高路：《云南民族文化多样性与和谐社会构建互动关系研究》，《云南行政学院学报》2011年第1期。

82. 姚磊：《国内民族文化传承研究述评》，《广西民族研究》2014年第5期。

83. 叶南客：《"三社联动"的内涵拓展、运行逻辑与推进策略》，《理论探索》2017年第5期。

84. 余建华：《在多元包容中繁荣发展——新加坡民族和睦的成功之举》，《世界经济研究》2003年第10期。

85. 詹建波、杨奇峰：《中国少数民族地区经济与民族文化互动发展机制研究》，《财经界》2016年第35期。

86. 詹莹莹：《论人类自由与有限性——海德格尔与卡西尔在达沃斯辩论的启示》，《天津社会科学》2015年第2期。

87. 张飞、曹能秀、张振飞：《文化互动、族际文化互动与多元文化互动之辨》，《重庆科技学院学报》（社会科学版）2017年第2期。

88. 张飞、曹能秀：《近十五年来我国民族文化互动研究的知识图谱分析》，《怀化学院学报》2016年第6期。

89. 张华：《"多元文化教育"的理论范型和实践模式探析》，《比较教育研究》1998年第3期。

90. 张景梅：《和谐社会与民族文化》，《贵州民族宗教》2005年第6期。

91. 张先亮、戢广南：《文化认同：边疆民族地区和谐社会建设之魂》，《新疆师范大学学报》（哲学社会科学版）2008年第4期。

92. 赵希、张学敏：《我国民族八省区教育经费投入回顾与前瞻——基于2005—2014

年的数据分析》,《教育发展研究》2016 年第 17 期。

93. 郑金洲:《文化与教育:两者关系的探讨》,《上饶师专学报》1996 年第 1 期。

94. 郑毅:《傣族佛寺教育与义务教育的冲突及其缓解——兼议"威斯康辛州诉约德"案》,《贵州民族研究》2011 年第 1 期。

95. 周莉萍:《美国多元文化政策初探》,《国际论坛》2005 年第 2 期。

96. 周莉萍:《美国多元文化政策评析》,《宁波大学学报》(人文科学版) 2005 年第 3 期。

97. 周平:《中华民族:中华现代国家的基石》,《政治学研究》2015 年第 4 期。

98. 周平:《我国边疆研究的几个基本问题》,《思想战线》2016 年第 5 期。

99. 朱晓翔、朱纪广、乔家君:《国内乡村聚落研究进展与展望》,《人文地理》2016 年第 1 期。

三、学位论文

1. 曹一梅:《纳西族"热美蹉"文化传承的教育人类学研究——基于丽江市古城区大东乡的调查》,云南民族大学硕士学位论文,2013 年。

2. 曾莉:《幼儿园多元文化启蒙教育——以中国西南地区 S 省幼儿园节日教育为视窗》,华东师范大学博士学位论文,2014 年。

3. 陈艳宇:《多元文化教育的历史发展与价值取向》,西南大学硕士学位论文,2006 年。

4. 崔英锦:《朝鲜族传统游戏传承的教育人类学研究》,中央民族大学博士学位论文,2007 年。

5. 丁湘:《云南宁蒗县永宁乡纳西族(摩梭人)母系家庭幼儿传统养育文化研究》,中央民族大学博士学位论文,2002 年。

6. 蒋剑:《畲族婴幼儿家庭教育传统研究——以浙江、福建省畲族为主》,中央民族大学硕士学位论文,2009 年。

7. 李和:《元明清时期入迁云南的外来少数民族移民研究》,云南大学博士学位论文,2015 年。

8. 刘喆:《布迪厄的社会学思想研究》,武汉大学硕士学位论文,2005 年。

9. 马莉:《回族传统文化中的幼儿家庭教育——以甘肃临夏回族自治州广河县为例》,陕西师范大学硕士学位论文,2010 年。

10. 孟凡丽:《多元文化背景中地方课程开发研究》,西北师范大学博士学位论文,

2003 年。

11. 潘旭娟：《民族教育中教师多元文化素质的培养及对策研究——以贵州荔波县瑶山乡为个案》，西南大学硕士学位论文，2011 年。

12. 宋南争：《多元文化视角下的云南边境教育安全研究》，云南师范大学硕士学位论文，2015 年。

13. 王红丽：《公办农民工随迁子女学校的文化融合研究：对北京市石景山区蓝天第二中学教育活动的田野调查》，首都师范大学硕士学位论文，2014 年。

14. 王瑞平：《明清时期云南的人口迁移与儒学在云南的传播》，中央民族大学博士学位论文，2004 年。

15. 岳梦夏：《多元一体格局下的哈汉双语教育研究》，中央民族大学硕士学位论文，2015 年。

16. 张银花：《民族和谐发展：理论与实证》，中央民族大学博士学位论文，2007 年。

四、外文文献

1. Adam Jamrozik, Cathy Boland, Robert Urquhart, *Social Change and Cultural Transformation in Australia*, Melbourne: Cambridge University Press, 1995.

2. Banks, J. A. Banks, "Handbook of Research on Multicultural Education (2Eds)", *San Francisco: Jossey-Bass*, 2004.

3. Carl A. Grand (Eds), Multicultural Education: Commitments, issues and Applications, By the Association for Supervision and Curriculum Development, 1997.

4. Feinberg Walter, "Liberalism and the aims of multicultural education", *Journal of Philosophy of Education*, Vol.29, No.2, 2010.

5. Huntington, "The Clash of Civilizations ?" *Foreign Affairs*, Vo1.72, No.3, 1993.

6. Huntington, "The Coming Clash of Civilizations–or, the West Against the Rest", *The New York Times*, Sec. 4, 1993.

7. J. W. Berry, "A Psychology of Immigrant", *Journal of Social Issues*, Vol. 57, No.3, 2001.

8. Richard Munch, Nation and Citizenship in the Global Age, New York: Pal grave, 2001.

附录

附录1　标准问卷题项

附录1-1　学生标准问卷各分问卷题项及题号

分问卷	题项	初测问卷题号（t）	正式问卷题号（a）
多元文化互动情感	友好对待其他民族的同学让我感到自豪	6	2
	我对其他民族的风俗感兴趣	9	3
	我对我不了解的其他民族的文化习俗充满好奇心	11	4
	如果老师让我们讨论某个民族的风土人情的问题，我会很兴奋	15	7
	如果有可能，我会想方设法去探索某些民族未知的知识	18	8
	我认为不同民族的服饰都有它值得欣赏的地方	19	9
	当发现其他民族居住地风景秀丽时，我会感到赏心悦目	20	10
	当认识到其他民族文化中的精髓时，我会感到欣喜	21	11
	我能够体会到其他民族文化中展现出的内在美	26	14
	看到别的民族的同学受到欺负时，我会及时阻止	27	15
	当别人和我说其他民族同学的坏话时，我会感到愤怒和生气	28	16
	我觉得其他民族的英雄人物同样值得敬佩	29	17
	*我觉得其他民族的历史故事或神话传说很无聊	35	22
	比别人知道更多其他民族的知识让我感到快乐	41	26
	其他民族风俗中表现出来的积极向上的内容令我感到愉快	57	36

（续表）

分问卷	题项	初测问卷题号（t）	正式问卷题号（a）
多元文化互动认知	我觉得多元文化教育既要重视传承中华文化的活动，又要重视开展各民族文化的活动	5	1
	每个民族都有自己的道德准则和行为规范	30	18
	学习不同民族的文化有利于各民族和谐相处	33	20
	我认为每个民族都是中华民族的一个组成部分	34	21
	如果有机会去到某个我所了解的民族聚集地，我会运用我学到的礼仪知识	37	24
	如果仔细观察，我可以发现不同民族在生活方式上的差异	43	27
	我知道每个民族都有自己的语言	61	39
	我能够说出至少三个其他民族的节日	12	5
	我能够看出一些不同民族的建筑物特征	13	6
	我能够认出不止一种其他民族的服饰	22	12
	我听说过其他民族的民间故事	36	23
	我知道一些中华文化和传统美德的知识	44	28
	我能够说出三种以上其他民族的食物	45	29
多元文化互动能力	在与不同民族的同学交往中，我会考虑到对方的交往方式	25	13
	我愿意和其他民族的同学一起参与学校举办的各类文化活动	32	19
	如果可以，我希望多认识一些不同民族的同学	38	25
	我可以从不同民族的同学那里学习到很多东西	47	30
	我能够明白一些民族的神话故事所表达的意思	50	31
	如果有可能，我愿意多学习几种少数民族的语言	51	32
	我认为沟通能够有效地化解与其他民族同学间的矛盾	53	33
	与其他民族同学发生冲突时，我会选择以理服人	54	34
	我能够与具有不同宗教信仰的各民族同学友好相处	56	35
	当其他民族的同学需要帮助时，我能够主动伸出援手	58	37
	我能够很好地处理与其他民族同学的小摩擦	59	38
	我能够团结多数其他民族的同学	62	40
	我能够尊重其他民族同学的生活习惯	64	41
	我能够正确处理与其他民族同学的矛盾	65	42
	我相信学习其他民族的文化和习俗是有用的	71	43

注：题项前面有"*"的为反向计分题。

附录1-2　教师标准问卷各分问卷题项及题号

分问卷	题项	初测问卷题号（t）	正式问卷题号（a）
多元文化互动情感	我对其他民族的风俗感兴趣	33	5
	如果有可能，我会想方设法去了解、学习和探索其他民族的知识	32	12
	当发现其他民族居住地风景秀丽时，我会感到赏心悦目	4	13
	其他民族的风俗中所表现出的积极向上的力量令我感到震撼	25	16
	我能够体会到其他民族文化中展现出的内在美	26	34
	我对我不了解的其他民族的文化习俗充满好奇心	57	39
	*我不认为每个民族的人民都是勤劳、勇敢、善良的	23	3
	*当其他民族的人向我介绍他们的文化节日时，我有时会感到不耐烦	35	4
	*我觉得其他民族的历史故事或神话传说很无聊	46	7
	*其他民族的文化很难引起我的共鸣	41	11
	*我不认为每个民族的文化中都有传统美德	6	14
	我认为不同的民族都有相同的义务去维护中华民族的利益	8	15
	*我对教学中涉及的关于其他民族的文化知识感到无趣	14	41
	当看到不同民族学生能够相互尊重时，我会感到开心	42	2
	和学生讲述或讨论某个民族的风土人情时，我会很投入	15	9
	假如我对某个民族的认识不符合它的实际情况，我会及时改正	16	10
	看到少数民族学生受到欺负时，我会及时阻止	36	28
多元文化互动认知	我能够看出一些不同民族的民居、民宅的建筑特征	55	1
	我能够说出本地区其他民族的特色节日	11	23
	如果有机会去到某个民族聚集地，我会运用我所知道的相关的民族文化礼仪知识	37	25
	我认为每个民族都有自己的宗教信仰	39	26
	我能够认出本地区其他民族的特色服饰	66	27
	我了解本地区不同民族在生活方式上的差异	7	29
	我熟悉本民族的风俗习惯和文化传统	2	30
	我熟悉其他民族的民间故事、神话传说	60	43
	我觉得多元文化教育既要重视传承中华文化的活动，又要重视开展各民族文化的活动	29	18
	*我认为不同民族的文化交流会导致民族间的矛盾和冲突	31	19
	传承和发扬不同民族的文化有利于各民族和谐相处	9	21
	我认为每个民族都是中华民族的一个组成部分	22	22
	*传承和发扬不同民族的文化会激化民族间的矛盾	18	42

（续表）

分问卷	题项	初测问卷题号（t）	正式问卷题号（a）
多元文化互动能力	在教学过程中我能很好地和其他民族的教师进行合作	21	6
	我愿意和其他民族的老师、学生一起参与学校举办的各类文化活动	50	8
	我经常在校园、班级的集体活动中融入中华文化的教育内容	72	17
	在与不同民族的学生相处中，我会尽量避免偏见与歧视	44	20
	我认为沟通能够有效地化解不同民族之间的人的矛盾	18	24
	除教材内容以外，我会组织学生开展多种民族文化交流的特色主题活动	49	31
	我在教育教学中，能够充分利用当地或家长、村寨中的民族文化资源	40	32
	如果有可能，我愿意多学习几种少数民族的语言	17	33
	我会恰当地将不同民族的文化知识融入课堂教学之中	34	35
	我时常会看一些不同民族文化习俗的书籍	51	36
	在与不同民族的学生或老师的交往中，我会考虑对方能接受的交往方式	58	37
	当其他民族的学生或老师需要帮助时，我能够主动提供帮助	59	38
	如果可以，我希望多认识一些不同民族的人	70	40

注：题项前面有"*"的为反向计分题。

附录 2　验证性因素分析模型

附录 2-1　学生标准问卷验证性因素分析模型

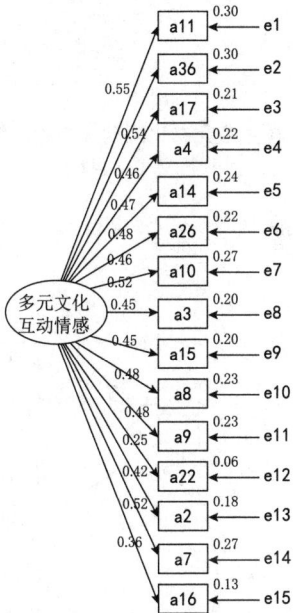

图 1　学生多元文化互动情感验证性因素
分析模型（Q1）

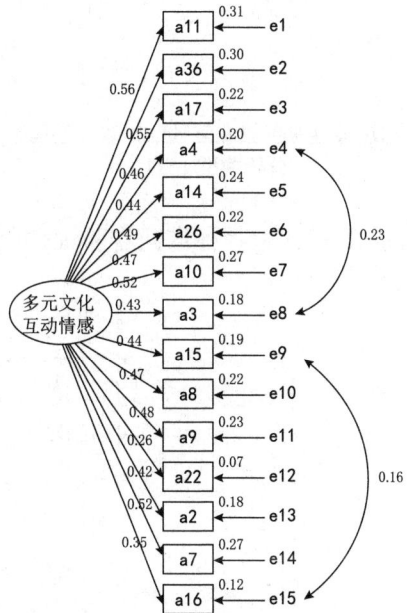

图 2　学生多元文化互动情感验证性因素
分析修正模型（Q2）

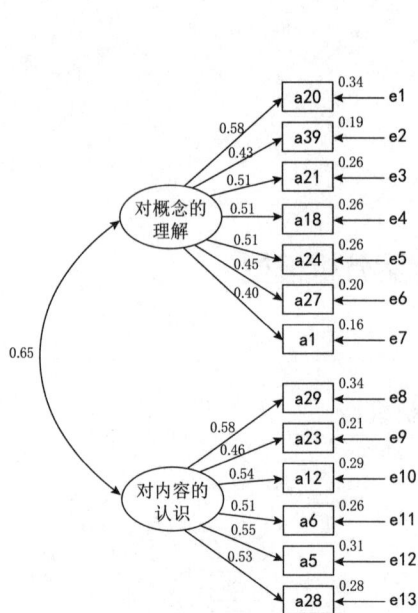

图3　学生多元文化互动认知验证性因素
分析模型（R1）

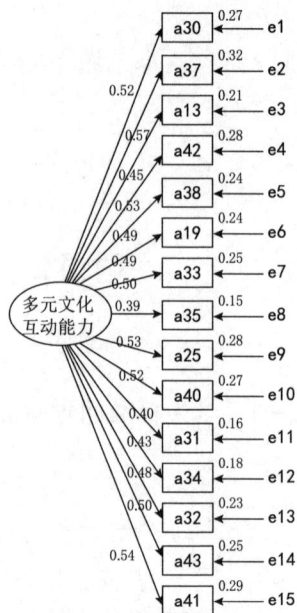

图4　学生多元文化互动能力验证性因素
分析模型（N1）

附录2－2　教师标准问卷验证性因素分析模型

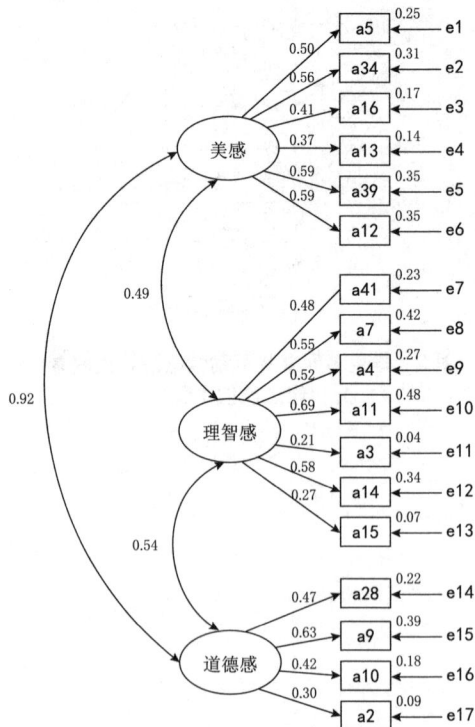

图5　教师多元文化互动情感验证性因素
分析模型（Q1）

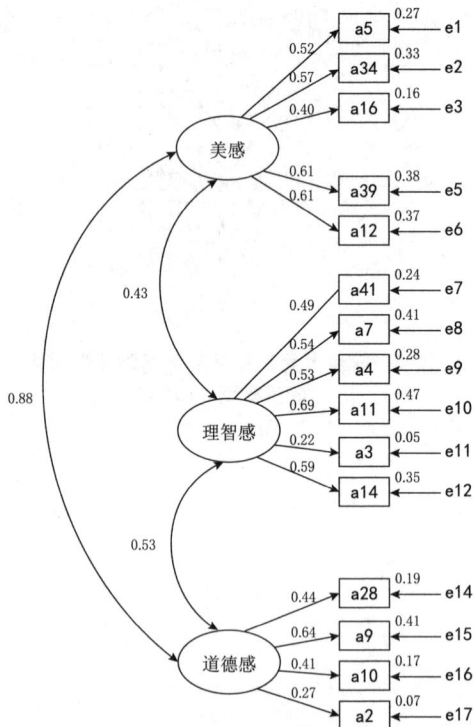

图6　教师多元文化互动情感验证性因素
分析修正模型（Q2）

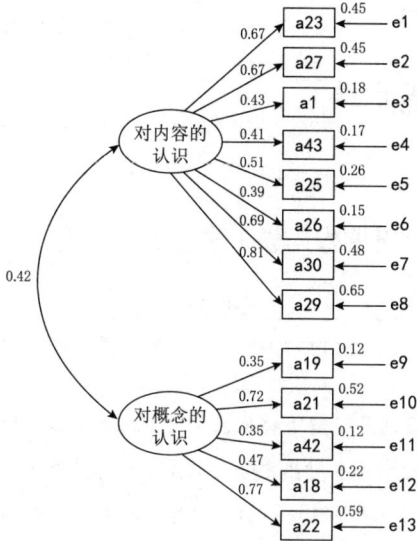

图 7　教师多元文化互动认知验证性因素
分析模型（R1）

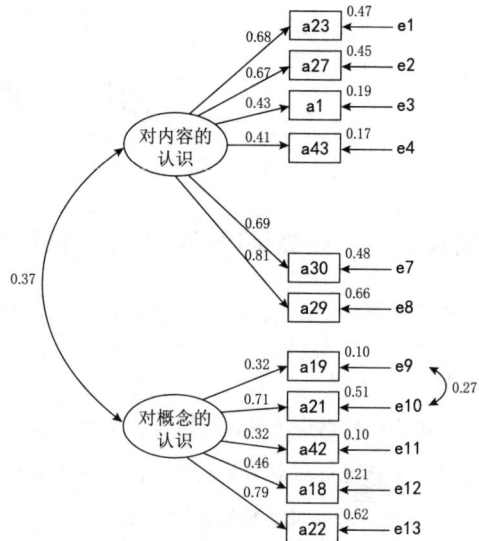

图 8　教师多元文化互动认知验证性因素
分析修正模型（R2）

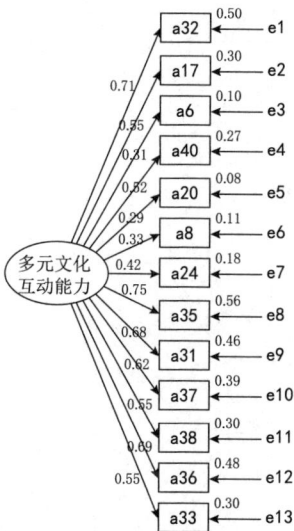

图 9　教师多元文化互动能力验证性因素
分析模型（N1）

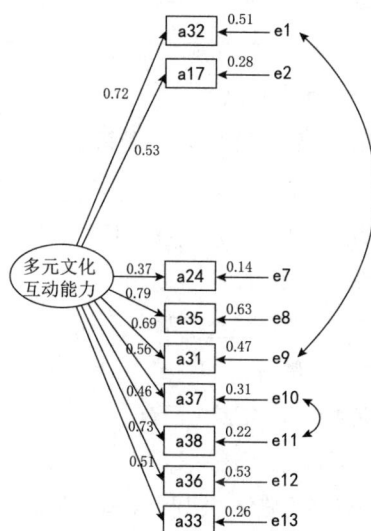

图 10　教师多元文化互动能力验证性因素
分析修正模型（N2）

附录3 调查问卷

附录3—1 边疆地区学校多元文化互动状况调查问卷（学生）

学校所在地：_____县_____乡（镇）学校名称：_____年级：_____

您好：

很高兴您愿意填写这份问卷，本次问卷调查目的是了解边疆地区学校多元文化互动的状况。本问卷采取匿名方式调查，您所提供的答案不存在对错之分，调查不会对您产生不利的影响，请根据实际情况放心填写。本调查共有62个题目，都是有关多元文化互动的问题。每个人对这些问题都会有不同的看法，回答也是不同的，因而对问题的回答，并没有"对"与"不对"之分，只表示您对这些问题的态度，请您尽量表达个人的意见，不要有所顾忌。

感谢您的支持与合作。

一、基本信息

国　　籍：□中国　□外籍：_____

现居住地：_____县_____乡（镇）_____村寨

出 生 地：_____县（市）

性　　别：□男　□女

民　　族：_____族

年　　龄：___岁

是否单亲：□是　□否

是否留守：□是　□否

是否曾经辍学：□否　□是（原因：_____）

宗教信仰：□无　□佛教　□基督教　□伊斯兰教　□天主教　□原始宗教　□其他

掌握少数民族语言：□否　□是_____族语言

父母工作：□农民　□工人　□经商　□公务员　□教师　□军人（警察）
　　　　　　□外出打工　□无业　□其他_____

父亲学历：□初中及以下　□高中　□大专　□本科及以上

母亲学历：□初中及以下　□高中　□大专　□本科及以上

父母年龄：□25岁以下　□25—40岁　□41—60岁　□60岁以上

父母是否有宗教信仰：□否　□是　　宗教：＿＿＿＿＿＿＿

父亲民族：＿＿＿＿＿族　母亲民族：＿＿＿＿＿族

家庭人数：□1—2人　□3—4人　□5—6人　□6人以上

每月花费：□100元以内　□100—200元　□200—300元　□300—500元
　　　　　□500元以上

跨境上学年级：＿＿＿年级；

跨境上学年限：＿＿＿年（外籍学生填写，中国学生不作答）

二、单选题一

请认真阅读下面的每一个题目，然后根据你自己的实际情况来回答。答案无对错之分，也不必有任何顾虑，可以放心作答。每个题目都要回答，不要有遗漏，也不必费时去想，明白题意后就回答，请在右边相应的数字上打"√"。其中5代表"非常同意"，4代表"比较同意"，3代表"不确定"，2代表"比较不同意"，1代表"非常不同意"。

序号	问题	非常同意	比较同意	不确定	比较不同意	非常不同意
1	我觉得多元文化教育既要重视传承中华文化的活动，又要重视开展各民族文化的活动	5	4	3	2	1
2	友好地对待其他民族的同学让我感到自豪	5	4	3	2	1
3	我对其他民族的风俗感兴趣	5	4	3	2	1
4	我对我不了解的其他民族的文化习俗充满好奇心	5	4	3	2	1
5	我能够说出至少三个其他民族的节日	5	4	3	2	1
6	我能够看出一些不同民族的建筑物特征	5	4	3	2	1
7	如果老师让我们讨论关于某个民族的风土人情的问题，我会很兴奋	5	4	3	2	1
8	如果有可能，我会想方设法去探索某些民族的未知知识	5	4	3	2	1
9	我认为不同民族的服饰都有它值得欣赏的地方	5	4	3	2	1
10	当发现其他民族居住地风景秀丽时，我会感到赏心悦目	5	4	3	2	1
11	当认识到其他民族文化中的精髓时，我会感到欣喜	5	4	3	2	1
12	我能够认出不止一种其他民族的服饰	5	4	3	2	1

（续表）

序号	问题	非常同意	比较同意	不确定	比较不同意	非常不同意
13	在与不同民族的同学交往中，我会考虑到对方的交往方式	5	4	3	2	1
14	我能够体会到其他民族文化中展现出的内在美	5	4	3	2	1
15	看到别的民族同学受到欺负时，我会及时阻止	5	4	3	2	1
16	当别人和我说其他民族同学的坏话时，我会感到愤怒和生气	5	4	3	2	1
17	我觉得其他民族的英雄人物同样值得敬佩	5	4	3	2	1
18	每个民族都有自己的道德准则和行为规范	5	4	3	2	1
19	我愿意和其他民族的同学一起参与学校举办的各类文化活动	5	4	3	2	1
20	学习不同民族的文化有利于各民族和谐相处	5	4	3	2	1
21	我认为每个民族都是中华民族的一个组成部分	5	4	3	2	1
22	我觉得其他民族的历史故事或神话传说很无聊	5	4	3	2	1
23	我听说过其他民族的民间故事	5	4	3	2	1
24	如果有机会到某个我所了解的民族聚集地，我会运用我学到的礼仪知识	5	4	3	2	1
25	如果可以，我希望多认识一些不同民族的同学	5	4	3	2	1
26	比别人知道更多其他民族的知识让我感到快乐	5	4	3	2	1
27	如果仔细观察，我可以发现不同民族在生活方式上的差异	5	4	3	2	1
28	我知道一些中华文化和传统美德的知识	5	4	3	2	1
29	我能够说出三种以上其他民族的食物	5	4	3	2	1
30	我可以从不同民族的同学那里学习到很多东西	5	4	3	2	1
31	我能够明白一些民族的神话故事所表达的意思	5	4	3	2	1
32	如果有可能，我愿意多学习几种少数民族的语言	5	4	3	2	1
33	我认为沟通能够有效地化解与其他民族同学间的矛盾	5	4	3	2	1
34	与其他民族同学发生冲突时，我会选择以理服人	5	4	3	2	1
35	我能够与不同宗教信仰的民族同学友好相处	5	4	3	2	1
36	其他民族风俗中表现出来的积极向上的内容令我感到愉快	5	4	3	2	1
37	当其他民族的同学需要帮助时，我能够主动伸出援手	5	4	3	2	1
38	我能够很好地处理与其他民族同学的小摩擦	5	4	3	2	1
39	我知道每个民族都有自己的语言	5	4	3	2	1
40	我能够团结多数其他民族的同学	5	4	3	2	1

（续表）

序号	问题	非常同意	比较同意	不确定	比较不同意	非常不同意
41	我能够尊重其他民族同学的生活习惯	5	4	3	2	1
42	我能够正确处理与其他民族同学的矛盾	5	4	3	2	1
43	我相信学习其他民族的文化和习俗是有用的	5	4	3	2	1

三、单选题二

请认真阅读下面的每一个题目，然后根据你自己的实际情况来回答。注意：每个题目都要回答，不要有遗漏，也不必费时去想，明白题意后就回答，请在对应的选项上打"√"，只能选一个。

44. 你认为在不同文化交流活动中，学校应该起到什么样的作用_____

    A. 主导作用   B. 辅助作用   C. 作用不大   D. 不知道

45. 你所在的学校有关于开展民族文化活动的相关规定和计划吗？你了解多少_____

    A. 有，并且很了解   B. 有，只是稍微了解一些

    C. 有，但是我不了解   D. 没有相关规定

46. 你参与多元文化互动的最终目的是什么_____

    A. 与其他同学和睦相处

    B. 学习中华民族及其他民族的文化知识

    C. 方便与其他民族的人员交流

    D. 我学习缅（越南、泰、老挝）语是为了方便长大后做生意

    E. 学习英语就是为了应付考试

    F. 希望今后加入社区（或乡镇）或村落志愿者组织，服务社区（或乡镇）或村落建设

    G. 借鉴其他民族的优秀文化以便更好地传承本民族文化

47. 你最想学习本民族物质文化中的哪个内容_____

    A. 饮食   B. 服饰   C. 建筑   D. 生产工具

48. 你最想参与学校组织的哪个非物质文化传承活动_____

    A. 中华经典诗词朗诵

    B. 民族韵律操（民族大课间操）

    C. 民族知识竞赛

D. 本地民族的节庆活动

E. 向民族非物质文化传承人学习手工艺技术

F. 学校的兴趣小组活动

G. 中华民族的传统节庆活动

49. 你最喜欢以哪种方式来参与多元文化互动_____

A. 老师课堂讲授

B. 民间艺人对我们面对面传授

C. 学校开设的乡土课程

D. 学校开设的兴趣小组

E. 父母口授

F. 学校举办的各种主题活动

G. 学校与乡镇、村委会共同举办的民族文化活动

50. 你认为多元文化互动对边疆民族和谐产生的最大积极影响是什么_____

A. 父母更加注重教育我们要与别的民族和睦相处

B. 我们家与社区（或乡镇）或村落内其他民族家庭的关系越来越融洽

C. 我们家所在村寨常与境外村寨一起举办活动

D. 我们学校不同民族的学生更加团结友爱，互帮互助

E. 我们班的同学都越来越主动地去关心和帮助其他民族的同学

F. 我们学校不同民族的同学之间没有大的矛盾、冲突和隔阂

G. 我所生活的社区（或乡镇）或村落中的很多人都能用不同民族语言进行交流

51. 你觉得你们学校开展的多元文化活动存在的最大不足是什么_____

A. 我对学校开展的多元文化活动不感兴趣

B. 我们学校开设的校本课程没有反映出当地的乡土和民族文化特征

C. 我们学校从来不和家长、社区合作举办民族文化交流活动

D. 我很少能参加到自己真正感兴趣的活动中

E. 我们学校开展民族文化活动或节庆活动，如六一儿童节的形式比较单一，内容都差不多

F. 我每次都是被逼无奈才参与学校组织的各项活动

G. 我觉得我参加各项活动就是个旁观者，不能发挥自己的才能和积极作用

52. 你觉得外来人员和文化对当地产生的最大负面影响是什么_____

A. 了解了其他民族的文化后，我觉得本民族的文化很落后

B. 我经常和其他民族的同学发生矛盾

C. 宗教信仰降低了我对本民族文化的认同

D. 重视少数民族文化的学习导致了对中华文化的忽视

E. 相比本民族的节日，我更喜欢过圣诞节等国外节日

F. 相比本民族的节日，我更喜欢过春节、端午节等中华民族的传统节日

G. 我所在社区（或乡镇）或村落中，尊老爱幼、诚实守信、节俭勤奋等传统美德越来越不受重视

H. 我们学校学生厌学、辍学现象越来越突出

53. 你是否经常和同学讨论关于其他民族文化的话题_____

　　A. 从不讨论　　　　B. 偶尔讨论　　　　C. 经常讨论　　　　D. 总是讨论

54. 当别人提到你的民族时，你会产生自豪感吗_____

　　A. 经常　　　B. 有时　　　C. 无所谓　　　D. 偶尔　　　E. 从不

四、多选题

请认真阅读下面的每一个题目，然后根据你自己的实际情况来回答。注意：每个题目都要回答，不要有遗漏，也不必费时去想，明白题意后就回答，请在对应的选项上打"√"，可以选多个。

55. 你们学校有关多元文化互动的规定和要求有哪些_____

　　A. 至少掌握一门外语　　　　　　　B. 与其他民族同学和睦相处

　　C. 尊重他人的宗教信仰　　　　　　D. 尊重其他民族的文化传统和生活习惯

56. 你认为多元文化互动的目标是_____

　　A. 帮助少数民族同学提高适应现代社会的能力，以实现个人的最大发展

　　B. 继承和发扬少数民族的优秀文化遗产，丰富中华文化宝库，为中华民族的伟大复兴作出贡献

　　C. 唤起我们对少数民族优秀文化保护的意识，减少甚至消除对少数民族的偏见或歧视

　　D. 通过文化互动促进学生群体、班级和学校文化交流与和谐发展

57. 你学习和了解哪些非物质层面的民族文化知识_____

　　A. 民俗　　　B. 民间故事　　　C. 表演艺术　　　D. 道德

　　E. 礼仪　　　F. 语言　　　G. 生活方式　　　H. 传统知识技能

　　I. 行为规范　　　H. 宗教信仰

58. 你认为多元文化互动对你产生了哪些积极影响_____

A. 学习不同民族的文化知识使我开阔了眼界

B. 与不同民族的人打交道提高了我的语言表达能力

C. 学习其他民族的文化知识方便了我与其他同学交流

D. 学习本民族的文化知识增强了我的自信心和自豪感

E. 我更加认同中华民族是一个美丽的大家庭

F. 我越来越积极主动地参与学校、家庭和村落组织的多元文化活动

G. 我越来越乐意参与具有民族特色的物质、非物质文化成果的创作活动

H. 文化互动使我明白了各民族是平等的

59. 你认为以下哪些选项贴近你与其他民族同学交往时的想法_____

A. 我努力学习，只想考上大学，离开这里

B. 我觉得别的民族文化、外地（外国）的文化优于本民族的文化

C. 学习了其他民族的文化后，使我降低了对本民族文化的认同

D. 其他民族同学的某些不良学习和生活习惯会影响我

E. 和其他民族的同学交往我会感到自卑

F. 我不能很快融入其他民族同学的生活氛围

60. 你们学校在哪些方面促进了多元文化互动_____

A. 制订了开展多元文化交流活动的制度和计划

B. 鼓励学生通过研究性学习参与文化互动

C. 通过信息技术（计算机）学习中华文化和各民族的文化知识

D. 开设地方课程和校本课程

E. 通过各种兴趣小组，组织学生参与多元文化学习

F. 通过少先队活动、重要的节庆活动开展多元文化互动

G. 与家长、社区合作共同组织和参与文化交流活动

五、开放题

61. 现在你们学校举行的最隆重的节日是什么？为什么？和 3 年前相比有何差异？

62. 你对你们学校目前开展的多元文化活动是否满意？你有什么建议？

附录 3-2　边疆地区学校多元文化互动状况调查问卷（教师）

学校所在地：_____县_____乡（镇）学校名称：_____年级：____

您好：

很高兴您愿意填写这份问卷，本次问卷调查目的是了解边疆地区学校多元文化互动状况。本问卷采取匿名方式调查，您所提供的答案不存在对错之分，调查不会对您产生不利的影响，请根据实际情况放心填写。本调查共有 68 个题目，都是有关多元文化互动的问题。每个人对这些问题都会有不同的看法，回答也是不同的，因而对问题的回答，并没有"对"与"不对"之分，只表示您对这些问题的态度，请您尽量表达个人的意见，不要有所顾忌。

感谢您的支持与合作。

一、基本信息

是否本县教师：□是　□否

性　　别：□男　□女

民　　族：_____族

宗教信仰：□无　□佛教　□基督教　□伊斯兰教　□其他_____

年　　龄：□ 30 岁以下　□ 31—50 岁　□ 51 岁以上

教　　龄：□ 1—3 年　□ 4—10 年　□ 11—20 年　□ 21—30 年　□ 30 年以上

学　　历：□中专以下　□中专　□大专　□本科　□研究生

毕业专业：_____（可填写多个专业）

是否转岗：□是　□否

职　　称：□无职称　　□小教三级　　□小教二级（中三）□小教一级（中二）
　　　　　□小教高级（中一）□中教高级

任教科目：□语文　□数学　□英语　□社会　□科学　□思想品德　□音乐
　　　　　□体育　□美术　□其他_____

掌握少数民族语言：□否　□是　_____族语言

收　　入：□ 2000 元以下　□ 2000—3000 元　□ 3000—4000 元　□ 4000 元以上

教师编制情况：□在职在编　□合同制　□临时代课

二、单选题一

请认真阅读下面的每一个题目，然后根据你自己的实际情况来回答。答案无对错之分，也不必有任何顾虑，可以放心作答。每个题目都要回答，不要有遗漏，也不必费时去想，明白题意后就回答，请在右边相应的数字上打"√"。其中5代表"非常同意"，4代表"比较同意"，3代表"不确定"，2代表"比较不同意"，1代表"非常不同意"。

序号	问题	完全同意	比较同意	不确定	比较不同意	完全不同意
1	我能够看出一些不同民族的民居、民宅的建筑特征	5	4	3	2	1
2	当看到不同民族学生能够相互尊重时，我会感到开心	5	4	3	2	1
3	我不认为每个民族的人民都是勤劳、勇敢、善良的	5	4	3	2	1
4	当其他民族的人向我介绍他们的文化节日时，我有时会感到不耐烦	5	4	3	2	1
5	我对其他民族的风俗感兴趣	5	4	3	2	1
6	在教学过程中我能很好地和其他民族的教师进行合作	5	4	3	2	1
7	我觉得其他民族的历史故事或神话传说很无聊	5	4	3	2	1
8	我愿意和其他民族的老师、学生一起参与学校举办的各类文化活动	5	4	3	2	1
9	和学生讲述或讨论一个关于某个民族风土人情的问题时，我会很投入	5	4	3	2	1
10	假如我对某个民族的认识不符合它的实际情况，我会及时改正	5	4	3	2	1
11	其他民族的文化很难引起我的共鸣	5	4	3	2	1
12	如果有可能，我会想方设法去了解、学习和探索其他民族的知识	5	4	3	2	1
13	当发现其他民族居住地风景秀丽时，我会感到赏心悦目	5	4	3	2	1
14	我不认为每个民族的文化中都有传统美德	5	4	3	2	1
15	我认为不同的民族都有相同的义务去维护中华民族的利益	5	4	3	2	1
16	其他民族的风俗中所表现出的积极向上的力量令我感到震撼	5	4	3	2	1
17	我经常在校园、班级的集体活动中融入中华文化的教育内容	5	4	3	2	1
18	我觉得多元文化教育既要重视传承中华文化活动，又要重视开展各民族文化的活动	5	4	3	2	1

（续表）

序号	问题	完全同意	比较同意	不确定	比较不同意	完全不同意
19	我认为不同民族的文化交流会导致民族间的矛盾和冲突	5	4	3	2	1
20	在与不同民族的学生相处中，我会尽量避免偏见与歧视	5	4	3	2	1
21	传承和发扬不同民族的文化有利于各民族和谐相处	5	4	3	2	1
22	我认为每个民族都是中华民族的一个组成部分	5	4	3	2	1
23	我能够说出本地区其他民族的特色节日	5	4	3	2	1
24	我认为沟通能够有效地克服不同民族之间的人的矛盾	5	4	3	2	1
25	如果有机会去到某个民族聚集地，我会运用我所知道的相关的民族文化礼仪知识	5		3	2	1
26	我认为每个民族都有自己的宗教信仰	5	4	3	2	1
27	我能够认出本地区其他民族的特色服饰	5	4	3	2	1
28	看到少数民族学生受到欺负时，我会及时阻止	5	4	3	2	1
29	我了解本地区不同民族在生活方式上的差异	5	4	3	2	1
30	我熟悉本民族的风俗习惯和文化传统	5	4	3	2	1
31	除教材内容以外，我会组织学生开展多种民族文化交流特色主题活动	5	4	3	2	1
32	我在教育教学中，能够充分利用当地或家长、村寨中的民族文化资源	5	4	3	2	1
33	如果有可能，我愿意多学习几种少数民族的语言	5	4	3	2	1
34	我能够体会到其他民族文化中展现出的内在美	5	4	3	2	1
35	我会恰当地将不同民族的文化知识融入课堂教学之中	5	4	3	2	1
36	我时常会看一些不同民族文化习俗的书籍	5	4	3	2	1
37	在与不同民族的学生或老师的交往中，我会考虑对方能接受的交往方式	5	4	3	2	1
38	当其他民族的学生或老师需要帮助时，我能够主动提供帮助	5	4	3	2	1
39	我对我不了解的其他民族的文化习俗充满好奇心	5	4	3	2	1
40	如果可以，我希望多认识一些不同民族的人	5	4	3	2	1
41	我对教学中涉及的关于其他民族的文化知识感到无趣	5	4	3	2	1
42	传承和发扬不同民族的文化会激化民族间的矛盾	5	4	3	2	1
43	我熟悉其他民族的民间故事、神话传说	5	4	3	2	1

三、单选题二

请认真阅读下面的每一个题目，然后根据你自己的实际情况来回答。注意：每个题目都要回答，不要有遗漏，也不必费时去想，明白题意后就回答，请在对应的选项上打"√"，只能选一个。

44. 您了解国家颁布的关于少数民族文化传承与促进文化互动的相关政策吗_____

    A. 非常了解   B. 知道一些

    C. 想了解，但是不知道怎么去了解   D. 不了解

45. 您所在的学校有关于开展多元文化活动的相关规定和计划吗？您了解多少_____

    A. 有，并且很了解   B. 有，只是稍微了解一些

    C. 有，但是我不了解   D. 没有相关规定

46. 在多元文化活动中您组织最多的关于其他民族文化的内容是什么_____

    A. 宗教习俗   B. 传统节日

    C. 建筑、服饰、饮食   D. 道德礼仪

47. 班级及学校组织的多元文化活动中哪种方式最受学生欢迎_____

    A. 老师课堂讲授

    B. 民间艺人对我们面对面传授

    C. 学校开办的各类兴趣小组

    D. 学校或班级举办的各类主题活动

    E. 学校与社区（或乡镇）、村落共同举办的各种文化交流活动

48. 您经常以哪种方式参加多元文化活动_____

    A. 参加各种形式的民族文化知识学习、培训或竞赛活动

    B. 参加各种民族、民间节庆活动

    C. 参观或访问具有民族文化特色的社区或家庭

    D. 对其他少数民族的人进行访谈

49. 您参与学生或教师讨论其他民族文化话题的频率如何_____

    A. 总是   B. 经常   C. 偶尔   D. 从不

50. 学校与社区举行多元文化活动取得的最主要成果是_____

    A. 教师、学生、家长的文化素质得到了提高

    B. 通过社区的支持，改善了学校开展民族文化活动的条件，提高了活动的质量

    C. 促进了学校与社区的沟通，形成了教育的合力，为学生提供了良好的成长氛围

    D. 增进了家长、社区成员和相关领导对教育的重视和认同

51. 您认为阻碍学校开展多元文化互动最主要的因素是_____

　　A. 西方文化价值观的消极影响

　　B. 现代文化的影响

　　C. 忽视多元文化的价值

　　D. 市场经济的负面影响

　　E. 青壮年人口的流失，民族文化后继乏人

　　F. 政府或教育部门对学校开展多元文化互动重视不够，缺乏政策指导和经费支持

52. 您认为学校在多元文化活动构建中存在的最主要问题是什么_____

　　A. 学校组织的多元文化活动内容与形式单一，不受学生欢迎

　　B. 学校硬件设施缺乏，缺乏开展民族文化交流活动的条件和基础

　　C. 教师缺少多元文化互动的知识与能力

　　D. 不能很好地调动家庭与社区积极参与学校举行的民族文化活动

　　E. 缺少相关的文化资源、技术指导，降低了学校民族文化活动的有效性

　　F. 师资匮乏，教师工作压力大，没有时间和精力去组织多元文化活动

53. 您目前工作的压力主要是_____

　　A. 语言不通，与学生难交流　　　　B. 教学任务重

　　C. 与学生家长间的沟通与合作　　　D. 工资低，生活压力大

　　E. 学生成绩差，难管教

四、多选题

请认真阅读下面的每一个题目，然后根据你自己的实际情况来回答。注意：每个题目都要回答，不要有遗漏，也不必费时去想，明白题意后就回答，请在对应的选项上打"√"，可以选多个。

54. 通过开设民族文化方面的课程或开展相关活动，我希望_____

　　A. 提高自身的教学能力和文化互动能力

　　B. 能够满足不同民族教师和学生对多元文化知识学习和交流能力提高的需求

　　C. 提高自身处理文化差异的能力，以解决各民族学生之间存在的文化冲突和隔阂

　　D. 帮助学生更加了解本民族以及其他民族的文化知识，增进同学间的理解和和谐

55. 您认为多元文化互动的目的是_____

　　A. 帮助少数民族成员提高适应现代社会的能力，以求得个人最大限度的发展

　　B. 继承和发扬少数民族的优秀文化遗产，为中华民族的伟大复兴作出贡献

　　C. 唤起人们对少数民族优秀文化保护的意识，减少甚至消除对少数民族的歧视

D. 通过文化互动促进教师群体、班级和学校的文化交流与和谐发展

56. 学校主要开展的物质文化活动有哪些_____

A. 了解当地民族建筑风格的活动

B. 了解当地各民族传统服饰的活动

C. 了解当地各民族传统美食的活动

D. 了解当地各民族传统节日的活动

E. 了解全国各民族物质文化的活动

F. 了解世界各地各民族物质文化的活动

57. 您参与了哪些校内的非物质文化传承活动_____

A. 参与和了解国内、省内典型的非物质文化活动

B. 了解并尊重有关不同民族禁忌的活动

C. 了解其他民族的道德和行为规范的活动

D. 学习和了解本地区不同民族语言特点的活动

E. 参与和了解当地不同民族文化、艺术的活动

58. 您参与了哪些校外的非物质文化传承活动_____

A. 政府或社区组织的民族歌舞比赛等活动

B. 各民族的传统节庆活动

C. 不同民族举行的宗教、祭祀活动

D. 社区组织的民族、民间传统工艺、美术传承

59. 在民族文化活动的组织与构建中您取得了哪些进步_____

A. 使我认识到继承与弘扬民族文化的重要性

B. 使我了解到更多的少数民族文化知识

C. 使我更加平等地去对待不同民族的学生

D. 使我更加积极地组织学生开展民族文化活动

60. 通过开展民族文化活动，学校出现了哪些变化_____

A. 开设了民族文化校本课程，编制了应用的校本教程

B. 构建起具有民族文化特色的校园环境

C. 形成了具有民族文化气息的氛围

D. 形成了平等、友爱的校园风气

E. 各民族学生相处日益融洽

F. 增加了有关中华文化、各民族文化的图书资料

61. 通过开展民族文化活动，在促进不同民族教师、学生交流方面取得了哪些进步____

　　A. 减少了不同民族学生间的冲突与隔阂

　　B. 更有效地促进了不同民族教师之间、学生之间的相互信任与合作

　　C. 各民族学生之间能相互学习，取长补短

　　D. 帮助教师更好地了解不同民族学生的需求，促进良好师生关系的形成

　　E. 增进了师生对中华文化的理解和认同

62. 您认为多元文化活动对促进边疆城乡社区发展的作用是_____

　　A. 社区家长对子女教育的重视程度普遍提高

　　B. 提高了社区居民的整体文化水平，促进了社区（或乡镇）或村落各民族的和谐和社区的发展

　　C. 促进民族文化的传承与创新，带来了社区（或乡镇）或村落文化的繁荣和发展

　　D. 弘扬各民族传统文化，促进了当地特色旅游业乃至整个经济的发展

　　E. 增进了社区各民族的凝聚力，增强了对中华民族的认同

63. 学校在培养多元文化互动观念中存在什么问题_____

　　A. 学校过分强调升学率，忽视民族文化教育

　　B. 学校忽略对少少民族文化的传承与交流

　　C. 缺乏有效的文化互动组织或制度建设，不能保障学校多元文化互动的常态化开展

　　D. 学校相关负责人员组织民族文化活动积极性不高

　　E. 重视当地民族文化的交流，忽视对多元一体中华文化的学习和宣传

64. 当地政府在多元文化互动政策的执行中存在的问题是_____

　　A. 当地政府相关工作人员文化素质不高，对国家有关政策的理解不到位，执行不到位

　　B. 当地政府相关人员组织多元文化活动的积极性不够，缺乏创新性，效果不佳

　　C. 当地政府更关注经济发展，对开展多元文化活动重视不足

　　D. 当地政府对具有地方特色的多元文化活动缺少规划、指导和相应的资金保障

　　E. 当地政府对开展多元一体中华文化教育的重视不够，形式单一

65. 您认为学校应如何改进和加强多元文化互动_____

　　A. 结合自身实际，加强与政府等相关部门的协调，争取政策、经费的支持

　　B. 组织教师外出参观、培训，增强开展多元文化教育的素养和能力

　　C. 组织开展民族文化活动校本研究，鼓励教师创新开展多元文化互动的内容方法，拓展活动空间

D. 加强与家庭、社区间的合作，整合民族文化资源、开展系列活动，形成良好的文化互动氛围

E. 鼓励教师、学生发挥主体精神，创新多元文化互动的形式和内容，提高参与度和实效性

66. 外地、外籍学生对学校开展民族文化交流有哪些影响_____

A. 相对于本地区民族活动，学校更倾向于组织西方节日活动

B. 随着外地（外籍）学生的增多，影响了本地学生学习民族文化的积极性

C. 受外来人口的影响，少数民族学生的价值观念与行为方式逐渐趋向汉化与西方化

D. 外地（外籍）学生对参加学校组织的民族文化活动不感兴趣，没有积极性

五、开放题

67. 现在学校里举行的最隆重的节日是什么？为什么？和5年前相比有何差异？

68. 您认为民族地区教师需要具备哪些知识技能？目前比较欠缺哪些知识技能？您最需要哪些帮助？

附录3-3　边疆地区村落多元文化互动状况调查问卷（家长、村民）

您好：

很高兴您愿意填写这份问卷，本次问卷调查目的是了解边疆地区学校及村落多元文化互动的状况。本问卷采取匿名方式调查，您所提供的答案不存在对错之分，调查不会对您产生不利的影响，请根据实际情况放心填写。本调查共有34个题目，都是有关多元文化互动的问题。每个人对这些问题都会有不同的看法，回答也是不同的，因而对问题的回答，并没有"对"与"不对"之分，只表示您对这些问题的态度，请您尽量表达个人的意见，不要有所顾忌。

感谢您的支持与合作。

一、基本信息

出 生 地：_____县

现居住地：_____县_____镇（乡）_____村（社区）

与子女的关系：□父母　□爷爷奶奶　□外公外婆　□亲戚　□其他____

是否流动人：□否　□是（来源地：_____县）

您的民族：_____族

配偶的民族：_____族

母亲的民族：_____族

父亲的民族：_____族

家庭内共有：_____个民族

家庭所在村落（社区）有无其他民族：□无　□有　共有：_____个民族

年　　龄：□20岁以下　□20—40岁　□41—60岁　□60岁以上

学　　历：□没有上过学　□初中　□中专　□大专　□本科　□研究生

从事工作：□农民　□工人　□经商　□公务员　□教师　□军人（警察）
　　　　　□外出打工　□无业　□其他_____

掌握语言：□汉语　□民族语言：_____

家庭结构Ⅰ：□2代同堂　□3代同堂　□4代同堂

家庭结构Ⅱ：□正常　□隔代　□单亲　□离异　□再婚

二、单选题

请认真阅读下面的每一个题目，然后根据你自己的实际情况来回答。注意：每个题目都要回答，不要有遗漏，也不必费时去想，明白题意后就回答，请在对应的选项上打"√"，只能选一个。

1. 当别的民族的人向我介绍他们的文化时我_____

　　A. 非常愿意听　　　　　　　　　　B. 愿意听

　　C. 听多了会不耐烦　　　　　　　　D. 一点也不愿意听

2. 您愿意了解社区内其他民族的历史、文化、习俗和宗教吗_____

　　A. 非常愿意　　　　　　　　　　　B. 只愿意了解某些民族

　　C. 如果有需要会了解　　　　　　　D. 非常不愿意

3. 您觉得其他民族的服饰漂亮吗_____

　　A. 很漂亮　　　　B. 比较漂亮　　　C. 不太漂亮　　　D. 不漂亮

4. 我觉得每个民族都有勤劳、善良、团结等传统美德_____

　　A. 很赞同　　　　B. 比较赞同　　　C. 不太赞同　　　D. 不赞同

5. 我会向孩子传授其他民族的历史和文化方面的知识_____

　　A. 非常赞同　　　B. 赞同　　　　　C. 无所谓　　　　D. 不赞同

6. 我能够很快掌握并运用所学到的民族文化知识_____

　　A. 非常赞同　　　B. 赞同　　　　　C. 无所谓　　　　D. 不赞同

7. 我觉得和其他民族的人相处非常困难_____

　　A. 非常赞同　　　B. 赞同　　　　　C. 无所谓　　　　D. 不赞同

8. 您是否了解国家有关促进多元文化交流的政策_____

　　A. 非常了解　　　B. 了解一些　　　C. 不太了解　　　D. 完全不了解

9. 您认为通过开展文化交流活动，各民族间的关系是否日益融洽_____

　　A. 非常融洽　　　　　　　　　　　B. 融洽

　　C. 没有明显变化　　　　　　　　　D. 其他_____（请注明）

10. 一年中社区内各民族共同组织活动的次数_____

　　A. 没有　　　B. 1—2次　　　C. 3—4次　　　D. 5—6次　　　E. 6次以上

11. 您认为不同的宗教信仰应该相互尊重和理解吗_____

　　A. 应该　　　　　　　　　　　　　B. 不应该

　　C. 无所谓　　　　　　　　　　　　D. 其他_____（请注明）

12. 您和不同宗教信仰的人在一起时是否有隔阂_____

　　A. 有　　　　　　　　　　　　　　B. 没有

　　C. 无所谓　　　　　　　　　　　　D. 其他_____（请注明）

13. 我认为近年来，边疆地区的民族文化传统得到了高度重视和极大加强_____

　　A. 非常赞同　　　　B. 赞同　　　　C. 不赞同　　　　D. 不太了解

14. 我认为近年来，与邻国的民族文化交流越来越多了_____

　　A. 非常赞同　　　　B. 赞同　　　　C. 不赞同　　　　D. 不太了解

15. 我认为学习其他民族的文化会降低对本民族文化的认同_____

　　A. 非常赞同　　　　　　　　　　　B. 赞同

　　C. 不赞同　　　　　　　　　　　　D. 其他_____（请注明）

16. 您认为政府、乡镇促进民族文化交流的政策和做法是否适合村寨、家庭的需要____

　　A. 非常适合　　　　B. 适合　　　　C. 不适合　　　　D. 不太了解

三、多选题

　　请认真阅读下面的每一个题目，然后根据你自己的实际情况来回答。注意：每个题目都要回答，不要有遗漏，也不必费时去想，明白题意后就回答，请在对应的选项上打"√"，可以选多个。

17. 您认为多元文化互动指的是什么_____

　　A. 是一个国家或多个国家的多个民族、多个地方的文化

　　B. 是不同民族文化的交流、融合与冲突

　　C. 既要重视传承中华文化的活动，又要重视各民族文化

　　D. 体现出了文化的多样性

18. 您认为生活在多民族地区的儿童应该学习哪些方面的知识_____

　　A. 中华民族的传统文化　　　　　　B. 本民族的文化

　　C. 现代的科学文化　　　　　　　　D. 其他民族的传统文化

　　E. 西方先进的文化　　　　　　　　F. 其他_____（请注明）

19. 您认为应该在哪些方面开展多元文化活动_____

　　A. 饮食　　　　B. 服装　　　　C. 语言　　　　D. 房屋建筑

　　E. 传统游戏　　　F. 民族歌曲　　　G. 民族舞蹈　　　H. 民族节日

　　I. 其他_____（请注明）

20. 在和其他民族的村民相处时，_____

　　A. 我会尊重其他民族文化与本民族文化中有差异的地方

　　B. 我会耐心地处理由民族间文化差异产生的矛盾

C. 当其他民族的邻居需要的时候，我能够提供帮助

D. 其他_____（请注明）

21. 您认为您的孩子学习不同民族文化是为了_____

A. 帮助子女获取其所需的知识、态度和技能，使其将来能够更好地融入现代社会

B. 培养子女对本民族文化的了解、认同、学习并传承

C. 让子女对其他民族文化能够用心去了解、珍惜、接受和包容

D. 鼓励并增进不同民族间的交流、合作与团结

22. 您认为在民族文化教育中，孩子应该学习哪些方面的知识_____

A. 饮食文化　　　　　B. 服装文化　　　　　C. 语言、文字

D. 房屋建筑　　　　　E. 历史文化　　　　　F. 民族音乐、舞蹈

G. 道德与礼仪　　　　H. 民族节庆　　　　　I. 其他_____（请注明）

23. 您参加过的物质文化互动活动有哪些_____

A. 我品尝过其他民族的美食

B. 我仔细观察过其他民族的传统服饰

C. 我参观过其他民族的建筑

D. 其他_____（请注明）

24. 您认为家庭和村寨组织的多民族文化交流活动的目的是_____

A. 少数民族节日风俗的集中展示，传承民族文化

B. 增强民族凝聚力

C. 增进民族间的交流和团结

D. 满足村民情感、娱乐等方面的需要

25. 您参加过的非物质文化传承活动有哪些_____

A. 我学习过其他民族的语言

B. 我玩过其他民族的传统游戏

C. 我学习过其他民族的历史传说、诗歌或音乐舞蹈

D. 我参与过其他民族的手工艺品制作

E. 我参与过其他民族的宗教祭祀活动

F. 我参加过其他民族的传统节庆活动

G. 其他_____（请注明）

26. 您在自己家中常用的多民族文化互动方法有哪些_____

A. 带孩子品尝其他民族的美食

B. 带孩子仔细观察其他民族的传统服饰

C. 让孩子学习其他民族的语言

D. 带孩子参观其他民族的建筑

E. 让孩子和其他民族的孩子一起玩其他民族的传统游戏

F. 让孩子学习其他民族的音乐、舞蹈

G. 让孩子参与其他民族的传统祭祀或宗教活动

H. 支持孩子学习其他民族的民间工艺、技术

I. 带孩子参加其他民族的传统节庆活动

27. 您所在的村寨常用的多民族文化互动的方法有哪些_____

    A. 共庆节日活动   B. 安全教育活动

    C. 宗教活动   D. 文化宣传活动

    E. 婚丧嫁娶活动   F. 其他_____（请注明）

28. 您认为多民族文化互动对民族文化的交流与合作有哪些影响_____

    A. 更多地了解了家庭、村落中不同民族文化的知识，增进了理解和包容

    B. 更加了解多元一体中华文化知识，增强了国家和中华民族的认同

    C. 更积极主动地组织家庭成员开展和参与村寨的文化活动

    D. 形成了具有家庭、村寨民族特色的物质、非物质文化成果

29. 您认为多民族文化互动对边疆地区的民族和谐有哪些影响_____

    A. 家庭、村寨中逐步形成民族平等、相互尊重、团结进步的发展观

    B. 近年来，家庭、村寨内部或与毗邻村寨之间没有大的矛盾、冲突和隔阂

    C. 家庭和睦、邻里和谐，互相帮助成效明显

    D. 促进了边疆地区稳定、国家统一

30. 您认为各民族间经常性的文化互动对边疆城乡社区的发展有哪些影响_____

    A. 减少了矛盾和冲突，家庭、邻里、村寨更和睦

    B. 家庭、村寨的经济状况明显改善

    C. 家人和村民安居乐业，文明素质提高

    D. 家庭和村寨的生产、生活环境明显改善，形成了积极向上的氛围

    E. 家庭和村民的生活水平提高、感到更加幸福

31. 您认为在多民族文化政策执行方面，有哪些地方需要加强和改进_____

    A. 地方政府领导要以身作则，更加尊重不同民族的文化传统

    B. 提升政府执行人员的素质，提高组织开展民族文化交流的能力

C. 健全行政权力问责制和监督机制

D. 更多地听取人民群众的意见

32. 您认为多民族文化互动本身存在哪些问题_____

A. 活动目标不明确、内容不恰当、方法不受欢迎

B. 活动走形式，村民、孩子不喜欢，参与不积极

C. 没有产生多少实际的作用

D. 领导重视的程度不够

E. 缺乏专业人员的指导

F. 没有开展活动的资金支持

G. 其他_____（请注明）

33. 您认为外来人员和文化带来哪些影响_____

A. 本地传统婚姻习俗和观念发生了改变

B. 传统的家庭结构和人与人之间关系产生了变化

C. 加大了当地穷人和富人的差距，使不同群体之间的来往减少

D. 使当地违法犯罪的问题增多

E. 其他_____（请注明）

四、开放题

34. 您认为对子女进行多民族文化教育的有效方法、途径是什么?

附录3-4　边疆地区社区多元文化互动状况调查问卷（社区工作者）

社区所在地：＿＿＿＿县＿＿＿＿乡（镇）　社区名称：＿＿＿＿＿＿＿＿＿

您好：

很高兴您愿意填写这份问卷，本次问卷调查目的是了解边疆地区社区多元文化互动的状况。本问卷采取匿名方式调查，您所提供的答案不存在对错之分，调查不会对您产生不利的影响，请根据实际情况放心填写。本调查共有35个题目，都是有关多元文化互动的问题。每个人对这些问题都会有不同的看法，回答也是不同的，因而对问题的回答，并没有"对"与"不对"之分，只表示您对这些问题的态度，请您尽量表达个人的意见，不要有所顾忌。

感谢您的支持与合作。

一、基本信息

出 生 地：＿＿＿＿县

现居住地：＿＿＿＿县＿＿＿＿乡（镇）＿＿＿＿村寨

是否本县人：□是　□否（来源地：＿＿＿＿县）

性　　别：□男性　□女性

民　　族：＿＿＿＿族

政治面貌：□中共党员　□共青团员　□民主党派　□群众

宗教信仰：□无　□佛教　□基督教　□伊斯兰教　□其他＿＿＿＿

年　　龄：□30岁以下　□31—50岁　□51岁以上

婚姻状况：□未婚　□已婚

工　　龄：□1年以下　□1—3年　□3—5年　□5年以上

月 收 入：□2000元以下　□2000—3000元　□3000—4000元　□4000元以上

编制情况：□在职在编　□合同制

二、单选题

请认真阅读下面的每一个题目，然后根据你自己的实际情况来回答。注意：每个题目都要回答，不要有遗漏，也不必费时去想，明白题意后就回答，请在对应的选项上打"√"，只能选一个。

1.当别的民族的人向我介绍他们的文化时我＿＿＿＿

　A.非常愿意听　　　　　　　　　　　　B.愿意听

    C. 听多了会不耐烦　　　　　　　　　D. 一点也不愿意听

2. 您怎样看待自己本民族的文化_____

    A. 完全认同　　　　　　　　　　　　B. 取其精华，去其糟粕

    C. 与时俱进，改进本民族文化　　　　D. 完全抛弃

3. 您觉得其他民族的服饰漂亮吗_____

    A. 很漂亮　　　　　B. 比较漂亮　　　　C. 不太漂亮　　　　D. 不漂亮

4. 您所在社区一年内组织民族文化交流活动的次数有_____

    A. 没有　　　　B. 1—2 次　　　C. 3—4 次　　　D. 5—6 次　　　E. 6 次以上

5. 我觉得和社区内不同民族的居民相处很困难_____

    A. 非常赞同　　　B. 赞同　　　　　C. 无所谓　　　　　D. 不赞同

6. 您和其他民族的人在一起时是否有隔阂_____

    A. 有很大隔阂　　　B. 有隔阂　　　　C. 看情况　　　　D. 没有隔阂

7. 您认为当地政府出台的相关政策和制度是否适合社区的需要_____

    A. 非常适合　　　　B. 适合　　　　　C. 不适合　　　　D. 不太了解

8. 近年来，边疆地区的民族文化交流是否更受重视和加强_____

    A. 与前 3 年相比较，明显受到重视和加强

    B. 和以前差不多，不太明显

    C. 没有加强，反而减弱

    D. 不太了解，说不清楚

9. 您所在社区的民族文化互动呈现出哪种状态_____

    A. 各民族间文化的相互借鉴、学习

    B. 强势民族对弱小民族的文化植入

    C. 弱小民族对强势文化的主动适应

    D. 说不清楚

10. 每个民族都有勤劳、善良、团结等传统美德_____

    A. 很赞同　　　　B. 比较赞同　　　C. 不太赞同　　　D. 不赞同

11. 近年来与邻国的民族文化交流越来越多了_____

    A. 非常赞同　　　B. 赞同　　　　　C. 不赞同　　　　D. 不太了解

12. 您怎样看待其他民族的文化_____

    A. 完全吸收　　　　　　　　　　　　B. 借鉴其优秀文化

    C. 可有可无　　　　　　　　　　　　D. 完全抛弃

13. 您愿意了解社区内其他民族的历史、文化、习俗和宗教吗_____

　　A.非常愿意　　　　　　　　　　B.只愿意了解某些民族

　　C.如果有需要会了解　　　　　　D.非常不愿意

14. 您认为其他民族的文化很好理解吗_____

　　A.非常好理解　　B.好理解　　　C.难理解　　　　D.非常难理解

15. 您认为社区内开展多民族文化活动中存在的最大问题是什么_____

　　A.政府支持力度不够，政策、方法等创新不够

　　B.没有相关专家学者指导，无所适从

　　C.社区内相关工作人员专业素质偏低

　　D.社区内居民不主动参与

16. 您是否了解国家有关多民族文化活动互动的政策_____

　　A.非常了解　　　B.了解一些　　　C.不太了解　　　D.完全不了解

三、多选题

请认真阅读下面的每一个题目，然后根据你自己的实际情况来回答。注意：每个题目都要回答，不要有遗漏，也不必费时去想，明白题意后就回答，请在对应的选项上打"√"，可以选多个。

17. 您认为多元文化互动指的是什么_____

　　A.是一个国家或多个国家的多个民族、多个地方的文化

　　B.是不同民族文化的交流、融合与冲突

　　C.既要重视传承中华文化的活动，又要重视各民族文化

　　D.体现出了文化的多样性

18. 您最了解其他民族文化中的哪几个方面_____

　　A.民族服饰　　　　　　B.文学艺术　　　　　C.传统节日

　　D.特色美食　　　　　　E.宗教信仰　　　　　F.历史文化

19. 在日常的工作生活中，您经常_____

　　A.把多民族文化知识应用其中

　　B.运用民族文化知识解决村寨间出现的问题

　　C.在社区内组织各种文化活动

　　D.把大家集中到一起开会解决社区内存在的问题

20. 在和社区内各民族相处时，您会_____

　　A.尊重各民族的文化差异

B.给予社区内各民族相应的帮助

C.耐心处理由于民族文化差异所带来的问题

D.经常向社区居民说要互相欣赏彼此的文化

21.您认为开展多元文化活动会在哪些方面促进个体的发展_____

A.学会其他民族的语言，能更好地与人沟通，促进社会交往能力

B.了解其他民族的文化特色，能更好地理解其他民族的文化

C.参与其他民族的节庆活动或文化艺术活动，能够丰富个人的精神和物质生活

D.能够增强个人的综合素养、能力、自信心，为以后的发展创造条件

22.您认为在社区开展文化交流活动的目的是_____

A.培养居民对本民族文化的了解、认同、学习并传承

B.使居民能够用心去了解、珍惜、接受和包容其他民族的文化

C.学习中华文化和本民族文化，增进各民族间的团结与合作

D.其他_____（请注明）

23.您认为社区组织开展各民族间的文化交流活动有什么意义_____

A.少数民族优秀传统文化的集中展示，有利于民族文化传承

B.有利于增强民族凝聚力

C.有利于增进民族间的交流和团结

D.满足村民情感、娱乐等方面的需要

24.您所在社区开展的物质文化活动有哪些_____

A.了解各民族的建筑风格的活动

B.了解各民族的传统美食的活动

C.了解各民族的传统服饰的活动

D.了解各民族的传统乐器的活动

25.您所在社区开展的非物质文化活动有哪些_____

A.民族传统节庆活动

B.宗教祭祀活动

C.非物质文化传承人的讲述或技艺展示活动

D.民族音乐、舞蹈、文学、艺术的表演和竞赛活动

26.您认为跨境多民族文化交流的方式主要有哪些_____

A.共庆节日　　　　B.跨境联姻　　　　C.宗教交流　　　　D.边贸互市

E.官方交往　　　　F.边民往来　　　　G.文化交流　　　　H.教育合作

I. 其他＿＿＿＿＿＿＿＿＿＿（请注明）

27. 您认为下列受欢迎的文化交流活动有哪些＿＿＿＿＿

　　A. 社区和学校联合举办的文化、教育活动

　　B. 组织社区居民开展的文化教育和职业技术培训活动

　　C. 放映相关主题的电影，组织文艺表演或宣传活动

　　D. 组织居民开展中华民族和各少数民族的传统节庆活动

　　E. 其他＿＿＿＿＿＿＿＿＿＿（请注明）

28. 您认为多元文化互动对各民族文化交流与合作有哪些影响＿＿＿＿＿

　　A. 使社区居民更多地了解社区中不同民族文化的知识，增进了理解和包容

　　B. 促进了社区文化的和谐发展，形成了积极向上的文化氛围

　　C. 形成了社区、村落民族物质文化、非物质文化的特色和成果

　　D. 使社区居民更加了解多元一体中华文化知识，增强了对国家和中华民族的认同

29. 您认为多元文化互动对边疆民族和谐有哪些影响＿＿＿＿＿

　　A. 社区各民族间逐步形成民族平等、相互尊重、团结进步的发展观

　　B. 近年来，社区内部或与毗邻社区之间没有大的矛盾、冲突和隔阂

　　C. 家庭和睦、邻里和谐，互相帮助成效明显

　　D. 促进了边疆地区稳定、国家统一

30. 您认为多元文化互动对边疆城乡社区发展有哪些影响＿＿＿＿＿

　　A. 有利于提高居民的生活水平，增强幸福感

　　B. 有利于民族文化的保护与传承

　　C. 有利于边疆地区的发展、繁荣

　　D. 适应了新的时代背景，促进了民族文化传承的创新与发展

　　E. 有利于边疆社区的稳定和发展

　　F. 有利于民族团结，文化的融合与创新

31. 当地政府在执行国家多元文化互动政策中存在什么问题＿＿＿＿＿

　　A. 政府相关工作人员文化素质不高，不能给予实质性的支持

　　B. 政府相关人员组织文化互动活动的积极性不够，效果不佳

　　C. 政府更关注经济发展，对组织多元文化活动的重视不够

　　D. 政府对组织多元文化活动的重视不够，资金投入不足

32. 当地政府部门对社区内开展多元文化活动的态度如何＿＿＿＿＿

　　A. 大力支持并组织实施

B. 仅为了应付检查走形式

C. 既不支持也不反对

D. 反对多元文化活动的组织与实施

33. 您认为社区开展的民族文化交流活动本身存在哪些问题_____

A. 活动内容简单、方式单一

B. 资源缺乏、经费不足

C. 部分社区居民参与的积极性不高

D. 社区工作人员缺少开展多元文化交流活动的培训机会

34. 您认为外来人员和文化给当地各民族间的交流带来哪些障碍_____

A. 受市场经济的影响，很多境外人员到境内做生意，影响了当地的治安

B. 受经济利益驱使，社区内有不少人走私、贩卖毒品或拐卖人口，犯罪率较高

C. 社区居民中既有当地的少数民族，又有外地人，还有外国人，使文化和宗教更加多元，增加了文化互动的困难

D. 非法入境或非法滞留的外籍人员增多使得境内的户籍管理、社区治理、学校教育等方面更加困难，带来了很大的社会问题

四、开放题

35. 您认为加强多元文化互动是否有利于边疆地区的稳定及社区的发展？为什么？

附录 4　调研访谈提纲

一、教育管理者

1. 您对"多元文化互动"了解多少？您认为多元文化互动对边疆地区教育提出了哪些新的要求？关于民族文化传承，边疆地区教育能做些什么？

2. 您认为边疆地区学校与其他地区学校相比是否具有特殊性？表现在哪些方面？目前边疆地区学校发展的困境有哪些？制约因素是什么？

3. 县政府（或县教育局）开展的多元文化活动有哪些？目前，当地政府（或县教育局）有没有出台相关政策支持学校开展多元文化活动？实施的效果怎么样？存在哪些问题？是否有关于多元文化互动的未来规划？

二、校长、教师

1. 面对不同文化背景的学生，现在学校的课程是否适合他们？课程中是否体现出多民族文化的渗透？

2. 贵校是否制定或出台了开展多元文化活动的相关制度或规定？想要达到什么样的目标？

3. 学校开展民族文化活动，除了上级行政部门的有关要求外，是否体现了贵校的办学理念？理念是什么？

4. 学校开展的多元文化活动主要包括哪些内容？确定为主要内容的依据是什么？如何获取内容？这些内容是否真实全面地体现了当地各民族的传统文化？

5. 贵校是通过什么形式开展多元文化活动的？都在什么时间范围内进行？效果怎么样？主要面临的困难是什么？

6. 贵校是否开发了多元文化的校本课程？在进行多元文化课程开发与实施的过程中，主要困难是什么？

7. 学校开展多元文化活动，学生家长支持吗？学校与家庭和社区开展了哪些多元文化活动？效果怎么样？存在哪些问题？

8. 教师是怎样理解多元文化互动的？他们对多元文化互动的态度如何？是否对教师进行相关的培训？教师是否具备多元文化课程开发的能力？

9. 学生对学习其他民族的文化的态度如何？有没有反对的？

10. 贵校是如何评价学校所开展的多元文化活动的？评价主要包括哪些内容和方式？

11. 贵校是怎样评价学生参与多元文化活动的？主要采取了哪些方式？

12. 学生在学习了民族传统文化之后，在情感、态度方面是否有变化？

13. 贵校对于将来如何开展多元文化教育有什么打算？

三、学生

1. 你父母对你所在学校是否满意？他们是否关心你在学校的表现？他们对你的期望是什么？是否催促你辍学结婚？是否愿意让你参加多元文化活动？学校与你家所在的村寨是否有互动？如果有，你和家人乐意参加吗？

2. 你愿意学习本民族和其他民族的传统文化吗？为什么？你生活的社区和学校是否经常一起组织多元文化活动？你喜欢参加吗？

3. 你对本民族的历史文化、风俗习惯了解得多吗？会讲本民族语言吗？对其他民族的了解有多少？你愿意跟其他民族的同学一起玩吗？

4. 你觉得家乡现在发展机会多吗？长大以后想做什么？为了实现你的目标你是如何规划的？毕业后愿意留下来或回来建设家乡吗？

5. 你最喜欢学校组织的哪些活动？你觉得学校最需要改进的地方是什么？

四、社区工作者

1. 当地政府是否重视社区工作的发展？社区工作发展概况怎样？开展的教育活动有哪些？取得的效果如何？存在的问题有哪些？面临的最大困难是什么？

2. 贵社区是否经常组织多元文化活动？活动的内容与形式是什么？

3. 目前，地方有没有出台相关政策支持社区开展多元文化活动？实施效果如何？面临的问题是什么？

4. 社区内的外籍居民、流动人口有多少？给社区带来了哪些方面的影响？是否影响了社区的组织管理工作？社区人员是如何介入管理工作的？

5. 目前，社区多元文化互动工作的重点内容是什么？下一步的发展规划是什么？

五、家长和村民

1. 您是否了解自己本民族和当地其他民族的传统文化？你会参加其他民族的节日活动吗？为什么？

2. 您喜欢与其他民族的人交往吗？您觉得与其他民族的人交往和与自己民族的人交往有什么不同？为什么？

3. 您对孩子所在学校是否满意？哪些地方让您满意，哪些地方令您失望？您认为学校哪些地方需要改进？

4. 您是否愿意自己的孩子学习其他民族的传统文化？为什么？

5. 您是否愿意送孩子到学校读书？您希望孩子今后成为一个什么样的人？为什么？

6. 您觉得您的孩子有必要学习本民族的传统文化吗？您觉得本民族的传统文化中哪些方面最值得传承？为什么？

7. 您是否愿意参加学校或社区组织的民族文化传承活动？如果有需要，您是否愿意到学校亲自传授民族文化或民族手工艺？

后 记

本书是我主持的 2015 年度国家社会科学基金项目"西南边疆多元文化互动与民族和谐、社区发展研究"（项目批准号：15XMZ041）的研究成果，是我和我的研究团队凝心聚力的结晶。在研究过程中，我们构建了"五层空间"多元文化互动理论，综合采用问卷调查、田野调查和个案研究等方法，对西南边疆耿马县、河口县、瑞丽市和勐腊县的多元文化互动现状进行了较深入的研究；基于"五层空间"多元文化互动理论的视角，对西南边疆多元文化互动状况展开综合分析，并从宏观层面上对以多元文化互动促进边疆民族和谐、社区发展的理论和实践进行了初步探讨。然而，这一探索是粗浅的，还存在许多不足和缺憾，期待学术界各位同仁不吝赐教。

全书由曹能秀、王凌、吕进锋总体设计、确定框架和提纲，由曹能秀负责书稿的整合、修改和定稿。参与撰写的人员及分工如下：引论，曹能秀、张飞；第一章，张飞、曹能秀；第二章，吕进锋、曹能秀；第三章，宋文华、曹能秀；第四章，田涛、曹能秀；第五章，王凌、田涛、王菊、王苗苗；第六章，曹能秀、张刘龙、高飞燕；第七章，王丹、曹能秀；第八章，陈思、曹能秀；第九章，何文倩、王凌；第十章，许琼芳、王凌；结语，曹能秀、李霞、祁静、吕进锋；附录，吕进锋、田涛、曹能秀。

在本书出版之际，衷心感谢西南大学张诗亚教授百忙中为本书作序。这不仅是对我们已有研究的肯定和鼓励，更是对我们将来研究的期许和鞭策。我们将不负张老师的期望，继续开展相关研究，为西南边疆的发展尽绵薄之力。感谢云南师范大学王鉴教授，云南民族大学普丽春教授，中央民族大学常永才教授，西南大学李姗泽教授，云南大学刘永刚教授，云南师范大学王艳玲教授、李孝川副教授和张睦楚副教授等给予项目研究与本书出版的指导、关心、支持与帮助。

感谢昆明市寻甸县甸沙乡中心学校李贵富校长、六哨乡中心学校刘荣校长，耿马县教育局虞清发局长，M小学H校长、L校长、梅花老师、字国波老师、C小学赵文武校长、鲁艺春老师，H乡W支书，中心小学魏光强老师、刀志兰老师，红河州教育科学研究所苏其宏教研员，河口县教育局基教科朱旭升科长、熊国金老师，瑶山乡政府马书记、文化站杨朝芬书记，瑶山小学李邵荣校长、邓建伟老师，北山小学熊占好副校长，北山社区应康书记，机关幼儿园杨丽珍副园长、付建平老师和袁兰老师，瑞丽市M中学Z校长、架旺老师、穆志航老师和杨艳芬老师，第四民族中学岳三保校长、李晓丽副校长、杨立虎书记、相姑老师和李玲仙老师，第一中学胡聪老师，佛教协会郭伟达常务副秘书长，勐祥光傣族文化培训中心冯小平主任，勐腊县民宗局赵梦飞副局长，职业技术中学刀荣明校长，青少年校外活动中心彭建明主任和苏园园副主任等在调查问卷前测和实地调查中给予的大力支持与帮助。

感谢研究团队的每一位成员——王凌教授、张飞副教授、吕进锋博士、田涛硕士、王丹硕士、陈思硕士、何文倩硕士、许琼芳硕士、张刘龙硕士、高飞燕硕士、王苗苗硕士、李霞硕士、宋文华硕士、王菊硕士、祁静硕士、崔晶硕士和梁婷硕士的努力和付出。特别感谢王凌教授、张飞副教授、吕进锋博士和田涛硕士对本书作出的卓越贡献。

感谢云南师范大学教育学部李长吉主任、金克建副主任和刘张老师为本书出版提供的支持；感谢云南师范大学科研处彭茂红副处长、师元梅科长和张黎波博士为项目的开展和结题提供的支持与帮助；感谢我的博士研究生马妮萝在本书出版过程中所做的辅助性工作。

感谢责任编辑苏向平老师不辞辛劳、认真审阅，为提升书稿质量所做的大量工作。

本书的出版得到了云南师范大学教育学部学科建设经费的资助，在此一并致谢。

曹能秀

2021年3月31日于昆明